Sir Francis Chichester

Held der Sieben Meere

Allein um die Welt in einer Einhandjacht

Aus dem Englischen
von Fritz Bolle
und Alfred P. Zeller

SIERRA

Die Deutsche Bibliothek – CIP-Einheitsaufnahme
Ein Titeldatensatz für diese Publikation ist bei
Der Deutschen Bibliothek erhältlich.

REISEN · MENSCHEN · ABENTEUER

Taschenbuchausgabe, 1. Auflage 2001
SIERRA bei Frederking & Thaler, München
in der Verlagsgruppe Bertelsmann GmbH

erschienen bei Hodder and Stoughton, London
Originaltitel: Gypsy Moth circles the World

Titelfoto: Hauke Trinks, Hamburg
Autorenfoto: Sunday Times
Karten/Zeichnungen: Charles Hurford, Colin Mudie, A. Spark
Umschlaggestaltung: Atelier Seidel, Altötting
Produktion: Sebastian Strohmaier, München
Gesamtherstellung: Presse-Druck, Augsburg
Papier: Das Papier wurde aus chlorfrei gebleichtem Zellstoff hergestellt
ISBN 3-89405-111-6

www.frederking-und-thaler.de

Inhalt

In Liebe für *Sheila,*
meiner großartigen Gefährtin bei diesem Abenteuer, und *Giles,* meinem »Junior-Partner«, in der Hoffnung, dass ihnen mein Bericht über Planung und Durchführung meiner Weltumsegelung Freude macht.

Sir Francis Chichester wurde am 17. September 1901 als Sohn eines Landpfarrers in Devon, Westengland, geboren. Erfolgreich protestierte er gegen die von den Eltern geplante Beamtenlaufbahn im indischen Kolonialdienst und wurde statt dessen Landarbeiter. Ein Jahr später wanderte er nach Neuseeland aus. Sein Glück suchte er als Heizer, Schafhirte, Holzfäller, Bergarbeiter und Goldwäscher. Erfolg hatte er als Verkäufer von Landwirtschaftsmaschinen und Grundstücksmakler.

Obwohl er weder fliegen konnte noch ein Flugzeug besaß, beschloss er, erstmals im Alleinflug die Strecke England – Australien zurückzulegen. Er kehrte 1929 in seine Heimat zurück, erwarb die Pilotenlizenz und taufte sein erstes Flugzeug *Gipsy Moth I*. Der Rekordversuch scheiterte, aber 1931 gelang es ihm, allein über die Tasmansee nach Neuseeland und Australien zu fliegen. Das nächste Ziel war ein Soloflug um die Welt. Er kam bis Japan, wo sein Flugzeug sich in Telefondrähten verfing und abstürzte. Die Bilanz: Vorübergehende Erblindung, eine Rückgratverletzung, 13 Knochenbrüche, finanzieller Ruin. Von seiner Abenteuerlust konnte ihn das nicht abbringen. Chichester kehrte nach England zurück und heiratete 1937 seine zweite Frau, Sheila Mary Craven (seine erste Frau Muriel Blakiston war 1929 gestorben), eine Frau, die

»immer davon geträumt hatte, einen Entdecker zu heiraten«. Sie erwies sich als geschickte Managerin ihres Mannes.

Während dem Zweiten Weltkrieg arbeitete Chichester für die Royal Airforce. Nach Kriegsende wurde er vorübergehend seßhaft: der Abenteurer gründete eine kartografische Anstalt und schrieb mehrere erfolgreiche Bücher. Die Häuslichkeit währte jedoch nicht lange. Von luftiger Höhe in die Weiten der Ozeane: Chichester entdeckte ein neues Hobby, das Segeln, und vernachlässigte die Fliegerei. Zu dieser Zeit, 1957, wußte er bereits, daß er Lungenkrebs hatte. Von den Ärzten aufgegegeben, nahm er an einem Wettrennen über den Nordatlantik teil und gewann. Am 27. August 1966 startete der Extremist als Einhandsegler zu einer Weltumsegelung von Plymouth in einem nach eigenen Plänen konstruierten Boot, *Gipsy Moth IV*, auf der Route der Schnellsegler des letzten Jahrhunderts, um Kap Hoorn und dann ostwärts in der Zone der permanenten Weststürme bis nach Sydney, als einziger Unterbrechung – Gegenstand dieses Buches. Der gefährliche Rückweg führte um das Kap der Guten Hoffnung und nordwärts durch den Atlantischen Ozean. Am 29. Mai 1967 traf er von der britischen Kriegsmarine feierlich begleitet, in Plymouth ein. Chichester wurde in Australien geadelt, und nach seiner Rückkehr von Königin Elisabeth mit dem Schwert von Sir Francis Drake in den Ritterstand erhoben. England feierte seinen großen Helden.

Obwohl 1972 mittlerweile hoffnungslos an Blutkrebs erkrankt, beteiligte sich Chichester an einer Atlantikregatta. Von der Krankheit gezeichnet, versuchte er aus eigenen Kräften umzukehren, kenterte, konnte jedoch nach einer abenteuerlichen Rettungsaktion nach England zurückkehren. Sir Francis Chichester starb am 26. August 1972 im Alter von 71 Jahren in Plymouth.

Der Traum

Für mich ist das alles wie ein Märchen. Vor langer, langer Zeit (so pflegen ja Märchen zu beginnen) hatte ich den Wunsch, allein um die Welt zu fliegen. Ende 1929 unternahm ich mit meiner *Gipsy Moth,* einem ganz gewöhnlichen Landflugzeug, einen Alleinflug von London nach Sydney. Wenn ich jedoch mit einem Flugzeug rings um die Erde kommen wollte, musste die *Gipsy Moth,* wie ich bald erkannte, in ein Wasserflugzeug umgerüstet werden, denn nur dann konnte ich die günstigste Route über Japan und Nordamerika nehmen, wo es keine Flugplätze in ausreichend kurzen Abständen gab. Also lernte ich ein Wasserflugzeug fliegen, baute die *Gipsy Moth* um und startete in Sydney. Wie ich in die fast einen Kilometer langen Telefondrähte hineinflog, die über den Hafen von Katsuura gespannt waren, und in das Hafenbecken stürzte, ist eine andere Geschichte. Damit war mein Alleinflug zu Ende – es war geradezu ein Wunder, dass ich mit heiler Haut davonkam. Geschehen war dies im Jahre 1931.

Der Wunsch, allein die Erde zu umkreisen, blieb auch weiterhin in den Tiefen meines Herzens lebendig. Er schlummerte in mir wie ein Samenkorn, das viele Jahre lang in der Erde ruht, bis es eines Tages plötzlich zu keimen beginnt. Allerdings verlor das Fliegen allmählich den Reiz des Neuen; technische und fliegerische Routine traten an die Stelle des Pioniergeistes von einst Überall, wo ich hatte hinfliegen wollen, weil dort noch nie ein Flugzeug gewesen war, hatte man inzwischen nicht nur Flugzeuge gesehen, sondern sich an ihren Anblick gewöhnt – sie waren alltägliche Verkehrsmittel geworden.

Ich brauche nicht im Einzelnen zu schildern, wie ich 1953 vom Fliegen zum Hochseejachtsport überwechselte; in meinem Buch

Einsam die See und der Himmel habe ich davon erzählt. 1962 unternahm ich den Versuch, auf einer Alleinfahrt über den Nordatlantik in meiner Jacht *Gipsy Moth III* einen neuen Geschwindigkeitsrekord aufzustellen. Und dann kam ich auf den Gedanken, es müsse doch auch möglich sein, allein die ganze Erde zu umsegeln.

Hunderte von Seglern haben die Welt umfahren, darunter nicht wenige Einzelgänger. Fast alle haben sie dabei die seit alters üblichen Routen längs der Passatgürtel benützt; im Durchschnitt brauchten meines Wissens die meisten von ihnen etwa drei Jahre für die Reise. Aber nur acht Jachten waren mir bekannt, die Kap Hoorn gerundet hatten. Es gab allerdings noch eine neunte, von der ich damals nichts wusste – Bernard Moitessiers *Joshua,* mit der Moitessier und seine Frau Françoise Kap Hoorn bezwungen hatten; um die ganze Welt sind sie, glaube ich, nicht gesegelt. Das Südkap Amerikas zu umfahren, das war es, was bei einer Weltumsegelung am meisten reizte. Jahrelang beschäftigte mich dieser Gedanke. Er weckte freilich nicht nur eine gewisse Besorgnis, ja Angst in mir, sondern machte mir – ich gestehe es offen ein – regelrechtes Entsetzen. Was man über die dort tobenden Stürme liest, ist ganz einfach Grauen erregend. Und die Liste der Schiffe, die vor Kap Hoorn verloren gegangen sind, wird niemals abgeschlossen werden – es waren ihrer zu viele.

Lange Zeit sagte ich mir, dass jeder Versuch, Kap Hoorn in einer Jacht zu runden, nichts als Wahnsinn sei, denn ich wusste, dass acht Jachten dies gewagt hatten; sechs von ihnen waren vor, bei oder nach dem Unternehmen gekentert. Ich lasse mir nicht gern Angst einjagen, aber noch mehr verabscheue ich es, mich durch Angst von etwas abhalten zu lassen. Und so bekam Kap Hoorn für mich eine schreckliche Faszination: als eine der größten Herausforderungen, die es in dieser Welt noch gibt.

Ich begann alle Berichte zu lesen, derer ich habhaft werden konnte – aus jedem Erfolg, aus jedem Scheitern war etwas zu lernen. Diese Lektüre stimmte mich zuversichtlicher; zwar waren nach meiner Überzeugung die meisten Jachten für eine solche Aufgabe nicht geeignet gewesen und dennoch nur zwei mitsamt ihrer

Besatzung verloren gegangen. So kam ich zu dem Schluss, dass ich in der Lage sein müsste, mit einem entsprechend ausgerüsteten Boot und mit kluger Taktik Kap Hoorn und die Erde zu umsegeln.

Interessant war das Projekt auch deshalb, weil ich eine Möglichkeit sah, die schnellste Weltumsegelung zu bewerkstelligen, die je in einem kleinen Boot geglückt war. Und zwar plante ich eine Umsegelung in zwei Etappen, wobei Sydney als einziger Zwischenhafen angelaufen werden sollte. Nur so war es möglich, rascher voranzukommen. Zu dieser Einsicht war ich schon im Jahre 1929 gelangt, als ich versucht hatte, die Zeit von Hinklers sensationellem Alleinflug von England nach Australien zu unterbieten. Ich glaube, dass mir dies hauptsächlich deshalb nicht gelang, weil ich zwei Flugetappen pro Tag geplant und wertvolle Stunden dadurch verloren hatte, dass ich mich alltäglich in zwei Ländern mit Pass-, Zoll- und sonstigen Behörden herumärgern musste, während Hinkler nur eine einzige, dafür entsprechend längere Etappe hinter sich brachte. Auch ich hätte dies getan, wenn man mir erlaubt hätte, mehr Treibstoff mitzuführen (ich hatte an meiner Maschine lediglich zwei kleine Zusatztanks anbringen dürfen), aber eigentlich hätte es mir möglich sein müssen, mit diesen Problemen fertig zu werden.

Es war ein höchst gewagter Plan, mit einer kleinen Jacht allein und ohne Zwischenlandung von Plymouth nach Sydney segeln zu wollen – war es überhaupt möglich? Eine erste oberflächliche Schätzung ergab eine Entfernung von 13 750 Seemeilen (rund 25 500 Kilometer). Es war dies der traditionelle Track der rahgetakelten Schnellsegler, der Klipper, wie er sich aus der mehr als hundertjährigen Erfahrung mit zehntausenden von Seglern auf allen möglichen Routen als der schnellste ergeben hatte. (Als ich allerdings später in aller Ruhe die Strecke mit mehr Sorgfalt ausmaß, kam ich auf 14 109 Meilen.) In welcher Zeit war eine solche Strecke bestenfalls zu bewältigen? Im Jahre 1964, bei der zweiten Einhandjachtregatta über den Atlantik, hatte mich der französische Marineleutnant Eric Tabarly geschlagen, der sich eigens ein Boot dafür hatte bauen lassen; bei der Überquerung des Atlantiks von Ost nach West hatte er im Tag durchschnittlich 105,5 Meilen zurückgelegt. Nach dem Rennen, auf der Rückfahrt von West nach Ost, hatte ich meinen Sohn Giles im Boot, und jetzt kamen wir auf 126 Meilen täglich. So kam ich zu der Annahme, dass die Klipperroute eher der West-Ost-Passage als der Ost-West-Passage über den Atlantik entspreche. Allerdings war eine Reise von über 14 000 Meilen etwas ganz anderes als eine über nur 3200 Meilen. Dennoch musste es nach meinen Erfahrungen möglich sein, 126 Meilen täglich zu schaffen; zumindest war dies ein Ziel, das ich ins Auge fassen und vielleicht auch erreichen konnte.

Bei der Transatlantikregatta 1964 hatte ich schon im Voraus gewusst, dass eine oder mehrere Jachten speziell für dieses Rennen gebaut wurden. Auch ich hätte mir damals wohl ein neues Boot zulegen können, wenn mir daran gelegen gewesen wäre. Ich versuchte es aber erst gar nicht, weil ich mich innerlich bereits auf eine Weltumsegelung vorbereitete und deshalb das Transatlantikrennen für mich zweitrangig geworden war. Ich betrachtete es lediglich als eine Gelegenheit, mir darüber klar zu werden, welche Art von Bootskörper, Takelung und Navigationstaktik sich für diese Weltumsegelung am besten eignete. Am Rennen des Jahres 1964 beteiligten sich 14 Boote – für mich war es geradezu ein Glück, dass ich geschlagen wurde und als Zweiter hinter dem Franzosen Eric Tabarly einlief. Während der Regatta kümmerte sich mein sportbegeisterter Vetter Tony Dulverton um meine Frau Sheila. Hinterher fragte er, warum ich mir nicht ein Boot zugelegt hätte, mit dem ich gegen den Franzosen eine Chance gehabt hätte, wobei er hinzusetzte, dass er mir für die nächste Regatta 1968 zu einem solchen Boot verhelfen würde. Nach England zurückgekehrt, gestand ich ihm, dass ich den Ehrgeiz hätte, allein die Welt zu umsegeln und dabei Kap Hoorn zu runden. Sofort erklärte er sich bereit, mir das Boot zu besorgen, das ich hierfür brauchte.

Doch nun muss ich zeitlich etwas zurückgehen. Vor der Regatta des Jahres 1964 hatte ich den Schiffbauingenieur John Illingworth aufgesucht und mit ihm den Bau einer *Gipsy Moth IV* als Einhand-Hochseejacht besprochen; seine Firma Illingworth & Primrose sollte die Risse anfertigen. Bald waren die ersten Entwürfe gezeichnet. Um die Zeit der Transatlantikregatta wurde in der Bootswerft Souter in Cowes für 1965 ein Platz für den Bau dieser Jacht gebucht. Die Kosten, die mir John Illingworth nannte, konnte ich verkraften, wenn ich meine *Gipsy Moth III* verkaufte. Die Jacht sollte eine vielschichtige Beplankung bekommen, d. h., eine Anzahl dünner Holzlagen sollte diagonal so über ein dem Bootsrumpf gemäßes Modell gelegt und verleimt werden, dass die Bootshaut eine entsprechend geformte Sperrholzschale darstellte. Außerdem wünschte ich einen prahmförmigen Bootskörper, d. h. von ziemlicher Breite, mit geringem Tiefgang und flachem Boden und mit einem tief gezogenen Kiel. John freilich meinte, das tauge nichts, weil ein flacher Bootskörper auf offener See zu stark schlagen würde. Daraufhin ließ ich ihm für die Planung völlig freie Hand – ich kannte seine Erfolge bei Hochseeregatten und bewunderte ihn ihretwegen. Ich weilte nach dem Transatlantikrennen für Einhandjachten 1964 noch in Amerika, als ein Telegramm von Illingworth & Primrose eintraf mit dem Vorschlag, ich solle die Kosten des Rumpfmodelles für mein Boot mit Lort Phillips teilen, der eine Jacht für meinen Konkurrenten bei der Regatta, Valentine Howell, bauen wollte. Die Vorstellung, dass der Entwurf nicht nur für mein Boot dienen sollte, sondern auch noch für einen anderen, brachte mich derart auf, dass ich schließlich das ganze Projekt fallen ließ.

An dieser Stelle ist wohl die Erklärung angebracht, dass Alleinfahrten an ein Boot ganz andere Forderungen stellen als Reisen mit einer kompletten und befahrenen Crew. Wenn gute Leute an Bord sind, kann ein Boot ständig mit Höchstgeschwindigkeiten segeln. Ist man aber allein, dann liegen die Dinge anders. Ein Einzelner kann nicht 24 Stunden täglich am Ruder Wache gehen und zugleich die Segel ständig so trimmen, dass das Boot alles hergibt, was in ihm steckt. Der Erfolg des Einzelgängers in der Einhandjacht hängt weitgehend davon ab, ob er im Stande ist, Segelführung und Navigation für die Zeit, in der er schläft, richtig vorauszuberechnen. Natürlich spielt auch das Boot eine eminent große Rolle; wichtig sind eine arbeitssparende Ausrüstung und die Fähigkeit, durch geschicktes Manövrieren unnötige Strapazen zu vermeiden. Wenn bei einer Regatta alle Boote voll bemannt sind, sodass sie ständig mit höchster Geschwindigkeit segeln können, dann gewinnt ganz einfach das bestgebaute Boot. Dann könnte aber von einem echten sportlichen Wettkampf sehr häufig keine Rede sein. Deshalb hat man bei solchen Rennen die Handicaps eingeführt. Bei Transatlantikregatten für Einhandjachten hingegen wären Handicaps ausgesprochener Unsinn.

Nach meiner Rückkehr von der Regatta des Jahres 1964 war ich, wie stets nach einer langen Reise, sehr glücklich und zuversichtlich. Als Tony Dulverton vorschlug, er wolle sich um den Bau eines neuen Bootes kümmern, legte ich ihm nahe, wieder Illingworth & Primrose mit den Entwürfen zu beauftragen. Tony meinte jedoch, Camper & Nicholson sollten die Sache übernehmen, denn diese Firma stehe in dem Ruf, die besten Jachten der Welt zu bauen, und außerdem stamme von ihr auch die Jacht seines Großvaters. Auch Sheila legte Wert darauf, bei Camper & Nicholson bauen zu lassen, weil sie das bestmögliche Boot wollte und überzeugt war, es gerade von dieser Firma bekommen zu können. Bei einer Besprechung, an der die Konstrukteure, Vertreter der Werft, Sheila, Tony und ich teilnahmen, brachte Tony die Forderung vor, es müsse das denkbar beste Boot gebaut werden, ganz gleich, was es koste. Das aber bedeutete natürlich, dass mich meine Jacht sehr teuer zu stehen kommen würde. Ich bin ein Geschäftsmann, und ich bin einer der wenigen Flieger der Pionierzeit (wenn nicht gar der Einzige), die die von ihnen geflogenen Maschinen aus eigener Tasche bezahlten; auch meine Jachten *Gipsy Moth II* und *Gipsy Moth III* hatte ich mir aus meinen Ersparnissen gekauft. Und nun erklärten Camper & Nicholson, sie seien nicht im Stande, einen verbindlichen Kostenvoranschlag abzugeben, und wollten sich in dieser Hinsicht keinerlei Beschränkungen auferlegen lassen – woraufhin ich keineswegs geneigt war zuzustimmen. Tony aber erklärte großzügig, ich bräuchte mich um die Finanzierung überhaupt nicht zu kümmern; ich könne mich getrost weiterhin ausschließlich den Vorbereitungen für die Fahrt widmen.

John Illingworth' ursprünglicher Plan sah eine Jacht mit nur 5¾

Tonnen Wasserverdrängung vor, nach dieser Besprechung jedoch war er bereit, die Jacht von 48 auf 54 Fuß (14,63 bzw. 16,46 Meter) zu verlängern. Ich warf im Spaß ein, dann könne sie ruhig noch ein paar Fuß länger werden – warum nicht gleich einen echten Zwölfer? –, und fuhr dann ernsthaft fort, dass ich zwar ursprünglich eine Maximalgröße von 9 Tonnen Themsevermessung geplant hätte, jetzt aber auch mit einer Wasserverdrängung von 9 Tonnen einverstanden sei; nur noch größer dürfe das Boot nicht werden. Hier ist vielleicht die Bemerkung angebracht, dass »Themsevermessung« die bei uns für Jachten übliche Größenangabe in Tonnen ist, während man unter »Wasserverdrängung« das tatsächliche Schiffsgewicht versteht. Ein Wechsel von 9 Tonnen Themsevermessung auf 9 Tonnen Verdrängung bedeutete ein wesentlich größeres Boot. Illingworth erklärte, dass er den längeren Bootskörper um der Geschwindigkeit willen vorgesehen habe; ich würde trotzdem ein leichtes, schnelles Boot bekommen. Meiner Vorstellung, dass das Großsegel keine größere Segelfläche haben dürfe als 300 Quadratfuß (27,9 Quadratmeter), entsprach sein Plan: Er sah ein Großsegel von weniger als 300 Quadratfuß, ein Besansegel von etwa 140 Quadratfuß (13 Quadratmeter) und als größtes Vorsegel eine Arbeitsfock von 200 Quadratfuß (18,6 Quadratmeter) sowie eine Genua von ebenfalls 200 Quadratfuß vor. Meiner Meinung nach war dies aber eine sehr kleine Segelfläche für ein 54 Fuß langes Boot, und das sagte ich dann auch. Illingworth entgegnete, die Jacht sei ein extremer Leichtdeplacementtyp und käme mit einer solchen Segelfläche mühelos voran. Dennoch blieb ich bei meiner Ansicht, dass bei schwachem Wind sein Segelriss bei weitem nicht ausreichen würde, und bestand auf einem um fünfzig Prozent größeren Vorsegel und zwei großen Genuafocks (dreimal so groß wie das von ihm vorgesehene größte Focksegel, d. h. je 600 Quadratfuß) – zu meinem Glück, wie sich später herausstellen sollte. Ich wandte mich auch gegen den langen achterlichen Überhang, der mir ein schwacher Punkt zu sein schien; daraufhin wurde die Gesamtlänge auf 53 Fuß und ein Inch (16,18 Meter) reduziert. Dadurch gewann ich jedoch nicht viel, denn achtern kam ja noch die Selbststeueranlage dazu. Die Risse sahen mittschiffs einen kurzen, tiefen Kiel vor, achtern ein getrenntes Ruder mit Steg davor (Skeg). Ich war allerdings der Überzeugung, dass eine solche Anordnung bei grober See im Südpazifik nicht stabil genug sei, woraufhin John sich bereit erklärte, den Kiel bis zum Ruder zu verlängern. Ende 1964 sollte die Jacht auf Kiel gelegt und im September 1965 fertig sein.

Fast jede Woche fuhren Sheila und ich nach Portsmouth, um uns nach dem Fortschreiten der Arbeit zu erkundigen, vor allem aber in der Hoffnung, den Bau beschleunigen zu können. Doch der Sommer verging, und oft sah es aus, als sei von einer Woche zur anderen überhaupt nichts geschehen. Mit der Zeit wurde uns klar, dass das Boot im Herbst nicht fertig werden konnte. Daraufhin nannte man uns den Januar 1966 als neuen, verbindlichen Termin.

Und immer wieder versicherte mir John Illingworth, die *Gipsy Moth IV* werde bestimmt ein sehr schnelles Boot sein – mit dem Erfolg, dass ich nachts, wenn ich wach lag (und das geschah oft), mir ausmalte, wie ich meine Jacht über die mächtigen Wogen des Südmeers steuere und dabei vielleicht eine so hohe Geschwindigkeit erreiche, dass ich an die Rekordzeit der großen Klipper herankomme. Das musste möglich sein, denn die Wasserlinienlänge betrug 39½ Fuß (12,04 Meter), sodass die theoretische Höchstgeschwindigkeit des Rumpfes auf jeden Fall nahe bei 200 Meilen pro Tag lag. (Die theoretische Höchstgeschwindigkeit eines normalen Bootes, d. h. eines Bootes, das sich nicht halb aus dem Wasser hebt und ins Gleiten kommt, ist von der Wasserlinienlänge abhängig.)

Sorge machte mir die Tatsache, dass John nicht davon abzubringen war, eine besonders große, stabile und entsprechend schwere Selbststeueranlage für das Boot anfertigen zu lassen. Ich konnte das nicht verstehen, weil die von Colonel Hasler entwickelte Standard-Selbststeueranlage bei der Regatta des Jahres 1964 etwa die Hälfte der an ihr beteiligten Boote sicher über den Atlantik gebracht hatte, ohne dass es Schwierigkeiten oder Pannen gegeben hätte. Aber John war der Meinung, dass mein Boot größer und deshalb eine schwerere Ausrüstung notwendig sei. Wenn ich auf der Hasler-Standardausrüstung bestanden und notfalls das Boot so abgeändert hätte, dass dieses Modell hineinpasste, dann wären mir, wie ich heute weiß, sehr viel Ärger und Arbeit erspart geblieben.

Auf Grund der Angaben in Lubbocks Büchern über die Klipper kam ich zu dem Schluss, dass sie für die Fahrt von Plymouth nach Sydney im Durchschnitt 100 Tage gebraucht hatten.* Wenn ich im Tagesdurchschnitt 137½ Seemeilen zurücklegte, konnte ich es in der gleichen Zeit schaffen – zumindest war ich damals dieser Überzeugung, da meine Berechnungen auf der ersten oberflächlichen Entfernungsmessung beruhten. In Wirklichkeit musste ich täglich im Durchschnitt 141 Meilen hinter mich bringen, was bedeutete, dass ich über ein Vierteljahr lang Tag und Nacht durchschnittlich fast 6 Knoten laufen musste. Dennoch beschloss ich, zu gegebener Zeit verlautbaren zu lassen, dass ich versuchen wolle, die Strecke in 100 Tagen zurückzulegen – eine schöne runde Zahl, die sich die Leute leicht merken konnten. In Wirklichkeit hatte ich vor, die Welt in kürzerer Zeit zu umsegeln, als es je zuvor einem anderen kleinen Boot gelungen war, doch darüber zu sprechen, hielt ich für verfrüht. Aus meiner Zeit als Flieger hatte ich mir das Gefühl dafür bewahrt, dass die vorschnelle Ankündigung eines besonders ehrgeizigen Zieles auch schon das Scheitern heraufbeschwört.

Welche Weltumsegelungen mit schnellen kleinen Booten wollte ich ausstechen? Der Argentinier Vito Dumas war in einem Jahr und einem Tag um die Erde gesegelt und hatte dabei auch die längste Alleinreise geschafft, die bis dahin je unternommen worden war, nämlich 7400 Seemeilen. Aber er hatte die Erde in südlichen Breiten umsegelt; ich will seine großartige Leistung gewiss nicht herabsetzen, wenn ich sage, dass er dabei nur eine Strecke von etwa 20 000 Seemeilen zurückzulegen hatte; eine Umsegelung, bei der das Schiff zwei einander diametral entgegengesetzte Punkte der Erdoberfläche passiert, bedeutet eine Strecke von etwa 30 000 Meilen. Niemandem war offenbar eine Umsegelung in einer Zeit geglückt, die der von Vito Dumas nahe kam.

* Kapitän Jagoe sagte mir später, dass hundert Tage der Durchschnitt der schnellsten Klipper gewesen sei, während er bei allen Klippern zusammengenommen 127 Tage betragen habe.

Ich bat Camper & Nicholson, die Jacht mit Sicherheit bis Ende Januar 1966 fertig zu stellen, damit ich sie noch im Wasser sehen konnte, ehe ich zu einem einmonatigen Trainingsaufenthalt nach Südfrankreich fuhr. Der Stapellauf fand dann aber doch erst im März statt. Bei dieser Gelegenheit gab es eine Party, was durchaus nicht nach meinem Geschmack war, denn ich meine, man soll erst feiern, nachdem das Boot etwas geleistet hat, und nicht schon vorher. Sheila taufte das Boot. Sie hat, was Schiffe und Boote angeht, einen sicheren, fast unheimlichen Instinkt, und wenn man sie bei dieser Gelegenheit hätte handeln lassen, wie sie es vorhatte, wäre alles gut gegangen. Leider aber hörte sie auf Charles Blake, den Geschäftsführer von Camper & Nicholson. Er ist ein netter Kerl, heiter, liebenswürdig und klug, ein Mann, wie ihn sich jeder Junge als Onkel wünscht, auch wenn er dafür das Taschengeld für ein ganzes Schuljahr hergeben müsste. Ausgerechnet in diesem an sich unbedeutenden Fall gab Charles einen falschen Rat. Er sagte nämlich zu Sheila: »Sie brauchen die Champagnerflasche nicht zu werfen – lassen Sie sie einfach auf den Bootskörper fallen.« Sheila tat es – *und die Flasche zerbrach nicht!* Ich war entsetzt – ich konnte nur denken: welch schreckliches Vorzeichen! Bei der Wiederholung warf Sheila die Flasche, wie es üblich ist, und diese zerschellte prompt am Rumpf. Aber dann blieb das Boot auf der mit Fett geschmierten Ablaufbahn hängen und ging nicht zu Wasser. Scheußlich kalt stieg ein ungutes Vorgefühl in mir auf. Ich sprang hinab und stemmte mich mit der Schulter gegen einen der Ablaufschlitten. Gewiss – den Zuschauern mochte dies komisch vorkommen, aber ich konnte nicht anders: Wenn irgendein Bemühen meinerseits das Boot zum Ablaufen zu bringen vermochte, so musste ich es tun. Langsam setzte sich das Boot in Bewegung und endlich schwamm es auf dem Wasser. Aber der Rumpf lag sehr hoch, beunruhigend hoch. Als dann einige leichte Wellen einer Fähre die glatte Wasseroberfläche kräuselten, begann die *Gipsy Moth IV* heftig zu stampfen. »Mein Gott«, riefen Sheila und ich zugleich, »ist das eine Schaukel!«

Enttäuschungen

Bei der ersten Versuchsfahrt im Solent stellten wir als Allererstes fest, dass das Großsegel mit dem Unterwant in Berührung kam, selbst wenn die Jacht hart am Wind lag, sodass diese Wanten mit Umlegehebeln oder Klappläufern ausgerüstet werden mussten – jedes Mal, wenn ich für eine kurze Strecke etwas aus dem Wind gehen wollte, musste ich zum Großmast, das Leewant lösen und an den Großmast anschlagen, um zu verhindern, dass es das Segel durchscheuerte. Eine der wichtigsten Anforderungen, die ich an eine Einhandjacht stelle, ist die, dass es keinerlei Hebel oder Läufer geben darf. Bei der *Gipsy Moth III* hatte ich die Takelage ändern lassen, um die Backstaghebel loszuwerden. Aber dieses Boot, das mich um die ganze Erde tragen sollte, hatte nicht nur Hebel an den Unterwanten, sondern noch zwei weitere an den Backstagen, die höchst umständlich zu handhaben waren, wenn ich ein Besanstagsegel setzen wollte. Noch viel schlimmer jedoch war, was dann geschah: Ein Windstoß mit einer Stärke von höchstens 6 legte das Boot so um, dass die Masten parallel zur Wasseroberfläche lagen. Bei dieser Versuchsfahrt waren John Illingworth und Colonel »Blondie« Hasler an Bord. Über die Frage, wie weit sich die *Gipsy Moth* übergelegt hatte, waren wir alle verschiedener Meinung. John behauptete, die Masten hätten keinesfalls auch nur annähernd waagerecht gelegen. »Blondie« sagte: »Ich glaubte zuerst, dass sie 80 Grad Schlagseite hatte, aber hinterher dachte ich mir, dass man in solchen Fällen wohl immer übertreibt – wahrscheinlich hat sie gar nicht so stark gekrängt.« Ich saß damals am Rand der Plicht und beobachtete ständig genau den Mast, da ich wissen wollte, wie sich das Boot im Wasser verhielt. Campers Leute verrieten mir später, das Boot habe sich sogar vor Anker schon bei

Probefahrt im Solent vor dem Umbau (Chris Smith, *The Sun*)

einem mäßigen Windstoß so stark übergelegt, dass bereits das Schanzkleid unter Wasser gewesen sei. Hier hatte ich also ein Boot, das sich schon im ruhigen Wasser des Solent flach legte – der Gedanke, was es wohl im tobenden Südmeer tun würde, ließ mir eiskalte Schauer über den Rücken laufen.

John hatte sich auf Grund dieser ersten Erfahrungen entschlossen, die Jacht bei nächster Gelegenheit wieder aufzuslippen, einen Teil des Totholzes im Kiel wegzuschneiden und dafür den Kiel mit rund 1000 Kilo Blei zu beschweren. Aber da dies nicht vor dem 1. April geschehen konnte, hatte ich die Jacht zwei oder drei Wochen lang für mich, um einige Alleinfahrten zu unternehmen. Eines Tages barg ich im Solent das Großsegel. Nun standen nur noch Vor- und Besansegel, und dennoch krängte das Boot um 30 bis 40 Grad. Auf dem Deck, das auf meinen Wunsch hin völlig flach war, sodass große Brecher darüber hinwegfegen konnten, ohne auf Decksaufbauten zu treffen, die sie hätten wegreißen können, gab es zwei metallgefasste Oberlichter aus Drahtglas von einer französischen Firma. Es sind dies zwei Ausrüstungsstücke, die dann stets einwandfrei funktioniert haben, aber leider war ich damals noch nicht daran gewöhnt, mitten auf Deck Glas zu haben; es war nass und rutschig, ich glitt aus, und da das Boot so stark überlag, stürzte ich und schlug mir dabei den Schenkel an. Eine Zeit lang war der Schmerz sehr stark, er ließ aber nach, als ich die Fahrt beendete und das Boot zur Muring zurückbrachte. Ich entdeckte auf meinem Schenkel eine etwa zwölf Zentimeter große dunkelblaue Quetschung, die jedoch zunächst nicht mehr wehtat. Unbesorgt ging ich meinen gewohnten Geschäften nach. Vier Tage lang hatte ich keine Schmerzen oder sonstige Schwierigkeiten. Dann aber entdeckte ich, dass der dunkle Fleck größer wurde und sich bis unterhalb des Knies und bis zum Gesäß ausdehnte. Jetzt setzte auch der Schmerz wieder ein, und zu alledem musste ich feststellen, dass mein Fuß halb gelähmt war. Diese partielle Lähmung oder, wenn dies nicht der richtige Ausdruck ist, diese vollständige Empfindungslosigkeit und Bewegungsunfähigkeit befiel meinen Fuß stets nur zu einem Teil – zu einem bestimmten

Zeitpunkt waren die Zehen nicht funktionsfähig, darauf wieder nur der große Zeh, dann die Außenseite des Fußes usw. Ich war töricht genug, nicht zum Arzt zu gehen; ich befürchtete nämlich – vielleicht nicht ganz zu Unrecht –, dass er mir die Reise verbieten würde. Und so mühte ich mich ab, durch eifrige Gymnastik Fuß und Bein wieder bewegungsfähig zu machen. Die Verletzung war sehr ärgerlich, weniger weil ich nur noch beschränkte Gewalt über das Bein hatte (auf dem Boot machte das nicht viel aus, da ich dort, um im Gleichgewicht zu bleiben, meine Hände benutzen und mich mit dem Körper an Mast oder Want lehnen konnte), sondern weil ich im Gehen behindert war und meine tägliche Gymnastik nicht mehr absolvieren konnte, die wesentlich ist, wenn man in Form bleiben will. Es sollte 15 Monate dauern, bis ich wieder so marschieren konnte, dass dadurch mein Körper durchgearbeitet wurde.

Endlich wurde das Boot aufgeslippt, was mich einen ganzen wertvollen Monat meiner Segelversuche kostete. Die Leute von der Bootswerft leisteten gute Arbeit, sägten große Stücke aus dem Totholz und gossen dafür den Kiel mit geschmolzenem Blei aus. Als die *Gipsy Moth* wieder vom Stapel gelassen wurde, war sie seetüchtiger, aber immer noch entsetzlich windempfindlich und krängte beim leichtesten Windhauch. Auch unter Deck stand nicht alles zum Besten. Während der ganzen Bauzeit hatte John verlangt, die gesamte Ausrüstung müsse so leicht wie möglich sein, um Gewicht zu sparen. So hatte er vorgeschrieben, dass zwischen Kojen und Schiffsrumpf keinerlei Verkleidung anzubringen sei; da aber das Deck überall dort, wo es auf den Schiffsrumpf aufgesetzt war, leckte, konnte das nur bedeuten, dass ich bei Erreichen der offenen See mit nassem Bettzeug in der Koje liegen musste. Glücklicherweise hatte, wie sich später herausstellte, Campers angenommen, dass Johns Forderung auf einem Missverständnis beruhe, und zwischen die Kojen und den Bootsrumpf eine Verkleidung eingefügt. Sonderbar war auch, dass John, sonst stets darauf bedacht, Gewicht zu sparen, ein zweites Klosett vorgesehen hatte, weil, wie er meinte, bei hoher Fahrt das Klosett im Vorschiff nicht zu benutzen sei. Es war ganz gewiss etwas Neues, auf einer Einhandjacht zwei Klosetts zu haben, und ich war von seinem Vorschlag recht überrascht. Aber ich willigte ein, bekam ich doch dadurch einen zusätzlichen Raum, wo ich mein Ölzeug aufhängen konnte. Für eine lange Hochseereise ist dies höchst wichtig.

Zu alledem kam noch das sehr erhebliche Gewicht der speziell für mein Boot gebauten Selbststeueranlage am ungeeignetsten Platz, nämlich außenbords am Spiegel. Eine zusätzliche Belastung waren auch die Hebel, die über Deck angebracht waren, also ebenfalls ungünstig lagen. Um zu den Unannehmlichkeiten unter Deck zurückzukehren: Im Herbst 1964 besuchte uns Angus Primrose, der Partner der Firma Illingworth & Primrose, auf der *Gipsy Moth III*, die im Beaulieu River vor Anker lag. Sheila und ich verbrachten mehrere Stunden damit, ihm unsere Wünsche bezüglich der Inneneinrichtung der neuen Jacht vorzutragen. Im Prinzip wollte ich alles so haben wie in dem früheren Boot, wenn es keinen triftigen Grund für eine Änderung gab. Wir nahmen vom gesamten Kabinenmobiliar Maß, von Sitzen und Kojen, auch von der Einrichtung der Kombüse, und schrieben alles auf. Leider war dies vergebliche Mühe, weil seine Aufzeichnungen und Skizzen verloren gingen. Und als man das schließlich entdeckte, war die *Gipsy Moth III* bereits aufgelegt und abgerüstet, sodass die Maße nicht noch einmal genommen werden konnten. Aber Sheila kümmerte sich um die Kombüseneinrichtung und die Ausstattung; fast jede Woche sprach sie mit dem Meister der Schreinerei von Campers darüber. Außerdem wurde in voller Größe ein Modell der Kombüse und des anschließenden Bootsabschnitts angefertigt, der meinen Schwingstuhl mit dem in einem Kardangelenk aufgehängten Tisch enthielt. Sheila nahm sich all dieser Einzelheiten mit größter Sorgfalt an; dennoch ging die Hälfte der Sachen schief. Wenn man beispielsweise bei Schlagseite einen der Schränke unter der Kombüse öffnete, rutschte der Inhalt über den ganzen Boden. Auf hoher See erwies sich die Unterbringung von Geschirr, Besteck, Flaschen, Konservendosen und Vorräten als die schlechteste, die ich je erlebt hatte: Wenn das Boot krängte, rutschte alles von einer Seite auf die andere und machte einen Höllenlärm, vergleichbar mit dem eines wilden Jahrmarkttreibens. Zufrieden stellend untergebracht waren lediglich die Pfannen und Töpfe. Die Ablagen über dem Herd waren so weit zurückgesetzt, dass ich sie ohne Verrenkungen nicht erreichen konnte; die Geschirrablage hatte man in einer unzugänglichen Vertiefung hinter dem Ausguss untergebracht, weiter zurückgesetzt als geplant und so, dass alles Wasser, das in diese Vertiefung hineinspritzte, dort blieb, bis der Boden mit einem dicken Schimmelpilz bedeckt war; sobald man einen Teller herausfischte, bekam man einen Teil dieses Schimmels mit. Wenn die Schubladen in der Kombüse nass wurden – und sie wurden ständig mit Wasser bespritzt, das durch die schlecht schließende Luke drang –, klemmten sie, sodass man sie nicht öffnen konnte. Wochenlang waren infolgedessen viele Sachen, die ich dringend gebraucht hätte, in einer Schublade eingeschlossen. Funktionierten die Schubladen aber doch, so konnte nichts sie davon abhalten, aus dem Schrank zu fallen, es sei denn, dass man sie abschloss. Mehrmals sauste eine volle Schublade quer durch die ganze Kajüte und leerte ihren Inhalt auf dem Boden aus.

Die Kajüte war voll gepfropft. Wenn die Jacht krängte, hatte Sheila nicht genug Platz, in ihre Koje oder aus ihrer Koje zu kommen, und so musste die Seitenwand der Koje abgeschnitten und mit Scharnieren versehen werden. Nicht einen einzigen bequemen Sitzplatz gab es in der Kajüte, und obgleich der Tisch für viele Zwecke zu klein war, war es schwierig, sich an ihm vorbeizuquetschen, sobald die Jacht überlag, selbst wenn die eine Seite heruntergeklappt war. Nur zum kleinsten Teil entsprach die Inneneinrichtung unseren ursprünglichen Wünschen. Aber für größere Änderungen war die Zeit zu knapp.

Was den Bootskörper anging, so leisteten die Schiffbauer mit dem aus sechs Lagen verleimten Bootsrumpf, mit den laminierten Spanten und Steven vorn und achtern sowie mit dem Kiel hervorragende Arbeit: Der Schiffsrumpf blieb während der ganzen Fahrt vollkommen wasserdicht und widerstand allen Belastungen, denen das Boot ausgesetzt war. Anders war es leider mit der übrigen

Konstruktion. Aus Formsperrholz mit eingepassten Drahtglasfenstern wurde ein ungeheuer starkes Kajütdach aufgesetzt; aber wo es mit dem Deck verbunden war, leckte es ringsum entsetzlich, sobald ich aufs offene Meer hinauskam. Auch durch die Verbindung von Deck und Bootsrumpf drang ständig Wasser ein, sodass die Spinde fast alle triefend nass waren. Es wurde schwierig, auch nur in einem einzigen Spind eine Stelle zu finden, wo ich etwas unterbringen konnte, das trocken bleiben sollte. Ich behalf mir zuerst damit, dass ich alles in einen Plastikbeutel verstaute, ehe ich es ins Spind tat, aber diese Beutel haben den Nachteil, dass sie immer beschlagen: Es ist wahrhaft erstaunlich, wie Wasser von einer Spindwand seinen Weg in einen Plastikbeutel findet! Auch mit der Installation hatte ich meine Schwierigkeiten; aus den Frischwassertanks kam das Wasser stets mit Wolken einer faserigschleimigen Materie gemischt, vermutlich infolge irgendwelcher chemischen Vorgänge in den Tanks oder in den Rohrleitungen. Die beiden Treibstoffleitungen zu den Tanks im Kiel für den Motor, den ich zur Stromerzeugung (für die Funkanlage und das Licht) brauchte, lösten sich von den Tanks, als ich auf hoher See war – wahrscheinlich wäre das ganze Dieselöl beim Krängen in die Bilge ausgelaufen, wenn die unmittelbar in den Kiel eingelassenen Tanks nicht hoch und schmal gewesen wären. Während der ganzen Fahrt konnte ich niemals die Waschbecken in den Klosetts benutzen, denn wenn das Boot nach Backbord überlag, während das Klo ausgepumpt wurde, dann gelangte der Inhalt in das Becken und blieb dort, so viel man auch pumpte, bis sich das Boot nach Steuerbord überlegte oder ich das Zeug auswischte. Sobald ich konnte, steckte ich den Stöpsel fest in das Becken und ließ ihn drin.

Als die Arbeiten so weit fortgeschritten waren, dass der Motor eingebaut werden konnte, stellte sich heraus, dass die Schraube oberhalb der Wasserlinie liegen würde. Der Motor musste nach vorn, zur Kajüte hin, verlegt werden, was mich einigen Stauraum kostete.

All dies zu erwähnen, halte ich für wichtig, weil es zeigt, auf was alles man im Voraus bedacht sein muss, wenn man eine Non-Stop-

Fahrt plant, die länger als ein Vierteljahr dauern soll. Geht bei einer drei oder sechs Tage dauernden Regatta etwas schief, werden etwa Mast oder Takelung unklar, so ist es in der Regel kein Problem, einen Hafen anzulaufen, und auch eine unzulängliche Installation ist selbst dann, wenn man Frischwasser oder Treibstoff verliert, eher ärgerlich als wirklich gefährlich. Auf einer 14 000-Meilen-Reise hingegen kann eine solche Panne das Unternehmen völlig zum Scheitern bringen.

Eigentlich hätte auch meine alte *Gipsy Moth III* für die Fahrt ausgereicht, aber einiges an ihr entsprach nicht ganz meinen Vorstellungen. Vor allem wollte ich ein glattes Deck, damit Brecher es ohne Widerstand überrollen und nichts an Deck zerschlagen konnten. Zweitens hielt ich ein kräftiger ausgebildetes Deckshaus (als Überdachung der Kombüse) für nötig, weil der Kajütboden dort höher lag, aber auch, weil ich von der Kombüse und dem Raum davor freien Ausblick haben wollte. So wurde für die *Gipsy Moth IV* eine äußerst stabile »Hundehütte« aus vier über einer Form verleimten Lagen Mahagoniholz angefertigt; nachdem der Leim- und Formprozess beendet war, wurden die Öffnungen für die Fenster ausgeschnitten. Dieses Deckshaus hatte abgerundete Ecken und Kanten, sodass es einem Brecher nur wenig Widerstand bot. Was mir bei meiner alten *Gipsy Moth III* außerdem nicht gefallen hatte, war die Tatsache, dass die Außenhaut nur aus einer einzigen Lage Planken bestand. Bei der Transatlantikregatta von 1964 war diese Beplankung leckgesprungen, was mich viel Arbeit und Zeit kostete; ein solches Leck aber hätte sich bei dem hohen Seegang, mit dem im Pazifik zu rechnen war, so vergrößern können, dass das Boot gesunken wäre. Die Beplankung für *Gipsy Moth IV* bestand deshalb aus sechs verleimten Lagen Mahagoniholz – alles in allem noch keine 2,5 Zentimeter dick, aber ungeheuer stark und trotzdem sehr leicht. Außerdem wünschte ich ein wasserdichtes Schott elf Fuß hinter dem Vordersteven, damit das Boot auch dann seetüchtig blieb, wenn es mit einem Eisberg zusammenstieß.

Noch eine weitere Forderung hatte ich an die Schiffbauer gestellt: Das Boot sollte auch handig bleiben, wenn nur das Großsegel gesetzt war. Dafür hatte ich zwei Gründe: Zum Ersten ist es für eine Alleinfahrt sehr wichtig, dass sich mit einem Boot auch bei geringer Fahrt gut manövrieren lässt, selbst wenn nur ein einziges Segel steht – und dies muss das Großsegel sein. Meine gute alte *Gipsy Moth III* konnte ich im Beaulieu River allein mit dem Großsegel zwischen den dort ankernden Jachten hindurchführen – ich kann mich nicht entsinnen, dass ich dabei jemals ein anderes Boot auch nur gestreift hätte. Zweitens hatte ich mir überlegt, dass eine Jacht, mit der leicht zu manövrieren ist, wenn sie lediglich das Großsegel fährt, wahrscheinlich eine gut ausgewogene Takelage hat, wenn Vorsegel und Besansegel hinzukommen – und das heißt, dass sie leicht auf dem Ruder liegt. Bei einer Einhandjacht mit Selbststeueranlage ist dies ein großer Vorzug, denn es bedeutet, dass die Ruderautomatik nicht übermäßig belastet wird. Bei den Probefahrten des ersten Tages führten traditionsgemäß die Leute von der Werft das Boot, und man erwartete von mir nicht, dass ich die Pinne übernahm. Als wir jedoch in den Hafen zurückkehrten, nur unter Großsegel, überließ man mir das Ruder. Ich hielt Kurs auf die nahe Mole an der Ostseite des Hafens; 50 oder 75 Meter davor legte ich das Ruder, um zu wenden. Die *Gipsy Moth IV* reagierte nicht im Geringsten. Wir liefen geradewegs auf die Mole zu, kamen ihr von Minute zu Minute näher – ich aber war so wütend, dass ich nichts unternahm, außer dass ich John herbeirief und ihm erklärte, was los war. Er warf sofort den Motor an, brachte ihn auf Touren und bekam damit das Boot herum. In dieser Hinsicht hatte mich also das Boot böse im Stich gelassen.

Ich hatte mir Sorgen gemacht, als John dem Boot eine Länge von 54 Fuß gab, denn je länger das Boot, desto mehr Segelfläche braucht man bei leichtem Wind, und desto mehr Arbeit muss man als einziger Mann im Boot leisten, um die Segel zu setzen und zu bergen. John beruhigte mich, indem er meinen Einwendungen zwei Argumente entgegensetzte: Zum Ersten werde dieses Boot so leicht, dass nur eine kleine Segelfläche nötig sei, und zweitens werde es groß genug, um bei Änderungen der Windverhältnisse

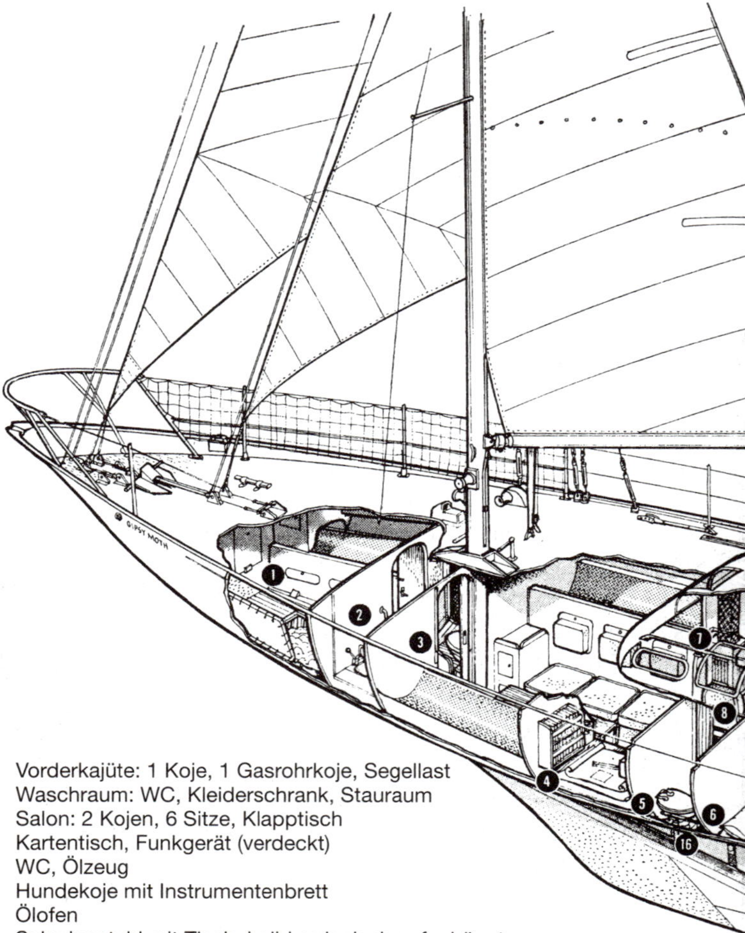

1 Vorderkajüte: 1 Koje, 1 Gasrohrkoje, Segellast
2 Waschraum: WC, Kleiderschrank, Stauraum
3 Salon: 2 Kojen, 6 Sitze, Klapptisch
4 Kartentisch, Funkgerät (verdeckt)
5 WC, Ölzeug
6 Hundekoje mit Instrumentenbrett
7 Ölofen
8 Schwingstuhl mit Tisch, halbkardanisch aufgehängt
9 Kocher
10 Spülbecken und Geschirrablage
11 Ofenabzug
12 Plicht mit Instrumentenbrettern, Pinne, Bedienungshebel für die Maschine und Stauraum für Winschkurbeln
13 Motor und Generator
14 Schlauchboot
15 Hasler-Selbststeueranlage
16 Tanks (Frischwasser, Treibstoff, Heizöl)

Schnitt durch die *Gipsy Moth IV*

die Segel weit länger stehen lassen zu können als ein kleineres Boot. Ich möchte nochmals betonen, dass der ursprüngliche Plan eine Wasserverdrängung von 5¾ Tonnen vorgesehen hatte. Als John das Boot auf 54 Fuß verlängerte, sagte ich abermals, dass 9 Tonnen Themsevermessung die optimale Größe für eine seetüchtige und schnelle Einhandjacht seien. Da John jedoch kategorisch erklärte, dieses Boot sei sehr handig, und die Verlängerung werde eine höhere Geschwindigkeit einbringen, weil die theoretische Höchstgeschwindigkeit mit der Länge eines Bootes zunimmt, erklärte ich mich mit 9 Tonnen Wasserverdrängung als oberster Grenze einverstanden. Als das Boot dann fertig war, hatte es aber eine Wasserverdrängung von 9½ Tonnen, also eine halbe Tonne mehr, als ich genehmigt hatte. Und durch den Bleiballast am Kiel erreichte es schließlich eine Wasserverdrängung von 11½ Tonnen – volle 18 Tonnen nach Themsevermessung! Das war nicht weniger als das Doppelte des Gewichtslimits, das ich ursprünglich angegeben hatte, und immer noch 37½ Prozent mehr als das Gewicht, das ich schließlich gebilligt hatte. Die Segelfläche konnte nicht mehr vergrößert werden, weil jedes Segel bereits die maximale Größe hatte, mit der ich noch fertig werden konnte. Damit hatte ich nun ein Boot, das bei leichtem Wind viel zu wenig Segel fuhr; ich musste also schon bei wesentlich geringerer Windstärke sämtliche Segel setzen, was nicht nötig gewesen wäre, wenn man den Bootsrumpf in den Abmessungen gehalten hätte, die mein ursprünglicher Wunsch gewesen waren. Johns Behauptung, dass die Segel viel länger stehen bleiben könnten als bei einem kleineren Boot, stimmte zwar in gewisser Hinsicht, lenkte jedoch nur von den beiden Tatsachen ab, die mir wirklich nahe gingen: Erstens, dass ich wegen der unvorhergesehenen Bootslänge die Gesamtsegelfläche viel früher einsetzen musste, und zweitens, dass bei einem Sturm ohnehin alle normalen Segel geborgen und die Sturmsegel gesetzt werden müssen – wobei es gleichgültig war, ob ich diese Arbeit nun etwas früher oder später zu erledigen hatte. Bei dem größeren Boot waren lediglich mehr Segel zu bergen, und das hieß mehr Arbeit.

Gespannt war ich darauf, welche Geschwindigkeit ich wohl im Solent aus dem Boot herausholen könnte. Zunächst war ich enttäuscht, weil es bei leichtem Wind weit langsamer zu sein schien als die *Gipsy Moth III;* aber als die Brise steifer wurde und 20 Knoten erreichte, stellte ich erfreut fest, dass die *Gipsy Moth IV* auf 9 Knoten kam. Dies ist für eine Einhandjacht wirklich eine tolle Geschwindigkeit. Allerdings waren da zwei Faktoren, auf die ich mehr hätte achten müssen: Einmal mussten sämtliche Anwindsegel gesetzt werden, um bei einer Brise von 20 Knoten die Geschwindigkeit von 9 Knoten zu erreichen, was bedeutete, dass das Boot bei geringeren Windstärken untertakelt war; und zweitens lag es 30 oder 35 Grad über. Wenn man im Solent segelt und sich in der Plicht aufhält, machte eine Schlagseite von 30 Grad nichts aus – dadurch wird das Segeln nur noch aufregender. Wenn man aber bei einer solchen Schlagseite unter Deck arbeiten soll, sieht das schon ganz anders aus; und bei grober See ist eine konstante Schräglage von 30 bis 40 Grad weit gefährlicher als auf den ruhigen Wassern des Solent. Eine hohe Welle kann das Boot um weitere 40 Grad krängen lassen – und was passiert dann?

Da auf meiner Fahrt die Geschwindigkeit eine sehr große Rolle spielen sollte, möchte ich einige Anmerkungen dazu vorausschicken. Jedes Schiff sollte auf eine Geschwindigkeit (in Knoten) kommen, die dem 1,3fachen der Quadratwurzel aus der Wasserlinienlänge (in Fuß) entspricht. So konnte Joshua Slocums *Spray* in den 90er-Jahren des vergangenen Jahrhunderts eine Geschwindigkeit von 8 bis 9 Knoten erreichen, obwohl die Form ihres Rumpfes den heutigen Schiffbauern die Haare zu Berge stehen lassen würde. Bug und Heck fielen fast senkrecht ab, sodass die Wasserlinienlänge beinahe der Gesamtlänge entsprach. Aber was immer die modernen Schiffbauer über die *Spray* denken mögen, es bleibt die Tatsache, dass sie nicht nur schnell war – die 1200 Meilen, die Slocum 1897 in acht Tagen zurücklegte, waren fast 70 Jahre lang ein Alleinfahrtrekord, der erst vor zwei Jahren gebrochen wurde –, sondern auch ein außergewöhnlich seetüchtiges Boot. Und nirgends ist in Slocums Aufzeichnungen die Rede davon, dass sie sich

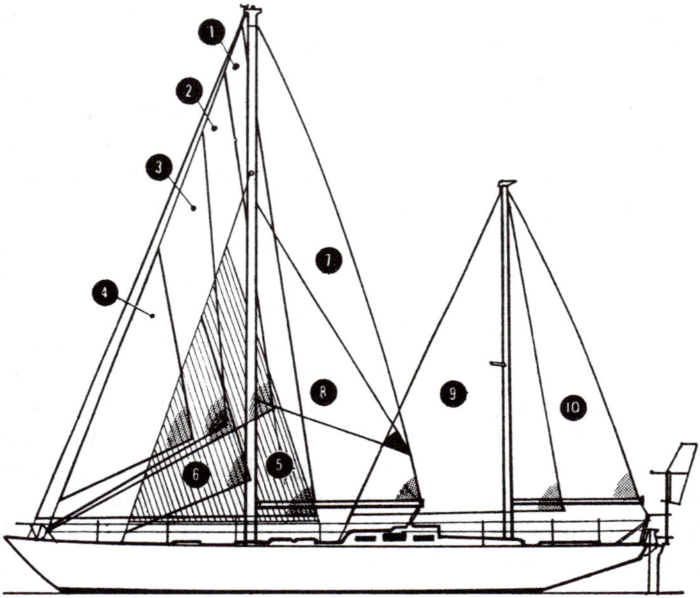

Segelriss:

1 Großes 600-Quadratfuß-Genuasegel
2 Leichte 300-Quadratfuß-Arbeitsfock
3 187-Quadratfuß-Arbeitsfock
4 107-Quadratfuß-Sturmfock
5 188-Quadratfuß-Stagsegel-Genua
6 95-Quadratfuß-Sturmstagfock
7 289-Quadratfuß-Großsegel
8 144-Quadratfuß-Trysegel
9 350-Quadratfuß-Besanstagsegel
10 143-Quadratfuß-Besan

breitseit legte, und ich bin sicher, dass er dies erwähnt hätte, wenn es je geschehen wäre.

Eine nur auf Geschwindigkeit gebaute Jacht, wie etwa ein Rasse-»Zwölfer«, kann eine Höchstgeschwindigkeit erreichen, die dem Anderthalbfachen der Quadratwurzel aus der Wasserlinienlänge entspricht. Eine Hochseejacht von einem erstklassigen Schiffbauer erreicht eine Maximalgeschwindigkeit, die zwischen diesen beiden

Werten liegt. Der Grund, warum die Höchstgeschwindigkeit von der Wasserlinienlänge abhängt, liegt in der Wellenbildung der Jacht bei hoher Geschwindigkeit: Eine kürzere Jacht muss früher aus der Welle auftauchen als eine längere; und sobald sie zu »klettern« beginnt, wird ihre Geschwindigkeit vermindert. Die theoretische Grundgeschwindigkeit der *Gipsy Moth IV* ist deshalb die Quadratwurzel aus 38½ Fuß multipliziert schlimmstenfalls mit 1,3, bestenfalls mit 1,4; das bedeutet 8,06 Knoten (oder 193,6 Meilen pro Tag) oder 8,686 Knoten und 208,5 Meilen pro Tag. Als die *Gipsy Moth IV* im Bau war, hatte ich auf Grund dessen, was mir die Konstrukteure versprachen, gehofft, dass die theoretische Höchstgeschwindigkeit wesentlich gesteigert werden könne, aber jetzt schwand diese Hoffnung. Ich bat Peter Nicholson, einen der besten Hochseesegler der Welt, mich auf meiner Ketsch zu besuchen. Es machte mir viel Vergnügen, seine Kunst zu beobachten, besonders wie dicht am Wind er zu segeln vermochte. Der Wind frischte auf mehr als 20 Knoten auf, als Peter an Bord war, und ich war überzeugt, dass er alles aus dem Boot herausholte, was bei dieser Windstärke möglich war. Ich bedauerte, dass es nicht eine leichte Brise war; gern hätte ich gesehen, wie er bei geringer Windstärke manövrierte, um festzustellen, ob das Boot in diesem Fall tatsächlich langsam war oder ob ich es nur schlecht steuerte.

Zu diesem Zeitpunkt beschäftigte mich das Projekt schon seit drei Jahren, und die ganze erste Hälfte des Jahres 1966 verbrachte ich damit, Kartenmaterial zu beschaffen, Instrumente zu testen usw. Mein Plan war es zwar, nur einen einzigen Zwischenhafen anzulaufen; dennoch musste ich darauf vorbereitet sein, bei einem schweren Unfall, etwa bei einem Mastbruch, überall unterwegs einen Hafen erreichen zu können. Ich brauchte Großkreiskarten und Seekarten mit den Eintragungen der Wind- und Strömungsverhältnisse für die Monate, in denen ich diese Gegenden passierte. Ich musste mir ein Dutzend *Admiralty Pilots* besorgen, Segelhandbücher mit Anweisungen für die Länder, an denen ich vorbeikam, und die Meere, die ich durchsegeln wollte, ferner das

Handbuch der Admiralität, das die Funkfeuer für die ganze Welt angibt, und ein Buch, in dem die Zeitsignale angeführt sind.

Einer der Gründe, warum ich schnell segeln wollte, bestand darin, dass ich zwar Sydney Anfang Dezember erreichen, das Kap der Guten Hoffnung aber nicht eine Woche früher als notwendig passieren wollte, weil dort Anfang September Vorfrühling ist, eine Zeit, in der sehr schlechte Wetterbedingungen zu erwarten sind. Ich plante, Ende Dezember aus Sydney wieder auszulaufen, um vor Ende Februar Kap Hoorn gerundet zu haben. Dies bedeutete eine sehr kurze Liegezeit in Sydney. Aber ganz auf mich gestellt, war ich wohl niemals in einem knappen Monat im Stande, das Boot wieder klarzumachen. Meine einzige Hoffnung, rasch weitersegeln zu können, bestand darin, dass ich Sheila und Giles nach Sydney kommen ließ, damit sie mir dort helfen konnten. Es gibt wohl keine gastfreundlichere Stadt in der Welt als Sydney, und so war vorauszusehen, dass die gesellschaftlichen Verpflichtungen, die viele Arbeit auf dem Boot und die gesamte Planung der zweiten Etappe für jemanden, der es so eilig hatte wie ich, eine ungeheure Belastung bedeuten mussten. Um all dies zu finanzieren, erklärte ich mich bereit, zweimal wöchentlich über Funk einen Bericht über meine Reise durchzugeben, und zwar an die *Sunday Times* und an den *Guardian*. Dies bedeutete aber nicht nur die Montage einer Marconi-Kestrel-Funksprechanlage und leistungsfähiger Antennen, sondern es mussten auch Funkkontakte zu den verschiedenen Ländern längs meiner Route vorbereitet werden. All dies erledigte der tüchtige George Gardner von der Marconi Company.

Um das Unternehmen ins Laufen zu bringen, war ich gezwungen, meine Pläne bekannt zu geben, so sehr mir dies missfiel. Für den 22. März 1966 war eine Pressekonferenz angesetzt. Mitten in der Nacht davor – ich schlief bereits – klingelte das Telefon. Sheila sagte: »Geh nicht hin.« Aber leider folgte ich nicht ihrem Rat. Es war Tony, der mir Folgendes mitteilte: »Die Kosten für dein Boot werden den Voranschlag um 50 Prozent übersteigen. Kannst du dieses Geld auftreiben?« Ich war wie erschlagen. Denn das bedeutete eine schier unerträgliche Mehrbelastung, und da ich mitten in den technischen Vorbereitungen steckte, hatte ich mir über die Finanzierung überhaupt keine Gedanken gemacht. Außerdem war es eine erhebliche Summe, die ich da aufzutreiben hatte, beträchtlich mehr, als die *Gipsy Moth IV* so, wie sie von mir ursprünglich geplant gewesen war, gekostet hätte.

Aber es sollte noch ärger kommen. Der Messingknopf an einer Vorhangschnur in unserem Wohnzimmer traf Sheila ins Auge – ein Äderchen hinten im Auge platzte. Der Arzt meinte, so etwas dürfe nicht auf die leichte Schulter genommen werden. Sie müsse sofort ins Bett und absolute Ruhe halten; von einer Teilnahme an der Pressekonferenz könne keine Rede sein. Sheila hatte monatelang geschuftet: die Presseberichte vorbereitet, bei der Leitung unseres kartografischen Verlages (dessen Direktorium sie angehört) mitgewirkt und sich um die Inneneinrichtung der Jacht und die Ausrüstung der Reise gekümmert, während ich mich auf die Vorbereitungen für die eigentliche Fahrt konzentrierte. Und nun schien aber auch alles schief zu gehen. Ich machte mir große Sorgen um Sheila, machte mir Sorgen, weil es mit der Finanzierung nicht klappte, ärgerte mich, weil das Boot mich enttäuschte und ich zudem durch meine Verletzung am Bein behindert war. Und jetzt plötzlich wurde mir klar, wie sehr mir Sheila bei der Pressekonferenz fehlen würde – Sheila, auf deren Geschick in allem, was mit Public Relations zu tun hat, ich mich bis dahin ganz und gar verlassen hatte. Dennoch: Ich hatte mich dem Vorhaben mit Haut und Haaren verschrieben und musste also weitermachen.

Den größten Teil der Sommermonate, in denen ich eigentlich mit der *Gipsy Moth IV* hätte Versuchsfahrten auf hoher See unternehmen müssen (denn Ende August wollte ich auslaufen), verbrachte ich mit dem Erledigen schwieriger geschäftlicher Dinge. Aber ich bekam Hilfe. Als Erster griff mir Colonel Whitbread von der Whitbread-Brauerei unter die Arme, indem er zur Finanzierung des Bootes beisteuerte. Colonel Whitbread ist ein erstaunlicher Mann: Allbekannt in Großbritannien als Industriemagnat, ist er außerdem ein bemerkenswert vielseitiger und tüchtiger Sportsmann. Am interessantesten war für mich, dass er im gleichen Jahr wie ich fliegen lernte (1929) und immer noch selber fliegt (was ich nicht tue), und dass er obendrein ein begeisterter Segler ist. Seine Spende erfolgte ohne jede Formalität und war an keine Bedingung geknüpft, eine wahrhaft großzügige Geste, die mich darauf bedacht sein ließ, sie zehnfach zurückzuzahlen. Mehrere andere Firmen spendeten Ausrüstungsgegenstände für das Boot oder Geld zur Finanzierung. Das Internationale Woll-Sekretariat übernahm ein Siebtel der Kosten des Bootes.

Als wir mit dem Bau begannen, hatte mein Vetter Tony darauf bestanden, uns von keiner Firma Ausrüstung oder Waren kostenlos zur Verfügung stellen zu lassen unter der Bedingung, dafür zu werben. Da aber das Geld immer noch nicht reichte, musste ich an alle Zulieferer herantreten und sie fragen, ob sie nicht etwas beisteuern wollen, wenn ich für sie Reklame mache. Die meisten Firmen lehnten ab, aber einige sagten zu. So gab mir Ian Proctor einen Sonderrabatt auf Masten und Spieren; wie zuvor für die *Gipsy Moth III* fertigte John Shaw auch für die neue *Gipsy Moth IV* das gesamte stehende Gut aus rostfreiem Stahl, das mich nie im Stich ließ, und stiftete es mir; I. C. I Fibres schenkten mir Tauwerk und Zeug.

Mit all den geschäftlichen Dingen, die ich zu erledigen hatte, plagte ich mich nicht nur unsagbar herum – sie hinderten mich auch daran, die Versuchsfahrten auf hoher See und die dringend notwendigen Segelübungen durchzuführen, die ich mir vorgenommen hatte. Infolgedessen entdeckte ich erst auf dem Meer die drei schlimmsten Fehler an der *Gipsy Moth IV* – Fehler, die meine ursprünglichen Pläne über den Haufen warfen und beinahe die ganze Reise zum Scheitern gebracht hätten.

Ich steche in See

Trotz meiner Besorgnisse um Sheila, trotz der Schmerzen im Bein, trotz unendlicher Sorgen wegen der Gelder, die ich für die Jacht aufzutreiben hatte, und trotz der Erkenntnis, dass die *Gipsy Moth IV* nicht das Boot geworden war, das ich mir eigentlich gewünscht hatte, machte ich weiter. Das, was ich mir vorgenommen hatte, war ganz offensichtlich wirklich eine große Sache und verdiente es, dass man sich mit allem Nachdruck darauf vorbereitete: Ich wollte von der Tower-Pier in London auslaufen, mit meiner Familie als Crew nach Plymouth segeln, von dort allein mit nur einem einzigen Zwischenaufenthalt um die Welt nach Plymouth zurück und schließlich wieder zum Tower von London. (Die Klipper haben sich einst die Themse hinunter in Schlepp nehmen lassen, wohl bis South Foreland, und dann einen Lotsen bis Kap Lizard an Bord genommen, sodass die Tatsache, dass ich bis Plymouth eine Mannschaft an Bord hatte, nicht von der traditionellen Klipperpraxis abwich.) Und zur Tower-Pier wollte ich von meinem Haus in St. James zu Fuß gehen und nach Abschluss der Weltumsegelung denselben Weg zurück. Leider erlaubte dann mein verletztes Bein doch nicht, dass ich zu Fuß ging, sodass dieser kleine Teil meines Vorhabens aufgegeben werden musste.

Bis es so weit war, wurden alle wichtigen Dinge irgendwie erledigt. Die Pressekonferenz nahm einen guten Verlauf, und was mich besonders bestärkte, war die Sympathie, die der einfache Mann allenthalben im Land offenbar mir und meinem Vorhaben entgegenbrachte.

Alle Zeit, die ich erübrigen konnte, verwandte ich auf Segelversuche mit der *Gipsy Moth IV* im Solent. Vieles an ihr machte mir Sorgen, wie auch später während der ganzen Reise. Aber ich brachte sie doch allmählich in Trimm und verbesserte ihre Leistung. Für ihr schwerfälliges Verhalten entdeckte ich einen Grund: Der Großmast, der nur 41 Pfund schwerer sein sollte als der Mast von *Gipsy Moth III,* war in Wirklichkeit 147 Pfund schwerer.

Es gab aber auch Anlässe zu einiger Zufriedenheit. An einer Fahrt nahm mein Freund Richard teil, um die Instrumente zu justieren. Ich machte gerade ein Nickerchen, als er genau in eine große Leuchtboje lief. Schaden entstand nicht, außer dass der Bug um etwa zwei Zentimeter eingedrückt wurde, etwa 30 Zentimeter oberhalb der Wasserlinie – es war erstaunlich, wie gut die Außenhaut den Zusammenstoß überstanden hatte. Freund Richard war sehr niedergedrückt und entschuldigte sich vielmals. Ich aber war erleichtert: Wenigstens stabil gebaut war die Jacht. Und von Stund an hatte ich auch wegen möglicher Begegnungen mit Eisbergen wesentlich weniger Sorgen.

Wenn ich jedoch mein Tagebuch aus jener Zeit durchblättere, stelle ich fest, dass die meisten Eintragungen Kummer und Sorgen der einen oder anderen Art widerspiegeln. Ich möchte niemanden mit einer Aufzählung meines Jammers langweilen, aber die Schwierigkeiten, die ich zu bewältigen hatte, waren eben doch ein wesentliches Element der Reise. Und deshalb möchte ich einige Auszüge aus meinem Tagebuch geben:

»*10. Mai.* Heiße Oberschenkelpackungen. Zeitweise sehr schmerzhaft. Vor 23 Tagen bin ich auf dem Kajütdachfenster ausgerutscht.

14. Mai. Die letzte Zeit war sehr niederdrückend, und es sieht so aus, als ob alles nicht weniger miserabel würde, sondern nur noch schlimmer. Da ist die Sorge um Sheila. Es ist deprimierend, dass sie seit drei Wochen ein Invalidendasein führen muss. Und dazu all die finanziellen Sorgen mit der *Gipsy Moth IV.* Immer noch kann ich kaum gehen. Mehrere Zehen sind gefühllos. Fast die ganze Zeit habe ich Schmerzen wie bei Ischias. Schlaflose Nächte. Schon nach anderthalb Stunden wache ich wieder auf und habe starke Schmerzen.

19. Mai. F + D. Heißt eigentlich Fracht (freight) und Liegegeld (demurrage). Könnte bei mir heißen: Müdigkeit (fatigue) erzeugt Depressionen. Die Tagesfahrt nach Gosport war sehr anstrengend – 4½ Stunden Hin- und Rückreise im Zug, fünf Stunden segeln, 1½ Stunden Reinschiff machen, dazu die Beschwerden mit dem kranken Bein.

28. Mai. Frühmorgens klarer Himmel. Es verspricht schön zu werden. Gestern viel Arbeit. Bowerleine und Ankerboje gerichtet, wieder gemalt und das Fall des Besanstagsegels verlegt, das sich an einer gefährlichen Stelle befand, wo ich es versehentlich als Halt statt eines steif gesetzten Wants fassen könnte – wie leicht geht man dabei über Bord!

4. Juni. Jeder sagt, ich solle mir keine Sorgen machen. Aber alles endet bloß mit Sorgen und Arbeit, sobald es so aussieht, als ob ich mit meinen Segelversuchen weiterkomme. Wahrscheinlich wird doch alles in Ordnung gehen. Erfreulich ist, dass ein aufgebundenes, aber unkorrigiertes Exemplar meines *Along the Clipper Way* angekommen ist und dass es mir erregende Freude machte, in Masefields *Birds of Dawning* nochmals das Rennen im Kanal zu lesen. Was für ein großartiger Dichter!

5. Juni. Heute heiter. Ich fühle mich wohl. Eine tolle Segelfahrt bei kräftiger Brise machte mir neuen Mut, beseitigte meine Niedergeschlagenheit und meine Befürchtungen eines sinnlosen Versagens und gab mir Zuvertrauen und Optimismus wieder. Es war aber auch dringend notwendig.

29. Juni. Die Liste all der Dinge, die noch zu erledigen sind, wird nicht kürzer. Wohl aber die Zeit.

7. Juli. Zwei Tage gefastet, um die Magensäure und die Ermüdung loszuwerden, die mit diesem Geldzusammenkratzen und all den Sorgen verbunden sind. Gott sei Dank sind mir die Whitbreads zu Hilfe gekommen.

11. Juli. Heute mit der durch das Fasten gewonnenen Kraft eine Menge erledigt. Aber Sheilas derzeitiger Zustand beunruhigt mich. Sie macht so einen gebrechlichen Eindruck.«

Das dürfte genügen. Wir haben jene Zeit überstanden, wenn auch manchmal die finanzielle Situation so bedrohlich schien, dass ich mich fragte, ob Camper & Nicholson die Jacht überhaupt herausgeben würden, wenn ich endlich auslaufen wollte. Aber auch die Finanzierung wurde schließlich doch irgendwie erledigt. Am 12. August segelte ich die *Gipsy Moth IV* mit Sheila, Giles und Commander Erroll Bruce als Crew nach London, damit ich von der Tower-Pier in See gehen konnte. Pfarrer »Tubby« Clayton (von der christlich-humanitären Gemeinschaft TOCH) hielt einen Bittgottesdienst an Bord ab. Wir kamen gut nach Plymouth, wo die Jacht an einer Muring in der Nähe von Mashford's Yard in Cremyll vor Anker ging. Dort erledigten wir die tausendundein Angelegenheiten der letzten Minuten. Die Zeit des Auslaufens rückte immer näher. Es war schön, wieder bei Mashford's zu sein, dem Ausgangspunkt aller meiner Alleinfahrten auf hoher See.

Sheila und Giles halfen mir, die *Gipsy Moth IV* von der Muring bei Mashford's Yard zur Startlinie des Royal Western Yacht Club vor Plymouth Hoe zu segeln. Wie vor jedem Rennen fühlte ich mich niedergeschlagen. Sid Mashford entführte Sheila und Giles in seinem Boot, und dann war ich allein. Vielleicht hätte ich ein Gefühl der Dankbarkeit oder zumindest der Erleichterung empfinden sollen, dass ich nach all den Jahren des Planens nun hier war, tatsächlich auf See und mein großes Abenteuer vor mir. Aber in Wirklichkeit war ich so sehr damit beschäftigt, die Jacht zu steuern, dass ich kaum Zeit hatte, überhaupt irgendetwas zu fühlen. Ich kreuzte hinter der Startlinie und wartete auf den 11-Uhr-Schuss, und wenn man mit einem 53 Fuß langen Boot auf kurzer Strecke kreuzt, hat man als Einzelner alle Hände voll zu tun. Dennoch kam ich ganz gut zurecht. Ich hatte ein Vorsegel und das Großsegel gesetzt, und indem ich richtig kreuzte, die Vorsegelschot im rechten Augenblick ausrauschen ließ und sie auf der anderen Seite durchholte, während ich mit dem Rücken die Ruderpinne legte, konnte ich mir die Mühe ersparen, eine Winsch zu benützen. Ich überquerte die Linie, sobald der Kanonenschuss ertönte. Damit hatte meine 14000-Meilen-Reise begonnen. Es war ein strahlend sonniger Morgen, und als ich aus dem Plymouth Sound auslief, setzte ich auch die

Stagfock und das Besansegel. 88 Minuten nach dem Start lag der Eddystone-Leuchtturm querab, und ich lief mit 7¾ Knoten. Für ein kurzes Nickerchen ging ich in die Koje, aber kaum lag ich da, als ich auch schon durch einen der Lüfter einen Guss Seewasser über die Schultern bekam. Ich fluchte herzhaft.

Der Kurs, den ich abgesetzt hatte, führte mich außerhalb der großen Dampferrouten. Bei einfallender Nacht holte ich die »White Ensign« ein, die Flagge der britischen Kriegsmarine, die auch von den Mitgliedern des Royal Yacht Squadron, des Königlichen Jachtverbandes, geführt wird, und ebenso den kleinen Wimpel, den ich als Geschenk von der *Cutty Sark* unter der Steuerbordsaling gefahren hatte. Dann setzte ich das Signal »Bin manövrierunfähig«: zwei rote Laternen, die eine mehrere Fuß über der anderen auf einem Stock, der in eine Buchse im Bug passte. Dieses Signal sollte andere Schiffe warnen, die vielleicht erwarteten, dass ich ihnen auswich – so wussten sie, dass die *Gipsy Moth* den Kurs nicht ändern oder die Geschwindigkeit verringern konnte. Ich fühlte mich unwohl und etwas fremd: Ich weiß nicht, ob das auf meine Seekrankheit zurückging oder auf einen Kater von der rauschenden Party, die wir in der Nacht zuvor veranstaltet hatten. Vielleicht war beides schuld.

Um Mitternacht lief ein kleiner Dampfer genau auf mich zu. Ich ließ eine Lampe aufblitzen und tutete ihn viermal an, bis er schließlich den Kurs änderte und achteraus passierte. Um 1.30 Uhr schlief ich ein, wurde aber um 3 Uhr durch den Schmerz im Bein aufgeweckt. Ein Leck im Deck ließ Wasser in meine Koje tropfen, dicht bei den Füßen; ich richtete einen Plastiksack mit Schnüren an den vier Ecken her, um eine Art von Zelt über der lecken Stelle zu errichten. Um 5 Uhr brachte mich eine kurze, heftige Bö aus der Koje; ich machte das Großsegel fest und barg die Genuastagfock, wodurch die Segelfläche von 940 auf 440 Quadratfuß verkleinert wurde. Trotz des einteiligen Deckszeugs wurde ich ziemlich nass, und es war recht schwierig, auf dem schrägen Deck auf den Beinen zu bleiben. Um 7 Uhr raute die See bei einer Windstärke von 24 bis 32 Knoten auf, und die *Gipsy Moth* lief noch immer nur unter Besan und einem Vorsegel. Mein Appetit war gleich null, aber nur

Auslaufen aus Plymouth am 27. August 1966 (*The People*)

ein einziges Mal hatte ich mich übergeben müssen. Bis Mittag waren in den ersten 25 Stunden 190 Meilen zurückgelegt. Um 13.30 Uhr bestimmte ich die Position mithilfe des Sextanten nach der Sonne und setzte das Großsegel und die Genuastagfock.

Die Luvleine der Selbststeueranlage war, wie ich feststellte, gebrochen. Damit begann mein fast endloser Ärger mit dieser Anlage – aber das wusste ich damals glücklicherweise noch nicht. Schuld daran war nicht der Mechanismus; die Belastung des Ruders war so groß, dass die Leinen, die das Geschirr mit der Pinne verbanden, eine ungeheure Spannung auszuhalten hatten.

Noch war ich dem Wirbel der vergangenen Wochen zu nahe, als dass ich den Frieden des Meeres hätte finden können, und immer noch fühlte ich mich schwach und unsicher auf den Beinen. Und ich muss gestehen, dass die Kajüte ein einziges wüstes Durcheinander war. Am Abend machte die *Gipsy Moth* nur noch langsame Fahrt, stampfte heftig und nahm Wasser über. Ich fühlte mich schwach im Magen, mein Kopf tat weh. Bei einem mächtigen Aufschlagen wurde die *Gipsy Moth* backgeworfen. Ich fürchtete schon, dass das Rudergeschirr unklar geworden war, aber gottlob fehlte nichts. Ich machte das Vorsegel fest und beschloss, mich treiben zu lassen, bis das Wetter besser wurde.

Noch war mir bei meinem großen Unternehmen keineswegs romantisch zu Mute, aber Seekrankheit ist ja auch etwas sehr Unromantisches. In dieser zweiten Nacht war ich reichlich müde. Doch dann lief ich in eine große Fischereiflotte – ich hatte den Rand des Kontinentalschelfs erreicht. Und ausgerechnet zu dieser Zeit tobten heftige Böen, sodass ich in strömendem Regen und bei starkem Wind auf Posten bleiben musste. Ich muss gestehen, dass ich diese Fischer zum Teufel wünschte. Sie fingen, glaube ich, Tunfisch, obgleich ich im Dunkeln nichts ausmachen konnte als ihre Positionslichter. Am nächsten Tag sah ich nur noch einen einzelnen Tunfischkutter mit seinen braunen Segeln und den langen Stangen für die Fischleinen.

Immer noch konnte ich nichts essen. Erst am Mittag des 29. August gelang es mir, ein bisschen Nahrung hinunterzuwürgen – meine erste Mahlzeit, seit ich vor zwei Tagen Plymouth verlassen hatte. Es war ein übler Morgen gewesen. Ich hatte große Schwierigkeiten mit der Selbststeueranlage und dem Boot. Ein Nordwestwind von 35 Knoten hatte die *Gipsy Moth* luvgierig gemacht und sich als stärker erwiesen als die Selbststeuerung. Ich barg die 300-Fuß-Fock und setzte nach einer kurzen Pause die 200-Fuß-Arbeitsfock. Ihren Hals hatte ich noch nicht an Deck angeschlagen, und so sauste das Segel am Want hinauf bis zum Masttopp; ich gab sofort Lose auf die Schot, und da kam es wieder herunter. Ich ließ es nun einfach auf Deck liegen, wie ich gestehen muss, und obgleich ich genau wusste, dass die Arbeitsfock zu setzen war, außerdem die Sturmfock und das Trysegel, beschloss ich, ein wenig zu warten und stattdessen zu versuchen, etwas Essen in den Magen zu bekommen, denn ich befürchtete, dass das ständige Fasten mich allzu sehr schwächen würde. Viel konnte ich nicht hinunterbringen, aber ich glaube, die Anstrengung des Essens tat mir gut.

Die See war grob, aber die dritte Nacht mondhell; am klaren

Himmel, auf dem lediglich ein paar Schönwetterwolken dahinzogen, stand der Vollmond. Aber immer noch wehte ein Wind von 30 Knoten. Als ich um 6 Uhr morgens den Kopf herausstreckte, kam der Wind mit 40 Knoten aus Westen, und ich machte das Besansegel fest, wodurch sofort die Ruderautomatik besser funktionierte. Mein einteiliger Segelanzug ertrug mehrere Duschen gut. Am Nachmittag riggte ich das Trysegel auf und setzte es – angesichts meiner Schwäche und Lethargie eine harte Arbeit, und zudem konnte ich mich nur mühsam auf den Beinen und im Gleichgewicht halten, denn der Wind wehte noch mit 30 Knoten, und viel Wasser kam über das Bootsdeck. Danach brach an der Ruderautomatik die Leine, die ich schon einmal geflickt hatte. Ich richtete ein 1¼-zölliges geflochtenes Nylonende her, um die Leine zu ersetzen; die neue Ruderleine war die Fockschot von *Gipsy Moth III* gewesen, und ich konnte nur hoffen, dass sie die große Beanspruchung aushielt. Bei der Arbeit wurde mir so heiß, dass ich das Hemd, das ich unter dem Deckszeug trug, ausziehen musste.

Mein Bein schmerzte noch immer so sehr, dass ich in der Achterkoje keinen Schlaf finden konnte. Deshalb versuchte ich es in der Koje vor der Kombüse, hatte aber auch dort kein Glück, und schließlich hielt ich auf einem Stuhl ein kurzes Nickerchen.

Am nächsten Tag beschäftigte ich mich mit Arbeiten unter Deck und schrieb in mein Logbuch:

»12.50 Uhr. Es gelang mir endlich aufzuwaschen, hauptsächlich die Gläser, die benutzt wurden, als ich vorigen Freitag mit John und Helen Anderson feierte. Ich würde mich gern rasieren, aber ich kann nicht alles auf einmal tun. Der Bequemlichkeit halber werde ich alle Uhren auf Greenwichzeit umstellen.«

In den ersten vier Tagen hatte ich 556 Meilen zurückgelegt, und da es aufheiterte, fühlte ich mich allmählich besser. Ich fuhr mit meinen Aufräumarbeiten fort, hängte Kleider zum Trocknen auf und befasste mich mit verschiedenen Arbeiten an Deck, wobei ich nur Shorts trug, was sehr angenehm war. Den Warpanker schaffte ich nach unten und sicherte ihn im Vorschiff. Dadurch hatte ich auf dem Vordeck mehr Bewegungsfreiheit. Ein nach meinen Angaben gefertigtes großes Nylonnetz, das ich mittschiffs auf Deck angebracht hatte, um verpackte Segel unterzubringen, laschte ich mit einer weiteren Leine fest, damit es bei schlechtem Wetter besser gesichert war. Einige Zeit verbrachte ich damit, mehrere Enden – Großschot, Besanschoten und Dirks – mit einem Waschmittel abzureiben, um das Öl und den Teer zu entfernen, mit dem die Enden in Plymouth beschmutzt worden waren. Denn es waren ganz neue Schoten, die ich sauber halten wollte. Nun hatte ich einen Tee nötig und aß ein wenig von Moggie Sinclairs herrlichem Kuchen.

Immer noch war die See rau. Ich dachte darüber nach, dass dieses Wetter, das mir so große Schwierigkeiten machte, für die *Cutty Sark* genau das Richtige gewesen wäre, aber schließlich war ihr Rumpf 12,5 Zentimeter dick, der von meiner *Gipsy Moth* aber nur 2,2 Zentimeter. In sämtlichen Spinden ratterte und klapperte es, und mit Missvergnügen stellte ich fest, dass das Schott vor dem Klosett gerissen war. Eine gezackte Linie zeigte, wo das Sperrholz der Belastung nachgegeben hatte. Es musste dies bei einem der heftigen Aufschläge geschehen sein, die meine Jacht hatte hinnehmen müssen. Und so blieb nur zu hoffen, dass dadurch die Festigkeit des Bootes nicht in Mitleidenschaft gezogen war – hatte John Illingworth mir gegenüber doch besonders die Wichtigkeit dieses Schotts für die Versteifung des Bootskörpers betont.

Bald danach machte ich noch eine betrübliche Entdeckung – ich stellte fest, dass ich die Tabellen zur Standortbestimmung zwischen 40° Nord und 40° Süd mittels der modernen abgekürzten Methode vergessen hatte. Das aber hieß, dass ich die Sonnenhöhe nach der langweiligen veralteten Methode nehmen musste, bei der man mit der Logarithmentafel zu rechnen hat. Und da wurde mir klar, wie sehr doch ein Unternehmen wie meine Reise von einer Vielzahl von Einzelheiten abhängt, die man vor dem Auslaufen gründlich erledigen soll. Jetzt fuhr mir ein neuer Schreck in die Glieder: Ich hatte eine Reihe von Handbüchern über die Navigation nach den Gestirnen geschrieben, aber nun konnte ich mich auf einmal an keine einzige Formel erinnern! Schon befürchtete ich, ohne jedes Navigationshandbuch zu sein, aus dem ich die mathematischen Unterlagen für die logarithmische Berechnung des sphärischen Dreiecks entnehmen konnte – ich malte mir aus, was es bedeuten musste, wenn ich zwischen 40° Nord und 40° Süd keine Möglichkeit hatte, auf Grund des Sonnenstands meine Position zu bestimmen. Glücklicherweise stellte sich dann aber heraus, dass ich das Navigationslehrbuch von Wing Commander E. W. Anderson, dem früheren Präsidenten des Nautischen Instituts, an Bord hatte, und danach konnte ich natürlich die Berechnungen anstellen. Und außerdem habe ich immer Nories trigonometrische Logarithmentafeln bei mir. Trotzdem – auf der ganzen Fahrt blieb die Positionsbestimmung nach der alten logarithmischen Methode eine recht mühselige Sache.

In der Nacht des 31. August war ich endgültig außerhalb der Hauptschifffahrtsrouten, was mich sehr beruhigte. Immerhin befand ich mich nun noch in der Nähe des Tracks vom Kanal nach Recife in Brasilien; ich nahm aber an, dass auf dieser Route nicht allzu viel Verkehr herrschen würde. Inzwischen war ich schon südlich der Breite von Kap Finisterre in Nordwestspanien und hoffte auf Wind aus Norden.

Am 1. September trug ich um 11.30 Uhr in mein Logbuch ein:

»Nehme alle meine Mahlzeiten in der Plicht ein. Das hat es bei den Transatlantik-Einhandrennen noch nie gegeben. Habe mich zum ersten Mal in sechs Tagen rasiert und von Kopf bis Fuß gewaschen.«

Auf diese optimistische Eintragung folgte jedoch unverzüglich der Ernst des Lebens: Ich hatte großen Durst – aber aus dem Bierfass kam auch nicht ein einziger Tropfen! Ob das Bier wohl unter Druck gestanden hatte und deshalb bei dem hohen Seegang ausgelaufen war? Und als ich die Tragödie mit dem Bier entdeckt hatte, fiel auch noch der Koalabär, ein Geschenk von Sheila Scott (die eben erst als erste Engländerin allein um die Welt geflogen war), genau auf seine Nase. Mit dem Bier war es allerdings nicht ganz so schlimm, wie es zunächst aussah: Vermutlich hatte ich das Kohlensäureventil nicht richtig eingestellt, denn später funktionierte die Sache.

Ich passierte den 40. Breitengrad. Am 3. September musste ich zur Positionsbestimmung nach dem Sonnenstand erstmals die lange Haversine-Formel benutzen. Das Resultat, das ich bekam, war ganz offensichtlich völlig falsch.

Ich rechnete die ganze Geschichte nach, konnte jedoch keinen Fehler finden. Endlich nahm ich die Sonne ein zweites Mal und berechnete danach die Position noch einmal. Kaum hatte ich mit der Arbeit begonnen, als mir einfiel, dass ich den Greenwich-Stundenwinkel und die Sonnendeklination vom 4. anstatt vom 3. September benutzt hatte. Wie dumm! Ein solcher Fehler zeigt, warum man ein höchst ungutes Gefühl bekommt, wenn man zwei oder drei Monate lang ausschließlich nach der Sonne gesegelt ist, ohne Land zu sichten, nach dem man seine Position hätte überprüfen können.

Am nächsten Tag – es war Sonntag, der 4. September – schlief ich zum ersten Mal während der Fahrt wirklich gut; mir war es, als hätte ich seit Monaten den ersten richtigen Schlaf gefunden. Vier Stunden schlief ich tief und fest, und auch mein Bein weckte mich nicht auf. Natürlich waren diese vier Stunden nicht der ganze Schlaf, den ich mir leisten konnte; von Zeit zu Zeit döste ich für ein paar Minuten ein, manchmal auch, gewöhnlich unmittelbar vor Morgengrauen, für eine ganze Stunde. Aber vier Stunden ununterbrochen schlafen – das war eine herrliche Erholung. Am Mittag dieses Sonntags berechnete ich, dass Madeira 210 Meilen entfernt war, und so duschte ich mich mit Madeira-Meerwasser von wunderschön hellblauer Farbe, das ich auf dem Achterdeck mit einem Eimer über mich goss. Mein Mittagessen bestand aus Salat, Brot, Käse und Bier. Es war ein friedlicher Tag. Am Nachmittag las ich in meinem Buch *Along the Clipper Way* ein wenig aus der Geschichte von Conor O'Brien und Ann Davison, was mir viel Vergnügen machte.

Nachdem ich mir die Seekarte angeschaut hatte, schätzte ich, dass ich 90 Meilen nach meiner Mittagsposition halsen müsse – nämlich vor dem Wind mit den Segeln nach der alten auf die neue Leeseite gehen. Immer noch hatte ich Schwierigkeiten mit dem Justieren der Selbststeueranlage, und so versuchte ich, zwei Ankertrossen-Wirbelschäkel als Gewichte an die Luvruderleine zu hängen. Diese Gelenke wogen 1 ¾ Pfund – ich meinte, dass sie auf die Luvruderleinen einen konstanten gleichmäßigen Zug von etwa dieser Stärke ausüben würden. Störend war nur, dass, wenn die Ruderpinne durch die Selbststeueranlage nach Luv gelegt wurde, die Gewichte herabsanken und gegen die Plicht schlugen. Ob es mir wohl je gelingen würde, diese Ruderautomatik wirklich funktionsfähig zu bekommen? Dennoch ging das Segeln prächtig, das Wetter war wundervoll, ich spürte eine warme Brise auf meiner nackten Haut – alles war eitel Freude.

Ich erwischte das Funkfeuer von Funchal auf Madeira und berechnete danach meine Position, die mit meiner vorangegangenen Berechnung übereinstimmte. Am 5. September war ich um 1.40 Uhr noch 77 Meilen von Porto Santo entfernt. Es war eine schöne Mondnacht. Die Dünung hatte nachgelassen, und die dunkle Oberfläche des Meeres war mit funkelnd weißen Schaumkronen übersät. Als ich am Morgen in der Plicht frühstückte, sah ich zum ersten Mal einen Fliegenden Fisch.

Um 11 Uhr vormittags kam rechts voraus Porto Santo in Sicht, undeutlich, aber unverkennbar. Ich bereitete die Signalflaggen für mein Unterscheidungssignal GAKK vor, das man mir als nächstmögliche Kombination der Kennzeichen meines *Gipsy-Moth*-Flugzeugs von 1929, GAAKK, zugewiesen hatte. Um Mittag lag die Insel Porto Santo querab. Die *Gipsy Moth IV* lief auf Raumschotskurs bei hellem Sonnenschein und einer steifen Brise 7,8 Knoten, kam jedoch nur um 6,7 Knoten voran – also muss der Tidenstrom entgegengewirkt haben. Mir begann zu schwanen, dass ich einen Fehler gemacht hatte, als ich durch die Madeiragruppe hindurchlief, wo ich im Windschatten der Inseln den Passat verlieren konnte. Die Klipper hatten bestimmt gute Gründe gehabt, die Inseln westlich, d. h. in Luv, zu passieren. Ich hatte gehofft, Punto Barlavento am Ostzipfel von Madeira ansteuern zu können, aber der Wind sprang zurück, und so schaffte ich es bei diesem Schlag nicht. Deshalb lief ich die kleine, verlassene, lang gestreckte Insel Deserta Grande an, die bis 486 Meter hoch ist, aber an der breitesten Stelle nur etwa anderthalb Kilometer misst. Ich beabsichtigte zu halsen, sobald ich in die Nähe der Insel kam. Ein- oder zweimal krachte es Unheil verkündend, und ich fragte mich, ob der Spinnakerbaum, an dem ich die große Genua fuhr, zu sehr beansprucht wurde. Ich fierte den Achterholer etwas weg, um den Winddruck zu vermindern. In Wirklichkeit jedoch hatte ich für diesen Wind ganz einfach zu viel Segel gesetzt.

Bald tauchten zwei Schiffe mit gewaltig hohem, scharfem Bug vor mir auf. Das erste kam südlich Porto Santo in Sicht. Es hatte seinen Mast längsschiff umgelegt und lief nur mit dem Motor genau gegen den Wind an. Wegen der großen Crew nahm ich an, dass es sich um einen Walfänger handelte. Dann begegnete ich auf halber Höhe zwischen Porto Santo und Madeira einem Krabbenfänger. Er hatte nur einen Mann an Bord und stampfte ebenfalls gegen den Wind. Obgleich die beiden Boote überhaupt keine Kenntnis von mir nahmen, hatte ich das Gefühl, durch sie beengt und wie zwischen den drei Inseln eingeschlossen zu sein – und dabei beträgt die Entfernung zwischen Porto Santo und Madeira mehr als 15 Seemeilen.

Als ich unter Deck war, gab es einen lauten Knall, den ich mir nicht erklären konnte. Rasch kletterte ich wieder an Deck, und dort stellte ich fest, dass der Spinnakerbaum in der Mitte stark durchgebogen war. Das war schlimm, denn es sah aus, als ob nur noch wenig daran fehlte, dass der Baum völlig brach – und den Steuerbordbaum konnte ich an Backbord nicht brauchen. Ich barg das Segel und holte den Baum ein, was einige Schwierigkeiten machte, weil der Beschlag in der Gleitschiene klemmte. Ich machte mich sofort daran, den Baum wieder gerade zu bekommen, fand aber keinen Weg, dies zu bewerkstelligen.

Am Abend hatte ich den Ostzipfel von Madeira passiert und war nun einige Seemeilen südlich Funchal. Um neun Uhr abends geriet ich in Schwierigkeiten: Ich befand mich auf der Leeseite der Insel, und obgleich sie etwa acht Meilen entfernt war, wirkte sich der Wind, der über die 1800 Meter hohen Gipfel fegt, in stoßweise einfallenden Böen aus. Zum ersten Mal erlebte ich, dass die *Gipsy Moth* außer Kontrolle geriet. Verzweifelt stellte ich fest, dass sich die Ruderpinne nicht legen ließ; die Segel wurden direkt nach un-

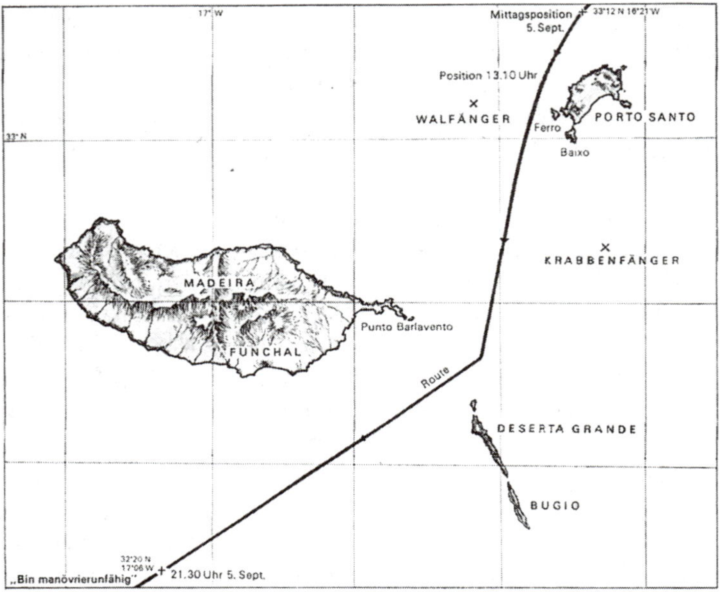

ten gedrückt, und ohne Steuerung raste das Boot durch das Wasser. Mit Mühe bekam ich das Großsegel herunter, dann auch das Besansegel. Endlich hatte ich die Jacht wieder in der Hand, aber fast unmittelbar darauf starb der Wind völlig, und ich lag in einer Flaute. Von Zeit zu Zeit wiederholten sich diese plötzlichen Böen. Ich sehnte mich danach, aus dem Windschatten der Insel herauszukommen. »Kein Wunder«, schrieb ich ins Logbuch, »dass sich die Klipper von Madeira weghielten. Was für ein Narr war ich doch! Ich bin völlig erledigt.« Während der Flauten drehte sich die Windfahne der Steuerautomatik, die sich gelöst hatte, im Kreis herum. Ein Klipper wäre unter solchen Verhältnissen in eine recht böse Lage gekommen. Aber mit jedem Windstoß kam ich ein paar Meilen nach Südwesten voran, und endlich war ich aus dem Windschatten der Insel heraus – entschlossen, mich von nun an stets auf der Luvseite von Inselgruppen zu halten.

Nachdem ich durch die Flautenlegerei vier Stunden verloren

hatte, bekam ich endlich wieder richtigen Wind in die Segel, und in den ersten zweieinhalb Stunden nach Mitternacht erreichte ich eine Durchschnittsgeschwindigkeit von sieben Knoten. Im ersten Teil der Nacht hielt mich mein Bein davon ab, in einer Koje zu schlafen; durch die schwere Arbeit an Deck war es offenbar entzündet. Gegen Morgen setzte ein leichter Nordostwind ein, und ich brachte auf Backbord einen Spinnakerbaum mit einem großen Genuasegel aus. Auf der anderen Seite fuhr ich Vorsegel und Stagfock.

Vor meinem Auslaufen aus Plymouth hatte mir ein Unbekannter einige Orchideen zugesandt und in seinem Begleitschreiben der Hoffnung Ausdruck gegeben, dass sie bis nach Australien frisch blieben. Ich schrieb damals ins Logbuch, nach meiner Schätzung könnten sie nicht weiter als bis Madeira halten. Als ich die Insel passierte, gaben sie ihren Geist auf. Es tat mir Leid, dass sie verwelkt waren, aber man hatte es schließlich erwarten müssen.

Die Brote, die ich aus England mitgenommen hatte, waren alle schimmlig geworden. Ich schnitt den Schimmel außen ab und wollte das Brot im Ofen aufbacken. Leider ließ ich es, während ich das Großsegel setzte, 54 Minuten lang im Ofen, und das ganze Brot verbrannte. Noch ärgerlicher war (denn ich konnte mir ja neues Brot backen), dass der Schimmel auch meinen Knoblauch befallen hatte. Ich rettete davon, so viel ich nur konnte, indem ich in der Plicht die Sonne und die Luft auf die Knoblauchzehen einwirken ließ, denn ich lege sehr großen Wert auf Knoblauch und esse gewöhnlich eine ganze Zehe pro Tag. Man hatte mir dies angeraten, weil es für meine Lunge gut sei. Nicht oft hat man Gelegenheit, so viel Knoblauch zu essen, wie man will, ohne jeden über den Haufen zu werfen, der sich einem nähert!

Das Boot rollte wild in einem achterlichen Wind, und das Getöse der zusammenstoßenden Blöcke, Flaschen und Dosen, das Geklirr der Teller und Tassen, die von einer Seite zur andern rutschten, war schrecklich. Viel Arbeit wartete auf mich, aber anderseits brauchte ich auch eine Ruhepause. Zu dieser Zeit kam mir der Verdacht, dass bestimmte Traubenzucker-Vitamintabletten, die ich nahm, um bei Kräften zu bleiben, meinem Appetit schadeten, denn selten hatte ich Lust, etwas zu essen (außer zur Frühstückszeit), und meist musste ich mich dazu zwingen.

Danach wollte ich mir ein Sonnenbad genehmigen, obgleich es heiß an Deck war. Ich rieb mir Schultern und Beine dick mit Nivea-Creme ein, aber hinterher hatte ich einen tüchtigen Sonnenbrand – vielleicht hätte ich mich doch besser zudecken sollen. Eine Stunde vor Mitternacht begann ich das Halsemanöver und brauchte bis anderthalb Stunden nach Mitternacht, ehe ich damit fertig war. Ich musste an Steuerbord den Baum wegnehmen und das große Genuasegel daran bergen, dann den Spinnakerbaum nach Backbord schiften und auf dieser Seite alle Segel wieder setzen, weil der Wind jetzt etwas von Steuerbord kam. Ich konnte mich vor Müdigkeit kaum mehr aufrecht halten, als ich fertig war, stand aber bereits um 4.35 Uhr erneut auf den Beinen, um die Segel neu zu trimmen. Als ich danach um 7.00 Uhr aufwachte, stellte ich fest, dass mein Boot in Richtung Norden lief – auf England zu: Alle Segel standen back, gegen den Mast oder die Takelung gepresst.

An jenem Tag, dem 7. September, betrug um Mittag die Temperatur in der Kabine über 27° C, und doch kam es mir fast kühl vor, denn an Deck herrschte eine drückende Hitze. Ein plötzliches Umspringen des Windes ließ die *Gipsy Moth* Kurs auf Neufundland nehmen. Zu dieser Zeit hatte die Jacht vier Stagen vom Vorsteven zum Masttopp. Ich hatte dort nur zwei Stagen haben wollen, aber der Schiffbauer hatte mich überredet, vier montieren zu lassen. Als ich nach der Versuchsfahrt meinte, dass ich gern zwei davon weg hätte, meinte er, ich solle es nicht tun. Später verstand ich, warum. Inzwischen verwünschte ich die vier Stagen, weil ich das große am vordersten Stag angeschlagene Genuasegel bergen und es auf einem anderen Stag wieder vorheißen musste. Ein oder zwei Stunden lang beschäftigte ich mich mit der Ruderautomatik, aber es war doch zu warm, als dass ich lange in der Sonne hätte arbeiten können.

Täglich wurde es heißer. Am 8. September notierte ich:

»Ich muss darauf achten, mich richtig anzuziehen, ehe ich bei hochstehender Sonne hinausgehe; ich ziehe alles aus, sobald ich wieder unten bin.«

An diesem Tag legte ich nur 96 Meilen zurück, und von diesen verdankte ich 17½ Meilen dem Kanarenstrom, der ein Nebenzweig des Golfstroms ist, von dem er bei den Azoren abbiegt, um dann südwestwärts an den Kanarischen Inseln vorbeizufließen.

Am gleichen Tag fand ich auch heraus, warum der Backbordbaum in der Gleitschiene geklemmt hatte. Ich stellte fest, dass die Schiene verbogen und auf etwa einen Fuß Länge vom Mast weggerissen war. Das Krachen, das ich damals gehört hatte, war dadurch verursacht worden, dass die Nieten absprangen, nicht aber durch ein Brechen des Baumes, wie ich zuerst geglaubt hatte. Immer noch benützte ich diesen Baum, achtete jedoch darauf, ihn nicht zu überlasten, und beobachtete ihn wie die Katze die Maus: Ich hatte Angst, dass er sich noch mehr verbiegen oder vollständig brechen könnte.

Ins Logbuch schrieb ich:

»Wenn diese Gleitschiene in die Brüche geht, werde ich arg dran sein, weil ich kein Werkzeug zur Reparatur von Metallteilen und keine Ersatzteile mithabe. Die Gleitschienen für diese Bäume sollten weiter querab am Mast befestigt sein, damit ihr Druck gegen den Mast verringert wird, und nicht tangential.«

Nachmittags nahm ich mehrere Verbesserungen vor, um das Rigg bequemer handhaben zu können. Bei einer Alleinfahrt hängt der Erfolg davon ab, ob man gut mit dem Rigg umgehen kann und das Boot die ganze Zeit in der Hand zu halten vermag. Einige Verbesserungen bestanden darin, dass ich Blöcke anbrachte, sodass die Besanbaumgeitaue in die Plicht geführt werden konnten, sowie Blöcke mitschiffs, um die Achterholer der Spinnakerbäume zum Mast zurückzuführen, wo ich an Deck auf beiden Seiten des Mastes zwei Nockenklampen anbrachte, an denen sie belegt werden konnten. Diese Anordnung befähigte mich, beim Ausbringen eines Baumes ihn vom Mast aus ständig kontrollieren zu können. Dennoch war es eine rechte Jongliererei, weil ich gleichzeitig den Vorholer, den Achterholer, die Dirk, den Toppnantfall an der Baumnock, den Niederholer der Baumnock, außerdem den Ausholer für das Halshorn und die Schot von der Plicht bis zum Schothorn dirigieren musste. (Wenn beispielsweise der Vorholer des Baumes gefiert wird, muss der Achterholer um denselben Betrag geholt werden.) Ich habe mir selbst die Schuld für die entsetzlich vielen Handgriffe zuzuschreiben, die beim Wenden notwendig waren, denn ich habe das Rigg und die Anbringung dieser Bäume selbst entworfen. Wenn ich körperlich auf der Höhe bin, befähigen sie mich, die beiden großen Vormwindsegel zu setzen und zu kontrollieren. Auch kann ich mit diesem Geschirr die Segel ohne große Mühe bergen, wenn eine plötzliche Bö das Boot trifft, während ich, wenn ich einen Spinnaker von derselben Größe wie diese beiden Segel (1200 Quadratfuß) setzen würde, wie es in einem Rennboot bei Hochseeregatten üblich ist, bald in größten Schwierigkeiten wäre. Selbst Jachten mit zahlenmäßig starker Crew haben gewöhnlich Ärger mit ihrem Spinnaker. Trotz all dieser schönen Reden über meine Verbesserungen kam ich in jener Nacht in einen gewaltigen Schlamassel. Ich hatte ein Wendemanöver vollendet und freute mich auf einen friedlichen Schluck Brandy in der Kajüte, als eine Bö kam. Es war keine starke Bö, aber mit den über 1600 Quadratfuß Segel, die die *Gipsy Moth* gesetzt hatte, kam die Jacht außer Kontrolle – die Ruderautomatik vermochte sie nicht auf Kurs zu halten, und ich konnte nicht gleichzeitig das Ruder legen und die Segel bergen. Es war ja schön und gut, mit 9 Knoten dahinzubrausen, aber schlecht, wenn dies in der falschen Richtung erfolgte. Also beschloss ich, die große Genua zu bergen, die nach Steuerbord ausgebaumt war. Dummerweise übersah ich einen Schritt in meinem Standarddrill für das Arbeiten bei einem Wind von nahezu Sturmstärke. Ich ließ das Fall ausrauschen, brachte das Vorliek des Segels am Vorstag nieder und holte den Bauch des Segels teilweise mit Körper und Armen ein, geradewegs in der Kanzel am Vorsteven des Bootes. Mein Fehler bestand darin, dass ich die laufende Part des Ausholers am Mast belegt gelassen hatte, anstatt sie mit vor zur Kanzel zu nehmen. Ich musste die Kanzel verlassen und den Bauch des Segels loslassen, um diesen Ausholer freizubekommen. Halshorn und Unterliek des Segels reichten außenbords 20 Fuß bis zum Ende des Baums, und dieser Teil des Segels blähte sich jetzt bananenförmig auf und begann wild in dem heftigen Wind auf und ab zu flattern. Dann machte ich einen zweiten Fehler. Ich hätte von einem der beschlagenen Vorsegel einen Zeising wegnehmen sollen, um damit vom großen Genuasegel alles, was ich mit meinen Armen fassen konnte, an der Kanzel zu sichern. Aber der Wind frischte auf, die Lage wurde kritisch, und so meinte ich, dass ich am besten zum Mast sausen und den Ausholer rasch wegfieren sollte. Doch ehe ich von dort in die Kanzel zurückkam, hatte das Segel Wind gefangen, sich aufgebläht und auf die Leeseite des Vorstevens verschoben. Die Genuafock ist ein zimmergroßes Stück Terylen (6 × 9 Meter), und wenn so etwas einmal wild wird, ist das für jemanden, der allein segelt, ein wirklich schwieriges Problem. Auf der Leeseite des Bugs wurde das Segel vom Wasser in die Tiefe gezogen, und entsetzt musste ich zusehen, wie es unter dem Vorsteven verschwand und das Boot mit hoher Fahrt darüber hinweglief. Mein liebes Segel, das für mein Vorhaben so wichtig war, wurde kielgeholt! Ich musste die Fahrt des Bootes so bald wie möglich verlangsamen, aber zunächst hatte ich alle Leinen wegzufieren, die das Segel auf der Luvseite des Bootes hielten, denn die Belastung des ganzen Materials durch einen riesigen Terylensack unter Wasser bei einer Geschwindigkeit von 8 bis 9 Knoten muss riesig gewesen sein. Ich ließ den Ausholer fliegen. Die Leine verschwand wie eine dünne Schlange im Wasser. Dann ließ ich den Vorholer des Baums ausrauschen. So konnte die Schot unter dem Kiel durchgehen. Nun war das Segel unter Wasser nur noch an den Stagreitern befestigt, die es mit dem Vorstag verbanden. Es konnte sich also frei im Wasser bewegen, und so sollte ihm eigentlich nichts mehr passieren.

Ich barg das große Genuasegel auf Lee, dann das Großsegel und zuletzt das Besansegel, und als das Boot nur noch wenig Fahrt machte, zurrte ich zuerst den Baum an Deck und begann dann, das Segel Fuß für Fuß einzuholen, bis es nicht mehr weiter ging. Ich konnte mir nicht erklären, wodurch das Segel festgehalten wurde, bis mir einfiel, dass die Schot noch steuerbords an der Winsch in der Plicht belegt war und nun das Schothorn des Segels auf der Luvseite des Bootes unter dem Kiel fest hielt. Ich ließ die Schot auslaufen und konnte das übrige Segel einholen.

Das mag recht einfach klingen, aber damals war es wahrlich kein reines Vergnügen. Es war dunkel, eine steife Brise wehte, und ich hatte schwer zu schuften. Hinterher freute ich mich sehr, dass Segel und Schot zwar eine Menge roter Schutzfarbe vom Kiel abbekommen hatten, sonst aber völlig intakt waren. Dagegen ärgerte es mich, dass ich eine ganze Nacht verloren hatte. Zweifellos war das Boot zu groß. Und ganz bestimmt hatte ich mich sehr viel mehr anstrengen müssen, als mir meines Erachtens gut tat. Ich ging unter Deck und trank endlich meinen Brandy, aber ich hatte überhaupt keinen Appetit, obwohl ich zum Lunch nur ein Sandwich verzehrt hatte. Ich konnte es mir jedoch nicht leisten, den günstigen Wind für nichts wehen zu lassen, sodass ich mir wieder die Sicherheitsleine umband und die große Backbordgenua noch einmal setzte. Die Jacht kam in Fahrt, und ich ging unter Deck, um endlich ein bisschen Schlaf zu erwischen.

Aber mein Bein schmerzte zu sehr, als dass ich hätte schlafen können. Ohne Großsegel rollte das Boot arg, sodass ich beschloss, es noch einmal zu versuchen. Ich ging also wieder an Deck und setzte nun auch das Großsegel. 14 Minuten vor Mitternacht war ich mit der ganzen Operation zu Ende. Der gewaltige Schlamassel hatte 3¼ Stunden gedauert. Früher einmal hatte ich gemeint, das Segeln werde mir nicht recht bekommen, weil es keine körperliche Anstrengung von mir fordert. In diesem Augenblick freilich kam mir das wie ein schlechter Witz vor.

Am Mittag des 8. September hatte ich mich auf der Höhe der westlichsten der Kanarischen Inseln befunden, war aber nach meiner Erfahrung mit Madeira in einem Abstand von 30 Meilen dran vorbeigelaufen. Am 9. September hatte ich die Kanaren hinter mir und hielt auf die Kapverden zu; ich war entschlossen, auch sie auf der Windseite zu passieren. Das Meer wirkte hier merkwürdigerweise wie eine Wüste, eine leblose, leere Sahara; es wimmelte also keineswegs von Fischen und Vögeln, wie ich mir vorgestellt hatte. Das Wasser, eigenartig dunkel, sah aus wie stark verdünnte blauschwarze Tinte.

In jener Nacht war es schon um 19.30 Uhr finster – ich näherte

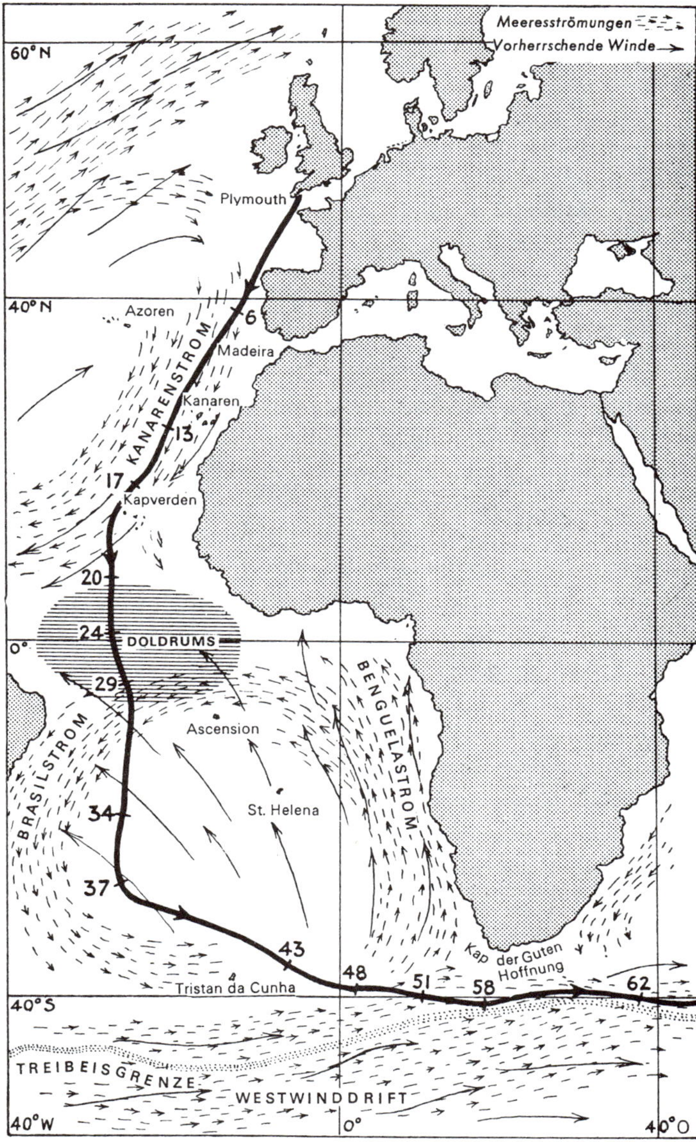
Meeresströmungen
Vorherrschende Winde
60° N
40° N
0°
40° S
40° W
0°
40° O
Plymouth
Azoren
Madeira
Kanaren
Kapverden
KANARENSTROM
DOLDRUMS
Ascension
St. Helena
BRASILSTROM
BENGUELASTROM
Kap der Guten Hoffnung
Tristan da Cunha
TREIBEISGRENZE
WESTWINDDRIFT
6
13
17
20
24
29
34
37
43
48
51
58
62

mich den Tropen. Zwei Stunden nach Mitternacht schrieb ich in mein Logbuch, dass es trotz einiger Sterne eine sehr dunkle Nacht sei.

»Schöne, ruhige Fahrt, aber das Boot braucht noch das Besanstagsegel, um richtig zu laufen. Ich kann mich jedoch vor lauter Müdigkeit kaum mehr auf den Beinen halten, also werde ich mich erst mal eine Zeit lang ruhig hinsetzen.«

In der gleichen Nacht schlief ich doppelt so lange wie in allen vorhergehenden Nächten und rechnete mir aus, dass noch eine solche Nacht mich wieder fit machen würde. Der Schmerz im Bein war beinahe weg. Gegen Mittag endete meine zweite Woche auf See. Mich enttäuschte die Strecke, die ich zurückgelegt hatte; in der letzten Woche nur 886 Meilen, was insgesamt einen Tagesdurchschnitt von 128,9 Meilen ergab.

Am Nachmittag baumte ich erstmals eines der 300-Quadratfuß-Focksegel aus. Das bedeutete eine Menge Vor-, Achter- und Ausholer usw. herrichten; der Zweck der Sache war, die große Genua in Lee voll stehen zu lassen. Dabei erlebte ich zum ersten Mal, dass die *Gipsy Moth* sich breitseits legte. Sie lief mit raumem Wind, als zwei Wogen das Heck herumwarfen und die Jacht in den Wind drückten. Nun stand die ausgebaumte Fock back, und die Ruderautomatik konnte das Boot nicht mehr auf Kurs halten – was nicht einmal erstaunlich war, denn ich musste mich, den Fuß auf der Ruderpinne und den Rücken gegen die Wand der Plicht gestemmt, sehr anstrengen, um die Jacht wieder auf den ursprünglichen Kurs zu bringen. Dies war jedoch das erste Mal, dass ich gesehen hatte, wie sich die Nadel des Fahrtmessers bis fast ans Ende der Skala bewegte – bis zehn Knoten. 3½ Stunden später notierte ich:

»Prächtiges Segeln im Sonnenschein, und ich sehe mit Freuden, wie die Nadel bei 10 Knoten stehen bleibt!«

Am 10. September machte ich mir zum Mittagessen gebratene Nüsse; aber es war kein sonderlicher Genuss. Die Nüsse waren wohl zu alt und schon etwas ranzig. Ungemein aufregend aber war es, in der Plicht zu sitzen und zum ersten Mal mit einem so kleinen Boot konstant auf 10 Knoten zu kommen. Ich lief platt vor dem Wind, und die *Gipsy Moth* machte während acht Stunden durchschnittlich 7 3/8 Knoten.

Um Mitternacht schrieb ich ins Logbuch: »Raue See.« Und anderthalb Stunden später hatte mein Logbuch zu verzeichnen:

»Höchst rätselhaft: Ich wurde durch einen ungeheuer starken Stoß geweckt und hatte den Eindruck, dass infolge dieses Stoßes alles in der Kammer umherhüpfte. Ich dachte darüber nach, was wohl diesen Stoß verursacht haben könnte, ob der Mast gebrochen, ob der Großbaum losgekommen sei und gegen das Kombüsendach knallte, oder ob eine Spiere von oben gekommen sei. Ich zog meine ganze Rüstung an – Shorts, Sicherheitsleine, Gurtzeug und Mütze – und ging an Deck in der Erwartung, das Schlimmste vorzufinden. Aber da war nichts Ungewöhnliches zu entdecken. Ich untersuchte alles bis zum Vorsteven. Die *Gipsy Moth* ist, glaube ich, mitten in einen Wal hineingelaufen, hat aber die Kollision überstanden. Glücklicherweise war auch das Wasser in der Bilge nicht gestiegen. Vielleicht ist es auch nur ein Traum gewesen oder ein Alb.«

Anderthalb Stunden später ergänzte ich:

»Der Wind hat sich gelegt, aber das Boot läuft offenbar sehr schnell; wenn man seitlich hinausschaut, fällt es schwer, den vorbeirauschenden weißen Schaum genau ins Auge zu fassen. Es ist, als ob man aus dem Fenster eines fahrenden Zuges auf Dinge blickte, die nur wenige Fuß daneben vorbeiflitzen.«

Am 11. September kam ich in den Tropengürtel. An diesem Tag legte ich gute 194 Meilen zurück – die längste Strecke, die ich bisher an einem Tag bewältigt hatte. Es war sehr heiß, 28° C im Schatten. Später, als es dunkel wurde, war es auf dem Vordeck sehr eindrucksvoll, als das Boot zehn Knoten machte: Die Jacht kam mir vor wie ein durchgehendes Pferd. Der vorüberschießende Schaum war durchsetzt mit leuchtend phosphoreszierenden Punkten. Aber bei der unruhigen Fahrt war es schwer zu schlafen. Zwei Stunden nach Mitternacht (am 12. September) dachte ich wieder über die Neigung der *Gipsy Moth* nach, sich breitseits zu legen. Ich schrieb ins Logbuch:

»Ich machte mir Sorgen über die plötzliche Luvgierigkeit der

7 1/2 Knoten – Lage 45 Grad (*Verfasser*)

Gipsy Moth, nachdem eine Woge das Heck nach Lee gedrückt hatte. Die Beanspruchung des Riggs ist beträchtlich, wenn das ausgebaumte Vorsegel backsteht; das gilt auch für die Ruderautomatik, die das Boot wieder auf Kurs bringen will, und dann besteht die Gefahr, dass das Großsegel ›chinesisch halst‹ (so sagt man, wenn das Segel oben nach Steuerbord übergeht, während die untere Hälfte des Segels noch nach Backbord gedrückt wird), sobald man die Jacht wieder auf den alten Kurs legt.«

Ich barg das Besansegel, das meines Erachtens die Hauptschuld am Querschlagen des Bootes hatte. Um 3.15 Uhr morgens trug ich ins Logbuch ein:

»Grobe See. Ich wünsche mir, ich könnte den ersten Teil der Nacht schlafen. Und außerdem verschwende ich kostbare Zeit, denn nun muss ich den Mangel an Schlaf tagsüber ausgleichen. Gottlob laufe ich vor dem Wind, anstatt gegen ihn kreuzen zu müssen!«

Der gleiche Morgen brachte mir dann aber noch eine Abwechslung für den Küchenzettel – frischen Fliegenden Fisch. Ich fand einen in der Plicht, einen zweiten im Segelnetz mittschiffs und zwei weitere auf dem Vordeck. In Butter gebraten waren sie köstlich, sie schmeckten wie Hering mit einem Beigeschmack von Makrele.

Bis zum Mittag des 12. September hatte ich wieder eine schöne Tagesetappe geschafft: 174 Meilen. Ich schrieb ins Logbuch:

»Was soll ich zuerst tun? Aufwaschen, mich rasieren und mich waschen, das Besansegel setzen, die Sonne schießen, das Besteck gissen oder die Funksprüche für heute Nacht vorbereiten? Die Antwort – man wird es erraten haben –: Ich machte ein Nickerchen. Schließlich hatte ich eben eine Mahlzeit aus vier Fliegenden Fischen und vier Kartoffeln zu mir genommen, und im Schatten waren es 28° C.«

Nur um zu zeigen, wie rau die See war: Ich brauchte 28 Minuten, um an diesem Tag die Sonne sechsmal mit dem Sextanten zu schießen. Ich vermutete, dass ich aus dem nach Südwesten verlaufenden Kanarenstrom nun in den nach Westen gehenden Nordäquatorialstrom kam und mich bereits inmitten des Nordostpassatgürtels befand. Als ich in dieser Nacht versuchte, über Funk Verbindung mit London aufzunehmen, hatte ich kein Glück, aber in der folgenden Nacht kam ich durch und gab einen Bericht an John Fairhall vom *Guardian* durch.

Am 14. September, eine Stunde nach Mitternacht, landete ein Fliegender Fisch bei den Segelsäcken unter den Netzen mittschiffs, während ich auf Deck war. Allerdings sah ich nicht, wie er aufprallte. Ich warf ihn lebend und zappelnd wieder ins Meer zurück, was den Fisch ganz gewiss überrascht haben wird. Um 8.42 Uhr morgens schrieb ich ins Logbuch:

»Ich habe soeben bemerkt, dass die ganze vergangene Nacht mein Bein kein bisschen geschmerzt hat. Wie herrlich, und doch wie undankbar von mir, dass ich dies beinahe unbeachtet ließ, obwohl es doch mein derzeitiges Leben ungeheuer verändert.«

An diesem Morgen las ich auf Deck zehn Fliegende Fische auf. Es tat mir Leid, dass ich sie nicht, wie den einen in der vergangenen Nacht, lebend zurückwerfen konnte, und da sie nicht mehr zu retten waren, verspeiste ich sie als Mittagsmahl (ein Fliegender Fisch ist, wenn er zubereitet ist, nicht sehr groß).

Mein 65. Geburtstag

Der 17. September war mein 65. Geburtstag. Ich genehmigte mir zur Feier des Anlasses eine gründliche Wäsche mit Frischwasser und öffnete danach das Päckchen mit Sheilas Geburtstagsgeschenk, einem prächtigen und höchst praktischen Schlafanzug aus Seide. Mir kamen die Tränen, als ich an ihre Freundlichkeit und Liebe dachte und an all das Glück, das wir seit 1937 miteinander erlebt haben. Meine Geburtstagsfeier leitete ich damit ein, dass ich eine Flasche Wein trank, die mir Monica Cooper und andere Angestellte unseres kartografischen Verlags als Geburtstagsgeschenk mitgegeben hatten. Das geschah im Laufe des Nachmittags. Am Abend schrieb ich in mein Logbuch:

»Nun, da bin ich, sitze mit einer Champagnerflasche in der Plicht und habe soeben Sheila und Giles mit meiner ganzen Liebe zugeprostet. Ich bin voll getakelt: Smoking, schmucke neue Hosen, schwarze Schuhe usw. Das einzige Versehen: Ich habe meine Smokingschleife vergessen und muss mich deshalb mit einer gewöhnlichen schwarzen Krawatte begnügen. Ich habe diesen ›Smoking‹ (der grüne Samtanzug, den Scholte geschneidert hat, ehe ich 1937 Sheila kennen lernte) sechsmal in der *Gipsy Moth III* über den Atlantik gefahren in der Absicht, eines Abends in voller Gala zu speisen. Aber heute trage ich ihn zum ersten Mal tatsächlich auf einer *Gipsy Moth.* Ein Festmahl gab es allerdings nicht. Vor Mitternacht oder dem frühen Morgen habe ich bei einer Hitze von 30° C keinen Appetit. Aber warum soll ich mir darüber Sorgen machen, habe ich doch den edlen Tropfen, den mir mein eigener Jachtklub geschenkt hat, der Royal Western Yacht Club, überreicht von meinem lieben alten Satyr Terence (ich warte immer darauf, dass er eines Tages eine Flöte aus einer Geheimtasche zieht und eine Serenade auf Amor bläst), und den Brandy meines lieben Vetters zum Mixen des Cocktails. Der Abend ist wundervoll still, das Boot läuft 7 Knoten, die See ist ruhig, fast tischeben – ein wundervolles Gefühl. Ich werde mir ein bisschen die Musik anhören, die Giles für mich aufgenommen hat. Eigentlich hatte ich ihn darum bitten wollen, eine Unterhaltung zwischen Sheila und ihm aufzunehmen, aber ich habe es vergessen, was ja nicht wundernimmt, hatte ich doch vor der Reise so unglaublich viel zu denken und zu planen. Tausend Dinge musste ich im Kopf haben, um tausend Dinge mich kümmern.

Dies ist wohl eine der großartigsten Nächte meines Lebens – mitten in einem herrlichen Unternehmen –, ich habe eben (soviel ich weiß) den Sechstagerekord aller Alleinfahrer um 100 Meilen überboten und denke voll herzlicher Liebe an meine Familie und meine Freunde. Was macht es aus, wenn sie nicht hier sind? Ich würde sie nicht so lieben, wie ich es jetzt in ihrer Abwesenheit tue, oder zumindest würde ich mir dessen nicht so bewusst sein, und allein darauf kommt es doch an.

Die Leute sprechen zu mir immer wieder über mein Alter. Ich glaube, dass sie annehmen, ich könnte das Alter besiegen. So töricht bin ich nicht. Ich bin sicher, niemand weiß besser als ich, dass meine Zeit begrenzt ist. Und ich glaube nicht, dass ich dem Altern entgehen kann. Warum also viel Worte darüber verlieren? Unser einziger Zweck im Leben, wenn wir darüber überhaupt etwas sagen können, besteht doch darin, das Beste zu tun, was man kann, in jeder Hinsicht, und nur wenn man dies tut, befriedigt einen das Leben.

Ist es ein Fehler, andere allzu sehr zu lieben? Es zerreißt mir das Herz, wenn ich mir vorstelle, dass Sheila und Giles nicht mehr sein könnten. Anderseits denke ich an das Glück und die Freude, die ich mit ihnen erlebt habe, vor allem wenn ich etwas gemeinsam mit ihnen unternahm. Die erste Heimfahrt von Amerika mit Sheila, nur wir zwei, fällt mir immer wieder ein, all die kleinen Episoden und die Freude und die Kameradschaft. Ebenso ist es mit der dritten Rückreise mit Giles. Ich frage mich, ob mir jemals wieder etwas so viel Spaß machen wird. Ich erkenne, dass das rechte Handeln ein notwendiges Ingrediens für jedes echte Fühlen ist. Dieses Wagnis, in dem ich mich jetzt befinde, ist meine Art zu leben. Ohne dies fühle ich mich arm, unbefriedigt, leer.

Leider kam die Dunkelheit ein bisschen zu rasch – das plötzliche Einbrechen der Nacht ist eine der unschönen Eigenschaften der Tropen. Ich liebe das lange Zwielicht des Nordens.«

Aber obwohl es zu rasch dunkel wurde, war es ein zauberhafter Abend. Ich hatte viel zu feiern, nicht nur meinen Geburtstag, sondern auch meine Rekordfahrt in der vergangenen Woche. Wie oft wohl sitzt ein Segler da und trinkt Champagner, während sein Boot mit 7 Knoten dahingleitet? Der Horizont war eine klare, gerade Linie, und die untergehende Sonne tränkte einige Wolken mit orangefarbenem Schimmer. Der Mond lag über der Stelle, wo die Sonne unterging, auf dem Rücken. Dies, glaube ich, war das erste Mal auf meiner Reise, dass ich überhaupt sentimental wurde – bis dahin schien alles nur Mühe und Ärger gewesen zu sein. Es ist seltsam, dass man ungefähr drei Wochen einer Reise braucht, ehe man damit anfangen kann, an ihr Freude zu finden, aber so ist es oder schien es mir damals.

Gerne hätte ich auf den Kater nach dieser Feier verzichtet, als um 2 Uhr morgens eine heftige Bö die *Gipsy Moth* auf die Seite legte. Mit Mühe kroch ich aus meiner Koje; ich stand unsicher auf den Beinen, da ich mich auf der Leeseite des Bootes befand und noch ziemlich voll von Brandy und Rührseligkeit war. Ich suchte nach meinem Zeug und stemmte mich dabei mit den Füßen gegen die Bootswand und die Koje. Aber da wurde mir plötzlich klar: Die Lage war kritisch, und ich hatte keine Zeit mehr, mich anzuziehen. Ich griff mir eine Sicherheitsleine und legte sie um, während ich in die Plicht kletterte. Die *Gipsy Moth* lag stark über, die Segel schleiften im Wasser, und die Ruderautomatik vermochte das Boot nicht mehr zu halten – kein Wunder, denn nachdem ich die Automatik von der Pinne gelöst hatte, konnte ich diese selbst mithilfe einer Talje nicht bewegen. Die Lage war ernst, denn wenn das Boot noch stärker krängte und die Segel vollständig unterschnitten, konnte das Wasser durch den offenen Niedergang in das Bootsinnere eindringen und die Jacht zum Kentern bringen. Die *Gipsy Moth* trug jeden Quadratfuß Segel, den ich hatte setzen können. Ich ließ das Besanstagsegel (350 Quadratfuß) fallen und holte es in die Plicht ein, die zur Hälfte davon ausgefüllt wurde. Dann kam ich an die Großschot und fierte den Großbaum weg. Langsam richtete sich das Boot wieder auf. Nun konnte ich es wieder vor den Wind bringen und die Selbststeueranlage so einstellen, dass sie wieder wirkte. Das ermöglichte mir, nach vorn zu gehen und das 600 Quadratfuß große Genuasegel zu bergen. Damit blieben noch die Genuastagfock und das Großsegel stehen. Nachdem der Wind nachgelassen hatte, wartete ich wegen des starken Regens noch ein paar Minuten, und um 3.17 Uhr setzte ich wieder große Fock und Besan. Ich kam in Versuchung, auch das Besanstagsegel wieder zu setzen, aber ich wollte diese Nacht nicht noch einmal wegen einem neuen Schlamassel aufstehen müssen, und so ließ ich es unten. Als ich in die Koje zurückgeklettert war, machte ich mir eine Notiz, dass ich mir wegen der Ruderleinen etwas Besseres ausdenken müsse.

Ich wurde dadurch aufgeweckt, dass in einer Flaute der Baum schlug und die Segel gegen die Masten klatschten. Die *Gipsy Moth* lief fast genau nach Osten. Tropische Regenschauer trieben über die See, der Himmel war bedeckt, und die Oberfläche des Meeres sah glasig aus. Aber weiter voraus schien das Wetter besser zu sein. Mein Bein tat mir wieder weh, und ich fragte mich, ob ich es verrenkt oder die alte Zerrung überbeansprucht hatte, als ich in der Nacht an den Fallen gearbeitet hatte. Ich tröstete mich mit dem Gedanken, dass es vielleicht eine Folge des Champagners sei, obgleich dies natürlich nicht sonderlich überzeugend klang.

Eigentlich hatte ich keine Lust, die Spuren meiner Einmannparty in der vergangenen Nacht zu beseitigen, aber es musste sein, und so räumte ich auf. Dann beschloss ich, Brot zu backen, machte den Teig an und entzündete den Brenner unter dem Backofen. Die Sache verlief allerdings nicht sonderlich erfolgreich, denn nach der Flaute frischte der Wind in Böen auf, und vielleicht beeinträchtigte das Schaukeln die Wirksamkeit der Hefe: Während meiner Bäckerei hatte das Boot eine Lage von 30 Grad.

Meine Mittagsposition (6° N, 23° 45′ W) brachte mich am 18. September bis auf 6 Meilen auf genau die gleiche Großkreisdistanz von Plymouth, wie sie zwischen Plymouth und Newport (Rhode Island) besteht. Beim Transatlantikrennen für Einhandjachten hatte ich 1964 30 Tage gebraucht, um diese Entfernung zurückzulegen, und nun hatte ich sie in nur 22 Tagen bewältigt. Dieser Gedanke heiterte mich trotz des böigen, launischen Wetters auf. Aber immer noch befand ich mich im Kalmengürtel, und es sah nicht so aus, als ob die tropischen Regenschauer je ein Ende finden würden. Von allen Seiten her kamen sie auf mich zu. Es war sehr anstrengend, vor und nach jeder Bö Ruder und Boot neu trimmen zu müssen. Wie ein verdammtes Kastenteufelchen sauste ich den ganzen Tag, wann immer eine Bö durchlief, auf Deck. Sorge machte mir in erster Linie die Beanspruchung des Bootskörpers durch das Stampfen und Aufschlagen; dass der Wind dem Rigg etwas anhaben könnte, glaubte ich nicht. Das unaufhörliche Segelwechseln bei Tag und Nacht nahm mich sehr mit. Ich fluchte, weil ich mir ein Boot hatte andrehen lassen, das umso viel größer war als von mir ursprünglich geplant – dies war letztlich die Ursache meiner ganzen Schufterei.

In der Nacht fand ich an Deck eine buntfüßige Sturmschwalbe. Ich setzte sie an einen günstigeren Platz an der Luvseite, wo es ebener war als unten auf der Leeseite und der Vogel besseren Halt fand. Sein Gefieder war weich wie Wolle. Der Vogel war sehr lebhaft; man musste aufpassen, dass er einen nicht plötzlich pickte. Schließlich flog er davon, und fast hatte ich den Eindruck, als ob er mich nur ungern verließe.

Am 19. September stand der Wind aus südlicher Richtung entgegen; ich musste auf Ostsüdostkurs gehen, um einigermaßen voranzukommen. Auf dem anderen Bug hätte ich vermutlich etwas mehr Fahrt gemacht, aber ich zog es vor, in etwa auf Ostkurs zu laufen, musste ich doch jeden Augenblick damit rechnen, vom Südostpassat, in den ich bald einlaufen würde, wieder nach Westen versetzt zu werden.

Früh am Morgen des 20. September beschloss ich zu wenden,

und als ich das getan hatte, verbrachte ich eine halbe Stunde damit, die Segel und die Selbststeuerung zu trimmen. Die *Gipsy Moth* lag in einer 22-Knoten-Brise hoch am Wind, doch hatte ich viel Mühe, sie auf Kurs zu halten. Das Boot stampfte schwer, und immer wieder brachten drei oder vier aufeinander folgende Wellen den Bug höher an den Wind, bis die *Gipsy Moth* schließlich genau im Wind lag und gar keine Fahrt mehr machte. Um 10.40 Uhr kam ich zu dem Schluss, dass ich endlich in den Südostpassat-Gürtel eingesegelt war. Anstelle der Sturmfock setzte ich eine 300-Quadratmeter-Fock. Im Logbuch beklagte ich mich:

»Ich muss doch schon sehr geschwächt sein, weil mich alles so sehr anstrengt; auch ist es ungemein lästig, keine Kontrolle mehr über die Füße zu haben, um sich im Gleichgewicht zu halten. Dennoch – nichts mehr über das Boot für eine Weile. Jetzt zum inneren Menschen. Ein prächtiges Wetter, blau und weiß; was für eine herrliche Abwechslung!«

Am Abend setzte ich für den Südostpassat das Großsegel anstelle des Trysegels. Der Abend war schön, das Segeln war schön. Die *Gipsy Moth* lag jetzt am Wind und machte auf Süd-zu-West-Kurs 5½ Knoten. Und ausgerechnet jetzt erlebte ich einen der ärgsten Rückschläge auf meiner Fahrt.

Lassen Sie mich die Situation erklären. Von dort, wo ich mich nun befand (4° N, 21° W), bog die alte Klipperroute etwas nach Westen aus, verlief durch den Südatlantik bis zur Insel Trindade und von dort wieder nach Südosten, dicht an Tristan da Cunha vorbei, bis sie bei 40 Grad Süd den Nullmeridian schnitt. Die Entfernung auf diesem Track von dem Punkt, an dem ich mich jetzt befand, bis zu jenem, an dem die Klipperroute im Süden am Kap der Guten Hoffnung vorbeiführte, betrug ungefähr 5000 Meilen, was bedeutete, dass ich bei 7,14 Knoten dafür 700 Stunden brauchen würde. Die ersten 1500 Meilen dieses Klippertracks führten durch die südliche Passatdrift, wo Südostwinde vorherrschen. Im Südosten lag das Kap der Guten Hoffnung, sodass die *Gipsy Moth* genau wie die Klipper für mindestens die ersten 1500 Meilen hart am Wind bleiben musste. Ich war ganz sicher gewesen, dass sich die Jacht hierfür besonders eignete, hatte ich doch bei meinen Segelversuchen festgestellt, dass sie in den verhältnismäßig ruhigen Wassern des Solent bei einem 30-Knoten-Wind fast ebenso dicht am Wind segeln konnte wie ein Zwölfer. Mein Plan, die Strecke nach Sydney in 100 Tagen zurückzulegen, basierte darauf, dass ich in diesem Passatgürtel viel dichter an den Wind gehen wollte, als es die Klipper hatten tun können. Anders gesagt, ich wollte eine Abkürzung segeln und nicht weniger als 800 Meilen auf dem Weg zum Kap der Guten Hoffnung einsparen. Ich trimmte das Schiff sorgfältig, um so hoch wie möglich am Südostwind segeln zu können. Der Wind war zu einer sanften, idealen Brise abgeflaut, die See ruhiger geworden. Die Wellen waren nun ganz klein, am liebsten würde ich sie Kräuselungen nennen, aber ich stellte fest, dass sie die *Gipsy Moth* so zum Aufschaukeln brachten, dass drei aufeinander folgende Wellen je ¾ Knoten von der Geschwindigkeit abzwackten. Die erste Welle verringerte die Geschwindigkeit von 5½ auf 4¾ Knoten, die zweite auf 4 und die dritte auf 3¼ Knoten. Wenn noch eine vierte und fünfte Welle folgten, drehte die Jacht einfach in den Wind, sodass sie gar keine Fahrt mehr machte. Solange die Ruderautomatik das Boot steuerte, ließ sich das nur vermeiden, wenn ich um weitere 20 Grad abfiel. Dies aber hieß, dass ich nicht höher am Wind segeln konnte als die Klipper – der Plan, auf den ich so sehr gebaut hatte, brach zusammen. Dieses Aufschaukeln und Anluven war die erste schlechte Angewohnheit der *Gipsy Moth*, die ich auf meiner Fahrt leider entdecken musste.

Es war ein ermüdender und anstrengender Abschnitt der Reise. Wenn ich die *Gipsy Moth* bei hoher Fahrt hart am Wind hielt, schlug sie fürchterlich mit dem Vorschiff auf die Seen, was mir Sorgen machte, weil ich nicht wusste, ob der Vorsteven das aushalten würde. Dennoch musste ich bemüht sein, so schnell zu sein wie nur möglich, wenn ich die von den Klippern erreichte Zeit einigermaßen einhalten wollte. Die Funkverbindungen waren schlecht, und ich hatte Schwierigkeiten, die Batterie aufzuladen – ich bekam einfach keine richtige Spannung drauf. Nachts störten mich Krämpfe im Bein, die mich stets nach zwei Stunden Schlaf befielen und nur nachließen, wenn ich aufstand und mir die Beine vertrat. Das bedeutete, dass ich nie länger als zwei Stunden hintereinander schlafen konnte. Es war heiß, und ich schwitzte fürchterlich – womöglich verlor mein Körper dabei zu viel Salz. So beschloss ich, täglich ein halbes Glas Meerwasser zu trinken, um den Salzverlust auszugleichen.

Als ich am Morgen des 21. September aufwachte, musste ich feststellen, dass das Schiff Kurs nach Osten hielt und alle Segel backstanden. Während ich geschlafen hatte, muss es, durch das alte Aufschaukelproblem verursacht, in den Wind gegangen und dann auf den anderen Bug abgefallen sein. Ich fierte den Großbaum weg, um das Großsegel vollständig überkommen zu lassen, und brachte das Boot dann langsam wieder vor den Wind auf den richtigen Kurs.

Gegen Mittag sah ich einen Tanker, das letzte Schiff, das ich für zwei Monate sehen sollte. Dies geschah bei 2° 19′ N, 21° 43′ W. Es war die *African Neptune*. Sie wendete, folgte mir und näherte sich von Lee. Ich habe immer Bedenken, wenn ein Schiff meinem Boot auf offener See nahe kommt. Falls es sich nämlich von Luv nähert, nimmt es den ganzen Wind weg, und die Jacht gehorcht dem Ruder nicht mehr; dann driftet das Schiff mit dem Wind langsam näher, und die schlingernde Jacht kann ihre Salinge und die Takelung an der Bordwand des Schiffes beschädigen, wie es David Jewis beim Transatlantik-Einhandrennen 1960 passiert ist. Aber die *African Neptune* wurde gut geführt; ich brauchte mir keine Sorgen zu machen. Der Kapitän fragte mich, ob er mir irgendwie behilflich sein könne, was ich nett von ihm fand. Ich war gerade dabei, die Bilgehandpumpe in der Plicht zu reparieren, und hatte alle Einzelteile ringsum verstreut, als ich das Schiff herankommen sah. Ich ging nach unten, um die Signalflaggen für mein Erkennungszeichen GAKK, eine Signallampe sowie ein Megafon an Deck zu holen; zuerst versuchte ich, mich mit der Signallampe zu verständigen, aber drüben beachtete man es nicht. Nachdem der Tanker in der Ferne verschwunden war, machte ich mich wieder an die Arbeit mit der Bilgepumpe. In der Bilge war eine Menge Wasser, weil die See über Deck spülte und Wasser in das Kettenrohr lief, dort, wo die Ankerkette auf das Deck herauskommt. Ich befürchtete, das Bilgewasser mit einem Eimer ausschöpfen zu müssen, wenn es mir nicht gelang, die Pumpe zu reparieren. Endlich entdeckte ich den Fehler: Eines der Gummiventile in der Bilgepumpe passte nicht richtig. Ich reparierte es, und nun funktionierte die Pumpe. Stolz auf meinen Erfolg, machte ich mich dann an das Bierfass. In dieser Hitze bereitete mir der Gedanke an das Bier, das unerreichbar im Fass ruhte, geradezu Höllenqualen. Ich schaute nach, ob eine Luftblase oder ein Knick in dem Rohr war, das zu dem im Kiel gestauten Fass führte, konnte aber nichts dergleichen finden. So kam ich zu dem Schluss, dass der Kohlensäurezylinder ein Leck hatte und kein Druck drauf war, um das Bier hochzudrücken.

An diesem Abend trug ich in das Logbuch ein:

»Ich kann nicht verstehen, warum ich fast nie Appetit habe. Jetzt ist es 9.00 Uhr abends und seit 1¼ Stunden dunkel, und doch spüre ich nicht den mindesten Hunger. Zum Frühstück habe ich nur zwei Scheiben Vollkornbrot mit Beilagen gegessen, zum Lunch noch eine Scheibe sowie eine Scheibe Ryvita mit Datteln und Käse. Zum Tee nichts.«

Den Äquator passierte ich am 22. September. Es war sehr aufregend. Ich ging an Deck, um bei 12.00 Uhr mittags Ortszeit die Sonne zu nehmen. Zuerst schaute ich, wie gewöhnlich, im Spiegel meines Sextanten nach Süden, um dort das Spiegelbild der Sonne zu suchen. Ich war erstaunt, es im Nordosten zu finden – erst jetzt wurde mir klar, dass ich beim Segeln nach Süden die Sonne eingeholt hatte und sie von nun an nördlich von mir stehen würde. Ich begann mit dem »Schießen«. Als die Sonne den Meridian passierte, musste ich mich so schnell herumdrehen, wie ich nur konnte – in der einen Minute schaute ich nach Nordosten, und nur Sekunden später guckte ich nach Nordwesten. Es ist sehr schwierig, unter diesen Bedingungen die Höhe zu nehmen, denn wenn man sicher sein will, dass man vertikal von der Sonne zur See misst, muss man den Sextanten sanft wie ein Pendel schaukeln lassen, bis man die Richtung findet, in der die Sonne am tiefsten über dem Horizont steht. Bei diesem Pendeln bewegt sich das Bild der Sonne in einem flachen Bogen über den Horizont, und man muss feststellen, wo das Bild der Sonne den Horizont »küsst«.

Schon seit einigen Tagen hatte ich einen Wettlauf mit der Sonne veranstaltet, die sich nach Süden zurückzieht, wenn auf der nördlichen Hemisphäre der Winter naht. Ich gewann ihn mit knappen 22 Meilen: Der Sonnenbildpunkt (der auf die Erdoberfläche projizierte Punkt, über dem die Sonne genau senkrecht steht) befand sich am Mittag dieses Tages 22 Meilen nördlich des Äquators. Ich verstaute meine Seekarten für den Nordatlantik und holte die für den Südatlantik heraus. Es war aufregend, von dem einen Ozean auf den andern überzuwechseln.

Da ich nun bei fast senkrecht über meinem Kopf stehender Sonne navigierte, war es angebracht, auch einige Gestirnvermessungen vorzunehmen, und zum Glück war die folgende Nacht schön und sternenklar. Ich fragte mich, was das wohl für ein heller Stern in der Nähe des Canopus sei, bis ich feststellte, dass er sich bewegte! Ein bewundernswertes Unternehmen, diese Satelliten – mich fasziniert der Gedanke, dass der Mensch sie dort hinaufgebracht hat. Und es ist wohl ihre sternengleiche Helligkeit, die mich so sehr beeindruckt. Um diese Zeit begann sich die zweite schlechte Angewohnheit der *Gipsy Moth* zu offenbaren. Hin und wieder, wenn der Wind abflaute, schrieb ich ins Logbuch, dass ich eine angenehme Fahrt hatte, aber leider folgte unweigerlich einige Minuten oder Stunden später die Klage, dass es schwierig sei, die *Gipsy Moth* auf Kurs zu halten. Das Logbuch ist voll Eintragungen wie:

»Unaufhörlich luvt die *Gipsy Moth* und verliert dabei Fahrt.

Ich habe den Eindruck, dass sie viel Lage hat, schwer arbeitet und nicht recht vorwärts kommt.

Die Ruderautomatik ließ sich nicht richtig einstellen und hielt nicht Kurs: sie ist luvgierig.

Ich bemerke, dass sie jetzt schon wieder zu stark abfällt; ich muss noch mal ran, verflucht!

Ich konnte das heftige Schlagen in die Seen nicht aushalten, das auftrat, wenn der Wind auf mehr als 20 Knoten auffrischte, und die Lage von 40 Grad ist reichlich viel.

Ich glaube, dass sich die Windfahne der Ruderautomatik bei einigen der heftigen Stöße verstellt.

Die *Gipsy Moth* geht nicht so hoch an den Wind, wie sie eigentlich sollte.«

Von nun an hatte ich, außer wenn der Wind abflaute und die See ruhiger wurde, einen fast endlosen Kampf durchzufechten, wenn ich versuchen wollte, die *Gipsy Moth* hoch am Wind auf Kurs zu halten. Zuerst sah ich die Ursache darin, dass die Ruderautomatik nicht die Pinne zu halten vermochte. Im Laufe der Zeit entdeckte ich jedoch den wahren Grund. Eines Tages stand ich auf Deck und schaute voraus, als der Wind plötzlich in einer Bö von 20 auf 25 Knoten auffrischte. Das Boot legte sich über, und zu meinem Erstaunen sah ich, wie der Bug um etwa 30 Grad nach Lee rutschte, das ganze Boot also abfiel. Es sah aus, als ob ein Messer Butter auf eine Brotscheibe strich. Was mich zur Raserei gebracht und mir Rätsel aufgegeben hatte, war nun plötzlich klar: Es gab für die *Gipsy Moth* einen kritischen Neigungswinkel. Wenn sie um nur ein oder zwei Grad aufrechter stand, begann sie anzuluven und Fahrt zu verlieren. Wenn sie sich jedoch um ein oder zwei Grad weiter überlegte, rutschte das Vorschiff leewärts weg, das Boot hatte also, wenn es weiter überlag, ganz andere Segeleigenschaften und machte auf Raumschotskursen von etwa 30 Grad zum Wind hohe Fahrt. Bei diesem Kurs erreichte die *Gipsy Moth* Renngeschwindigkeit, aber natürlich nutzte das wenig, wenn nämlich der Kurs, den ich anliegen wollte, um 30 Grad anders lag. Nachdem ich diese Laune des Bootes entdeckt hatte, konnte ich mir auch etwas anderes erklären, das mir bis dahin rätselhaft gewesen war: Wenn man hoch am Wind segelt und fünf oder zehn Grad abfallen will, ist es üblich, einfach die Großschot zu fieren – sofort ändert sich der Kurs um ein paar Grad nach Lee. Bei der *Gipsy Moth* musste ich das Gegenteil tun: Um ein paar Grad aus dem Wind zu kommen, war es notwendig, die Segel dichter zu holen! Dadurch wurde nämlich der Neigungswinkel verändert, und das Boot fiel mit hoher Fahrt auf einen Raumschotskurs ab.

Am 23. September aß ich zum ersten Mal von der Kresse, die ich auf dem Boot gezogen hatte: mit Barmene, etwas Majonäse, Knoblauch und einigen Rosinen schmeckte sie ausgezeichnet. Ich beschloss, noch mehr Kresse auszusäen, aber zugleich machte mir die entsetzliche Lethargie Sorge, die mich spürbar ergriffen hatte: Alles, woran man denken und was man täglich zweimal tun musste (z. B. das Gießen der Kresse), war mir eine Last. Und es war so heiß – viel zu heiß, als dass man tagsüber lange an Deck bleiben konnte, und auch unten war es recht warm – um 5.00 Uhr nachmittags 28° C. Es wäre unten ja durchaus auszuhalten gewesen, wenn ich die Oberlichter hätte öffnen können, aber dies ging nicht, weil dann sofort Gischt hereinspritzte. Besonders anstrengend war es für mich, alle Arbeiten bei einem konstanten Überliegen von 20 bis 30 Grad erledigen zu müssen. Ich erholte mich zwischendurch, indem ich in der Plicht eimerweise Meerwasser über mich goss.

Kaum zu ertragen war das heftige Schlagen, das sich einstellte, sobald der Wind auf mehr als 20 Knoten auffrischte, und die konstante Lage von 40 Grad war einfach zu viel. Aber ich sagte mir, dass ich mich daran gewöhnen müsse, denn diese Ostpassate sind keine sanften Brisen.

Ich beschloss, mein Obst zu sortieren und alles über Bord zu werfen, was verdorben war. Dabei stellte ich fest, dass ich noch 7 Orangen, 12 Äpfel, 13 Zitronen und etwa ein Dutzend Grapefruits hatte (die Grapefruits vergaß ich zu zählen). Nur sehr wenig war verdorben. Das Obst befand sich in guten Netzen, jedes Stück für sich in Seidenpapier gewickelt.

Mein Versuch, Kapstadt über Funk zu erreichen, schlug fehl. Der Funker in Kapstadt teilte mir mit, dass er mich mit Stärke 2 hereinbekäme, und auch ich konnte ihn manchmal ganz schwach hören, aber dann wurde alles durch eine schrille Frauenstimme übertönt.

Es gab jedoch auch schöne Augenblicke. Die Nacht vom 23. auf den 24. September war köstlich, und am liebsten wäre ich die ganze Nacht über in der Plicht geblieben. Die *Gipsy Moth* lief prächtig – sie machte 6⅔ Knoten. Durch das Segel hindurch sah man die vollendete Kurve des Mondes, und die See war ruhig, sodass die Jacht kaum arbeitete. Meiner Schätzung nach musste ich noch 1250 Meilen am Wind segeln.

Sehr stolz fühlte ich mich, als es mir gelang, meine alte elektrische Uhr wieder in Betrieb zu setzen. Erstmals hatte ich diese Uhr 1957 auf der *Gipsy Moth II* mitgeführt; alljährlich überwinterte sie in meinem Schlafzimmer zu Hause. Aber sie war stehen geblieben. Ich sprühte mit dem Silikondruckspray in das Regulierungsloch auf der Rückseite und blies das Uhrwerk kräftig durch. Sofort begann es wieder zu ticken, und ich konnte nur hoffen, es endgültig zu neuem Leben erweckt zu haben. Dabei dachte ich an Joshua Slocum und seine Uhr mit dem einen Zeiger, die er in Öl gekocht hatte.

Am 24. September endete meine vierte Woche auf See. Ich hatte 3887 Meilen zurückgelegt, im Tagesdurchschnitt 136,8 Meilen. An diesem Tag verstieß ich gegen die mir selbst gesetzte Regel, erst am Abend etwas zu trinken. Das ständige Setzen und Umtrimmen der Segel brachte mich zur Verzweiflung – ich konnte die *Gipsy Moth* nicht dazu bringen, den von mir gewünschten Kurs zu halten. Schließlich überließ ich das Boot angewidert sich selber und ging nach unten, um mir einen späten Lunch oder einen frühen Tee zu genehmigen. Er bestand aus Gin mit Zitrone und dem vorletzten Stück meines schottischen Cheddar-Käses – einem der besten Käse, die ich je gegessen habe. Auch die letzte frische Butter verspeiste ich. Diese englische Butter hatte ich bis zuletzt aufbewahrt, und kein bisschen war ranzig geworden, was ich bei der Tropenhitze erstaunlich fand.

Und wieder hatte ich Ärger mit der Selbststeueranlage. Die Ruderleine riss zum dritten Mal, und mit einiger Mühe flickte ich eine neue an. Es war so, als wolle man ein erst halb zugerittenes Pferd ohne Zaumzeug lenken. Ich mühte mich mit dem Eckblock ab und versuchte, die Führung zu verbessern, aber die Schwierigkeit bestand darin, dass, sobald ich bis zum Ende des Hecks kam, die *Gipsy Moth* versuchte, mich abzuschütteln, indem sie stampfte, dass mir die Zähne wackelten, und dann anluvte, sodass ich zur Pinne sausen musste, um zu vermeiden, dass sie backgedrückt und manövrierunfähig wurde. Ich fettete die Ruderleinen ein, wo sie am meisten schamfilten – an dieses Scheuern hätte ich eigentlich schon früher denken können! Wieder versuchte ich, mit Kapstadt Funkverbindung aufzunehmen, aber erneut übertönte auf der Kapstadtfrequenz eine laute Frauenstimme alles andere.

Am 25. September, einem Sonntag, wurde ich unsanft dadurch aufgeweckt, dass die Tischuhr mir auf den Bauch fiel. Dies brachte mich in Trab. Die *Gipsy Moth* lag ruhig im Wasser, und obgleich einige dicke schwarze Wolken am Himmel standen, sah es doch nicht Besorgnis erregend aus. Ich schüttelte die Reffs aus dem Großsegel und setzte an Stelle der kleineren Fock die Genuastagfock. Dann machte ich mich an eine Arbeit, der ich schon eine Zeit lang ausgewichen war – ich widmete mich den Eiern.

Denn mit ihnen ging das nicht so weiter: Entweder mussten die Eier über Bord oder ich. Also holte ich die Eierkiste an Deck. Was ich als Erstes sah, waren ein paar zerbrochene Eier, die schon restlos verfault waren. Überhaupt machten mir die Eier Sorgen. Der Wachsüberzug, den ein Freund vorgeschlagen hatte, war offenbar ein arger Missgriff – die Dotter klebten an den Schalen, und einige Eier hatten innen schwarze Flecken, was mir nach Schimmel aussah. Immerhin machte ich mir ein Omelett aus dem, was ich aus den Schalen von zwei Eiern herausbekommen konnte, und das schien mir durchaus genießbar. Die Schwierigkeit mit den Eiern besteht nämlich darin, dass es einem den Magen schon hebt bei dem Gedanken an ein schlechtes Ei, mag dies in Wirklichkeit auch noch ganz gut und brauchbar sein. Ich säuberte die Kiste, warf alle zerbrochenen oder offensichtlich verdorbenen Eier über Bord und hoffte, dass die Übrigen in Ordnung waren.

Zu dieser Zeit schien der Wind allnächtlich auf Stärke 6 aufzufrischen; ich stellte auch fest, dass das Barometer nachmittags um 2 oder 3 Millibar zu sinken und nach Einbruch der Dunkelheit wieder zu steigen pflegte. An diesem Sonntagabend stieg es wie gewöhnlich wieder, und ich überlegte, ob ich mit Vollzeug weitersegeln sollte. Als der Wind von 20 auf 24 Knoten auffrischte, begann das Boot wieder zu schlagen, aber ich glaubte, dass die Ursache dafür eine schwarze Wolke sei, die über mir hinwegzog, und dann die Bö bald nachlassen werde. Denn ich hatte keine Lust, die Besegelung wieder zu ändern, wenn es sich vermeiden ließ. Also ließ ich alles stehen, wie es war, und es ging auch gut.

Je weiter ich nach Süden kam, desto kühler wurde es; ich begann, unter einer Wolldecke zu schlafen.

Bei starkem Wind war das Segeln nicht sehr angenehm. Durch heftiges Aufschlagen des Vorschiffs verlor das Boot stark an Fahrt und luvte gleichzeitig an, als ob die Ruderautomatik sich verstellt hätte. Das passierte auch, wie ich glaube, tatsächlich – jedenfalls verstellte ich immer wieder die Automatik nach Lee. Eigentlich hätte ich einen Affen und einen Elefanten als Crew benötigt, den Affen, um die Drecksarbeit zu machen, wenn die *Gipsy Moth* eine Lage von 30 Grad oder mehr hatte, und den Elefanten, um die Pinne zu übernehmen, wenn das Boot in einer Bö außer Kontrolle geriet.

Am Montag (26. September) hatte ich es mir eben in meiner Koje bequem gemacht und mir Maigret und *La grande Perche* vorgenommen, als es achtern plötzlich knallte. Ein gewaltiges Segelgeknatter folgte – und ich nahm an, dass bei der Steuerautomatik etwas gebrochen sei. Ich eilte an Deck, so rasch ich konnte, aber ohne Sicherheitsgurt war bei diesem Wetter nichts auszurichten. Zu meiner Erleichterung stellte ich fest, dass nur wieder einmal eine Ruderleine gebrochen war. Ich nahm einfach einen der Spinnakerachterholer statt des gebrochenen Endes in der Hoffnung, dass die gebrochene Leine eben altersschwach gewesen sei und die neue halten würde. Bei dem starken Wind und der rauen See war es eine ziemlich mühselige Arbeit, doch endlich hatte ich es geschafft und kroch wieder in meine Koje; ich war so müde, dass ich kaum die Augen offen halten konnte. Aber es war mir kein langer Schlaf beschieden. Die *Gipsy Moth* begann so stark zu arbeiten, dass es einfach nicht mehr auszuhalten war. Ich kletterte erneut an Deck, barg das Großsegel und hatte endlich ein wenig Ruhe.

Nach etwa zwei Stunden stand ich auf, um an Deck zu gehen und das Großsegel wieder zu setzen. Vorher aber wollte ich erst eine Tasse heiße Schokolade trinken. Während ich meine Schokolade schlürfte, frischte der Wind auf 25 Knoten auf; also setzte ich nur die kleine Stagfock und ließ das Großsegel unten. An diesem Morgen wäre die Fahrt beinahe für mich zu Ende gewesen, denn bei einem reichlich absurden Unfall kam ich nur mit knapper Not davon: Das Wetter war weiterhin miserabel, und die *Gipsy Moth* wurde kräftig durchgeschüttelt. Ich ging aufs Klosett. Die Tür flog zweimal auf, und ich knallte sie jedes Mal wieder zu. Plötzlich klappte sie ein drittes Mal auf, sauste an mir vorbei, und die Klinke krachte mir gegen die Stirn, sodass meine Brille davonflog. Durch den Schlag wurde meine Kopfhaut etwa fünf Zentimeter über dem Auge aufgerissen; ich war wie betäubt. Erstaunlicherweise blieb die Brille heil, und nachdem ich die Wunde mit etwas Jod betupft hatte, war der Fall erledigt. Aber dass ich so gut davongekommen war, erschien mir wie ein Wunder. Man stelle sich vor, was passiert wäre, wenn die Klinke ein Brillenglas zerschlagen und mich ins Auge getroffen hätte!

Das Hauptereignis des nächsten Tages war das Rasieren. Den Spiegel im Klo konnte ich nicht benützen, weil man dort bei starker Schlagseite keinen festen Stand hatte. Deshalb setzte ich mich in der Kajüte auf einen umgestülpten Putzeimer und nahm einen Handspiegel. Ich erwähne dies, weil manche Leute glauben, man bräuchte nur ein Rasiermesser in die Hand zu nehmen, um sich während des Segelns zu rasieren, und sich wundern, warum die Segler so unrasiert herumlaufen.

Die Kugellager der Selbststeueranlage rasselten fürchterlich, und ich machte mir über den ganzen Mechanismus immer wieder Sorgen. Es war so viel daran, was kaputtgehen konnte.

Trotz meiner Bemühungen, die Eier zu sortieren, sah es in der Eierkiste nicht zum Besten aus. Der Gestank in der Kajüte war nicht mehr auszuhalten. Und so trug ich die Kiste in die Plicht und staute sie unter dem Achterluk. 14 Dutzend Eier sind bei hohem Seegang eine ziemlich unhandliche Last, selbst wenn die Eier nicht so entsetzlich stinken. Ich glaube, dass jemand diese große (zu große) Kiste auf dem Transport zum Boot oder vor dem Auslaufen fallen lassen hat, sodass der Gestank zum großen Teil, wenn nicht ganz und gar, von den schon damals zerbrochenen Eiern stammte. Ein paar Tage später war der Gestank so schlimm geworden, dass ich beschloss, mich endgültig von den Eiern zu trennen. Ich packte die Kiste und warf sie über Bord; während ich weitersegelte, sah ich zu, wie sie kleiner und kleiner wurde. Es passiert einem nicht oft, dass man fast volle 14 Dutzend Eier wegwerfen muss, und für mich bedeutete das einen beträchtlichen Verlust, aber es ging nicht anders.

Mit dem Schluss meiner Eiergeschichte bin ich den Ereignissen etwas vorangeeilt. Am Nachmittag nach dem Rasieren passierte etwas Merkwürdiges. Ich beschloss, die Bilge zu lenzen, um sicherzustellen, dass die Pumpe noch zog. Eigentlich wollte ich nur ein paar Hübe lenzen, denn ich schaute regelmäßig in die Bilge, und noch am Morgen war kaum Wasser drin gewesen. Ich begann mehr oder weniger automatisch mit der Arbeit; mit den Gedanken war ich ganz woanders. Plötzlich merkte ich, dass ich schon eine ganze Weile gepumpt hatte. Ich glaubte, dass vielleicht eines der Ventile nicht in Ordnung sei und ich bloß das gleiche Wasser immer hin und her pumpte; deshalb begann ich, nach einem Stock zu suchen, um im Saugrohr herumzustochern. Dabei sah ich, dass das Wasser aus dem Klosett herauslief! Offensichtlich hatte ich nach dem Aufgeben des Versuches, mich dort zu rasieren, den Seehahn offen gelassen, sodass sich seither das Boot heimlich und leise mit Wasser füllen konnte.

Am 32. Tag meiner Reise (28. September) war ich noch 1940 Meilen von dem Punkt entfernt, wo ich auf 40 Grad südlicher Breite den Nullmeridian kreuzen wollte; von dieser Stelle war die *Cutty Sark* am 32. Tag 1900 Meilen entfernt gewesen. Ich rechnete mir also aus, dass die *Cutty Sark* mir nach einer Fahrt von 32 Tagen nur etwa 40 Meilen voraus hatte. Es wurde viel kälter, und ich begann, unter Deck ein wollenes Hemd und lange Hosen zu tragen. Ich spürte, dass ich mich langsam der Antarktis näherte.

Nach meinem ermutigenden Vergleich zwischen der *Cutty Sark* und der *Gipsy Moth* am 28. September begann der 29. recht übel. Ich stellte fest, dass der Stauraum unter dem achteren Backbord-Kajütsofa voller Wasser war. Vermutlich war es dazu gekommen, weil der Großbaum während eines Segelwechsel geschlagen hatte, sodass der Niederholer einen Ringbolzen teilweise aus dem Deck herausgerissen hatte. Das Unglück war ärgerlich, weil hier Bücher lagen, die allesamt durch Wasser verdorben waren. Vorsichtshalber lenzte ich die Bilge und stellte fest, dass ich 35 Hübe brauchte, um sie leer zu bekommen. Ich konnte nur hoffen, dass dieses Wasser auch aus dem WC stammte und tags zuvor noch nicht seinen Weg nach achtern gefunden hatte.

Nach dieser Arbeit an der Pumpe fiel mir auf, dass ich andauernd meine Hosen heraufziehen musste. Ich maß meine Taillenweite und konstatierte, dass sie sich auf 78 Zentimeter verringert hatte – eine richtige Damentaille, dachte ich. Dass ich abgenommen hatte, wusste ich ohnedies, aber ein wenig mehr Appetit hätte ich mir doch gewünscht. Manchmal schmeckte es mir, aber an vielen Tagen hatte ich überhaupt keine Lust, etwas zu essen, und musste mich mehr oder weniger dazu zwingen. Nach diesen Reflexionen genehmigte ich mir einen Gin, was ein Fehler war, denn inzwischen hätte ich wissen müssen, dass ein Gin gewöhnlich eine Bö nach sich zog.

So war es auch diesmal. Der Gin brachte mir einen scharfen, böigen Wind aus 160 Grad Südsüdost und grobe See. Er kam genau aus der Richtung, in die ich zu reisen gedachte, sodass ich eine Zeit lang nicht viel unternehmen konnte. Ich versuchte, in meiner Koje zu bleiben, aber ein Krampf in meinem rechten Bein zwang mich heraus. Müde des Ärgers, der mich ganz offensichtlich jedes Mal erwartete, wenn ich an Bord Gin (oder Champagner) trank, genehmigte ich mir zur Abwechslung einen heißen Brandy. Es war ein Brandy »mit«; ich wusste zwar nicht mehr, was Jorrocks unter diesem »mit« verstand, glaubte mich aber schwach zu erinnern, dass es Zucker und Zitrone seien. Auf jeden Fall mixte ich mir einen entsprechenden Trank; er schmeckte ausgezeichnet. Der Sturm ließ ein wenig nach, aber immer noch war die See grob. So lief ich mit gerefftem Besan und Sturmfock. Der Brandy weckte meinen Arbeitseifer; ich fettete und ölte zwei Winschen, die während der Nacht nicht funktioniert hatten. Dann befestigte ich an der Ruderautomatik eine zweite Leine. Beide Arbeiten waren höchst notwendig, denn die Winschen und die Ruderautomatik hatten mir in einem Schlamassel während der vorangegangenen Nacht viel zu schaffen gemacht. Passiert war Folgendes: Ich hatte geglaubt, dass eine Wende mir nichts bringen würde, und war in die Koje gekrochen; aber als das Boot von selber über Stag ging, wachte ich auf. In der Dunkelheit hätte das Knattern und Flattern sogar einen Elefanten in Panik versetzen können. Rasch legte ich mir die Sicherheitsleine samt Gurt um, hatte aber keine Zeit, mich anzuziehen, und kletterte barfuß und im Pyjama an Deck. Da die Vorsegel schon backstanden, beschloss ich, alles zu belassen, wie es war, und die Jacht über Backbordbug weiterlaufen zu lassen. Keine der beiden Winschen funktionierte. Dann begann die Ruderautomatik zu spinnen: Das Ruder legte sich hart auf eine Seite über, und selbst mit kräftigstem Ziehen konnte ich es nicht wieder mitschiffs bringen. Ich musste einerseits mit den Ruderleinen herumfummeln, um das Boot wieder auf Kurs zu bringen, und anderseits mich mit der Automatik abquälen. Das hatte seine Schwierigkeiten, denn so lange die Automatik mit der Pinne verbunden war, blieb der Druck auf die Pinne sehr stark, und es war schwierig, mit den Leinen das Ruder zu bewegen. Die ganze Zeit über hatte ich außerdem meine Mühe mit den Handlampen; die größere brauchte ich, um nach der Ruderautomatik zu sehen, und eine gewöhnliche hatte ich für die übliche Decksarbeit. Und während all dieses Durcheinanders fiel eine leere Flasche, die ich auf der Plicht zum Trocknen hingelegt hatte, weil ich darin Petroleum aufbewahren wollte, auf meinen Zeh (der dadurch blau wurde). Dieser letzte Zwischenfall tat mir gut, denn ich erkannte nun, wie absurd es war, die Sache allzu ernst zu nehmen. Aber dass ich abnahm, war unter solchen Umständen weiß Gott nicht überraschend.

Wind und Regen

Am 1. Oktober (ich war inzwischen fünf Wochen auf See) hatte ich endlich wieder einmal richtigen Appetit und machte mir ein herrliches Frühstück. Nach einem tiefen Schlaf war ich gut ausgeruht. Ich ging an Deck und setzte anstelle der Sturmfock die Arbeitsfock. Dadurch bekam ich Appetit. Ich fand einen Fliegenden Fisch an Deck, der offenbar eigens für mein Frühstück herangeflogen war. Ich putzte und briet ihn. Dieses Frühstück blieb mir in Erinnerung: eine Grapefruit (ein Viertel davon weggeworfen, weil sie verdorben war), zwei mit dem Fliegenden Fisch gebratene Kartoffeln, zwei Scheiben Vollkorntoast mit Butter und Marmelade, anderthalb Tassen Kaffee. Nach einer kurzen Verdauungsruhe ging ich an Deck und setzte mehr Segel.

Zwischen dem 32. und 35. Tag der Fahrt kam ich gegenüber der *Cutty Sark* ins Hintertreffen. Sie hatte am 33., 34. und 35. Tag ihrer Reise weit längere Strecken zurückgelegt als ich; und während ich am 33. Tag nur 40 Meilen hinter ihr gelegen hatte, betrug die Differenz am 35. Tag bereits 352 Meilen. Dies war entmutigend. Manchmal übermannte mich eine Zeit lang ein Gefühl tiefer Niedergeschlagenheit: Das Boot schien mir viel zu groß, als dass ich mit ihm in schwierigen Lagen hätte fertig werden können. Am schlimmsten war, dass ich immer wieder aus dem Schlaf gerissen wurde und aus meiner Koje an Deck klettern musste, um irgendeine anstrengende, dreckige Arbeit zu erledigen. Wehmütig dachte ich daran, wie anders es doch war, wenn man in einem voll bemannten Boot nur Wache ging, auf neue Situationen wartete und darauf vorbereitet war, sie zu meistern – mochten sie noch so schwierig sein. Diese Depressionen gingen allerdings vorbei, und wenn ich ein paar Stunden richtig geschlafen hatte, fühlte ich mich wieder wohler. Dann war ich ein ganz anderer Mensch und nahm mir fröhlich alles vor, was erledigt werden musste. Ich wässerte meinen »Garten« und säte neue Kresse überall, wo ich sie abgeschnitten hatte. Auch Musik gönnte ich mir – wie herrlich kann das Leben sein, wenn alles in Ordnung ist und man die richtige Musik hört! Ich ließ Tonbänder mit der von Giles' aufgenommenen Musik ablaufen und fühlte, dass ich das Leben allzu schwer genommen und mich über Sachen geärgert hatte, die eigentlich gar nicht wichtig waren.

Der Südostpassat hielt noch hinter der auf den Karten eingetragenen Grenze an; ich hatte noch zu einer Zeit Gegenwind, zu der ich unter normalen Verhältnissen mindestens schon seit drei Tagen Nordwind haben sollte, der es mir natürlich ermöglicht hätte, freiweg zu laufen, anstatt dauernd in den Wind hineinzuknüppeln.

Am Abend des 1. Oktober befand ich mich immer noch in der südlichen Passatdrift; in meinem Logbuch beklagte ich mich, dass »es so aussieht, als sei ich für alle Zeiten dazu verdammt, nach Süden zu segeln«. Die Nacht war finster, und als ich zum ersten Mal an Deck ging, war der Himmel ebenso schwarz wie die See, doch allmählich vermochte ich etwas zu sehen. »Die Matrosen auf den Klippern«, schrieb ich, »mussten sich auskennen; für sie gab es über Deck keine Lichter. Es ist erstaunlich, wie viel man nach einer gewissen Zeit im Dunkeln sehen kann, aber jene Klippermatrosen mussten manchmal in Windeseile aus ihren Kojen heraus, wie es auch mir ergeht: alle Hand an Deck!« Jedoch vier Stunden später segelte ich aus dem Windgürtel heraus. Ich wollte kaum meinen Augen trauen, als ich auf dem Kompass »Südost« las. Zum ersten Mal, seit ich den Äquator gekreuzt hatte, konnte ich auf 40 Grad Süd den Nullmeridian ansteuern. Zu diesem Zeitpunkt war ich 300 Meilen südöstlich der Insel Trindade.

Der Wind briste auf 24 Knoten auf. Ich erwartete einen Sturm aus Nordost; also fierte ich alle Schoten auf und reffte das Großsegel um zwei Turns mit dem Rollreffer. Aber ich irrte mich, der Wind flaute auf 18 Knoten ab. Dennoch machte die *Gipsy Moth* gute Fahrt, und es war so großartig, auf dem richtigen Kurs zu laufen, dass ich mir keine Sorgen mehr machte. Ärgerlich war an diesem Tag allerdings, dass ich meinen schönsten und wichtigsten Schraubenzieher verlor; er fiel mir über Bord, als ich versuchte, einiges verklemmtes Lewmargeschirr herzurichten, dieses Mal den Stopper für den Großschotschlitten.

In der Nacht des 2. Oktober sah ich erstmals seit 1938 (damals war ich mit Sheila von Neuseeland zurückgekehrt) das Kreuz des Südens wieder; das war aufregend, obgleich in der Zwischenzeit einer der vier Sterne des Kreuzes für meine Augen stark verblasst und daher der Anblick nicht mehr so ungetrübt schön war.

Ich steckte nun zwischen diffizilen Windsystemen in einsamen Gewässern, die nur von wenigen Schiffen befahren werden. Etwa 75 Meter entfernt sah ich einen großen Vogel; ich glaube, es war ein Albatros, aber es kann auch ein Mollihauk gewesen sein. In der Kajüte hängte ich Sheilas schönen Seidenschal mit Bildern von Kutschen auf. Er sah nett aus und machte die ganze Kajüte wohnlich.

Am Montag, dem 3. Oktober, warf ich einen Blick in den Frischwassertank und stellte fest, dass ich nur noch über 21 Gallonen (95 Liter) Wasser verfügte; dazu hatte ich einen halben Benzinkanister (etwa 11,25 Liter), den ich auf Veranlassung meines Sohnes Giles als Reserve mitgenommen hatte. Um ausreichend versorgt zu sein und einen kleinen Notvorrat zu haben, habe ich diese Reserve bei meinen Kalkulationen nicht berücksichtigt. Das Schwinden meines Wasservorrats war zwar beunruhigend, bedeutete aber noch keineswegs eine kritische Situation. Als ich auslief, wusste ich, dass ich nicht genügend Wasser an Bord hatte, um damit bis nach Sydney zu kommen; ich hatte so viel Wasser mitgenommen, wie ich unter normalen Bedingungen für sechs Wochen brauchte, und mich darauf verlassen, so viel Regenwasser auffangen zu können, dass ich meine Tanks wieder aufzufüllen vermochte, ohne je mit dem Frischwasser in Bedrängnis zu geraten. Aber ich hatte meinen Wasserverbrauch falsch eingeschätzt, besonders die Wassermenge, die ich für das zweimalige tägliche Gießen meines Kresse»gartens« benötigte. Zu so vielen Dingen brauchte ich Wasser – zum Backen, zum Zubereiten des Trockengemüses, zum Anrühren von Ei- und

Milchpulver. Kartoffeln konnte ich zwar in Meerwasser kochen, nicht aber Reis. Ich hatte jedoch nicht nur meinen Verbrauch unterschätzt, sondern auch die Niederschlagsmenge überschätzt oder zumindest meine Fähigkeit, Regenwasser aufzufangen, nicht richtig eingeschätzt. Zwar hatte es von Zeit zu Zeit geregnet, aber zu wenig, als dass ich hätte Regenwasser sammeln können. Mir wurde auch klar, dass ich in meinen Plänen einen Fehler gemacht hatte – einen jener Fehler, die eine lange Fahrt in einem kleinen Boot zum Scheitern bringen können, während sie bei einer Fahrtdauer von nur ein oder zwei Wochen überhaupt nichts ausmachen würden. Meine Wassersammelvorrichtung sollte so funktionieren, dass das Regenwasser vom Großsegel in den hohlen Großbaum und von dort in den Tank lief. Ich hatte jedoch dabei nicht berücksichtigt, dass Regen gewöhnlich mit starkem Wind verbunden ist, und bei solchem Wind ist das Großsegel überhaupt nicht gesetzt, oder wenn es gesetzt ist, dann wird das Regenwasser durch den aufspritzenden Gischt so salzig, dass es sich für Trinkwasserzwecke nicht verwenden lässt. Ich hätte also das Wasser vom Besansegel statt vom Großsegel ableiten sollen, weil das Besan bei schlechtem Wetter auch dann noch gefahren wird, wenn das Großsegel längst weggenommen ist.

Gewöhnlich rechnet man, dass für einen Menschen rund zwei Liter Wasser täglich ausreichen – natürlich nur für Trinkzwecke und zum Bereiten der Nahrung. Für das Waschen des Körpers und der Kleider ist dabei nichts drin. Und so waren denn auch zwei Liter Wasser pro Tag bei den alten Segelschiffen die normale Tagesration. Wenn ich mich daran hielt, mussten meine 95 Liter noch rund sieben Wochen reichen – und es war praktisch unvorstellbar, dass in dieser ganzen Zeit kein Regen fiel, ich also meinen Vorrat nicht ergänzen konnte. Aber mit Sicherheit durfte ich mich natürlich nicht darauf verlassen, ja, es beunruhigte mich zutiefst, dass ich schon so lange auf See war, ohne dass ich hatte Regen auffangen können. Wie lange würde ich mit 95 Litern auskommen müssen? Das konnte ich im Voraus nicht wissen. Wenn es nun tatsächlich sieben Wochen lang aus irgendeinem Grund nicht regnete?

Oder wenn es mir nicht gelang, Regenwasser aufzufangen? Ich hoffte, in 100 Tagen in Sydney zu sein, und das hieß, dass ich noch mindestens 65 Tage auf See war. Aber es konnte auch 120 oder gar 140 Tage dauern. Oder der Mast konnte brechen, meine Funkanlage ausfallen, und dann hätte ich monatelang in diesen wenig befahrenen Gewässern treiben können. Nun ja, das war zwar unwahrscheinlich, aber immerhin, es konnte passieren. Ich beschloss, weniger als zwei Liter pro Tag zu verbrauchen und darüber genau Buch zu führen. Wenn es mir gelang, mit einem Liter täglich auszukommen, musste das Wasser für fast drei Monate reichen.

Wie um meine trüben Gedanken zu verscheuchen, regnete es in der Nacht tüchtig, und beim Frühstück am nächsten Morgen fand ich in einer Pfütze, die ich in der Plicht hatte stehen lassen, so viel Regenwasser, dass ich mir damit ein Omelett aus Eipulver anrühren konnte. Im Laufe des Vormittags regnete es wieder; ich ging an Deck, um den Großbaum durch einen Plastikschlauch mit dem Wassertank zu verbinden, doch schlagartig hörte der Regen auf. Über Mittag kam eine weitere kräftige Regenbö; wieder montierte ich meinen Schlauch und bekam etwa zwei Liter Brackwasser zusammen. Ich sah jedem einzelnen Tropfen zu, wie er am Segel herabrann bis zum Baum und von dort in den Schlauch, und bald wurde mir klar, dass ich meine Methode ändern musste. Der Regen lief vom Großsegel über den Baum und die Mastschiene in ein Gefäß, aber in der Schiene waren Nietlöcher, und viel Wasser ging verloren, weil es durch die Löcher rann. Zwischen den Regenschauern verbesserte ich meine Vorrichtung, und als der nächste Schauer einsetzte, gelang es mir, einen ganzen Eimer Regenwasser zu sammeln: sieben Liter! Wieder war es Brackwasser, doch dies ließ sich offenbar nicht vermeiden, weil der Wind salzigen Gischt in die Segel trieb, und außerdem hatte sich im Segel von früher her Salz angesammelt. Aber obgleich das Wasser brackig war, ließ es sich in kleinen Mengen trinken und war auch zum Kochen zu verwenden. Vor allem aber konnte ich nun überzeugt sein, dass ein anhaltender Regen von zwei Stunden das Salz aus dem Segel spülen und meine Tanks mit Frischwasser füllen würde.

Doch ein solcher Regen kam nicht. Wohl regnete es gelegentlich, aber entweder war der Regen mit Böen verbunden, die zu viel Gischt aufspritzten, als dass es sich lohnte, das Wasser zu sammeln, oder der starke Wind zwang mich, das Großsegel zu bergen, sodass meine Anlage »außer Betrieb« war. Am 14. Oktober hatte ich nur noch 72 Liter Wasser (plus den halben Benzinkanister mit Giles' Reserve). In Anbetracht der Tatsache, dass ich sieben Liter durch den Regenguss vom 4. Oktober gewonnen hatte, bedeutete das, dass ich immer noch mehr Wasser als vorgesehen verbrauchte. Also wurde noch strenger rationiert.

So sehr mir die Wasserversorgung Kopfzerbrechen bereitete – wegen der Verpflegung brauchte ich mir keine Sorgen zu machen, denn mit ihr kam ich gut aus. Gewiss wurden einige von den Dingen, die ich am liebsten aß, allmählich knapp. So verspeiste ich in diesen Tagen meine letzte Grapefruit und meine letzte Orange. Als ich die letzte Orange schälte, musste ich daran denken, dass sie aus Südafrika stammte, also fast wieder an ihren Ausgangspunkt zurückgekehrt war. Am 14. Oktober verzehrte ich meine letzten Kartoffeln mit lebhaftem Bedauern, nicht mehr mitgenommen zu haben, denn ich esse Kartoffeln sehr gern, und sie haben sich an Bord gut gehalten. Der Verlust meiner 14 Dutzend Eier war tief betrüblich, aber schließlich hatte ich Eipulver. Auch Kartoffelpulver war unter meinen Vorräten, doch sowohl das Ei- wie das Kartoffelpulver mussten mit Wasser angerührt werden, sodass ich mir Beschränkungen aufzuerlegen hatte. Rückblickend weiß ich, dass das Hauptproblem meiner damaligen Ernährung der Eiweißmangel war, aber das erkannte ich zu jenem Zeitpunkt noch nicht.

Die regenlosen Tage hatten auch ihr Gutes, denn es herrschte schönes Wetter mit klarem Himmel und ruhiger See. Dass ich nicht schneller vorankam, war bedauerlich, aber ich konnte mich ja in philosophischer Ruhe des Wetters erfreuen. Zahlreiche Vögel kamen in Sicht; stets machte es mir Freude, sie zu beobachten. An einem »Vogelsporttag« ernannte ich mich zum Schiedsrichter und erkannte den Kaptauben den ersten Preis für elegantes Fliegen zu. Ich sah mehrere Albatrosse; in diesen Gewässern waren sie allerdings mit einer Flügelspanne von höchstens 1,20 Meter recht klein. Vielleicht handelte es sich um Jungvögel, und die großen Vögel waren zum Brüten an Land. Einige schokoladenbraune Vögel folgten der Jacht. Es waren wohl jene Sturmvögel, die bei den Fahrensleuten auf den Klippern Kaphennen hießen. Manchmal fielen sie in Scharen auf dem Wasser ein und schnatterten miteinander. Dabei hatten sie tatsächlich eine große Ähnlichkeit mit Hühnern. Aber sie waren nicht so friedlich, wie sie aussahen; ich selbst erlebte, wie einer der Sturmvögel ein Mother Carey's Chicken (es ist dies eine kleine Sturmschwalbe) angriff. Aufgeregt und besorgt zugleich war ich, als ein großes Meersäugetier dicht achteraus rasch vorbeischwamm. Denn ich glaubte, es sei ein Mörderwal. Diese wilden Geschöpfe töten andere Wale, indem sie diese von oben attackieren, bis das Opfer erschöpft ist. Ich fragte mich, was ich wohl tun würde, wenn ein Mörderwal sich die *Gipsy Moth* als Beute auswählte. Es war kein angenehmer Gedanke; für alle Fälle lud ich eine Leuchtpistole in der Hoffnung, damit das Tier abschrecken zu können. Ob es sich tatsächlich um einen Mörderwal gehandelt hat, weiß ich allerdings nicht.

Während dieser Zeit machte ich mir nicht nur wegen des Wetters Sorgen, sondern zerbrach mir auch den Kopf, wie ich meine Batterien nachladen konnte. Ich hatte einen Generator, doch der funktionierte nicht richtig. Und um überhaupt laden zu können, brauchte ich zu viel Treibstoff. In der zweiten Oktoberwoche hatte ich nur noch 45 Liter übrig, was mit Sicherheit nicht für die ganze Fahrt reichte. Strom schluckte in erster Linie das Funkgerät; also sparte ich mit allen anderen elektrischen Einrichtungen und erlaubte mir auch kein elektrisches Licht. Mit dem Auflademechanismus war etwas nicht in Ordnung, aber ich hatte keine Ahnung, was ich tun sollte. Am 7. Oktober fand ich zwei Kurzschlüsse, einen zwischen der dicken Hauptleitung und dem Generatorgehäuse, den andern zehn Zentimeter davon entfernt zwischen zwei dünnen Zuleitungsdrähten. Ich brauchte dringend technischen Rat. Aber die Funkverbindungen waren so schlecht, dass ich bestenfalls meine Position durchgeben konnte; für die ziemlich komplizierte Meldung über die Mucken des Generators reichte es bei weitem nicht. Endlich, nach fast einem Monat schlechter Verbindungen, klappte es einmal mit Kapstadt, und ich gab eine Nachricht an John Fairhall vom *Guardian* durch, in der ich meine Schwierigkeiten mit dem Generator schilderte und ihn bat, bei der Herstellerfirma für mich Rat einzuholen. In der Nacht des 14. Oktober traf die Antwort ein.

Über eine Stunde lang saß ich am Funkgerät – hinterher war ich mit den Nerven völlig fertig. Der Sprecher in Kapstadt hatte eine leise, tiefe Stimme, und ich musste höllisch aufpassen, als er ein langes Telegramm von John Fairhall durchgab, in dem die Herstellerfirma detaillierte Auskunft erteilte. Die Sache schien sehr kompliziert zu sein, und es dauerte eine Unendlichkeit, bis ich alles richtig aufgenommen hatte; bei einigen technischen Begriffen wusste ich nicht, was sie bedeuteten, andere konnte ich im betreffenden Zusammenhang nicht verstehen. Müde und ausgelaugt kroch ich in die Koje, war aber am nächsten Morgen schon um 6.45 Uhr wieder auf den Beinen. Hocherfreut stellte ich fest, dass es regnete. Zwar hörte es bald wieder auf, aber ich erwischte doch so viel, dass ich mir eine Kanne Tee brauen konnte. Nachdem ich die Arbeit an Deck und das Trimmen der Segel erledigt hatte, machte ich mich an den Generator. John Fairhalls Telegramm enthielt die Frage, ob ich die Keilriemen des Generators auf straffen Sitz geprüft hätte. Das hatte ich nicht getan, war doch in Plymouth der Generator zum Nachstellen und Spannen der Keilriemen extra noch einmal ausgebaut worden. Ich schaute in der Bedienungsanleitung nach und entdeckte, wie man feststellen kann, ob der Riemen straff genug ist. Danach saß mein Keilriemen viel zu locker. Sid Mashford in Plymouth hatte mir ein Spezialwerkzeug zum Nachstellen der Riemen gegeben, und ich beschloss, zuerst einmal sämtliche Riemen nach Vorschrift zu spannen, ehe ich den Generator auseinander nahm. Ich ließ ihn anlaufen, und siehe da, er kam auf 22 Ampere. War das eine Freude! Ich hatte die Ursache des Versagens gefunden! Gleichzeitig kam ich mir recht ungeschickt vor, weil ich nicht selbst draufgekommen war. Allerdings mag ich Motoren auf einem Segelboot überhaupt nicht, und das ist auch der Grund, weshalb ich sie vernachlässige.

Von nun an hatte ich weder Strommangel noch Wassermangel zu befürchten, und an jenem Abend lag ich behaglich in meiner Koje, las bei elektrischem Licht und lauschte auf den lieblichen Klang des Regenwassers, das in die Tanks lief. Ich hatte das Glück, unter meinen Büchern einen Maigret zu finden, den ich noch nicht gelesen hatte. Ich bin ein großer Freund von Georges Simenon – es gibt wohl zurzeit keinen Autor, der so wie er Persönlichkeiten und Atmosphäre darzustellen weiß. Im Gegensatz zu diesen langweiligen amerikanischen Romanen mit ihren entsetzlich vielen Detailschilderungen, die einem das Gehirn verwirren, dennoch aber die Romangestalten nicht lebendig werden lassen, genügen bei Simenon schon ein paar Worte, um den Leser zu fesseln. Ich bedauerte nur, dass ich nicht mein französisches Wörterbuch mitgenommen hatte, weil es gelegentlich moderne Slangausdrücke gab, die ich nicht verstand.

Trotz all der Sorgen, die ich wegen des Wassers und der Batterien gehabt hatte, fühlte ich mich jetzt kräftiger und war auch nach schwerer Arbeit weniger erschöpft als zu Beginn der Fahrt. Damals bin ich gar nicht in Form gewesen, und dabei war ich im Februar für einen ganzen Monat nach Südfrankreich gegangen, um für die Fahrt zu trainieren! Bei zu viel Planung geht es oft schief; man bringt vieles durcheinander. Ich glaube, dass man die anfallenden Dinge laufend erledigen muss, ohne krampfhaft alles besonders gut machen zu wollen. Mit solchen Selbstgesprächen vertrieb ich mir manchmal während der Arbeit die Zeit.

Wieder befielen mich die Krämpfe im Bein, wohl deshalb, weil ich verabsäumt hatte, täglich mein halbes Glas Meerwasser zu trinken. Es ist wichtig, dass man genug Salz aufnimmt, und der Körper spürt bald, wenn ihm Salz fehlt.

Nur die Flauten waren zum Verrücktwerden, und manchmal war es geradezu gespenstisch, wenn ich allein in der Kajüte saß oder lag. Die leisen Geräusche schienen sich innerhalb eines tödlichen Schweigens in einem riesigen Raum zu befinden – von Zeit zu Zeit knarrte das Schott an meiner Schulter oder ein Block. Tag für Tag wartete ich darauf, dass der Wind endgültig auf West drehen würde. In dieser Zeit empfand ich es als großen Nachteil, keine Crew an Bord zu haben, die jeden Wind auch um den Preis häufiger Manöver besser hätte ausnützen können: Durch ständiges Halsen hätte ich gut in Fahrt bleiben können. Ich allein konnte natürlich nicht jedes Mal wenden, wenn es angebracht gewesen wäre, da ich ja auch einmal schlafen musste. Das Kreuzen war anstrengend, denn da ich keinen Rudergänger hatte, musste ich jedes Mal die Selbststeueranlage umstellen und neu regulieren.

In den letzten acht Tagen (5.–12. Oktober) hatte die *Cutty Sark* mir schon 1140 Meilen voraus. Ich schien mit dem Wind kein Glück mehr zu haben, die Segelbedingungen waren denkbar schlecht, sodass ich kaum vorankam. (Schlimmer wäre es nur gewesen, wenn ich richtige Stürme gehabt hätte.) Der Wind kam entweder von direkt voraus, genau aus der Richtung, in die ich segeln wollte, oder es wechselte leichtes Säuseln mit Flauten. Neidisch dachte ich an die *Cutty Sark*, die in diesen Breiten in kräftigen Winden gesegelt und rasch vorangekommen war.

Ich hatte den Eindruck, einen großen taktischen Fehler begangen zu haben, indem ich auf die falsche (die nördliche) Seite eines großen Hochdrucksystems gegangen war. Ich musste so scharf nach Süden, wie ich nur konnte, um durch das Zentrum zu kommen und nach Osten führende Winde zu erwischen; alles mit ein wenig Westwind drin konnte ich brauchen. Ich kam mir vor wie eine Fliege inmitten eines großen Spinnennetzes. Aber das Ganze war meine eigene Idiotie gewesen, denn dieses Hoch war wohl bekannt und auf der amerikanischen Seekarte ebenso eingezeichnet wie auf den Luftdruckkarten des *Admiralty Pilot for Africa*. Aber wenn es mich auch ärgerte, in dieses Hoch geraten zu sein, tröstete ich mich doch mit dem Gedanken, dass es sehr leicht ist, nachträglich das Richtige zu erkennen; hätte ich versucht, dem Hoch auszuweichen, dann hätte es sich wahrscheinlich dorthin verlagert, wo ich hinfuhr usw. usw. Es war schwierig für mich, aus diesem gigantischen Wettersystem klug zu werden. Ich versuchte herauszubekommen, welche Form das Hoch hatte, kam aber nicht dahinter. Nach den Winden zu urteilen, die manchmal auffrischten, hatte es den Anschein, dass ich südlich eines Tiefdruckgebiets segelte, aber das konnte angesichts des schönen sonnigen Wetters und bei einem Barometerstand von 1035 wohl kaum möglich sein. Alles war höchst rätselhaft.

Die *Gipsy Moth* schlich dahin, und oft musste ich die Pinne bedienen; für diesen schwachen Wind hätte ich meine alte Miranda-Selbststeuerung von der *Gipsy Moth III* gebraucht. Immerhin ging es, wenn auch langsam, so doch meist auf dem richtigen Kurs voran. Nur einmal, als ich an Deck kam, stellte ich fest, dass die Jacht nach Nordwesten zurücksegelte. Dabei kam sie durch mehrere ölige glatte Flächen mit einem Durchmesser von etwa 30 Metern, in denen hier und da Blasen aufstiegen. Was das war, wusste ich nicht. Wenn man ein Hochdruckgebiet als Loch bezeichnen kann, dann wünschte ich, so schnell wie möglich aus diesem Höllenloch herauszukommen. Ich hoffte, jenseits des Kalmengürtels kräftigere Winde zu erwischen. Also versuchte ich, möglichst rasch voranzukommen, und nahm je nach der Windrichtung jeden Kurs, der einigermaßen in die von mir gewünschte Richtung führte.

Von Zeit zu Zeit wurde dieses ziemlich ruhige, wenn auch nicht sonderlich erfreuliche Dasein durch Böen unterbrochen. Sie hielten nur selten länger an, waren aber oft sehr heftig, und dann musste ich Segel bergen. Sobald eine Bö vorüber war, hieß es die Segel unverzüglich wieder zu setzen, denn ich wollte nicht durch eine zu geringe Besegelung Fahrt verlieren. So setzte und barg ich unaufhörlich Segel; einmal rechnete ich mir aus, dass ich an einem einzigen Tag 4700 Quadratfuß (430 qm) Segel gehandhabt habe. Hier ein recht bezeichnender Auszug aus meinem Logbuch (13. Oktober):

»6.05 Uhr. Backbordbaum und Segel herunter, Baum gestaut. Geschwindigkeit 5,4 Knoten.

6.10 Uhr. Besanstagsegel herunter. Geschwindigkeit 4,2 Knoten.

6.27 Uhr. Gehalst. Geschwindigkeit 5,1 Knoten auf dem anderen Bug.

6.43 Uhr. Besanstagsegel gesetzt, wieder gehalst. 6 Knoten.

7.05 Uhr. Auf Steuerbord gesetztes großes Genuasegel herunter. Ich musste es wegnehmen, weil sich fünf oder sechs Stagreiter vom Stag gelöst hatten. Wechselte die Schot zum auf Backbord geriggten Genuasegel und setzte dieses.

7.47 Uhr. Steuerbord-Spinnakerbaum ausgebracht, Segel neu angeschlagen. Einen beschädigten Stagreiter repariert. Segel steht o. k., aber Schwierigkeit mit der Selbststeueranlage. Musste eine Zeit lang getrimmt werden, ehe sie das Schiff auf Kurs hielt. Die Beanspruchung jeder einzelnen Ruderleine muss sorgfältig ausgeglichen werden.

8.07 Uhr. Besanstagsegel weggenommen und neu gesetzt wegen verbogenem Halsbeschlag. Ausgebaumtes Segel neu getrimmt.

8.10 Uhr. Halsen beendet. Ich hoffe nur, dass ein Umspringen des Windes mich nicht zwingt, das Ganze zu wiederholen. Jetzt ein Blick auf die Sonne, und dann freue ich mich auf ein Frühstück, das ich gut brauchen kann.«

Ich hatte an diesem Tag Glück, denn der Wind hielt bis Mittag an. Aber dann schralte er, und um 14 Uhr mussten das ausgebaumte Genuasegel und das Besanstagsegel herunter. Als ich das Genuasegel gerade wegstaute und den Baum einzog, raumte der Wind wieder, sodass ein ausgebaumtes Segel genau das Richtige gewesen wäre. Niedergeschlagen fasste ich die Möglichkeit ins Auge, das Ganze noch einmal durchzuexerzieren, als der Wind ein zweites Mal umsprang und das Wegnehmen des Segels damit gerechtfertigt war. Ein ausgebaumtes Segel, das lediglich den Wind hält und immer wieder backgesetzt wird, kann man nicht brauchen, wenn man allein segelt und ruhebedürftig ist.

Dieses Benguela-Hochdruckgebiet – oder wie immer man es nennt – bedeutete langsames Segeln, aber ich konnte nun endlich wieder richtig ausschlafen und war nach einem langen Schlaf stets sehr erfrischt und unternehmungslustig. Ich pflegte den Kombüsenherd zu schrubben, den Kombüsenboden aufzuwaschen und alle meine Handtücher und Betttücher zum Lüften aufzuhängen. Eines Tages genehmigte ich mir Siruppudding zum Dinner. Es war ein Dosenpudding, aber er musste noch 40 Minuten lang gekocht werden. Dennoch hatte ich so großen Appetit darauf, dass ich ihn vorschriftsmäßig zubereitete und den ganzen Doseninhalt mit einer Menge goldfarbenem Sirup verzehrte. Nicht immer verliefen die Mahlzeiten so glatt. Am Tag nach meiner Orgie mit dem Siruppudding speiste ich bescheidener: Ich wollte eine Scheibe Marmeladenbrot herrichten, aber noch während ich das Brot schnitt, kam eine Brise auf. Bis ich in die Plicht gelangte, war die *Gipsy Moth* backgefallen, und ich musste durch den Wind gehen und so lange nach Westen segeln, bis ich wieder wenden konnte. An jenem Tag dauerte es ziemlich lange, bis ich mein bescheidenes Dinner zu mir genommen hatte!

Dass ich mir wegen des Wassers und des Stroms keine Sorgen mehr zu machen brauchte, erfüllte mich mit neuem Optimismus. Auch die *Gipsy Moth* schien dadurch angesteckt zu werden, denn nach einer Woche der langsamsten Kriecherei, die ich auf der ganzen Fahrt erlebte, kreuzten wir den 40. südlichen Breitengrad, und damit ging es hinein in die »Brüllenden Vierziger«, auch wenn es zunächst nicht sonderlich wild war. Jetzt war es an der Zeit, »links abzubiegen« und den 7000 Meilen langen Ostkurs des Klippertracks zu steuern, eine der großartigsten Segelstrecken der Welt. 7000 Meilen in schnurgerader Linie (Loxodrome) – es gibt nicht viele Meere auf der Erde, wo so etwas möglich ist.

Die Brüllenden Vierziger

Als ich am 18. Oktober meine Position berechnete, stellte ich fest, dass ich schon mehr als die Hälfte der Strecke nach Australien hinter mir hatte. Am Mittag dieses Tages waren 7300 Meilen zurückgelegt; bis Sydney Heads hatte ich noch 6570 Meilen vor mir. Gleichsam zur Feier dieser Leistung änderte sich das Wetter schlagartig: Die tief hängenden grauen Wolken und der Dunst verschwanden, der Himmel leuchtete blau, das Wasser färbte sich etwas dunkler, aber noch immer war das Blau verhältnismäßig hell. Doch wie herrlich die Sonne auch schien, die Arbeit hörte nicht auf. Ich hatte Schwierigkeiten mit den Stagreitern des Genuasegels, die sich ständig lösten, und das große Segel musste herunter, damit ich sie wieder befestigen konnte. Dann musste ich diese Arbeit unterbrechen, während das Segel an Deck war, weil ich kurz zuvor einen Fertigteig angerührt hatte und in die Kombüse eilen musste, um ihn in den Ofen zu bringen, ehe er wieder zusammenfiel. Während das Brot im Ofen backte, ging ich auf Deck zurück. Ich setzte an Stelle des großen Genuasegels die 300-Quadratfuß-Fock und stellte befriedigt fest, dass die Jacht nun besser lief. Danach sprang der Wind um, und das Besanstagsegel musste herunter, damit ich höher am Wind segeln konnte. Als ich dieses Segel barg, wurde ich fast von den Füßen gerissen – es ist erstaunlich, wie sehr der Wind auffrischen kann, ohne dass man das merkt.

Tausende von Entensturmvögeln flogen umher. Es sind nette Vögel, silbrigweiß unten und zart blaugrau oben. Sie fegen rasch über die Wogen, ähnlich wie Schwalben. Niemals habe ich gesehen, dass einer der Vögel etwas aufnahm, aber es muss auf dem Meer etwas für sie zu fressen geben. Für die *Gipsy Moth* schienen sie sich nicht zu interessieren – wahrscheinlich hielten sie das Boot für einen unglaublich langsamen und schwerfälligen Vogel. Eine Schule Tümmler spielte rings um das Boot, während ich mich mit dem Segel abmühte, aber als das Besanstagsegel herunterkam, gab es einen ziemlichen Krach, und wie ein Blitz verschwanden sie.

Als alle Segel standen, segelte die *Gipsy Moth* mit hoher Fahrt am Wind. An diesem sonnigen Nachmittag und Abend war es sehr angenehm, weil die Segel und Blöcke keinen Lärm machten. Mir schien es, als ob es zum ersten Mal seit vielen, vielen Tagen war, dass die Kakophonie knallender Blöcke und schlagender Segel meine Ohren verschonte. Das Boot segelte dahin, als sei es zufrieden – für mich ist das, wie wenn man auf einem guten Pferd schnell reitet, aber im Rahmen der Kräfte des Pferdes.

Ich verstaute meine Südatlantikkarten und holte die Karten für den Indischen Ozean heraus. Es waren keine gewöhnlichen Karten, sondern Kurskarten des US-Hydrographic Office, Strömungskarten des Britischen Meteorologischen Dienstes, eine Seekarte in gnomonischer Projektion und Prickerblätter zum Einzeichnen des Kurses. Es war wirklich aufregend, von einem Ozean in den anderen zu laufen – nicht oft hat ein Segler Gelegenheit, auf einer Fahrt die Ozeane zu wechseln.

Ich rundete das Kap der Guten Hoffnung, allerdings weit südlich. Das Wetter wurde schlechter. Hier, bei 40 Grad südlicher Breite, spricht man mit Recht von den »Brüllenden Vierzigern«: die starken Winde frischten plötzlich zu Sturmstärke auf. Immer noch machte mir der Krampf in meinem Bein zu schaffen, und ich begann wieder unter Schlafmangel zu leiden. In der Nacht vom 19. auf den 20. Oktober schlief ich erst um 2.30 Uhr früh ein, und doch kam es mir vor, als ob ich zum ersten Mal seit langer Zeit zum Schlafen käme. Aber bald nach 4.30 Uhr wurde ich unsanft geweckt. Ein Wasserguss von einer Woge, die das Deck überspült hatte, landete mitten auf meiner Koje, und rasch darauf kamen ein zweiter und ein dritter Guss. Daran war ich selber schuld, hatte ich doch den obersten Teil des Luks vorm Kajütniedergang nicht eingesetzt. Doch diese Überlegung machte meine Lage nicht erfreulicher. Ich kroch eilends aus der Koje, zog mich an, ließ die Sturmfock fallen und ging genau auf Vorwindkurs, weil ich glaubte, dass die *Gipsy Moth* auch unter Topp und Takel, d. h. ohne Segel, vor dem Wind laufen würde. Auf Deck war es schwierig. Viel Wind und Wasser kamen herein, Wasser sowohl vom Meer wie vom heftigen Regen. Ich musste darauf achten, mich ständig gut festzuhalten, weil das Schiff rollte und Brecher über Deck spülten. Nachdem ich das Segel herunter hatte, wurde mir übel, und ich ging wieder nach unten, um mich hinzulegen und nach Möglichkeit zu schlafen. Es nützte nichts. Kaum hatte ich mein Ölzeug ausgezogen, als die *Gipsy Moth* querschlug. Erneut musste ich mich in all das Zeug hineinzwängen und so schnell wie möglich hinauf. Die *Gipsy Moth* lag breitseits auf den Wellen. Vergeblich mühte ich mich ab, sie mithilfe des Ruders auf einen neuen Kurs zu legen. Ich erkannte, dass die Fahne der Selbststeueranlage offensichtlich geslippt war und nicht mehr auf das Ruder einwirkte. Deshalb beschloss ich, einen Treibanker auszuwerfen in der Hoffnung, dadurch das Heck wieder in den Wind zu bringen. Dies tat ich, nachdem ich einen Schäkel, einen Wirbel, Tauwerk von der Achterpiek und den Treibanker aus der Vorpiek geholt hatte. Es klappte nicht; die Jacht machte zu wenig Fahrt, als dass der Treibanker im Stande gewesen wäre, das Heck herumzuziehen.

Mit bloßen Masten legte sich die *Gipsy Moth* in einem Sturm ganz einfach breitseits zu den Wellen und trieb im Wind. Ich musste mich überzeugen lassen, dass das Boot nicht dazu zu bringen war, bei schwerem Seegang unter Topp und Takel vor dem Wind zu laufen.

Ohne eine Sturmfock am Fockstag war kein Ruder im Schiff. Dies war ein ernsthaftes Handicap; es bedeutete, dass die geringste Fahrt, die die *Gipsy Moth* beim Segeln vor dem Wind in einem Sturm erreichte, bei etwa 8 Knoten lag. Ich hatte niemals auch nur im Entferntesten daran gedacht, dass so etwas möglich sei. Die *Gipsy Moth III* hatte sich unter Topp und Takel tadellos vor dem Wind halten lassen, ebenso die in Amerika gebaute *Figaro,* mit der ich eines Nachts im Kanal einen heftigen Sturm erlebt hatte.

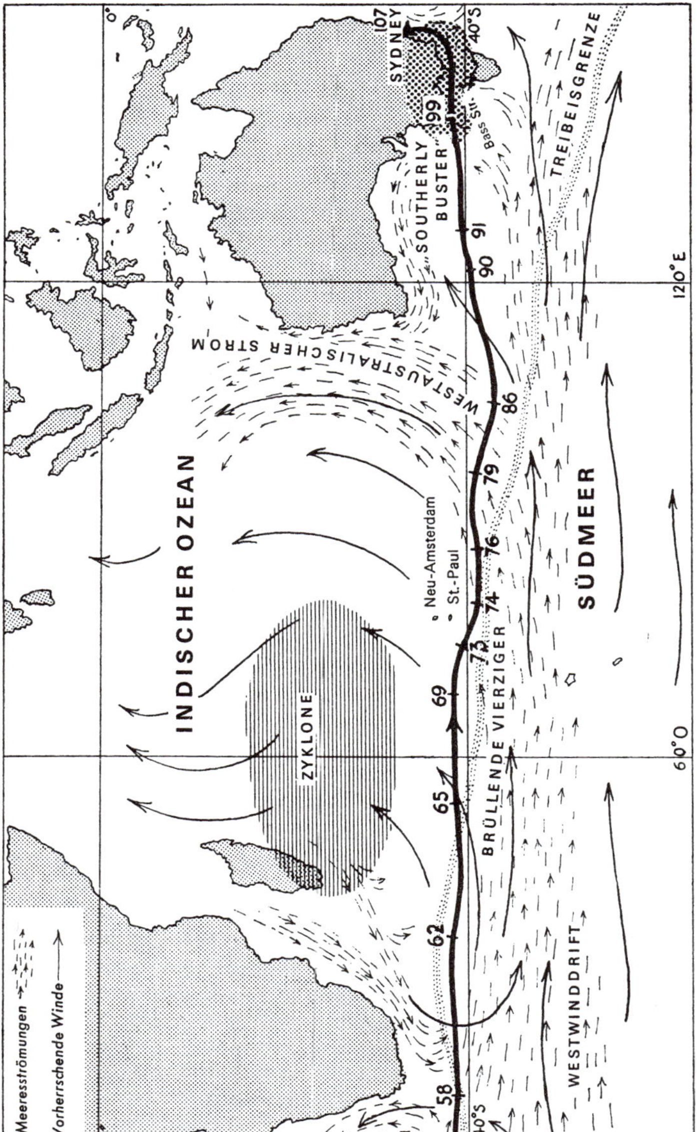
Meeresströmungen
Vorherrschende Winde
INDISCHER OZEAN
ZYKLONE
WESTAUSTRALISCHER STROM
„SOUTHERLY BUSTER"
SYDNEY
Bass Str.
TREIBEISGRENZE
SÜDMEER
BRÜLLENDE VIERZIGER
WESTWINDDRIFT
Neu-Amsterdam
St.-Paul
0°
40°S
60°O
120°E
58
62
65
69
73
74
76
79
86
90
91
99
107

Es war verdammt ungemütlich; der Wind frischte auf 55 Knoten auf, und die Jacht wurde hin und her geworfen. Wasser drang durch das Kajütluk, wann immer eine Woge über Deck rollte. Mein Sextant, den ich der Sicherheit halber – zum Glück im Kasten – in eine Koje gelegt hatte, fiel auf den Boden. Als ich in der Plicht war, überspülte mich ein Brecher; das Wasser war merkwürdig warm, und die Woge schien nicht sehr viel Kraft zu haben, wahrscheinlich weil das Boot keine Fahrt machte. Die Luft war beißend kalt, und es roch nach Hagel.

Die Fahne der Ruderautomatik war beschädigt. Sie hatte den Bolzen, mit dem sie am Schaft befestigt war, samt Niet abgerissen. Erstaunlich immerhin, dass sie nicht vollständig vom Sturm weggefegt worden war! Im Moment konnte ich allerdings nichts tun, denn bei diesem Sturm und der hochgehenden See war an eine Reparatur nicht zu denken. Und so laschte ich sie provisorisch fest.

Es stürmte den ganzen Tag über. Von Zeit zu Zeit, wenn es ein wenig abzuflauen schien, ging ich an Deck, um nachzusehen, ob sich mit der Selbststeueranlage etwas machen ließ. In einer solchen Pause gelang es mir, das Ruder der Automatik abzumontieren und einzuholen; ich tat dies, weil es von den Wogen arg mitgenommen wurde. Und wieder staunte ich, dass die Fahne nicht davongeflogen war. Schon nach kurzer Pause frischte der Wind erneut auf, sodass eine regelrechte Reparatur unmöglich war. Der weiße Gischt, der vom Treibanker achteraus aufgewirbelt wurde, versetzte die Meeresvögel in große Erregung. Während ich ihnen zuschaute, wie sie gegen den starken Wind ankämpften, vergaß ich ein wenig mein eigenes Elend; es sah aus, als ob sie ganz dicht über dem Wasser an den Flanken der Wogen hinaufkrochen. Um 3.00 Uhr nachmittags allerdings war es mit der Unterhaltung, die mein Treibanker den Vögeln geboten hatte, vorbei: Die Wartprosse, an der er befestigt war, brach, und der Treibanker verschwand in den Wogen.

Ein mächtiger Brecher überrollte die *Gipsy Moth* und drehte sie so, dass sie nun nach Nordwest schaute. Ohne Segel zu setzen, konnte ich sie nicht wieder auf den alten Kurs bringen. Aber zum Segelsetzen war es zu stürmisch. Ich hatte den Eindruck, dass es gar nicht mehr darauf ankam, auf welchem Kurs das Boot lag, denn wir wurden in alle Richtungen geschleudert – es war einfach unmöglich festzustellen, ob die *Gipsy Moth* überhaupt Fahrt durch das Wasser machte.

Zu diesem Zeitpunkt hatte ich seit 24 Stunden nichts mehr gegessen. Dennoch hatte ich keinen Hunger. Ich trug ins Logbuch ein:

»Vermutlich vertreibt die Übelkeit den Appetit. Es ist wahrlich nicht mein heiterster Tag, aber es könnte ja noch schlimmer sein. Draußen ist es sehr kalt.«

Bei einbrechender Nacht gelang es mir, die Jacht endlich wieder auf Kurs zu bringen. Der Sturm setzte so lange aus, dass ich die kleine Spitfiresturmfock setzen konnte. Ich halste. Mithilfe von Bändseln gelang es mir, die Selbststeueranlage recht provisorisch zu flicken, aber was nützte das viel? Das Ruder war ja abmontiert. Ich legte die Pinne fest, indem ich mir die Tatsache zu Nutze machte, dass die *Gipsy Moth* gern querschiffs zum Wind lag, und so ließ ich alles bis zum nächsten Morgen. Es war immer noch entsetzlich unbequem, aber zumindest machten wir Fahrt. Die See beeindruckte mich zutiefst. Wenn ich während der Arbeit an Deck aufblickte, hatte ich das Gefühl, mich mit aller Kraft festhalten zu müssen. Es schien geradezu unmöglich, dass die mächtigen Brecher, die hereinstürzten, nicht das Boot mit Mann und Maus zum Sinken brachten. Aber stets tauchte die *Gipsy Moth* wieder auf. Manche Wogen bezeichnete ich als »Schmetterer« – wild knallten sie auf die Jacht. Ich glaube, es waren Wellen, die etwa 25 Meter vom Boot entfernt zu brechen begannen; einige sahen aus, als seien sie 30 Meter hoch, weshalb ich vermute, dass sie in Wirklichkeit rund zwölf Meter Höhe hatten. Mit dem Boot gingen sie um wie mit einem Korkpfropfen; sie rissen es herum und legten es weit auf die Seite. Ich setzte die Selbststeueranlage fest und ging nach unten, nur um dort festzustellen, dass der Kurs um 40 Grad von dem abwich, den ich eigentlich segeln wollte; also musste ich wieder hinauf und die Automatik anders einstellen. Ich glaube, dass die mächtigen Wogen, die das Boot um einen Winkel von 45 bis 60 Grad drehten, der Ruderautomatik ihre Aufgabe unmöglich machten: Die Fahne hatte plötzliche Böen von 40 Knoten aus einem Winkel von 50 Grad auszuhalten; in diesem Fall musste sich die Sicherungskupplung lösen, damit die Fahne nicht brach.

Nun zeigte sich die dritte Schwäche der *Gipsy Moth:* Auf der Stirnfläche einer Woge konnte sie ihren Kurs nicht halten, sondern drehte sich so, dass sie dem Wind und den Wogen die Breitseite zuwandte. Manchmal brachte die Selbststeueranlage sie auf richtigen Kurs zurück, aber oft, wenn die Windfahne durch den Sturm plötzlich um 60 Grad gedreht wurde, war der Druck allzu groß; hätte sich die Sicherheitskupplung nicht gelöst, wäre die Fahne abgebrochen. Das Querschlagen war die schon von den Klippern am meisten gefürchtete Gefahr. Wenn sie bei einem mächtigen Sturm in südlichen Meeren breitseits gedreht wurden, krängten sie so stark, dass, falls die Segel ins Wasser gingen, das Schiff kentern konnte, was auch oft genug geschah. Für die *Gipsy Moth* war meines Erachtens die Gefahr nicht so groß wie für die Klipper, weil die Jacht ein starkes Überlegen, das einem Klipper zum Untergang geworden wäre, vertragen konnte; wohl aber wurde durch dieses Querschlagen die Selbststeueranlage ernsthaft gefährdet. Um es zu vermeiden, war ich gezwungen, die Segelfläche kleiner zu halten, als ich es in nördlichen Gewässern getan hätte. Das war nun freilich ein schwerer Schlag für meine Pläne, hatte ich doch damit gerechnet, unten im Süden in der Westdrift rasch voranzukommen. Vor Fahrtantritt war meine Hoffnung die gewesen, dass ein langes leichtes Boot, wie es die *Gipsy Moth* sein sollte, Tag für Tag ihre 250 Meilen hinter sich bringen könnte. Ich bin kein Schiffbauer, und meine Meinung über die Ursachen dieser Marotten der *Gipsy Moth* ist vielleicht wertlos. Aber anderseits habe ich lange Erfahrungen mit dem Boot sammeln können. Und so glaube ich, dass ihre Tendenz, sich sofort quer zu legen, dadurch bedingt war, dass sie ein zu flaches Vorschiff hatte und deshalb das Wasser nicht richtig zu fassen bekam; außerdem war der Bootskörper nicht richtig im Gleichgewicht, sodass ein übermäßiger Druck auf die Pinne notwendig war, um das Ruder zu legen.

Überall waren Lecks. Von ihnen stellte ich folgende Liste zusammen:

Lecks

Deckshauspfosten über der Spüle
Deckshauspfosten über dem Kocher
Deckshaus-Decksfuge über dem Kocher, sehr schlimm
Decksbalken über dem Kopfende der Hundekoje
Kajütluk lässt auf beiden Seiten viel Wasser herein (je nach Lage)
Alle Bolzen, die den Deckel des Kajütluks halten, lecken
Am Fuß der Hundekoje unter dem Außenrand der Plichtbank
Vom Deck neben dem Kopfende der Backbordkoje in der Kajüte
Vorderes Steuerbordschapp – alles durch und durch nass
Seehahn in der Toilette
Beide Ventilatoren, selbst wenn geschlossen.

Ich musste mich dazu zwingen, etwas zu essen, um bei Kräften zu bleiben. Also kaute ich an einem Minzekuchen herum. Es war keine sehr gelungene Mahlzeit, denn als ich in den Kuchen biss, brach mir ein Stück Zahn ab. Glücklicherweise erkannte meine Zunge das abgebrochene Stück als Nichtkuchen. Ich verschluckte es nicht, sondern holte es aus dem Mund heraus in der Hoffnung, es wieder anflicken zu können. Nigel Forbes, mein Zahnarzt, hatte mir nämlich eine Erste-Hilfe-Ausrüstung für Zahnbehandlung mitgegeben – jetzt war also die Zeit da, sich ihrer zu bedienen. Allerdings konnte ich mich nicht gleich an die Arbeit machen, weil die See noch zu hoch ging. Vorschriftsmäßig reinigte ich das abgebrochene Stück, kratzte es ab und wickelte es sorgfältig ein, bis ich Gelegenheit fand, im *Gipsy Moth*-do-it-yourself-Verfahren meinen Zahn zu reparieren. Jetzt machte ich mir nur eine Tasse Tee und legte mich in die Koje.

Zwei- oder dreimal in der Nacht musste ich aufstehen, um die Laschings am Ruder zu richten. Ich wollte versuchen, mit halbem Wind zu segeln, aber dabei eine Patenthalse vermeiden. Obwohl es stürmte, schlief ich doch bald wieder ein. Etwa um 6.00 Uhr morgens ging dann die *Gipsy Moth* trotz allem »rund achtern« und begann fürchterlich zu rollen. Ich merkte, dass sie nach Westnordwest lief. Draußen war es kalt und unfreundlich, aber ich musste nun endlich die Selbststeueranlage reparieren – so konnte es nicht weitergehen. Ich brauchte eine Stunde, um mich anzuziehen, Tee zu trinken, das Werkzeug zusammenzusuchen und mir den nötigen Arbeitseifer einzuimpfen. Das Boot rollte entsetzlich – ich fühlte mich so schwach wie eine halb tote Maus. Wie es etwa zwei Stunden später aussah, berichtet mein Logbuch:

»9.09 Uhr. Nun, da hätten wir's also. Die Fahne der Ruderautomatik ist repariert, die Selbststeueranlage ist im Wasser und hat die Führung des Bootes übernommen, Besan- und Genuastagsegel sind gesetzt. Natürlich hat der Wind jetzt nachgelassen, und ich brauche mehr Segel, um voranzukommen, aber ich streike und gedenke, erst zu frühstücken. Nach einem Sturm von 40 bis 50 Knoten ist das Meer entsetzlich unruhig. Es war alles andere als ein Vergnügen, über das Heck des Bootes hinauszuhängen und die Automatikfahne zu reparieren. Aber es hätte ja noch viel schlimmer sein können. Der Kaffee ist fertig, also trinken wir!«

An diesem Tag hatte ich gute Funkverbindung mit Kapstadt und fühlte mich danach viel wohler. Auf dieser Strecke waren sonst die schlechten Funkverbindungen eine Quelle ständigen Ärgers; ich war jedes Mal erleichtert, wenn es mir gelang, einen Bericht für die Zeitungen durchzugeben, die geholfen hatten, meine Reise Wirklichkeit werden zu lassen. Wenn ich keinen Funksprechkontakt zu Wege brachte, war ich beunruhigt, denn es ist mir zuwider, Zusagen nicht einhalten zu können. Aber auch eine geglückte Verbindung konnte einen anstrengen, wenn die Bedingungen schlecht waren: eine Stunde und 20 Minuten dauerte es manchmal, bis ich 250 Wörter durchgegeben hatte. Das machte mich stets regelrecht fertig.

Als sich das Wetter ein wenig besserte, kehrte auch mein Appetit in bescheidenem Umfang zurück. In meinem Logbuch ist für Samstag, den 22. Oktober, ein bemerkenswertes Mahl verzeichnet:

»Ach, war das gut, dieses Frühstück! Ein Becher heiße Schokolade mit Zucker, getrocknete Bananen und Weizen, Zwiebelpfannkuchen (sollte zuerst ein Omelett aus Eipulver werden!), selbst gerösteter Weizenvollkorntoast und Zitronenmarmelade, ein Becher Kaffee.«

Ich holte mein zahnärztliches Werkzeug hervor und verbrachte eine Stunde damit, in meinem Mund herumzufummeln. Es gelang mir, das abgebrochene Stück Zahn wieder anzuflicken, aber dabei zementierte ich auch etwas Watte ein, die ich in den Mund gesteckt hatte, um meine Zunge vom Zahn fern zu halten. Ich ließ die Watte drin, denn ich fürchtete, den ganzen Zahn wieder auseinander zu reißen, wenn ich sie herausholte, und dies wollte ich keinesfalls, hatte ich doch so viel Mühe darauf verwandt.

An Deck fand ich einen schönen 15 Zentimeter langen Tintenfisch. Er war bunt gefärbt wie eine Schildkrötenschale, gar nicht wie die blassen Tintenfische, die ich zuvor gesehen hatte. Er schien mir genau das Richtige für eine gute Fischsuppe zu sein, aber ich brachte es nicht über mich, ihn zu verspeisen.

Auch weiterhin sorgten die Vögel dafür, dass ich ein bisschen Abwechslung hatte. Entensturmvögel schossen wild um die Jacht herum; es machte ihnen offenbar Spass, durch den Windschatten der Segel zu fliegen – ich vermute, dass die Turbulenz dort für sie eine faszinierende Neuigkeit war. Einige alte Weizenkörner, die ich ausstreute, interessierten sie überhaupt nicht. Anders die »Kaphennen« (die Weißkinn-Sturmvögel): Wenn ich meinen Abfalleimer leerte und ihn dabei gegen die Reling stieß, lockte das Geräusch sie sofort an; sie ließen sich aufs Wasser nieder und fraßen die Abfälle. Allerdings schämte ich mich jedes Mal ein bisschen dabei: Im Vergleich zu den Abfällen eines Passagierschiffs müssen meine täglichen Gemüseabfälle (nicht viel mehr als ein Teelöffel voll, da ich mit meinen Vorräten sorgfältig haushielt) ihnen ganz erbärmlich vorgekommen sein.

Zu dieser Zeit sah ich auch die ersten wirklichen Albatrosse. Nicht dass die von mir zuvor beobachteten Albatrosse oder die Vögel, die ich als solche bezeichnet habe, etwa keine wirklichen gewesen waren – aber im Vergleich zu den Riesen, denen ich jetzt begegnete, erschienen sie mir winzig. Einer der mächtigen Vögel hatte eine Spannweite von mindestens 2½ Meter.

Leider hielt mein geflickter Zahn nicht. Ich probierte ihn erstmals beim Abendessen aus. Aber kaum versuchte ich etwas zu zerbeißen, als auch schon das angesetzte Stück glatt wieder abbrach. Wahrscheinlich kann es sich auch der beste Zahnarzt nicht leisten, Watte mit Zement zu mixen. Ich probierte es noch einmal mit dem Zementieren, diesmal ohne Wattefetzen, hatte aber wiederum kein Glück. Schließlich nahm ich die Feile, glättete die scharfen Kanten des Stumpfes und ließ es dabei bewenden.

Was hatte ich eigentlich von den »Brüllenden Vierzigern« erwartet? Die Gewässer hier werden selten von Sportseglern befahren – überhaupt findet man heutzutage dort nur noch wenig Schiffe, weil die Route nach Australien durch die modernen Motorschiffe und den Suezkanal vollständig anders geworden ist. Aus den Eintragungen in den Logbüchern der Klipper hatte ich den Eindruck gewonnen, dass hier ein stetiger starker, aber gleichmäßiger Wind weht, der die Schiffe Tag für Tag weiter nach Osten bringt. Natürlich ist es im Leben niemals so, wie man es sich in der Phantasie ausmalt. Zur Zeit der Klipper hat es großartige Fahrten gegeben, und diese sind in der Erinnerung geblieben; aber auch bei solchen gab es Tage (und Wochen) der Verzweiflung. Außerdem gewinnt man aus den Logbüchern ein ganz falsches Bild. Denn im Vergleich zu der *Gipsy Moth* waren die *Cutty Sark*, die *Thermopylae* und ihresgleichen alle riesig groß. Ein Sturm, der mich als Alleinfahrer zwang, mich vor Wind und See treiben zu lassen, kann für sie noch ein durchaus guter Segelwind gewesen sein. Ich kenne mich mit dem Einhandsegeln in kleinen Booten genügend aus, um mir dessen sehr bewusst zu sein, aber die verstandesmäßige Einsicht und die emotionelle Vorbereitung auf etwas Wirkliches im Leben sind keineswegs das Gleiche. Nach der Lektüre der Logbücher und dem Studium der Klipperrouten hatte ich erwartet, dass die Winde in der Gegend des 40. Breitengrades vor allem gleichmäßig seien. Aber gerade das waren sie nicht; sie frischten auf, flauten ab, frischten auf, flauten ab usw. usw. – und dies geschah keineswegs allmählich, sondern stets sehr überraschend und plötzlich. Es ging nicht so, wie wenn man beispielsweise bei einem Auto von 30 sagen wir auf 40 bis 50 Kilometer in der Stunde beschleunigt, sondern glich eher der Beschleunigung eines Rennwagens von 30 auf 150 bis 170 Stundenkilometer. Noch etwas, das zu beschreiben mir schwer fällt, das ich nicht einmal richtig in Worte fassen kann, war die seelische Einsamkeit in dieser verlassenen Ecke unseres Planeten. Ich war an den Nordatlantik gewöhnt, der gewiss wild sein und einem manchmal schon Furcht einjagen kann. Aber auf dem Nordatlantik hat man das Gefühl, als ob er so etwas wie eine besondere Atmosphäre habe, als ob über ihm noch die Geister der Menschen schweben würden, die einst über dieses Meer gesegelt und darin umgekommen sind. Hier unten im Südmeer war hingegen nichts als eine große Leere. Es war mir, als sei ich auf einen anderen Planeten verschlagen, durch Welten getrennt von der Menschheit.

Als ich am Sonntag, dem 23. Oktober, das Frühstück fertig machte, wurde ich übel durchgeschüttelt. Ehe ich aus England auslief, hatte mir Sheila Scott einen Koala-Spielzeugbären geschenkt, der saß auf einem Wandbrett neben dem Funkgerät. Von dort fiel er immer wieder herunter; auch an diesem Morgen ging ich, wie schon so oft, hin und wollte ihn aufheben. Ich hielt den Bären mit einer Hand und hantelte mich von Handgriff zu Handgriff durch die Kajüte. Eben hatte ich einen Griff losgelassen, als das Boot ganz plötzlich überlegte, sodass ich heftig gegen den Tisch geschleudert wurde. Als ich mich wieder aufrappelte, verspürte ich am Brustkorb unterhalb des rechten Armes starke Schmerzen. Ich glaubte schon, einige Rippen gebrochen zu haben, konnte aber nichts feststellen. Das war wieder einmal ein schmerzhafter Anschauungsunterricht über die alte Regel: Bewege dich unter Deck niemals umher, ohne die Hand am Handgriff zu haben oder ihn zumindest ins Auge zu fassen, damit du ihn unverzüglich packen kannst, wenn das Boot zu rollen beginnt. Wenn die *Gipsy Moth* von einer querab einkommenden Welle erfasst wurde, begann sie sofort zu rollen und schwankte dabei wie eine Angelrute. Über meine Rippenschmerzen tröstete ich mich mit dem Gedanken hinweg, dass es mir noch viel schlimmer hätte ergehen können – und dass der Unfall auch sein Gutes gehabt hatte, wenn ich mich von nun an an die alte Regel hielt, dass man sich unter Deck stets festhalten muss.

Nachdem ich mich von meinem Sturz erholt und gefrühstückt hatte, ging ich an Deck, um an Stelle des Trysegels das Großsegel zu setzen. Der Wind schien abzuflauen; ich hatte den Eindruck, dass die *Gipsy Moth* das Großsegel brauchte. Ich mochte das Großsegel nicht; es war mir von allen Segeln das unliebste. Zum Ersten war es viel zu anstrengend, mit ihm umzugehen, denn es drückte sich immer gegen ein Want oder klemmte an einer Schot; zum andern musste ich während des Vorheißens sechsmal zwischen Mast und Plicht hin und her laufen: Zuerst musste ich die Geien auffieren, wenn das Segel zu steigen begann, dann die Automatikeinstellung ändern, um höher an den Wind zu gehen, sodass die Spitze des Segels das Unterwant klarierte; danach musste ich mehrmals hin und her, um die Schot wegzufieren, wenn das Segel aufstieg. Schließlich musste der Umlegehebel des Unterwants gelöst und das Want vorn an einem anderen Want belegt werden. Warum benutzte ich dann aber überhaupt das Großsegel? Nun, es hatte die doppelte Fläche des Trysegels und damit viel mehr Vortrieb, und wenn ich es hinaufbekam und getrimmt hatte, stand es auch besser. Außerdem brauchte ich es, um Regenwasser zu sammeln, und das hatte ich in meinem Tank dringend nötig. Aber der Mensch vermag sich anzupassen. Ehe meine Fahrt zu Ende ging, hatte ich mir eine Methode ausgedacht, das Großsegel auch bei einem Sturm von Windstärke 6 hochzubekommen, selbst wenn ich vor dem Wind lief, ohne dass dies besondere Schwierigkeiten machte.

An diesem Abend ereignete sich ein dummer Unfall mit der Takelung. Ich hatte also das Steuerbordwant, das in Lee stand, nach vorn an ein anderes angebändselt und dabei den Hebel gelöst, damit es nicht am Großsegel schamfilen konnte. Allmählich rutschte das Bändsel die beiden Wanten empor, bis es beinahe zur unteren Saling kam. Infolgedessen konnte ich das Want nicht mit dem Umlegehebel durchsetzen, als dies notwendig wurde. Ich versuchte eine halbe Stunde lang, das Bändsel mit einem Bootshaken herunterzubekommen, aber ich brachte es nicht von der Stelle. Als es dunkel wurde, beschloss ich, es bis Tagesanbruch dort zu lassen; ich beabsichtigte, dann den Mast hinaufzusteigen, um es loszumachen. Während der Nacht machte ich mir dann aber doch Sorgen: War der Mast mit einem nicht durchgesetzten Want stabil genug? Jedenfalls stand ich um 1.30 Uhr nachts auf und leuchtete mit einer Lampe den Mast ab. Er schien in Ordnung zu sein, aber ich wagte es nicht, höher in den Wind zu gehen, was ich eigentlich hatte tun wollen. Um 5.30 Uhr kletterte ich erneut an Deck, um die Sache mit dem Want zu erledigen, und beschloss, noch einmal von Deck aus einen Versuch zu machen, ehe ich den Mast hinaufkletterte. Ich nahm meinen langen Standerstock (ca. 170 Zentimeter) und band ein etwa 30 Zentimeter langes Bordmesser daran. Das Messer besaß eine scharfe, schmale Schneide – seit mindestens 10 Jahren hatte ich es auf verschiedenen Booten mit mir geführt, aber jetzt benutzte ich es zum ersten Mal. Ich stellte mich auf den Großbaum und konnte so mit dem Messer gerade bis zu der Nylonschnur hinreichen, die die beiden Wanten verband. Ich säbelte daran herum, bis es mir nach einiger Zeit tatsächlich gelang, das Bändsel zu durchschneiden.

Während ich damit beschäftigt war, segelte die *Gipsy Moth* auf graugrüner See dahin. Sie hatte eine unerfreulich starke Lage; dennoch ließ ich das Großsegel stehen, weil ich annahm, dass der Wind raumen und das Boot sich wieder aufrichten werde. Dann ging ich unter Deck, um ein bisschen zu schlafen. Leider war meine Annahme falsch gewesen, denn der Wind schralte, und bald lag die *Gipsy Moth* hoch an einem steifen Südost. Ich mühte mich mit dem Großsegel ab, um es besser hinzubekommen, und ärgerte mich entsetzlich, weil nach den amerikanischen Kurskarten ein Südostwind in diesem Gebiet eigentlich höchst selten sein sollte. Ins Logbuch schrieb ich: »Was für eine Schmach, mich in den

Brüllenden Vierzigern mit einem Ostwind herumärgern zu müssen!«

In den nächsten 24 Stunden kam der Wind weiterhin aus östlicher Richtung, flaute aber immer wieder ab oder legte sich fast völlig. Ich musste jedes Mal an Deck, um die Segel umzusetzen und so zu trimmen, dass der Wind bestmöglich ausgenutzt wurde. Das erschöpfte mich sehr, und so döste ich vor Ermüdung ein. Endlich, am Morgen des 25. Oktober, drehte der Wind wieder auf West zurück und frischte gleichzeitig auf. Plötzlich sah ich mich in einer kritischen Lage. Ich hätte wohl etwas besser aufpassen müssen, aber infolge meiner Übermüdung war ich nicht recht auf Draht. Ich saß eben beim Frühstück, als ganz überraschend eine heftige Bö einfiel. Ich packte meine gefütterte Jacke und stürzte in die Plicht hinauf – immer noch in meinen schafledernen Slipern, die ich nur in der Kajüte trage –, um abzufallen und die Bö vor dem Wind abzuwettern. Da ich so viel Segel gesetzt hatte, so nahm ich an, konnte ich die Pinne wegen der Luvgierigkeit selbst dann nicht legen, als ich die Windfahne gelöst hatte und es mit einer Talje versuchte. Später wurde mir klar, was ich falsch gemacht hatte: Wohl hatte ich die Fahne der Selbststeueranlage gelöst, aber ich hätte auch die Ruderleinen lösen müssen, die den Automaten mit dem Ruderquadranten verbanden. Ich versuchte also in Wirklichkeit, die Pinne gegen die ungeheure Kraft des auf eine Seite gedrückten Ruderblattes der Anlage zu bewegen. Noch einmal zerrte ich mit aller Gewalt an der Talje, und plötzlich reagierte die Pinne. Und noch ehe ich etwas unternehmen konnte, hatte die *Gipsy Moth* schon gehalst. Der Baum kam mit einem mächtigen Krach über, und die Bullentalje riss dabei eine Stütze aus dem Deck. Als der Großschotblock herüberkam, raste er über den Rand der Gleitschiene und riss den Stopper heraus, der am Ende der Schiene eingeschraubt war. Der Block, der zwei Parten der Großschot hielt, löste sich von der Schiene oder dem »Leitwagen«, wie man auch sagt.

Ich ging sofort wieder »rund achtern«, denn die Vorsegel standen noch auf dem anderen Bug. Dabei bemerkte ich nicht, dass, als der Baum zum ersten Mal nach Steuerbord gekracht war, die Dirk von der Mastspitze zur Baumnock sich hinter der oberen Saling verhakt hatte. Es war erstaunlich und ein eindrucksvoller Beweis für die Leistungsfähigkeit von stehendem Gut und Spieren, dass die Saling nicht weggerissen wurde, als ich wieder halste. Während dieser ganzen Zeit war ich in meinen »Hausschuhen«, barhäuptig und ohne Sicherheitsleine. Zum Glück hatte ich eine zusätzliche Sicherheitsausrüstung in einer Ecke der Plicht verstaut. Ich legte sie um, zog meine Hausschuhe aus und warf sie in die Kajüte, damit sie nicht nass wurden. Denn in solchen Schuhen konnte ich ja nicht aus der Plicht heraussteigen, weil sie keine rutschfeste Sohle hatten.

Sobald ich die Pinne auf einen Kurs gelascht hatte, der mir bei einer plötzlichen Halse oder Wende genügend Zeit zum Eingreifen gab, ging ich barfuß auf Deck nach vorn. Ich ließ das Großsegel fallen, wobei mir das meiste (der Bauch) ins Wasser fiel – der Baum stand fast querab. Dann nahm ich auch das Genuastagsegel und die Fock weg; in beiden Fällen machte ich die Fallen vom Kopf des Segels los und belegte sie sorgfältig, um zu verhindern, dass sie sich mit dem stehenden Gut vertörnten. Die Segel selbst ließ ich einfach fallen, teilweise hingen sie sogar im Wasser. Als ich aus der Plicht gestiegen war, hatte ich das Besanfall losgemacht in der Hoffnung, dass das Segel von selber herunterkommen würde. Dies geschah nicht, sondern es wurde beschädigt.

Als ich mich nun dem Großbaum zuwandte, stellte ich fest, dass sich die Dirk an der Luvsaling vertörnt hatte. Zuerst machte ich das Segel an drei Stellen fest, um die Fläche am Wind zu verringern – es wehte eine steife Brise von 45 Knoten –, dann holte ich den Baum mit der noch lose stehenden Bullentalje ein. Sobald ich die Baumnock erwischen konnte, machte ich die Dirk los, ließ den Baum aufs Deck herunter und laschte ihn fest. Danach setzte ich die Spitfirefock, und als die *Gipsy Moth* wieder Fahrt machte, stellte ich die Ruderautomatik ein. Ich beeilte mich dabei sehr, aus Angst, dass die Selbststeueranlage beschädigt werden könnte, während die *Gipsy Moth* trieb. Der Seegang schob die Automatik von einer Seite auf die andere und erschütterte das ganze Boot.

In solchen kritischen Situationen denkt man eigenartigerweise manchmal an ganz nebensächliche Dinge. Während des Halsens und der darauf folgenden Schwierigkeiten machte ich mir hauptsächlich Sorgen, dass meine Brille ohne die schützende Mütze weggerissen werden könnte. Ich hatte mich an diesem Morgen waschen wollen – jetzt dachte ich mir, dass zumindest meine Füße im Voraus ihr Bad abbekommen hatten.

In schwieriger Lage

Ich begann nun zu verstehen, warum diese einsamen Gewässer die »Brüllenden Vierziger« genannt werden. Sie verdanken ihren Namen dem Heulen des Windes in der Takelage. Ich möchte dieses Geräusch allerdings nicht als Brüllen bezeichnen, aber es lässt sich in der Tat schwer beschreiben – es ist ein hartes, zwingendes Rauschen und Pfeifen, das offenbar einzig in diesen Breiten vorkommt. In den Tagen der Klipper mit ihren Mastwäldern und ihrer umfangreichen Takelung muss das Geräusch wirklich unheimlich gewesen sein.

Auch weiterhin fühlte ich mich seelisch einsam. Ein Meer wie den südlichen Indischen Ozean hatte ich noch nie erlebt. Es ist schwierig, dies mit Worten zu schildern, zu zeigen, wie es in jenen Frühlingsmonaten unten im Südmeer war. Ich bin sechsmal über den Nordatlantik gesegelt, davon dreimal allein, und habe dort Stürme mit Geschwindigkeiten bis zu 87 Knoten (160 km/h) erlebt, aber rückblickend schien das harmlos im Vergleich mit den Zuständen im Südmeer. Dieses Meer hier war etwas ganz anderes, die See wild, unberechenbar, Furcht erregend. Durch mächtige, riesengroße Wellen wurde das Boot stark beschleunigt. Es war schwer zu sagen, wie schnell es lief. Vom Deck aus gesehen schien es sich nur langsam zu bewegen, aber der Schaum auf dem Wasser und überhaupt die ganze Wasserfläche bewegten sich ihrerseits sehr rasch, was eine Geschwindigkeitsschätzung schwer machte.

Allmählich erkannte ich eine gewisse Regelmäßigkeit in dem böigen Wetter. Sätze wie die Folgenden kommen häufig im Logbuch vor:

»Ein 45-Knoten-Wind drohte die *Gipsy Moth* auf die Seite zu legen. Ich wusste nicht, ob damit ein neuer Sturm begann oder was sonst los war.

Die See geht hoch, hin und wieder kommt eine große Welle unter das Boot und drückt das Heck zur Seite.

Nachdem ich das Genuasegel geborgen hatte, war es unter Deck so still, dass ich in die Plicht hinaufging, um nachzusehen, ob wir überhaupt noch Fahrt machten. Der Wind wehte immer noch mit 30 Knoten, und wir liefen mit etwa 6½ Knoten.

Schlingern und starke seitliche Beschleunigung.

Ziemlich grobe See bei heftigen Böen.

Der Mond scheint hell zwischen Wolken hindurch, als wolle er zu verstehen geben, wie selbstverständlich all dies für ihn ist.

Das Boot rollt und stampft und wird in alle Richtungen geworfen – wahrscheinlich weil hier zwei verschiedene Meeresströmungen sich überschneiden.«

Bei den unaufhörlichen Böen war eines überraschend: Oft schien die Sonne, während der Wind das Meer aufpeitschte. Irgendwie, so meinte ich, war dies doch nicht in Ordnung. Wenn auf dem Atlantik Böen auftreten, ist gewöhnlich der Himmel ebenso grau wie die See. Der helle Sonnenschein war zwar schön, aber es kam mir eigenartig unangebracht vor. Warum sollte die Sonne sich ihres Daseins erfreuen, wenn für uns unten die Lage so unerfreulich war?

Am ärgsten war es für mich, wenn fast völlige Flaute herrschte. Von Zeit zu Zeit ging das Boot über Stag, und alle Segel standen back. Dann musste ich wieder auf den anderen Bug gehen und Großsegel und Besan neu trimmen. Diese Flauten schienen, gewöhnlich nachts, sieben oder acht Stunden anzuhalten. Immer wieder musste ich in die Plicht hinauf, um umzutrimmen, und wenn ich in einer solchen Nacht mehr als zwei Stunden Schlaf erwischte, konnte ich von Glück sagen. Jede Dünung, die unter dem Boot durchging, brachte während einer solchen Kalme ein bisschen eigenen Wind. Zuerst schob die Dünung das Boot so hin, dass alle Segel back standen, während die Woge unten durchging, und dann erzeugte sie einen Wind aus der entgegengesetzten Richtung, nachdem der Höhepunkt der Dünung durchgegangen war.

Back, back, back – dieses Wort steht immer wieder in meinem Logbuch. Jedes Mal musste ich mich wieder auf den richtigen Kurs mogeln und zumindest das Großsegel und das Besan umtrimmen, dann musste ich mich noch eine halbe oder eine ganze Stunde mit der Selbststeueranlage herumärgern, bis sie das Boot wieder richtig steuerte. Diese Schwierigkeit schrieb ich der mangelnden Ausgewogenheit der Segel oder des Bootskörpers oder beider zu. Schon eine geringe Veränderung in der Windstärke veränderte den Schwerpunkt vollständig, das Boot ging auf einen neuen Kurs, und das Ruder war so schwer zu legen, dass die Selbststeueranlage damit nicht fertig wurde. Am 29. Oktober schrieb ich in das Logbuch:

»Es bricht mir das Herz, eine schöne Segelbrise und herrliches sonniges Wetter zu haben, mit raumem Wind zu segeln und doch keine fünf Knoten zu laufen. Die Oberfläche des Meeres ist ziemlich glatt, aber die *Gipsy Moth* stampft und schleudert viel Gischt über Deck, und wenn sie sich dreimal auf drei kleinen Wogen aufschaukelt, verliert sie immer wieder stark an Fahrt. Es ist, als würde ein dahinstürmender Elefant durch einen Fliegenwedel zum Halten gebracht.«

Immer noch faszinierten mich die Seevögel. Die Beine und Füße der Albatrosse wackelten und zitterten jedes Mal, wenn sie in die Turbulenz des Windschattens auf der Leeseite der Segel einflogen. Wenn die Vögel bei Sturm sehr langsam auf der Stirnseite einer Woge emporsegelten, sah es aus, als ob sie hinaufmarschierten. Ich fragte mich, ob sie wohl auch hinaufkämen, wenn sie nicht ihre Schwingen benutzten, sondern nur ihre Füße. Wann immer ich konnte, versuchte ich die Albatrosse zu füttern. Gern sah ich ihnen zu, wie sie sich auf dem Wasser niederließen. Zuerst senkten sie dabei ihre Füße, sodass diese wie eine Bremsklappe wirkten, und dann brachten die ins Wasser hängenden Beine sie zum Stoppen.

Zweimal fuhr ich auf der Höhe des 40. Breitengrades, wurde aber jedes Mal durch einen Sturm wieder abgetrieben. Wenn eine 50-Knoten-Bö durchlief, kam ich mir wie in der Hölle vor: Aus einer schwarzen Leere stürzten riesige weiße Geister herab, packten das Boot und warfen es umher. Ich hasse das Gefühl, das Boot nicht in meiner Gewalt zu haben. Einmal kam ein Brecher in die Plicht. Er richtete zwar keinen Schaden an, aber die ungeheure Kraft, die sich hier manifestierte, war Furcht erregend. Ich schrieb:

»Ein Doktor Johnson ist nötig, dieses Leben zu schildern. Ich möchte hinzufügen, dass der Kajütboden völlig nass ist und auch meine Kleider nass zu werden beginnen. *Vive le yachting!*«

Am 2. November war mir rätselhaft, warum die *Gipsy Moth* immer wieder zu halsen versuchte. Mehrmals erreichte ich die Plicht gerade noch rechtzeitig, um noch aus dem Luk heraus die Pinne herumzuwerfen. Wenn die Jacht mit ganz weggefiertem Baum in diesem Wind auf den anderen Bug gegangen wäre, hätte es ein Chaos und schwere Schäden gegeben. Dann wieder luvte das Boot, bis der Wind dwars einkam. War an der Selbststeueranlage etwas gebrochen? Ich zog eine Jacke an und stieg hinauf, um nachzusehen. An Deck stellte ich fest, dass die Automatik überhaupt nicht mit dem Ruder verbunden war; der Verbindungsarm zwischen der Windfahne und dem Ruderblatt hatte sich aus dem Sockel gerissen, nachdem sich der Sicherheitsstift irgendwie gelöst hatte. Gottlob war nichts Schlimmeres passiert. An jenem Tag stellte mein Geschwindigkeitsmesser seinen Dienst ein. Zuerst war ich überrascht, wie sehr ich ihn vermisste, aber bald zeigte sich, dass ich ihn eigentlich gar nicht brauchte, denn ich merkte, dass meine Besteckrechnung ebenso genau war wie früher, als der Speedometer noch funktionierte. Ja, sie war eher noch genauer, weil bei langsamer Fahrt der Fahrtmesser zu geringe Werte angezeigt hatte; vielleicht lag das daran, dass sich an seinem kleinen Propeller unter Wasser Meerespflanzen festgesetzt hatten. Und so war ich nach der ersten Enttäuschung sogar regelrecht erleichtert, ihn nicht mehr zu haben. Man hatte mehr Seelenruhe, wenn man nicht die ganze Zeit auf die Geschwindigkeit schaute und darüber nachdachte, ob und wie sie sich steigern ließe.

Am 3. November hatte ich schon drei Tage lang keine Sonnenpeilung mehr vorgenommen, war drei Tage lang »blind gefahren«, wie die Navigatoren der Klipper es nannten. Hoffentlich nicht allzu blind, denn schließlich näherte ich mich der Bassstraße und hatte seit Madeira mein Besteck nicht mehr durch Landpeilung korrigieren können. Angesichts der starken Strömung während der Böen ist es kein Wunder, dass so viele Klipper dort Schiffbruch erlitten. Am Nachmittag des 3. November schoss ich die Sonne, um meine Länge zu bestimmen. Ich kam auf eine Tagesstrecke von 227 Meilen. Ob dies stimmte, hing natürlich davon ab, ob mein Besteck für die beiden vorhergehenden Tage richtig gewesen war (ich hatte für diese Tage Strecken von 155 und 138 Meilen berechnet). Ich überlegte, dass ich vermutlich rascher vorangekommen wäre, wenn mich nicht die Funksprechanlage so sehr in Anspruch genommen hätte. In meinem Logbuch finden sich zahlreiche Eintragungen wie:

»Lange Funkverbindung mit Kapstadt. Ich fühle mich restlos erledigt.«

Nicht nur war es eine Anstrengung, Berichte zu verfassen und durchzugeben, sondern das Boot wurde auch durch das Gewicht der Anlage und aller zum Betrieb erforderlichen Einrichtungen sehr belastet. Zunächst einmal war da die Funkanlage selber, die etwa 1,20 Meter über der Wasserlinie lag und sich infolgedessen auf die Stabilität des Bootes ungünstig auswirkte. Dann hatte ich schwere Batterien, den Generator zum Aufladen der Batterien, Brennstoff für den Generator, Erdungsplatten unten im Kiel des Bootes, zwei Backstagen mit großen Isolatoren an Topp und Fuß als Sende- und Empfangsantenne hergerichtet an Bord. Am schlimmsten aber war der Zeitverlust: Immer wieder musste ich das Segelsetzen verschieben, weil eine Übertragung innerhalb der nächsten Stunde verabredet war. In vieler Hinsicht wurde die Leistungsfähigkeit der Jacht durch diese Anlage beträchtlich gemindert.

Am 3. November kam der erste richtige Nebel während meiner Fahrt; die Sichtweite betrug nur noch etwa 100 Meter. Ich hatte beide Flammen meines Aladdinofens angezündet und ließ sie auf voller Stärke brennen; so versuchte ich, das allenthalben tropfnasse Bootsinnere zu trocknen. Meine Regensammelanlage brachte mir nun Wasser ein, das von dem Nebel stammte und nicht, wie in den Städten, durch Rußpartikel verunreinigt war. Wenn es nicht neblig war, regnete es häufig, und am 4. November hatte ich in meinem Tank 122 Liter Frischwasser. Zum Trinken und Kochen besaß ich jetzt genug, aber zum Kleiderwaschen reichte es noch nicht. Stundenlang konnte ich dasitzen und zuschauen, wie das Regenwasser durch den durchsichtigen Plastikschlauch lief, der in den Tank führte. Das war erfreulich und befriedigend – warum, kann ich nicht erklären; ich glaube, dass irgendein Urinstinkt dabei eine Rolle spielte.

Ich war völlig erschöpft; Anfälle tiefer Niedergeschlagenheit machten mir Sorgen. Oft konnte ich mich nicht erheben, ohne mich an irgendeiner Stütze hochzuziehen. War mein Gleichgewichtssinn nicht in Ordnung? Ich fühlte mich schwach, wie ausgelaugt, und mir kam es vor, als befände ich mich in einem unendlichen Raum, der bar jeder geistigen – was wohl?, ich weiß es nicht – sei. Ich wusste nur, dass ich grenzenlos einsam war, dass mich ein Gefühl der Hoffnungslosigkeit gepackt hatte, des dem sicheren Verderben Ausgeliefertseins. Am 5. November ging ich wegen meines geschwächten Zustands mit mir zu Rate. Als ich an jenem Morgen aufstand, stellte ich fest, dass ich mich ohne Stütze nicht mehr auf den Beinen halten konnte; mir war, als ob ich nach dreimonatiger Bettlägrigkeit erstmals wieder aufstünde. Eine lange Sitzung am Funkgerät hatte mich am vorangegangenen Abend sehr mitgenommen und ein nicht enden wollender Kampf mit dem Großsegel mir während der Nacht den Rest gegeben. Dann aber dachte ich: »Kräftige junge Männer auf voll bemannten Jachten sind während eines Ozeanrennens von nur wenigen Tagen aus bloßer Erschöpfung zusammengebrochen. Ich habe seit mehr als zwei Monaten alles allein getan. Ist es also ein Wunder, dass ich mich schwach fühle?« Das machte mir ein wenig neuen Mut, und ich fasste zwei Entschlüsse: Zum Ersten wollte ich versuchen, mich zu entspannen und mir an jedem Tag ein wenig Erholung gönnen; zum Zweiten wollte ich kräftiger essen. Denn da ich so ermüdet war, aß ich nicht annähernd genug. In mein Logbuch schrieb ich:

»Ich muss mehr Dinge wie Honig, Nüsse, Dörrobst essen. Ich müsste auch mehr Vollkornbrot backen.«

Mein Backofen war ein Picknickofen, der über den Primuskocher passte; er funktionierte sehr gut. Aber ich war aus der Übung gekommen – eigentlich unsinnig, weil mir mein Brot schmeckte und ich immer das Gefühl hatte, dass es mir gut tat. Aber gewöhnlich war die See zu grob gewesen und ich stets so müde, dass ich einfach nicht die Kraft aufgebracht hatte, Teig anzurühren und zu backen. Von nun an backte ich jedoch regelmäßiger. Das Frühstück war stets die ausführlichste Mahlzeit, zum Teil wohl deshalb, weil ich nach dem Schlaf mehr Appetit hatte, zum Teil aber auch, weil ich das Frühstück immer als eine Art Ritual zur Feier der glücklich überstandenen Nacht ansah. Also ließ ich mir für das Frühstück ganz bewusst mehr Zeit. Oft war ich schon bei Morgendämmerung auf und musste den ganzen Tag über bis zum Abend praktisch pausenlos arbeiten; dazu kam, dass ich nicht selten auch während der Nacht bestenfalls drei oder vier Stunden im Ölzeug vor mich hin dösen konnte. Und so saß ich beim Frühstück so lange es ging, und manchmal kroch ich dann noch einmal in meine Koje, um mir noch ein kleines Nickerchen zu genehmigen. Meine Koje war der bequemste Platz auf der Jacht; wegen der Lecks musste ich allerdings die Hundekoje aufgeben, die ich eigentlich am liebsten hatte. Aber mein Schlafsack und alles andere wurden in ihr so tropfnass, dass ich in eine andere Koje in der Kajüte übersiedeln musste.

Diese ersten Novemberwochen waren sehr anstrengend. Ich musste bei grober See ständig hart arbeiten; stets war ein weiteres unbeabsichtigtes Halsen zu befürchten, was ernsthaften Schaden hätte anrichten können. Ich konnte von Glück sagen, dass mein erstes unbeabsichtigtes Halsen so gut abgegangen war: Da hatte ich wirklich noch mal Schwein gehabt! Abgesehen von den Decksbeschlägen, die ich aus meinen Vorräten ausbessern oder ersetzen konnte, war lediglich das Besanstagsegel ernsthaft beschädigt. Und auch dieses ließ sich reparieren, obgleich das Nähen bei starkem Seegang schwierig war. Jedenfalls gelang es mir, das Segel wieder herzurichten.

Ich glaube, dass die Patentstagreiter an meinen Vorsegeln mich öfter zum Fluchen brachten als alle anderen Ausrüstungsstücke an

Bord. Fast jedes Mal, wenn ein Segel gesetzt wurde, löste sich einer der Reiter. Am 8. November trug ich in mein Logbuch ein, dass es sehr mühsam gewesen sei, das große Genuasegel herunterzubekommen, weil der Wind auffrischte, und dass sich alle Reiter außer vieren gelöst hatten, sodass das Segel zu schlagen begann, sobald ich nur Lose auf das Fall gab. Ein Reiter an der Spitze des Segels war noch dran, aber bei der großen Belastung riss auch er sich los. Ich hätte viel dafür gegeben, gute »altmodische« Gleitringe an meinen Segeln zu haben.

Am Abend des 9. November gab ich über Funk einen Bericht für den *Guardian* nach Kapstadt durch. Etwa in der Mitte der Durchsage fiel die Zuleitung der Antenne aus. Ich konnte den Funker noch hören, und auch er verstand noch einen Teil meiner Worte, was ich erstaunlich genug fand, denn ich hatte ja nun keine Antenne mehr, und die Entfernung betrug zu diesem Zeitpunkt etwa 2500 Meilen. Kein Wunder also, dass es dabei Hörfehler gab. So berichtete ich, dass ich gerne Vögel um mich hätte, dass diese mir aber bewusst machten, wie völlig allein ich sei. Diese Mitteilung erhielt folgende Fassung: »Ich habe gerne Vögel um mich, *weil* sie mir zum Bewusstsein bringen, wie völlig allein ich bin.« Nach einer Fahrt von 10 000 Meilen hatte ich noch nicht einen einzigen Fisch im Wasser gesehen, nur Fliegende Fische in der Luft und auf Deck. In der Nacht wurden ein paar Tintenfische auf Deck gespült. Die Entensturmvögel waren damals meine Lieblinge – wunderschön taubengrau und mit spitzen Schwingen, flogen sie wie große, toll gewordene Schwalben. Sie pflegten um den Topp des Besanmastes zu spielen, hinaufzufliegen und dort im Aufwind zu verharren, dann kehrtzumachen und mit dem Abwind abzustreichen. Ein Entensturmvogel war es wohl auch, der einmal um Mitternacht wie ein weißes Gespenst lautlos die Jacht umsegelte. Und nach wie vor gingen die Kaphennen auf dem Wasser nieder, wenn ich Abfälle über Bord warf.

Sheila, die mich in Sydney erwarten wollte, verließ auf der *Oriana* der P & O (Peninsular and Oriental Steam Navigation Company) am 10. November Aden; ich hoffte, mich über Funk mit ihr unterhalten zu können. Zwei- oder dreimal versuchte ich die *Oriana* zu erreichen, hatte aber kein Glück. Dies machte mir Sorgen, weil ich wusste, dass Sheila auf meinen Funkspruch wartete; es war zu befürchten, dass man auf der *Oriana* beunruhigt war, wenn man nichts von mir hörte. Jedenfalls nahm es mich sehr mit, keine Funkverbindung zu bekommen – die *Oriana* wurde für mich zu einer Art Albtraum. Ich fühlte mich verpflichtet, mich zweimal täglich um einen Funkkontakt zu bemühen, aber anderseits wusste ich, dass es Unsinn war, ein noch etwa 3000 Meilen entferntes Schiff erreichen zu wollen. Ich beschloss zu warten und es erst wieder zu versuchen, wenn sich die *Oriana* Fremantle näherte. Nach meinem letzten vergeblichen Ruf am 11. November schrieb ich ins Logbuch:

»Kein Glück mit der *Oriana*. Ich glaube nicht, dass ich es nochmals versuche, ehe sie in die Nähe von Fremantle gelangt ist. Die Ungewissheit macht einen fertig. Ich bin sicher, dass Sheila dafür Verständnis hat. Sie ist die verständnisvollste, einfühlsamste Frau, die ich kenne.«

Am 11. November konnte ich meinen Bericht für die *Sunday Times* an Philip Stohr in Kapstadt durchgeben, brauchte dazu aber eine Stunde und 20 Minuten. Das Nachladen der Batterien erforderte viel Treibstoff, der allmählich knapp wurde.

Am nächsten Tag lenzte ich die Bilge und stellte fest, dass ich 257 Hübe brauchte, um sie leer zu bekommen. Letztmals hatte ich am 9. November gelenzt, damals aber nur 57 Hübe benötigt. Ich fragte mich, wo all das Wasser wohl herkam – 257 Hübe bedeuten eine Menge Wasser. Die ganze Zeit über war hoher Seegang gewesen; wahrscheinlich erklärten die zahlreichen Lecks an Deck das viele Wasser; auch durch das Luk, unter dem sich das aufblasbare Rettungsfloß befand, kam Wasser herein. Dennoch: 257 Hübe waren zu viel. Ich beschloss, von nun an besser auf die Bilge zu achten, häufiger hineinzusehen, um gleich zu merken, wenn das Boot unterhalb der Wasserlinie leck sprang. Trotz all meiner Vorsätze versuchte ich noch einmal die *Oriana* über Funk zu erreichen, bekam aber nicht einen einzigen Piepser zu hören.

Es wurde ständig kälter. Wenn ich an Deck arbeitete, wurden meine Finger klamm, und am 14. November brachte eine Bö statt Regen Hagel. Die Hagelkörner prasselten auf das Oberlicht, wie wenn man eimerweise Erbsen ausschüttete. Mit der Funkstation von Perth bekam ich eine gute Verbindung und konnte ohne große Mühe ein Telegramm von 412 Wörtern an den *Guardian* durchgeben. Ich bat die Leute in Perth, der *Oriana* mitzuteilen, dass ich versucht hätte sie zu erreichen, und auszurichten, dass ich am 16. und 17. November, um 14.00 Uhr, wieder versuchen würde, Kontakt aufzunehmen.

Am Donnerstag, dem 15. November, erging es mir katastrophal. Als ich erwachte, wehte ein Sturm von 40 Knoten, was zwar reichlich viel war, aber auch nicht ärger als das raue Wetter, das ich fast während der ganzen vergangenen Woche gehabt hatte. Das Fall des Standers brach, aber das war nicht weiter schlimm. Um 12.15 Uhr ging ich nach achtern, um mir wieder einmal die Ruderautomatik vorzunehmen. Ich war auf eine kleine Reparatur gefasst – und musste feststellen, dass der Stahlrahmen, der das Oberteil des Ruderblattes hielt, mitten durchgebrochen war. Diese zwei Stahlbacken, eine auf jeder Seite des Oberteils des Ruderblattes, verbanden es mit der Windfahne und führten es. Beide waren gerissen. Nun war das Ruderblatt mit dem Schiff nur noch durch einen Stab verbunden, der dazu diente, seine Stellung zu verändern. Es wackelte im Kielwasser hin und her wie ein toter Fisch, der an einer Leine hängt. Jeden Augenblick konnte es sich endgültig losreißen. Ich stürzte in die Plicht zurück. So rasch ich konnte, ließ ich sämtliche Segel fallen, um das Schiff zu stoppen und den Druck auf die Ruderautomatik möglichst zu vermindern. Dann baute ich das Ruderblatt aus und holte es ein, damit nicht auch noch der Beschlag brach, der den Stab hielt, und ich das Ruder verlor. Der Anblick der Selbststeueranlage, die endgültig zum Teufel war, wirkte wie ein Katalysator. Zuerst lief es mir eiskalt über den Rücken; ich glaubte zu erstarren. Und dann kam das seltsame Gefühl über mich, dass meine Persönlichkeit gespalten sei – ich beobachtete mich selbst, wie ich routinemäßig die Segel barg und kaltblütig die zerbrochene Ruderanlage ausbaute.

Mein Plan war gescheitert. Nicht nur, dass es jetzt unmöglich war, in hundert Tagen nach Sydney zu kommen, sondern ich musste nun wohl einen Zwischenhafen anlaufen. Aber auf einmal wurde mir bewusst, dass ich in Wirklichkeit keineswegs mutlos war; eher fühlte ich mich erleichtert, hatte ich doch schon seit langem darauf gewartet, dass so etwas passierte. Ich ging unter Deck und genehmigte mir einen Grog. Nun begannen meine Gedanken zu wirbeln. Ich machte mir klar, was geschehen war, und suchte nach einem Ausweg. Schließlich ging ich auf Deck zurück und sah mir den Schaden an. Zwei 69 Zentimeter lange, 15 Zentimeter breite und drei Millimeter starke Stahlplatten hatten das hölzerne Ruderblatt mit der übrigen Automatik verbunden. Die Platten waren beide glatt durchgebrochen, und zwar dort, wo zur Verstärkung ein Band aufgeschweißt war. Ich ließ alle Metallplatten im und am Boot, die mir einfielen, im Geist an mir vorüberziehen und überlegte, ob mit ihnen eine Reparatur möglich sei. Am besten geeignet erschien mir der Schwingrahmen des Primuskochers, aber er war nicht annähernd so stark wie die gebrochenen Metallplatten, und außerdem hatte ich keine passenden Bolzen und Nieten, um die zerbrochenen Stücke zusammenzuflicken. Und deshalb konnte die Selbststeueranlage an Bord nicht repariert werden. Ich war also in ernsthaften Schwierigkeiten. Ein normales Boot hätte ich so trimmen können, dass es von selbst gesegelt wäre; aber alle bisherige Erfahrung hatte mich eines gelehrt: Die *Gipsy Moth* konnte niemals so getrimmt werden, dass sie länger als ein paar Minuten allein den Kurs hielt. Schlimm war vor allem, dass das Boot von jetzt an nur gesegelt werden konnte, wenn ich an der Pinne war; solange ich schlief, kochte, aß, das Besteck aufmachte oder eine der zahlreichen anderen Arbeiten der Bordroutine erledigte, musste ich es treiben lassen. Bestenfalls konnte ich zehn Stunden täglich an der Pinne zubringen, was bei einer Geschwindigkeit von 6 Knoten eine Tagesstrecke von 60 Meilen ergab. Angesichts der Flauten und Gegenwinde konnte ich von Glück sagen, wenn ich es auf 50 Meilen pro Tag brachte. Nach meinen Berechnungen war ich 2758 Meilen von Sydney entfernt, eine lange Strecke, nur 200 Meilen weniger als beispielsweise die Großkreisentfernung von Plymouth nach New York. Es würde schier endlos dauern, bis ich hinkam: 55 Tage bei 50 Meilen pro Tag, vielleicht sogar drei Monate. Nachdem ich nun schon 80 Tage unterwegs war, kam das nicht in Frage. Es blieb mir wohl nichts anderes übrig, als den nächsten Hafen anzulaufen, um dort das Ruder reparieren zu lassen. Dieser nächste Hafen war Fremantle. Aber auch er war noch 1160 Meilen entfernt, was zahllose Stunden an der Pinne bedeutete. Ich setzte den Kurs nach Fremantle ab.

Dann machte ich mich an die Arbeit. Ich setzte ein kleines Segel, und nachdem ich von der Pinne zur Seite der Plicht eine Leine geschoren hatte, probierte ich die Ruderstellung so lange aus, bis das Boot ungefähr auf Kurs blieb. Es war nicht der günstigste Kurs, aber eigentlich konnte ich zufrieden sein. Ins Logbuch trug ich ein:

»Wie soll ich das Boot auf einem Kurs halten, der höher am Wind liegt? Im Moment sehe ich dazu keine Möglichkeit. Ich werde etwas essen und es mit mehr Segel nochmals versuchen. Natürlich ist dieser 37-Knoten-Wind auch reichlich stark.«

Später fuhr ich fort:

»Ich glaube, dass die nächsten 14 Tage ziemlich unangenehm werden. In den vergangenen zwei Stunden bin ich mehrmals an der Pinne gewesen, einmal, um ein Halsen zu verhindern, als der Wind abflaute, und zum zweiten Mal, weil der Wind aufgefrischt hatte und das Boot über Stag zu gehen drohte. Morgen muss ich versuchen, Leinen von der Pinne in die Kajüte zu führen, sodass ich von dort aus steuern kann. Sonst werde ich noch verrückt, wenn ich mich jedes Mal anziehen muss, sobald das Ruder überzulegen ist. Im Augenblick ist die Windrichtung die denkbar günstigste, weil das Boot mit halbem Wind am besten segelt. Was ich tun soll, um es auf Raumschotskursen zu halten, weiß ich im Augenblick noch nicht. Ich will jetzt schlafen, solange ich noch Zeit dafür habe.«

Es wurde eine böse Nacht. Mehrmals musste ich hinauf, um festzustellen, dass das Boot nach Westen statt nach Osten lief und alle Segel backstanden. Einmal lag ich schlaftrunken in meiner Koje und hatte keine Lust, schon wieder aufzustehen, als ich bemerkte, dass das Boot, obwohl die Segel backstanden, langsam voraus lief und – eine höchst wichtige Tatsache – einen viel gleichmäßigeren Kurs hielt, als wenn es mit ziehenden Segeln in die »richtige« Richtung segelte. Damals nahm ich diese Tatsache wahr, ohne ihre Bedeutung wirklich zu erkennen. Sie prägte sich gleichsam meinem Unterbewusstsein ein.

Um 6.00 Uhr morgens begann ich Ruder und Segel so zu trimmen, dass das Boot einigermaßen auf Kurs blieb, damit ich wenigstens essen und etwas schlafen konnte, ohne befürchten zu müssen, dass es gleich keine Fahrt mehr machte. Als es Zeit zum Frühstück war, sah die Sache verzweifelt aus; eine Stunde lang hatte ich versucht, den Segeldruck usw. mit dem Druck auf der Pinne ins Gleichgewicht zu bringen. Dennoch leistete ich mir erst einmal ein herzhaftes Frühstück, war aber dabei so geistesabwesend, dass ich statt der Marmelade Kaffee aufs Brot zu streichen versuchte. Während des Frühstücks fiel mir dann plötzlich ein, dass die *Gipsy Moth* mit backstehenden Segeln Kurs gehalten und Fahrt voraus gemacht hatte, wenn auch Richtung West. Dies erschien mir höchst sonderbar. War es vielleicht möglich, sich das zu Nutze zu machen? Ich zermarterte mir das Gehirn. Plötzlich hatte ich eine Idee, und sofort ging ich daran, sie in die Tat umzusetzen. Um 10.20 Uhr hatte ich das Boot so weit, dass es von selbst vor dem Wind blieb. Es lief zwar nicht sehr schnell, aber schließlich hatte (gottlob) der Wind auch nur 8 Knoten. Ein Albatros ärgerte mich sehr bei meinem Schuften – er nämlich vermochte durch Schwimmen oder Paddeln ein paar Meter achteraus mit der *Gipsy Moth* mühelos mitzuhalten.

Den ganzen Tag über experimentierte ich herum. Ich schlug beide Sturmsegel ab und wechselte sie aus, sodass ich nur das kleinere Segel auf dem Stagsegelstag fuhr; dann zog ich das Schothorn dieses kleinen Sturmsegels luvwärts, sodass das Segel so stand, wie es gestanden hätte, wenn das Boot durch den Wind gegangen und das Segel backgesetzt worden wäre. Danach verband ich das Schothorn dieses Segels mittels Blöcken auf jeder Seite mit der Ruderpinne. Nach vielen vergeblichen Versuchen hatte ich Folgendes erzielt: Wenn die Jacht auf Kurs lag, stand das Segel back, und der dagegen drückende Wind zog die Ruderpinne so weit nach luv, dass der Neigung des Bootes, in den Wind zu drehen, entgegengewirkt wurde.

Wenn schließlich das Boot zu stark abzufallen drohte, »halste« dieses Steuersegel gewissermaßen, und der Wind drückte von der anderen Seite darauf, wodurch die Ruderpinne nach Lee gelegt wurde – mit dem Ergebnis, dass das Boot wieder an den Wind ging.

Zum Glück wehte an diesem Morgen nur eine schwache Brise, die während des ganzen Tages auf nicht mehr als 7½ bis 10 Knoten auffrischte. Bis zum Mittag hatte ich, seit die Ruderautomatik gebrochen war, auf dem Kurs nach Fremantle 91 Meilen zurückgelegt. Um 17.30 Uhr schrieb ich in das Logbuch:

»Beinahe Flaute. Zumindest hat die *Gipsy Moth* den ganzen Tag Kurs gehalten, eine schöne Leistung, nachdem ich praktisch mit nichts angefangen habe; unter anderen Bedingungen freilich wäre das nicht sonderlich lobenswert.«

Vor allem war ich darauf bedacht, Sheila nicht zu beunruhigen. Ihr Schiff war am nächsten Tag in Fremantle zu erwarten, und so musste ich ihr unbedingt rechtzeitig mitteilen, dass sie nicht nach Sydney weiterfahren, sondern mich in Fremantle erwarten sollte. An jenem Abend bekam ich Funkkontakt mit der *Oriana*. Zwar verstand ich fast nichts, aber der Bordfunker schien mich hören zu können. Ich wiederholte immer wieder: »Ich bin nach Fremantle unterwegs, ich laufe Fremantle an.« Der Funkkontakt war zu schlecht, als dass eine ausführliche Erklärung meinerseits möglich gewesen wäre. Ins Logbuch schrieb ich: »Arme Sheila, sie wird sich fragen, was wohl passiert ist!«

In jener Nacht war es dunkel, und es regnete. Ich sah etwas Merkwürdiges: helle phosphoreszierende Flecken in der Luft, die am Boot vorbeizogen. Als sich meine Augen an die Dunkelheit gewöhnt hatten, erkannte ich, dass die hellen Flecken sich in Wirklichkeit im Wasser befanden: Die hohen Wogen hatten den Anschein erweckt, als ob die Flecken sich in der Luft befänden.

Am 17. mittags war ich Fremantle um weitere 81 Meilen näher gekommen. Ich war zutiefst deprimiert und kam mir wie ein Versager vor: Schließlich war ich aufgebrochen, um ohne Zwischenlandung nach Sydney zu segeln. Der Gedanke, Fremantle anlaufen zu müssen, steckte mir wie ein Kloß in der Kehle, und schließlich fasste ich den Entschluss, diesen Kloß nicht zu schlucken: Um 3.45 Uhr an diesem Nachmittag nahm ich wieder Kurs auf Sydney.

Den ganzen Tag über arbeitete ich an meiner provisorischen »Ruderautomatik« und beobachtete die Arbeitsweise meiner Steuereinrichtung und die Reaktion der Pinne auf jeden Kurswechsel, auf jede neue Windstärke und Windrichtung. Am Ende des Tages musste ich, um Kurs zu halten, platt vor einem 33-Knoten-Wind laufen, aber mein Steuersystem wurde auch damit fertig, obgleich die Leinen laut knallten und die Segel schlugen.

Nun musste ich alles unternehmen, um Sheila sofort Nachricht zukommen zu lassen, damit sie nicht in Fremantle an Land ging, während ich nach Sydney weitersegelte. Ich versuchte in der Nacht, in Kontakt mit der *Oriana* zu kommen, aber die Verständigung war miserabel. Insgesamt versuchte ich es am 16. und 17. fünfmal, die *Oriana* zu erreichen. Zwar konnte ich praktisch nichts hören, aber ich glaube, dass ich ankam. Mehrmals sagte ich, dass ich wieder Kurs auf Sydney genommen hätte und Fremantle nicht anlaufen würde. Ich ließ Sheila ausrichten, sie solle von der Funkstation in Perth aus mit mir sprechen, wenn sie dort an Land ginge.

Meine provisorische Steueranlage wurde recht gut mit einer kleineren Bö fertig, und darüber freute ich mich. Am 18. betrug meine Tagesstrecke 111 Meilen. Ich fühlte mich glücklicher als je zuvor während der Fahrt. Dass die Selbststeueranlage eines Tages versagen würde, hatte ich schon lange befürchtet und mir ausgemalt, wie ich mit einem schlecht getrimmten Boot hilflos dem Meer ausgeliefert bin. Nun hatte ich es geschafft, die Steuerung so zu improvisieren, dass das Boot Kurs hielt, und das war zutiefst befriedigend. Ich hasse es, umkehren zu müssen; ich hasse es, aufgeben zu müssen; und ich hasse es, von meinem Kurs abzukommen. Es ist die Aufgabe eines Seemanns, mit Schwierigkeiten fertig zu werden. Ich glaube, diese Leistung tröstete mich auch darüber hinweg, dass es mir nicht gelang, in hundert Tagen nach Sydney zu kommen. Dies schien nunmehr aus zwei Gründen völlig unmöglich: erstens, weil das Steuersegel mich eines der wirksamsten Segel beraubte, wenn ich auf Amwindkursen lag, und zweitens, weil das Steuersegel die Fahrt des Bootes verlangsamte, denn es wirkte ja zumindest teilweise den anderen Segeln entgegen. Ich war mir sehr wohl bewusst, dass ich mir mit hundert Tagen viel vorgenommen hatte, glaube aber, dass ich mein Ziel hätte erreichen können, wenn die Ruderautomatik nicht gebrochen wäre. Als alles dies passierte, hatte ich noch 2758 Meilen vor mir und noch zwanzig Tage von den hundert. Und in den davor liegenden zwanzig Tagen hatte ich 2920 Meilen zurückgelegt.

In der Nacht des 18. konnte ich mich über Funk ausführlich mit Perth unterhalten und 80 Minuten lang meine Lage schildern. Kurz vor Mitternacht wurde ich durch einen kleineren Schlamassel aus der Koje geholt: Alle Segel, das Besanstagsegel eingeschlossen, standen back. »Und das«, schrieb ich ins Logbuch, »will schon etwas bedeuten.« Ich hatte an meine Steuereinrichtung zu hohe Ansprüche gestellt, hatte von ihr verlangt, mit gesetztem Besanstagsegel das Boot auch bei leichter Brise auf Kurs zu halten – was sogar der Selbststeueranlage nicht gelungen war, als diese noch funktionierte.

Die Fahrt des vierten Tages mit meinem Rudersystem erbrachte 138 Meilen, und ich begann mir neue Hoffnungen zu machen: Konnte ich es vielleicht doch noch in hundert Tagen schaffen? Natürlich hatte ich in den ersten drei Tagen sehr viel Zeit verloren, die ich nun einholen musste – gewiss ein schweres Handicap. Wieder beschäftigte ich mich den ganzen Tag damit, meine »Automatik« zu verbessern und kleine Schwierigkeiten auszubügeln.

Die Sturmschwalben und ein oder zwei Albatrosse blieben mir treu; sie kamen von weit her angeflogen, wenn ich meinen Abfalleimer gegen die Reling schlug, ehe ich ihn ausleerte – gleichsam als Gong, der sie zum Essen rief. Dann umflogen sie das Boot in engen Kreisen und warteten auf mehr. Gern sah ich ihnen dabei zu.

Noch erfreulicher war, dass ich am Abend mit der *Oriana* Funkverbindung aufnehmen und mich ausführlich mit Sheila unterhalten konnte. Wie glücklich ich war, ihre Stimme zu hören! Sofort fühlte ich mich weit zuversichtlicher und schrieb ins Logbuch:

»Ich habe mich über den Gartenzaun gelehnt, ich meine, über den Süllrand der Einstiegsluke, und den dunstigen Mond und das vorbeigleitende Wasser betrachtet; ich fühle mich ruhiger als je zuvor auf dieser Fahrt. Ich glaube, dass die verdammte Ruderautomatik mir ständig Sorgen gemacht hat, weil ich immer darauf wartete, dass sie zerbrach. Jetzt scheinen wir endlich richtig voranzukommen, und ich fühle mich glücklich.«

Am 20. konnte ich die Tagesstrecke auf 168 Meilen steigern. Mein Rudersystem blieb bei halbem oder achterlichem Wind gut auf Kurs, doch bei jeder anderen Windrichtung war die Sache sehr problematisch.

Am nächsten Tag kam ich in einem 40-Knoten-Sturm nur »schrittweise« voran. Den ganzen Tag über war in der Takelage ein schwach röhrendes Pfeifen zu hören, und ich hatte Mühe, das Ruder mittels des Steuersegels unter Kontrolle zu halten, da nur ein einziges weiteres Segel gesetzt war. Ich schrieb ins Logbuch:

»Aus diesen Stürmen habe ich gelernt, dass man nicht ernsthaft daran denken kann, die Segel wieder zu setzen, bis das Lärmen in der Takelage, ein schwaches Brüllen, wie man es nennen könnte, aufhört.«

Ich fühlte mich körperlich wieder recht schwach; mir war, als habe der Sturm mich ausgelaugt. Ich dachte über die Ursachen nach, fragte mich, ob meine Schwäche dem aufreibenden Kampf mit dem Boot und der See zuzuschreiben sei; ob Nahrungsmangel schuld sei oder die dadurch bedingte Nervenanspannung, dass ich ständig auf den nächsten Schlag gegen den Bootskörper wartete und mich auf ein Flachdrücken oder Kentern des Bootes gefasst machen musste. An diesem Tag kam ich nur noch auf 82 Meilen. Ich konnte das Trysegel nicht ganz hochbekommen, weil das lose Ende des gebrochenen Standerfalls sich um das Trysegelfall und anderes Gut gewickelt hatte. Ich zögerte, die Winsch zu benutzen, und der Wind war zu stark, als dass sich die ganze Wuling von selbst wieder gelöst hätte. Mit Standerfallen habe ich immer und immer wieder Schwierigkeiten, und so schrieb ich in das Logbuch:

»Leicht könnte es geschehen, dass dieses Standerfall überhaupt alles da oben durcheinander bringt und blockiert. Verdammt, das ist mir noch auf jeder meiner Ozeanüberquerungen passiert. Ich hätte das verfluchte Ding vor dem Auslaufen wegwerfen sollen.«

Tagaus, tagein war ich sehr darum bemüht, die Sonne exakt zu schießen, um die Tagesleistung des Bootes berechnen und mir die Taktik für den kommenden Tag zurechtlegen zu können. Am 22. November verzeichnete ich:

»Mit einiger Schwierigkeit habe ich viermal die Sonne genommen, doch dann ging eine rücklaufende Welle über das Boot. Das Wasser des Wellenkamms schlug in die Plicht, sodass der Sextant regelrecht gebadet wurde. Ich reinigte ihn jedoch in warmem Frischwasser mit etwas Spülmittel darin. Als ich eben fertig war, erfasste eine 45-Knoten-Bö das Boot. Ich saß wohlgeschützt in der Kajüte und legte von dort aus während der heftigen Windstöße das Ruder. Die Luke stand nur zwei Zentimeter weit offen, um die Leinen zur Pinne passieren zu lassen, aber der Regen war so heftig, dass er durch diesen kleinen Spalt zwei Meter weit in die Kabine drang. Deshalb musste ich in der Kajüte Regenmantel und Hut tragen.«

Am Nachmittag barg ich die Fock und nahm die Fahrt aus dem Boot. Aus der Arbeitsfock waren alle Segellatten herausgerissen, alle Segel schlugen heftig hin und her. Es war schwer, an Deck auf den Beinen zu bleiben. Immer wieder wurde die Plicht überflutet, und es hagelte; das Prasseln der Körner hörte sich wie Gewehrfeuer an. Außerdem war es sehr kalt, meine Hände waren beinahe erstarrt. Das Wasser, das durch die geschlossene Luke hereindrang, hatte alles Holz in der Kombüse zum Aufquellen gebracht, sodass ich zwei Schubladen überhaupt nicht mehr öffnen konnte. Das war ärgerlich, weil mehrere Sachen darin waren, die ich brauchte.

Am Abend brachte ich die *Gipsy Moth* wieder in Fahrt. Während des nächsten Tages musste ich meinem Rudersystem mehrmals zu Hilfe kommen, um zu verhindern, dass aus einem Abfallen eine Halse wurde oder das Boot beim Anluven direkt in den Wind schoss und Fahrt verlor. Zweifellos hatte mein System seine Nachteile. Ich konnte das Großsegel nicht benutzen, weil der Baum den Leinen vom Segel zur Pinne in den Weg gekommen wäre. Und die Plicht war solch ein Durcheinander von Leinen, dass es gefährlich war, das Besanstagsegel zu setzen. Wie ein Vogelkäfig wirkte das Boot. Es war schwierig, sich auf dem Deck zu bewegen; wenn ich aus der Kajüte kam, war es einfacher, unter der Pinne durchzukriechen, als darüber hinwegzusteigen.

Aber ich bekam immer mehr Übung, und am 24. November trug ich ins Logbuch ein:

»Laufe noch schwer durch graugrünes Wasser bei grauem Himmel mit tief hängenden Wolken. Das Boot will mich offenbar verwöhnen, denn es hielt während der ganzen Nacht bei 7 bis 7½ Knoten Kurs; nur von Zeit zu Zeit heulte es in der Takelung, und die Wellen spülten über Deck, wenn eine Woge den Bug nach Nordost oder noch weiter nach Nord drückte; aber bisher hat das Steuersegel jedes Mal nach ein paar problematischen Minuten das Boot wieder auf Kurs gebracht. Seit 9½ Stunden habe ich nicht mehr die Pinne oder die Leinen angerührt. Möge es recht lange so weitergehen; mir passt das jedenfalls ausgezeichnet.«

Ganz aufgeregt wurde ich, als ich plötzlich feststellte, dass ich die Westspitze Australiens schon längst passiert hatte, was mir gar nicht aufgefallen wäre, wenn ich nicht das Ende der Karte für den Indischen Ozean erreicht hätte – wobei noch hinzuzusetzen wäre, dass ich immerhin 500 Meilen südlich von Australien lief; es bestand also keine Gefahr, unversehens zu stranden. Es war sehr aufregend, nun die Karte Australiens aus der Schublade zu holen. Nur noch etwa 1200 Meilen war ich von der Bassstraße entfernt – eine zugleich entmutigende und gleichzeitig erfreuliche Tatsache, nachdem ich seit Madeira kein Land mehr gesichtet hatte.

Ein Log hatte ich nicht, und mein Geschwindigkeitsmesser funktionierte schon seit einiger Zeit nicht mehr, aber es stellte sich heraus, dass das von mir aufgemachte Besteck weit genauer war, als ich erwartet hatte. Man gewöhnt sich eben doch daran, die Geschwindigkeit richtig einzuschätzen. So betrug nach den Sonnenstandsmessungen die am Tag zuvor zurückgelegte Entfernung 158 Meilen; die von mir auf Grund der Geschwindigkeit, die ich von Zeit zu Zeit abschätzte, berechnete Strecke war nur um 3½ Meilen kürzer.

Nachdem ich am 25. November meine Funkdurchsage beendet hatte, geschah etwas Merkwürdiges. Da das Licht über meinem Kartentisch zeitweise ausfiel, pflegte ich eine Inspektionslampe anzuschließen, um während der Arbeit genügend Licht zu haben. Diese Lampe hängte ich an das Zuleitungskabel des Speedometers. Und plötzlich begann dieses wieder zu arbeiten! Es stellte sich heraus, dass das Kabel gebrochen war (wahrscheinlich war es beschädigt worden, als man die Funkanlage installierte), und irgendwie waren durch das Gewicht der Inspektionslampe die beiden Enden innerhalb der Isolierung wieder in Verbindung gebracht worden. Ich hatte zwar den Kontakt zwischen dem Kabel und dem Geschwindigkeitsmesser mindestens achtmal überprüft, war aber niemals auf den Gedanken gekommen, dass das Kabel in der Isolierung gebrochen sein könne. Jetzt hatte ich also wieder meinen Geschwindigkeitsmesser, den Draht reparierte ich allerdings erst am nächsten Tag endgültig. Ich war froh darüber, denn zwischen den Inseln der Bassstraße konnte ich ihn gut gebrauchen. Gleichzeitig bedauerte ich es ein wenig, denn von nun an war mein Seelenfrieden vermutlich ganz dahin.

Immer noch bastelte ich an meiner Ruderautomatik: Von der Pinne laschte ich eine Talje mit zwei Blöcken zur Luvseite der Plicht und führte die laufende Part dieser Talje in die Kajüte. Auf der Leeseite der Pinne hatte ich zuerst eine gewöhnliche Leine, die über die Plichtwand ebenfalls in die Kajüte führte, aber später fand ich heraus, dass dies nicht genügte, und montierte auch hier eine Talje mit zwei Blöcken. Diese beiden Taljen erwiesen sich als unbezahlbar; sie ermöglichten es mir, von der Kajüte aus die Pinne zu legen und so das Steuersegel zu unterstützen – ich brauchte mir nicht mehr jedes Mal das Ölzeug anzuziehen und an Deck zu gehen. Bald hatte ich dazu Gelegenheit: Am 25. November brachen zwei mächtige Wogen über das Boot, hoben es hoch und drehten es um nicht weniger als 140 Grad aus dem Kurs. Vielleicht hätte das Steuersegel das Boot allmählich wieder auf den richtigen Kurs gebracht, aber das wäre sicher mit heftigem Segelschlagen verbunden gewesen. (Es ist ein Wunder, dass ein Segel dieses Knattern bei einem Sturm von 45 Knoten überhaupt auszuhalten vermag!) Durch Anziehen der Luvtalje brachte ich das Boot rasch wieder auf Kurs, ohne in die Plicht steigen zu müssen.

An jenem Abend lief plötzlich von West eine mächtige Dünung heran; ich glaube, sie war 15 Meter hoch. Einige Sturmschwalben flitzten hin und her. Sie kündigen fast immer einen Sturm an, auch wenn die Meteorologen ganz anderes vorausgesagt haben. Ich konnte sehen, wie sie im Fliegen etwas aus dem Wasser aufpickten, nicht aber, was sie aufnahmen. Eine Stunde vor Mitternacht brachte eine Welle die *Gipsy Moth* zum Halsen und setzte sie back, sodass sie nach Süden lief. Da sämtliche Segel backstanden, vermochte das Steuersegel die Pinne nicht zu bewegen; ebenso wenig gelang mir dies mit der Talje und mit der Ruderleine von der Kajüte aus. Also musste ich mich entsprechend warm anziehen und hinaufklettern, aber auch in der Plicht konnte ich das Ruder von Hand nicht legen. Ich musste mich auf die Leeseite der Plicht setzen, und nun endlich, den Rücken an die Seite der Plicht gestützt und beide Füße gegen die Pinne gestemmt, war ich im Stande, das Ruder langsam überzulegen und die *Gipsy Moth* wieder auf Raumschotskurs zu bringen. Sonst war die Nacht großartig. Hell leuchtete der Mond über silbrigen Wolken, und die Wellen hatten weiße Kämme. Die *Gipsy Moth* lief mit gut 7½ Knoten. Kurz nach Mitternacht wachte ich wieder auf, weil das Schiff durch einen heftigen Windstoß backgedrückt worden war. Auch diesmal musste ich die Sache in der Plicht austragen und die Pinne führen, um die *Gipsy Moth* vor dem Wind zu halten, bis die Bö vorbei war. Sie stampfte wild, und da ich unter der Steppjacke und den Hosen nur den Schlafanzug trug, fror ich entsetzlich. Sobald es möglich war, schlüpfte ich in einen Pullover, band die Sicherheitsleine um, stieg an Deck und barg die Arbeitsfock. Ich hasse es, Fahrt zu verlieren, aber noch ärger ist es, wenn ein Boot ständig aus dem Kurs läuft. Um 5.30 Uhr morgens wurde ich wieder aus dem Schlaf gerissen – abermals stand das Schiff back. Ich schrieb ins Logbuch:

»Ich muss mich damit abfinden, dass mein Steuersegel das Boot bei Winden von Stärke 8 (35 Knoten oder mehr) nicht mehr auf Kurs zu halten vermag. Es ist nicht im Stande, die Pinne so zu legen, dass das Boot, nachdem es von einer Welle quer geschlagen wurde, wieder auf den richtigen Vormwindkurs kommt. Dieses Ruder verlangt ohnehin die Stärke eines Elefanten.«

Es war dies überhaupt kein besonders glücklicher Tag für mich. Nicht nur, dass ich so oft aus der Koje musste, um das Ruder zu übernehmen; es fiel auch noch eine Schublade mit elektrischen Ersatzteilen, Sicherungen, Röhren usw. auf den Kajütboden. Dann rutschten alle meine zusammengerollten Karten von ihrem Aufbewahrungsort unter der Kajütdecke herab. Und als ich wenig später unter meine Kajütkoje blickte, wo Wäsche gestaut war, stellte ich fest, dass alles schwamm, ausgenommen die Sachen, die ich in Plastiksäcke gepackt hatte. Mittags war ich eben dabei, die Sonne zu schießen, als ein großer Brecher die *Gipsy Moth* erfasste und sie nach Steuerbord drehte, bis die Segel abermals backstanden. Am liebsten hätte ich in der Kajüte ein Zelt aufgeschlagen, damit alles trocken blieb.

2½ Stunden später trug ich ins Logbuch ein: »Na, das ging noch einmal mit knapper Not gut.« Ich stand in der Kajüte mit dem Gesicht zum Niedergang und schaute auf die Tochterskala des Geschwindigkeitsmessers über der Hundekoje, um zu sehen, ob er richtig funktionierte. Plötzlich sauste die Nadel bis fast zum Ende der Skala, 10 Knoten, und blieb dort stehen. Ein oder zwei Sekunden lang glaubte ich, der Geschwindigkeitsmesser sei wieder kaputt. Dann aber legte sich die *Gipsy Moth* über, und als ich hinausschaute, sah ich, dass sie auf dem Kamm eines großen Brechers ritt. Dieser Brecher drehte das Boot breitseits und ließ es dann so krängen, dass die Masten waagerecht lagen und in die Richtung zeigten, in die die Welle lief. Ich stand auf dem Seitenbrett der Koje und konnte sehen, wie der Besanmast flach über dem kochenden, schäumenden Gischt lag. Ich glaube, das Boot raste mit einer Geschwindigkeit von 30 Knoten breitseits liegend auf der Seite dahin. Ich konnte nichts dagegen unternehmen. Angst hatte ich nicht; ich war lediglich interessierter Zuschauer. Würden die Masten ins Wasser tauchen? Wenn sie sich um ein paar Grad unter die Horizontale neigten, mussten sie zu Wasser gehen, und dann musste das Boot unweigerlich kentern. Sie taten es nicht; die Welle lief vorbei und ließ die *Gipsy Moth* breitseits treibend zurück. Sie richtete sich wieder auf, und bald danach brachte das Steuersegel sie um 90 Grad zurück auf ihren früheren Kurs.

Am 27. November war ich noch 710 Meilen von Kap Otway entfernt. Ich beschloss, die Führung der Steuersegelleinen so zu verändern, dass ich das Großsegel wieder setzen konnte. Ich brauchte es, weil ich jetzt keines der großen Vormwindsegel aufbauen konnte. Da ich die Dirktalje vom Großbaum weggenommen hatte, weil ich sie für eine meiner Ruderleinen brauchte, musste ich eine neue montieren. Der Himmel zeigte ein blasses Grünblau – wie ich aus europäischen Gewässern wusste, ein Vorzeichen dafür, dass ein starker Sturm aufzukommen drohte. In unregelmäßiger Linie zogen sich ein paar merkwürdig geformte Streifen von Federwolken über den Himmel. Aber diese Zeichen täuschten. Der Sturm kam nicht.

Ein Albatros, der über das Boot hinwegflog, ließ eine »Bombe« fallen, die mitten auf das Besansegel klatschte und es mit roten Klecksen verzierte. Ein Volltreffer! Ich schlug eine neue Leine an das Steuersegel an und setzte sie durch, sodass ich die alte Leine neu führen konnte, dann tat ich das Gleiche mit der leewärts angebrachten Leine. Die Länge der Ruderleinen und das Spiel oder die Bewegungsfreiheit des Steuersystems bedeutete höchst kritische Werte; sorgfältiges Adjustieren war nötig, damit es funktionierte.

Am nächsten Tag heulte wieder der Sturm durch die Takelage. Ich barg alle Segel außer der Sturmfock und dem Steuersegel und begnügte mich damit, mit nur 4 Knoten weiterzulaufen. Einige Sturmschwalben waren nur etwa zwei Meter von mir entfernt, als ich am Vorsteven arbeitete; noch nie hatte ich sie aus solcher Nähe beobachten können. Ich sah ihnen zu, wie sie mit der Brust von der Oberfläche der Wellen abprallten und manchmal das Wasser leicht streiften, zuerst mit der einen, dann mit der anderen Flügelspitze, als ob sie Krümelchen von einer heißen Platte herunterfegten.

Am 29. November waren zwei Wochen vergangen, seit die Selbststeueranlage ausgefallen war. In dieser Zeit hatte ich 1808 Meilen zurückgelegt, im Tagesdurchschnitt also 120 Meilen. Es war dies eine erfreuliche Leistung, denn abgesehen von den Schwierigkeiten mit der Steuerung hatte ich ja auch auf eines meiner besten Amwindsegel verzichten müssen. Aber um Sydney in hundert Tagen zu erreichen, war ich einfach zu langsam – ich hatte noch 1057 Meilen vor mir, von den hundert Tagen jedoch nur noch sechs Tage übrig. Niedergeschlagen war ich aber auch, weil ich eine schlechte Nacht hinter mir hatte: Ich konnte nicht schlafen, denn die Strapazen des Funksprechverkehrs und das ständige Drängen, ich solle neue Berichte durchgeben, hatten mich sehr mitgenommen. Drei Monate Einsamkeit – kein Wunder, dass mich das Gefühl überkam, das alles sei einfach zu viel für mich, so viel, dass ich es nicht durchstehen und womöglich darüber verrückt werden könne. Ich weiß, dies ist Unsinn, aber solche Gedanken bewegten mich, wenn ich mich in meiner Koje ruhelos hin und her warf und versuchte, all diese Gedanken und Bilder, die auf mich einstürmten, aus meinem Gehirn zu verbannen. Und ich sagte mir, dass ich die endlosen Anforderungen auf Luftaufnahmen, Funkberichte usw. usw. eben über mich ergehen lassen müsse.

Am 30. November, eine Stunde nach Mitternacht, zwang mich ein heftiger Krampf aus der Koje. Ich bekam solche Krämpfe stets dann, wenn ich meine Beine beim Aufwachen streckte, und dies tat ich ganz automatisch, solange ich noch im Halbschlaf lag. Glücklicherweise löste sich der Krampf wieder, wenn ich aufrecht stand; während des Krampfes aber war die Wade hart wie Holz und tat sehr weh; jedes Mal fürchtete ich, dass unter dieser Spannung ein Muskel reißen könne. Eine kleine Tasse Meerwasser verhinderte gewöhnlich einen neuen Anfall; vielleicht brauchte ich das, da ich durch meine schwere Arbeit an Deck so viel an Salz verlor.

An jenem Nachmittag nähte ich das Liek des Besanstagsegels, das aufgegangen war. Zur Abwechslung war es ein schöner, sonniger Tag und so warm, dass ich die Arbeit in der Plicht erledigen konnte. Als ich das Segel setzte, konnte das Steuersegel das Boot nicht mehr halten, sodass ich es wieder herunternehmen musste. Dann heißte ich anstelle der 300-Quadratfuß-Fock die große 600 Quadratfuß-Genua. Manchmal machte die *Gipsy Moth* mühelos 9 Knoten, aber sobald der Wind auffrischte, konnte das Steuersegel auch bei gesetztem Genuasegel das Boot nicht mehr halten, und so musste ich auch dieses wieder bergen – höchst ungern natürlich! Ärgerlich war, dass der Wind fast völlig abflaute, als das Segel herunter war; ich hätte es also ruhig stehen lassen können. Ganz offensichtlich legte es der Wind darauf an, mich zu foppen. Das Boot wäre, glaube ich, auf Kurs geblieben, wenn ich das Trysegel geborgen hätte, aber die Nacht fiel ein, und auf mich wartete eine verdammte Funkverbindung, die verabredet war. Also ließ ich das große Segel drunten und heißte das 300-Quadratfuß-Segel.

Kaum hatte ich das große Segel festgemacht und mich zum Verschnaufen in der Dämmerung auf das Vordeck gestellt, als mich etwas in der Nähe des Bootes erschreckte, das wie ein menschlicher Schrei klang. Ich fuhr herum, um zu sehen, was es war. Es kam von einem Albatros! Zwei dieser Vögel schaukelten etwa drei Meter vom Boot entfernt auf dem Wasser. Ich glaube, dass sie balzten. Sie saßen einander gegenüber, einer hatte die Flügel v-förmig gehoben. Das Licht war allerdings zu schwach, als dass ich viel hätte sehen können. Rex Clements berichtet in seinem Buch *A Gipsy of the Horn* von einem eigenartig ähnlichen Erlebnis:

»In einer dunklen, mondlosen Nacht, als wir eben aus den Vierzigern kamen, geschah etwas höchst Gespenstisches.

Es war etwa 4 Glasen in der mittleren Wache, der Hundewache, wie die 4 Stunden nach Mitternacht genannt werden. Da geschah es. Plötzlich, offenbar dicht an Backbord, drang ein Heulen aus der Dunkelheit, ein höchst Schrecken erregendes Jammergeschrei, gespenstisch in seiner Schmerzhaftigkeit und Intensität. Es war nicht übermäßig stark – ein Dutzend Männer, die gemeinsam schrien, hätten ebenso laut sein können –, aber die unbeschreibbare Klangfärbung, wie ein Schrei in höchster Todesnot, ließ uns das Blut in den Adern erstarren.

Wir stürzten an die Reling, auch der Erste Offizier und die Männer, und starrten angestrengt nach Luv in die Dunkelheit. Die Steuerbordwache, die noch einen Augenblick zuvor in ihren Kojen unten so tief geschlafen hatte, wie nur müde Männer schlafen können, stürzte an Deck. Selbst ein Schiffbruch hätte sonst Janmaat kaum aus der Koje gebracht, wenn man ihn nicht extra geweckt hätte. Aber dieser Schrei riss ihn aus den Decken, als ertönten die Trompeten des Jüngsten Gerichts. Wenn jemals Männer von Entsetzen gelähmt waren, dann waren wir es.

Selbst der Käptn war wach geworden und kam an Deck. Alle horchten angespannt und strengten die Augen an, um in der uns einhüllenden Dunkelheit etwas zu sehen.

Kurze Zeit verging, und während wir verblüfft und schweigend lauschten, erklang wieder dieser entsetzliche Schrei, steigerte sich zu einer fast unerträglichen Heftigkeit und erstarb dann in verklingendem Wimmern.

Niemand rührte sich oder öffnete auch nur den Mund.

In jener Nacht schlief kaum jemand, und wir waren dankbar, als die grüne Dämmerung über der rollenden, leeren See auftauchte. Dies war alles. Mit so dürren Worten klingt es nicht sehr schrecklich, aber es machte jene Nacht zu einer Nacht des Entsetzens. Noch lange danach klang mir das Echo dieses grässlichen Schreis in den Ohren, und selbst heute schaudere ich, wenn ich daran denke. Wer oder was diesen Schrei von sich gab, haben wir nie erfahren.« Vielleicht war es ebenfalls ein Albatros?

Am 1. Dezember um 6.40 Uhr morgens sprang der Wind nach Südosten um, und zum ersten Mal seit einem Monat kam die *Gipsy Moth* wieder hoch an den Wind. »Ich nehme an«, schrieb ich ins Logbuch, »dass sie mir noch Kopfzerbrechen bereiten wird, ehe ich Sydney erreiche.« Wie Recht sollte ich haben!

Die Bass-Straße

Die Mittagsposition vom 1. Dezember zeigte, dass ich durch die vermutlich dem Wind folgende Strömung um 36 Meilen weiter nach Nord versetzt worden war, als ich auf Grund der Geschwindigkeit berechnet hatte. An diesem Tage legte ich 140 Meilen zurück – die letzte erfreuliche Tagesstrecke für viele Tage. Denn nun begann ein schwieriger Abschnitt der Reise.

Wenn ich auf dem jetzigen Kurs blieb, musste die *Gipsy Moth* zwischen Kap Otway und dem 100 Meilen westlich davon gelegenen Kap Nelson auf die Küste treffen – auf eine Leeküste. Also barg ich die 300-Quadratfuß-Fock und setzte stattdessen die Arbeitsfock, um höher an den Wind zu gehen. Sofort begann die *Gipsy Moth* zu stampfen und zu schlagen, aber damit musste ich mich abfinden. Um 8.00 Uhr abends wurde das Stampfen unerträglich. Ich hatte den Eindruck, kurz vor dem Wahnsinn zu stehen, weil ich nur dasaß und ständig auf den nächsten Schlag wartete. In den »Vierzigern« hatte ich meist den Kurs so wechseln können, dass ich mit halbem Wind lief oder sogar vor dem Wind. Hier aber wäre es meines Erachtens ein Fehler gewesen, noch dichter unter einer Leeküste zu laufen. Zwar lag sie noch 90 Meilen voraus, aber nach den großen Entfernungen, an die ich mich inzwischen gewöhnt hatte, war das nicht viel. Ich barg die Arbeitsfock und setzte stattdessen die Sturmfock; auch reffte ich das Besansegel. Dadurch wurde zwar die Geschwindigkeit von 5½ auf 3½ Knoten verringert, aber da das Boot nicht mehr so stampfte, war es für mich erträglicher.

Gegen Mitternacht warf die aufrauende See das Boot hin und her. Ich setzte die Sturmfock back, ließ das Trysegel fallen und zurrte die Ruderpinne auf Lee fest, sodass ich mit zwei Knoten hoch am Wind entlangzockelte. Am 2. Dezember, um 6.00 Uhr morgens, nahm ich die Sturmfock wieder nach Lee und heißte das Besan.

Mittags musste ich feststellen, dass ich in den letzten 24 Stunden nur 68 Meilen zurückgelegt hatte. Ich schoss nur ein einziges Mal, um 10.24 Uhr, die Sonne; dadurch wurde meine auf Grund der Geschwindigkeit berechnete Position bestätigt. Ich war also mittags etwa 35 Meilen von Kap Nelson entfernt und lag auf einem Kurs, der auf eine Bucht an der Leeküste zuführte. Die Sicht war schlecht, und ein Sturm baute sich auf, der schlimm werden konnte, wenn die Barometeranzeige stimmte. Vor mir lag eine Flachküste, die sicherlich schwer zu erkennen war, wenn sie in Sichtweite kam. Und ich geriet auf Legerwall! Ich ging also auf den anderen Bug, hielt Kurs Südsüdost und nahm an, auf diesem Kurs bleiben zu müssen, bis der Wind so weit drehte, dass ich in die Bass-Straße einzulaufen vermochte. Die *Gipsy Moth* machte nur 3 Knoten, weil das Steuersegel back stand, aber zumindest stampfte die Jacht nicht mehr so stark, und ich konnte mich endlich etwas ausruhen. Die See war ziemlich grob; ich hatte meinen Sextanten zweimal reinigen müssen, ehe ich die Sonne um 10.24 Uhr wenigstens einmal schießen konnte; danach musste ich den Sextanten mit Frischwasser abwaschen, weil der vom Kamm einer mächtigen Woge durchnässt worden war.

Nun stand mir das bevor, was ich immer vermeiden zu können gehofft hatte: Ich musste in die Bass-Straße bei Sturm und schlechter Sicht einlaufen. Zudem hatte ich seit 12 000 Meilen meine Position nicht mehr anhand von Landmarken überprüfen können. Das machte mich reichlich nervös, denn Beobachtungen von Sonne, Mond oder Sternen mittels des Sextanten geben eine genaue Position nur dann, wenn man bei der Auswertung keine Fehler macht. Ich glaube, dass ich im Durchschnitt von 10 oder 20 Peilungen eine falsch auswerte; meist begehe ich dabei ganz läppische Fehler, indem ich etwa das falsche Datum in den Tabellen nehme oder einen sechsstelligen Logarithmus falsch abschreibe. Glücklicherweise merke ich fast immer, wenn es nicht stimmt – dafür habe ich offenbar eine ausgezeichnete Nase entwickelt. Immerhin, ich konnte durchaus unbemerkt falsche Berechnungen angestellt haben, und so war ich reichlich nervös, als ich mich dem Land näherte und mich dabei auf die Gestirnsnavigation verlassen musste, um nicht in der Dunkelheit auf Felsen oder auf eine Insel aufzulaufen. Angenommen, ich hätte bei allen astronomischen Beobachtungen einen durchlaufenden Fehler gemacht; angenommen, der Sextant stimmte nicht ganz; angenommen, die Stoppuhr ging ungenau; angenommen, in den Tabellen war ein Fehler …

Ich hatte gehofft, mithilfe der Funkfeuer in der Bass-Straße meine Position überprüfen zu können, aber als ich mein Funkgerät auf die Frequenzen abstimmte, die im neuesten *Admirality Signals Manual* angegeben waren, gelang es mir nicht, auch nur ein einziges Funkfeuer zu empfangen. Ich wusste damals noch nicht, dass alle australischen Frequenzen inzwischen geändert worden waren. Mit meinem Funkpeiler suchte ich die ganze Bandbreite ab und erwischte endlich das Funkfeuer vom Flugplatz Mount Gambier auf einer ganz anderen Frequenz als der im Handbuch angegebenen. Nun suchte ich das Frequenzband nach den Funkfeuern von Kap Otway und Kap Wickham ab. Erschwert wurde mir das dadurch, dass die Signale nur in Abständen von 30 Minuten ausgesandt wurden.

Um die Sache noch ärger zu machen, stand der Wind direkt gegenan, und ich musste mich daher mühsam luvwärts vorankämpfen. Um 17.30 Uhr ging ich über Stag und nahm wieder Kurs auf die Küste. Als es dunkel wurde, stürmte es immer noch, und die Sicht war miserabel. Das Stampfen und Rollen des Bootes konnte einen verrückt machen, und als ich in der Nacht an der Funksprechanlage saß, kam ich mir vor wie ein Mann, der auf einer Schiffschaukel zu telefonieren versuchte.

Um 9.40 Uhr am nächsten Vormittag (3. Dezember) hätte mein gegisster Schiffsort so dicht unter der Küste sein müssen, dass mein kleines Echolot, das eine Reichweite von 50 Faden (91,5 Meter) hat, ein Ergebnis hätte anzeigen müssen. Aber es zeigte nichts an, sodass ich annahm, einige Meilen nach Westen versetzt worden zu sein, wo nach der Seekarte die Tiefe mehr als 50 Faden betrug. Wenn dies stimmte, war ich noch 19 Meilen von der Leeküste entfernt.

Meine Navigation wurde dadurch erschwert, dass ich einerseits keine Sonnenpeilung vornehmen konnte, anderseits aber auch nicht im Stande war, eines der im neuesten *Admiralty Signals Manual* aufgeführten Funkfeuer zu erwischen. Als ich das Frequenzband nochmals absuchte, lokalisierte ich schließlich Kap Otway auf 314 kHz anstatt bei 289 kHz, wie im Handbuch angegeben; dabei war dieses Handbuch zur Zeit meines Auslaufens das Neueste gewesen. Es gelang mir auch, die Frequenz von Kap Wickham zu finden, und nach diesen beiden Funkfeuern konnte ich endlich meine Position ungefähr bestimmen. Bis zum Mittag des 3. Dezember war ich an einem Tag nur 53½ Meilen vorangekommen.

Nach den Berechnungen anhand der Funkfeuer von Kap Otway und Kap Wickham war ich zwölf Meilen von der Küste entfernt, 23 Meilen westlich und fünf Meilen nördlich von Kap Otway. Dies war meine Position um 12.30 Uhr. Ich ging immer wieder an Deck, um zu sehen, ob Land voraus sei. Ich wollte erst dann den Kurs ändern, wenn ich Land gesehen hatte, und zudem hoffte ich, dass der Wind raumen und mir das Segelmanöver ersparen würde. Ich navigierte weiterhin nach den Funkfeuern von Otway und Wickham, aber sehr präzis war das nicht, weil mein Kompass in der südlichen Hemisphäre nicht richtig funktionierte. Zwei Stunden und 20 Minuten später sichtete ich einen niederen Küstenstreifen recht voraus. Eine Landerhebung im Osten hielt ich für Moonlight Head. Ich vermutete, dass die *Gipsy Moth* Kurs auf Oliver Hill hielt, drei oder vier Meilen westlich Moonlight Head, wo ich eigentlich sein wollte, aber genau konnte ich die Küste nicht erkennen. Wenn es sich tatsächlich um Oliver Hill handelte, war ich nur 16 Meilen vom Schomburg-Riff entfernt, wo der berühmte (oder berüchtigte) Kapitän Bully Hayes seinen Klipper verlor. Als ich auf den anderen Bug ging, lag ich drei Meilen vor der Küste.* Ich wollte vier oder fünf Stunden auf Backbordbug bleiben, um aus der Schifffahrtsroute herauszukommen. Um 17.00 Uhr sah ich über der Küste achteraus eine typische »Southerly Buster«-Wolkenformation, eine ausgedehnte, tief hängende violettblaue Wolkenbank als Zeichen für eine an der australischen Küste gefürchtete schwere Bö. Ich überlegte, ob die Wolkenbank wohl tatsächlich so heimtückisch war, wie sie aussah, und ob die Bö mich erwischen würde. Eigentlich wollte ich mehr Segel setzen, aber diese Wolkenbildung machte mir Angst. Nach den Funkfeuern war ich um 22.00 Uhr noch 31 Meilen von Kap Otway entfernt und mitten auf einer Dampferroute; kurz hintereinander waren mir bereits drei Schiffe begegnet. Wenn ich genau gewusst hätte, auf welchem Schifffahrtsweg sie liefen, hätten sie mir das Navigieren sehr erleichtert. Leider (und dies war eines der kleinen Versehen, die mir das Leben auf der Fahrt schwer machten) hatte ich die *Ocean Passages of the World*, das amtliche Verzeichnis der Schifffahrtsrouten, zu Hause gelassen und konnte deshalb nicht sagen, wie die Route nach Fremantle verlief.

Ich musste weiter nach Süden ausweichen, um aus diesen Dampferrouten heraus zu sein, wenn ich wieder auf den neuen Bug gehen musste. Um Mitternacht trug ich ins Logbuch ein, dass hier ein fast ebenso reger Verkehr herrschte wie auf dem Ärmelkanal: Drei weitere Schiffe hatten mich passiert, und in einem Fall musste ich schleunigst abfallen, um eine Kollision zu vermeiden. Als ich an Deck ging, um zu wenden, sah ich das Schiff ungefähr eine Meile entfernt; ich glaubte, der Abstand werde ausreichen, mir Zeit für mein Manöver zu lassen. Es war der erste Dampfer, dem ich mich seit dem Südatlantik näherte; vielleicht erklärt dies, warum ich mein Wendemanöver falsch berechnete. Als ich herumkam, erkannte ich, dass ich auf Kollisionskurs mit dem Damp-

* Als ich am 3. Dezember westlich von Kap Otway wendete, wurde nach dem Bericht einer australischen Zeitung »ein australischer Fischer, der mit seinem Krabbenkutter gestern auslief, um dem englischen Segler Obst, Champagner und Bier zu bringen, von einem 40-Stundenmeilen-Sturm und von Wellen zurückgetrieben, deren Höhe er auf 30 Fuß schätzte. Nachdem er sich 50 Meilen weit durch den Sturm gekämpft hatte, waren die Flaschen zerschlagen, das Obst war ein Brei, und alle an Bord des 50-Fuß-Motorbootes waren seekrank.« Ich frage mich nur, von wo er ausgelaufen ist.

fer lag; ich begann, vom Wind abzufallen, um ihn achteraus zu passieren. Der Rudergänger auf dem Dampfer hat sich sicherlich gewundert, was zum Teufel ich wohl vorhatte, und als gewissenhafter und tüchtiger Fahrensmann verlangsamte er die Fahrt und stoppte. Schön wäre es, wenn sich alle großen Schiffe kleinen Booten gegenüber so ritterlich verhielten! Ich segelte unter seinem Heck hindurch und kam mir recht tollpatschig vor. Wahrscheinlich habe ich länger zum Wenden gebraucht, als ich erwartet hatte, und auch der Dampfer war ziemlich schnell gelaufen.

Nun konnte ich auch den Widerschein des Leuchtfeuers von Kap Otway sehen. Ich berechnete danach meine Position, aber wie weit ich entfernt war, konnte ich nicht genau feststellen. Ich schätzte 20 Meilen. Daraus schloss ich, dass der Küstenstreifen, den ich gesehen hatte, nicht Moonlight Head gewesen sein konnte. Bis Mitternacht war ich ziemlich fertig, was angesichts der Schiffe, der Schwierigkeiten mit der Positionsbestimmung, des schlechten Wetters und des starken Windes, der gelegentlich zum Sturm auffrischte, wirklich kein Wunder war. Doch ich konnte mich nicht zum Schlafen hinlegen, jetzt, wo ich mich in Landnähe befand und nicht wusste, wie weit es entfernt war. Also trug ich auf dem Prickerblatt meine Position innerhalb der möglichen Fehlergrenzen ein. Ich erkannte, dass ich ungeachtet der tatsächlichen Position innerhalb dieser Grenzen noch einige Stunden auf Backbordbug laufen konnte, ehe ich Gefahr lief, auf King Island aufzulaufen. Dabei berücksichtigte ich auch die gefährlichen Strömungen um King Island, vor denen die *Admiralty Sailing Directions* warnten.

Der 4. Dezember war ein graugrün trüber Tag; es regnete, die Sicht war schlecht, und immer noch kam mir der Wind aus Südost entgegen. Die *Gipsy Moth* machte nur langsam Fahrt, weil sie heftig stampfte. Meine ganze Segelei hatte mich immer noch nicht in die Bassstraße gebracht. Mit 52 Meilen war meine Tagesstrecke wieder einmal miserabel. Die *Gipsy Moth* kam vielleicht auf 5½ Knoten, begann dann auf drei, vier aufeinander folgenden Wellen heftig aufzuschlagen und machte schließlich überhaupt keine Fahrt mehr. Es brauchten keine großen Wellen zu sein;

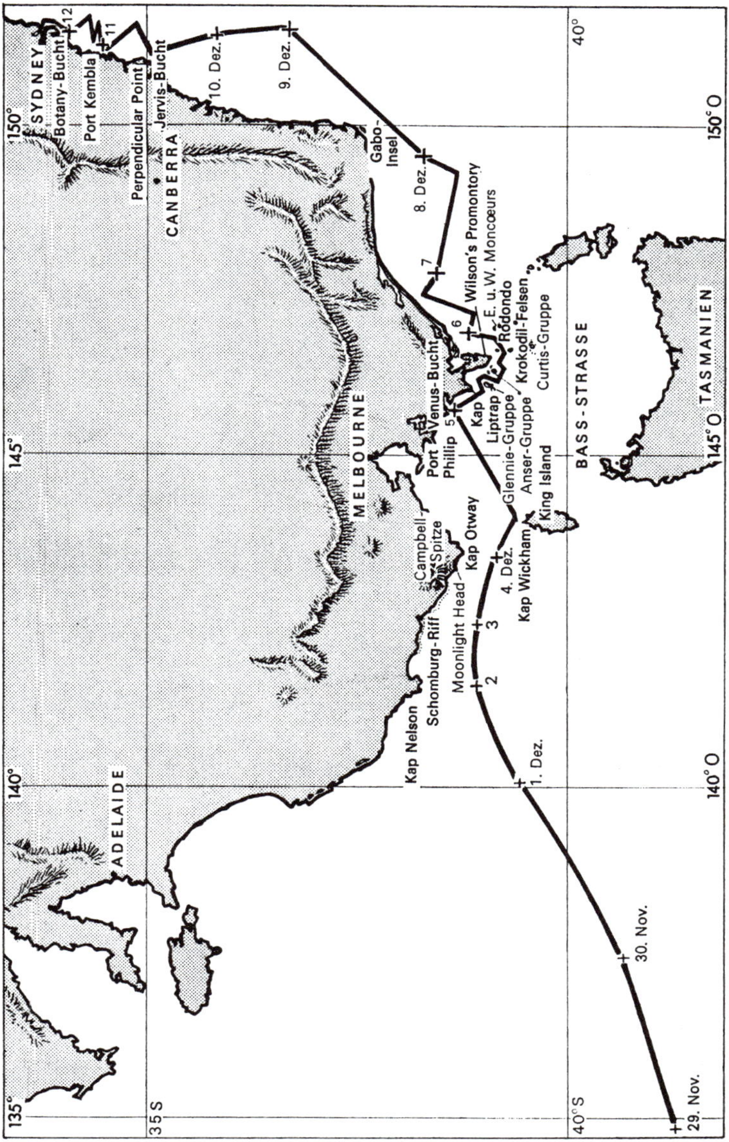
135°
140°
145°
150°
35 S
40°S
40°
140° O
145° O
150° O
SYDNEY
Botany-Bucht
12
Port Kembla
11
Perpendicular Point
Jervis-Bucht
CANBERRA
10. Dez.
9. Dez.
Gabo-Insel
8. Dez.
7
Wilson's Promontory
E. u. W. Moncoeurs
6
Rodondo
Krokodil-Felsen
Curtis-Gruppe
Venus-Bucht
5
Kap Liptrap
Glennie-Gruppe
Anser-Gruppe
BASS-STRASSE
TASMANIEN
MELBOURNE
Port Phillip
King Island
Kap Wickham
4. Dez.
Kap Otway
Campbell Spitze
Moonlight Head
3
Schomburg-Riff
2
Kap Nelson
1. Dez.
ADELAIDE
30. Nov.
29. Nov.

schon kleine genügten, diese Aufschaukelei auszulösen, die einfach die Fahrt aus dem Boot nahm. Seit drei Tagen hatte ich die Sonne nicht mehr geschossen. Nach einer allerdings nicht zuverlässigen Funkfeuerpositionsbestimmung am Nachmittag war ich in den 4½ Stunden seit Mittag um zehn Meilen nach Süden versetzt worden.

Um 16.30 Uhr schätzte ich, dass ich noch acht Meilen von Kap Wickham am Nordende von King Island entfernt war; näher wollte ich nicht heran und ging deshalb auf Ostnordostkurs. Später hörte ich, der Leuchtturmwärter von Kap Wickham habe gemeldet, dass die *Gipsy Moth* in Sicht gekommen sei. Dies überraschte mich, weil ich meines Erachtens den Leuchtturm hätte sehen müssen, ehe er mich sehen konnte. Aber vielleicht hat er mich auf einem Radarschirm ausgemacht.

Radar würde auch erklären, was anderthalb Stunden später geschah: Ein Flugzeug fand mich und flog einige Male über die *Gipsy Moth* hinweg. Angesichts des schlechten Wetters mit einer unteren Wolkengrenze von nur 200 Fuß (60 Meter) hielt ich das für eine großartige fliegerische Leistung. Jedes Mal, wenn es abdrehte, verschwand es im Dunst, um dann fast genau über mir wieder aus den Wolken zu stoßen. Der Witz lag darin, dass es meine Position genau gekannt haben musste, während ich immer noch nicht präzise wusste, wo ich mich überhaupt befand.

Eine Stunde vor Mitternacht schrieb ich ins Logbuch:

»Gottlob haben Wind und See sich etwas gelegt. Ich kann nicht verstehen, wie ein Boot bei einem solchen Stampfen heil bleibt.«

In jener Nacht verbrachte ich viel Zeit damit, meine Position nach den Funkfeuern zu bestimmen. Am deutlichsten empfing ich die Signale des Funkfeuers von King Island. Ich hatte Schwierigkeiten, die Position exakt zu berechnen, weil die Kompassnadel sich wild hin und her drehte. Das war übrigens ein zweites kleines Versehen, das mir vor Beginn der Fahrt unterlaufen war. Ich hätte daran denken sollen, mir einen Kompass zu besorgen, dessen Nadel auf die Missweisung der südlichen Halbkugel justiert war. Ferner entdeckte ich, dass die Leuchtstofflampen in der Kajüte die

Peilsignale störten, und dies war ärgerlich, weil ich deshalb alle Lichter ausschalten musste, wollte ich exakte Angaben erhalten.

Als der Morgen des 5. Dezembers dämmerte, wehte nur eine leichte Brise, die allerdings recht voraus einkam. Nunmehr waren also hundert Tage vergangen, seit ich ausgelaufen war. Ich schrieb ins Logbuch:

»In den letzten vier Tagen habe ich nur 279 Meilen hinter mich gebracht und gegen einen Ostwind von meist Sturmstärke angekämpft. Es war so, als ob man im Ärmelkanal vier Tage lang ein Drittel der Zeit gegen einen Sturm und den Rest gegen einen Wind von Stärke 4 hätte ankreuzen müssen. Zweimal musste ich beidrehen, als das Boot von den Wogen zu arg mitgenommen wurde. Es war ein wirklich miserables Wetter; meine Position konnte ich erst genau berechnen, als ich heute Mittag Kap Liptrap ausmachte.«

Allmählich wurde es wirklich Zeit, einen Hafen anzulaufen, denn ich hatte nun auch meine letzte Zwiebel gegessen. Um 10.38 Uhr am nächsten Vormittag sichtete ich voraus Land. Gegen Mittag wurde es sommerlich heiß. Innerhalb von 24 Stunden hatte ich 106 Meilen geschafft. Drei Meilen unter Land wendete ich. Auf dem Schlag seewärts befand ich mich vor der Venus Bay; ich musste weiter kreuzen, um Kap Liptrap passieren und Wilson's Promotory anliegen zu können. Rings um dieses Vorgebirge liegen Inseln, die Glennie-Gruppe, die Anser-Gruppe und die Rodondo-Gruppe. Glücklicherweise blieb das Wetter klar, und zwei Leuchttürme erleichterten das Navigieren, doch selbst so war es für einen Alleinsegler schwer, in der Dunkelheit zwischen den Inseln durchzukommen. Ich musste mich bei dem Kreuzschlag Meile für Meile weitertasten – in dieser Nacht bekam ich noch nicht einmal zwei Stunden Schlaf. Ich tröstete mich jedoch mit dem Gedanken, dass der Wind, so wie er jetzt stand, für mich günstig sein würde, sobald ich um das Vorgebirge herum war und auf Ostnordostkurs Gabo Island ansteuern konnte.

Ich sollte mich getäuscht haben. Um 6.30 Uhr am Morgen des 6. Dezembers passierte ich Rodondo Island südlich des Vorgebirges. Diese interessant geformte Insel ist nur 800 Meter breit und 340 Meter hoch, also nichts anderes als ein großer Felsen. Ich näherte mich ihr bis auf ein paar hundert Meter. Nachdem ich solange auf dem Wasser weitab von allem Land gewesen war, war es aufregend und merkwürdig zugleich, wieder Fels und Erde vor Augen zu haben. Allerdings sah dieses Fleckchen Erde recht ungastlich aus, es war nichts als ein unfruchtbarer Felsbrocken, der wie der Kopfteil eines steifen Hutes aus dem Wasser ragte.

Ich blieb auf Backbordbug, bis ich eine andere Insel erreicht hatte, die sieben Meilen östlich von Rodondo lag, und wendete dann wieder. Doch sofort schralte der Wind noch stärker, bis er abermals von rechts voraus einkam. Um Mittag stellte ich fest, dass ich in den 24 Stunden, während derer ich Wilson's Promotory gerundet hatte, nur auf 62 Meilen gekommen war.

Bis Sydney waren es immer noch 449 Meilen. Nicht nur musste ich gegen vorlichen Wind laufen – der Wind war zudem nur eine leichte Brise, sodass es aussah, als würde ich noch sehr lange brauchen, bis ich Sydney erreichte. Damals schrieb ich ins Logbuch:

»Es ist ernüchternd zu denken, dass ich mit dieser schwachen vorlichen Brise acht Tage brauchen könnte, um die 400 Meilen zurückzulegen. Aber – es könnte noch viel schlimmer sein.«

In der Nacht des 7. Dezembers war es beinahe windstill. Ich tröstete mich jedoch mit dem Gedanken, dass ich sicher einen günstigen Wind haben würde, wenn ich nur erst einmal Gabo Island gerundet hätte. Um 8.00 Uhr morgens setzte ich das große Genuasegel. Es zog gut, sodass die *Gipsy Moth* wieder rasche Fahrt machte, aber dem Steuersegel machte es viel zu schaffen. Ein Dampfer, die *Illowra* aus Newcastle, begrüßte mich mit viel Winken und durch Tuten mit dem Nebelhorn, jagte mir aber auch einen fürchterlichen Schreck ein, als er unerwartet dicht achteraus stand, während ich bei umlaufendem Wind eine Art Zickzackkurs lief. Ins Logbuch trug ich ein:

»Jede Nervenanspannung bewirkt, dass ich mich physisch schwach fühle wie ein Säugling.«

Gegen Mittag befand ich mich 35 Meilen vor der Küste des Gippsland Lakes District und lief unter einer leichten Brise dahin, als einige Fischkutter mit Reportern mich einholten. Ich hörte das

Tuckern eines Dieselmotors, und als ich aus dem Kajütluk schaute, sah ich mich einem Boot voller Journalisten und Kameraleuten gegenüber. Ich beantwortete ihre Zurufe und ein oder zwei Fragen, lehnte es aber ab, mich fotografieren zu lassen. Da ich nicht unhöflich erscheinen wollte, sagte ich, in zehn Minuten sei ich wieder da, falls sie solange warten wollten. Das passte ihnen nicht, da, wie sie sagten, auch noch andere Boote unterwegs waren, die sie dann einholen würden.

Ich entgegnete, es tue mir Leid, aber damit müssten sie sich begnügen, oder sie würden überhaupt nichts bekommen. Die Wahrheit war, dass ich mich nicht rasiert hatte und es noch schnell nachholen wollte; ferner wollte ich etwas anziehen, damit ich nicht ganz so aussah wie ein Landstreicher. Denn nachdem ich etwa 90 Tage lang keinen Menschen mehr zu Gesicht bekommen hatte, war ich plötzlich von überströmender Herzlichkeit erfüllt, wollte mich gern anpassen und war darauf bedacht, einen guten Eindruck zu machen. Und doch wäre es mir lieber gewesen, wenn mich niemand entdeckt hätte, bevor ich in Sydney einlief, denn eigentlich hatte ich Sydney Heads als erstes Land seit Europa sichten wollen.

Später kam mit einem Trawler Lou d'Alpuget von der *Sydney Sun*, den ich in Newport (Rhode Island) kennen gelernt hatte, als er 1962 über die Rennen um den America's Cup berichtete. Er ruderte mit einem Schlauchboot an die *Gipsy Moth* heran und sagte: »Ich habe ihnen ein paar Zwiebeln und eine Flasche Whisky mitgebracht.« Ich entgegnete: »Ich kann das nicht an Bord nehmen; von früher her weiß ich, wie streng die Leute vom Zoll in Sydney sind. Sie werden ein fürchterliches Geschrei erheben, wenn irgendjemand mir nahe kommt, ehe ich durch den Zoll gegangen bin.« Aus der Zeit, in der ich nach Australien geflogen war, erinnerte ich mich nämlich nur zu gut, wie kleinlich der australische Zoll seine Vorschriften handhabte. Lou aber meinte, man werde mir einen tollen Empfang bereiten und der Zoll auf alle seine Formalitäten verzichten. Es erschien mir unhöflich, sein freundliches Angebot abzulehnen, obgleich ich unterwegs überhaupt keinen Whisky trank, da er mir damals gerade nicht schmeckte. Und in der Tat waren die Zollbeamten, als ich ihnen dann begegnete, zwar sehr liebenswürdig, aber es passte ihnen ganz und gar nicht in den Kram, dass eine Fotografie verbreitet worden war, auf der man sehen konnte, wie ich den Whisky entgegennahm.

Ein anderes Boot, wohl ein Fischerboot, kam so nahe, dass mir ein Reporter von *Melbourne Age* eine Zeitung zuwerfen konnte. Der Mann am Ruder schätzte die Entfernung falsch ein und stieß nur ein oder zwei Fuß neben der Ruderautomatik gegen das Heck der *Gipsy Moth;* von der Selbststeueranlage war zu diesem Zeitpunkt allerdings nur noch die Halterung der Windfahne da, da ich ja alles andere hatte ausbauen müssen. Ich bemühte mich mit aller Kraft, das Boot abzuhalten, und ich glaube auch, dass ich dadurch größeren Schaden verhindert habe, aber dabei quetschte ich mir etwas den Ellenbogen. Ich fluchte entsetzlich und mit recht massiven Wörtern. Selten habe ich jemanden so schockiert gesehen – ich glaube, der Journalist erbleichte regelrecht. Er brachte nicht ein einziges Wort heraus. Als sein Boot sich entfernte, schaute ich nach, ob alles heil war, und da ich mich inzwischen von dem Schreck erholt hatte, winkte ich ihm zu. Dieser Pressemann wäre ein ausgezeichneter Diplomat geworden: Er berichtete nicht, was ich tatsächlich gesagt hatte (das war freilich auch keineswegs für den Druck geeignet), sondern schrieb, ich hätte gerufen: »Sie elender Sonntagsfahrer!« Offensichtlich hat dies die Leute in Australien sehr amüsiert, und auch ich hatte meine Freude daran, da ich diesen Ausdruck noch nie zuvor gehört hatte.

Am Mittag jenes Tages hatte ich in 24 Stunden nur 59 Meilen zurückgelegt. Am Abend zog ich ein letztes Mal die Riemen nach, die Generator und Hilfsmotor verbanden. Als ich den Motor anließ, klapperten sie entsetzlich, und es roch brenzlig. Die beiden Riemen taugten nicht viel, einer war völlig hin. Aber zu diesem Zeitpunkt war ich schon daran gewöhnt, mit dem Kopf nach unten und den Füßen nach oben die Riemen richten zu müssen. Beim ersten Mal war ich dabei fast verzweifelt, denn die Hälfte der Schrauben konnte man nicht sehen, sodass man völlig nach Gefühl arbeiten musste. Aber man gewöhnt sich ja an fast alles.

Nachladen konnte ich die Batterie jetzt nicht mehr. Dementsprechend teilte ich der Funkstation in Sydney mit, dass ich von nun an nur noch dringende Nachrichten senden oder empfangen könne. Ich ließ mir die Frequenz des Funkfeuers von Gabo Island sowie die des Flughafens von Sydney durchgeben. Die australischen Funker waren ungemein freundlich und tüchtig.

Bis zu diesem Zeitpunkt hatte ich seit sechs Tagen ständig gegenan gekreuzt. Als der Wind endlich raumte, flaute er ab, und dann wurde ich gleichzeitig durch die mächtige nach Südwesten verlaufende Strömung versetzt, die der Küste von Neusüdwales folgt. Am Nachmittag des 8. Dezembers stellte ich eben Überlegungen an, ob ich das große Genuasegel bergen solle, als es einen lauten, schwirrenden Knall gab, der das ganze Boot erschütterte. Ich stürzte nach oben, um zu sehen, was gebrochen war; auf den ersten Blick schien alles in Ordnung zu sein, dann aber erkannte ich, dass ein Fockstag schlaff herunterhing. Ich hatte es nicht sofort bemerkt, weil das große Genuasegel immer noch durch sein Drahtvorliek und das Fall oben gehalten wurde. Zwei der vier Vorstagen waren heruntergefallen, lagen auf Deck, wobei das eine halb im Wasser hing. Die beiden anderen standen noch. Ich ließ das Genuasegel fallen und holte es ohne Mühe aus dem Wasser ein, ebenfalls die beiden Stagdrähte. Der Beschlag am Masttopp, der diese beiden Stagen hielt, war an der Schweißstelle gebrochen. Die Frage war nur, ob dadurch auch die beiden anderen Stagen gefährdet waren. Wenn sie ebenfalls brachen, konnte ich die Vorsegel erst wieder setzen, wenn ich einen Behelfsvorstag improvisiert hatte, und selbst dann nur mit verminderter Fahrt. Ich holte mein Nachtglas, um zum Masttopp hinaufzuschauen, aber infolge des Regens konnte ich nichts sehen. Diese Stagen machten mir rechte Sorgen, bis ich in Sydney einlief; aber zum Glück hielten die beiden anderen Stagen durch.

Am Abend darauf – es war der 9. Dezember – geschah etwas Eigenartiges. Ich stand am Vorsteven und nahm die Positionslaterne an Steuerbord auseinander, als ich plötzlich das Gefühl hatte, dem Wasser ganz nahe zu sein – ich spürte, dass es beinahe in

Reichweite war, während der Steven doch normalerweise fünf Fuß (1,50 Meter) über dem Wasser sein sollte. Ich schaute nach achtern, und tatsächlich schien das Boot tiefer im Wasser zu liegen. Offensichtlich sank es. Ich eilte nach achtern und ging nach unten, um in der Kajüte das Luk über die Bilge hochzunehmen. Ich erwartete, die Bilge voller Wasser vorzufinden, das aus irgendeinem mir unbekannten Leck mit riesiger Geschwindigkeit hereinströmte; zu meiner Überraschung stellte ich jedoch fest, dass die Bilge praktisch trocken war. Es war überhaupt nichts los. Vermutlich handelte es sich um eine Sinnestäuschung. Aber in jenem Augenblick hatte ich wirklich das Gefühl, das Boot söffe mir auf hoher See unter den Füßen ab. Und ich kann nur hoffen, dass mir das niemals wirklich passiert.

Am Morgen des 10. Dezembers lag die *Gipsy Moth* in einer Flaute fest, aber am Nachmittag fiel eine Brise aus Nordost ein. Wieder also musste ich direkt gegenan, aber es war wenigstens ein schöner, strahlender Tag. Ich nahm Verbindung mit Radio Sydney auf und bat, Sheila auszurichten, dass ich seit Mitternacht in einer Flaute festsäße und eben erst begonnen hätte, wieder Fahrt aufzunehmen; noch 102 Meilen hätte ich vor mir.

Am Nachmittag fand mich ein Flugzeug. Wahrscheinlich hatte sich der Flugzeugführer nach der soeben von mir durchgegebenen Meldung gerichtet, denn ich war mindestens 50 Meilen von der Küste entfernt und hatte keine Position angegeben. Er muss von Sydney aus einen Bogen mit einem Radius von 102 Meilen abgeflogen sein. Die *Gipsy Moth* kam zu dieser Zeit unter Großsegel, Besan, Fock und Stagfock gut voran. Nachdem ich Gabo Island passiert hatte, ging ich wieder auf einen langen Schlag von 80 Meilen nach See, um vor den Booten und Flugzeugen Ruhe zu haben. Aber je weiter ich vom Land weg kam, desto stärker wurde leider die nach Süden führende Strömung. Als ich am 10. Dezember wieder landwärts kreuzte, blitzte in der Abenddämmerung ein helles Licht auf: Das Leuchtfeuer von Perpendicular Point an der Nordspitze der Jervisbucht; eigentlich hätte ich schon viel weiter nördlich sein müssen. Beim Anblick dieses Leuchtfeuers wurde ich jedoch regelrecht gerührt, denn in dieser Bucht war ich 1931 mit meinem *Gipsy-Moth*-Seeflugzeug zu Wasser gegangen, nach dem ersten Alleinflug über die Tasmansee von Neuseeland nach Australien. Hier hatte ich durch eine Ungeschicklichkeit meinerseits eine Fingerspitze eingebüßt, als ich die *Gipsy Moth* an einem Kranhaken festmachte, damit sie auf das Deck des Flugzeugträgers *Albatros* gehievt werden konnte.

Trotz der warnenden Angabe auf der Seekarte, dass die nach Süden laufende Strömung vor diesem Teil der australischen Küste Geschwindigkeiten bis zu vier Knoten erreicht, konnte ich dies kaum glauben, als ich die gleichmäßige, glatte Wasserfläche sah. Doch ich hatte hier nicht nur die Strömung gegen mich, sondern auch einen Wind aus Nordnordost, geradewegs aus Richtung Sydney. Die in dem unregelmäßigen Wellengang wie üblich sich aufschaukelnde *Gipsy Moth* machte schließlich nicht mehr als 4½ Knoten, sodass ich eigentlich nicht hätte überrascht sein dürfen, als ich am Sonntag, dem 11. Dezember, nachdem ich erst seewärts und dann wieder zurück in entgegengesetzter Richtung gesegelt war, mich wesentlich weiter südlich befand als vorher. Mich befiel Verzweiflung, wahrscheinlich weil ich nahezu völlig erschöpft war; ich hatte das Gefühl, noch wochenlang hier draußen bleiben und gegen Wind und Strömung ansegeln zu müssen.

In der frischen Brise lief ich nur unter Sturmsegel, damit das Boot nicht so in die Seen schlug, aber gegen Mitternacht beschloss ich, mehr Segel zu setzen, damit einige Aussicht bestand, am nächsten Tag Sydney zu erreichen. In meinem erschöpften Zustand brauchte ich zwei Stunden, um die Arbeitsfock und das Großsegel zu setzen, damit das Reff aus dem Besansegel zu schütten und das Boot zu trimmen. Nach jeweils ein paar Minuten musste ich innehalten, um mich auszuruhen und wieder zu Atem zu kommen. Nachdem ich fertig war, machte die *Gipsy Moth* nicht einmal mehr vier Knoten am Wind, da sie durch das Schlagen fast in jeder Minute einmal beinahe alle Fahrt verlor. Zudem lief sie ständig aus dem Kurs; entweder luvte sie ständig an, oder sie fiel ab, bis sie fast vor dem Wind lief. Um 5.40 Uhr schrieb ich ins Logbuch:

»War 70 Minuten in der Plicht und versuchte, das Ruder auszubalancieren. Ich fürchte, dass die *Gipsy Moth* so unausgeglichen oder unstabil ist, wie ein Boot nur sein kann.*

* Die Seglereigenschaften der *Gipsy Moth* habe ich auf sehr harte Art kennen lernen müssen. Umso interessierter war ich, als ich erfuhr, dass die Firma Hobbys Ltd. eine *Gipsy Moth IV* als Modelljacht auf den Markt gebracht hat. Es ist ein Modell, wie man es für regelrechte Modellregatten verwendet.
Als die Firma Hobbys Ltd. den maßstabgerechten Prototyp des Bootskörpers anfertigte, schien er bei den ersten Schwimmversuchen »statisch durchaus stabil« zu sein. Sobald aber die Takelage angebracht war und die Segelversuche begannen, stellte sich heraus, dass der Kiel zu leicht war und das Boot so stark krängte, dass die Segel ins Wasser tauchten. Sehr ähnlich war es mir ja auch bei den ersten Segelversuchen mit der wirklichen *Gipsy Moth IV* ergangen. Daraufhin baute man den Kiel um, machte ihn länger, dicker und schwerer; außerdem wurde er nach hinten zum Rudersteven verlängert, wie Warwick Hood es dann in Sydney getan hat. Als man das Modell mit Fernlenkung ausprobierte, stellte man fest, dass das ursprüngliche Modell auf Ruderkommandos zunächst überhaupt nicht reagierte, um dann ganz plötzlich herumzu»schießen«. Danach wurden mit dem Modell weitere Segelversuche angestellt. Das Modell benahm sich besser, nachdem man herausfand, dass die Ruderfläche verkleinert werden konnte, aber im Profil an den umgebauten Kiel angeglichen werden musste.
Danach stellte sich heraus, dass das Besansegel die Tendenz hatte, »überzukommen und das Modell vom Kurs abzubringen.« Das aber bedeutet, dass der Druck des Besansegels nicht durch die Vorsegel ausgeglichen wurde und infolgedessen das Modell zum Anluven brachte. Dieser gleiche Fehler ist bei der wirklichen *Gipsy Moth IV* zum Teil in Sydney abgestellt worden, indem man den Stevenbeschlag weiter nach vorn setzte. Dadurch war das Boot bei den meisten Segelmanövern schließlich im rechten Trimm. Beim Modell verkleinerten die Modellbauer das Besan und erzielten damit den gleichen Effekt. Wenn das Modell mit einem maßstabgerechten Großsegel geriggt war, schlug das Segel so, dass es nicht zur vollen Wirkung kam; man musste also beim Modell auch die Größe des Großsegels verringern, damit es richtig zog. Nach all diesen Änderungen stellte sich heraus, dass Geschwindigkeit und Leistungsfähigkeit des Modells weit über die Erwartungen der Modellbauer hinausgingen – sie sind überzeugt, dass Linienführung und Takelung des Bootes das Beste sind, was derzeit auf dem Markt ist, und sogar als man die Leistung mit der von eigens für Fernlenkung entworfenen Modellrennjachten verglich, war es diesen sowohl hinsichtlich der Geschwindigkeit als auch der Handigkeit überlegen.
Hierzu mein Kommentar: Wie schade, dass die Erbauer der *Gipsy Moth IV* nicht genügend Zeit hatten, ebenfalls ein Modell anzufertigen, um es auf einem Segelteich auszuprobieren, ehe das Boot gebaut wurde! Welch eine Menge Sorgen, Ärger und Anstrengung hätte es mir erspart, wenn ich schon vor meiner Reise die Fehler der *Gipsy Moth* hätte entdecken und abstellen können.

Um 8.30 Uhr versuchte ich den Motor anzulassen, aber die Batterien waren leer. Und als ich das Funkgerät anschaltete, musste ich feststellen, dass das bisschen Restspannung auch nicht ausreichte, das Gerät betriebsfertig zu machen. In der vergangenen Nacht hatte ich wegen des starken Schiffsverkehrs Positionslichter setzen müssen, und diese hatten mir die Batterie geleert.

Ich segelte jedoch weiter, so rasch es ging. Zumindest war das Wetter schön. Um 10.00 Uhr morgens ging ich vor Kap Baily, der Landspitze südlich der Botanybucht, auf den anderen Bug. Bis Sydney Heads waren es nur noch 13½ Meilen. Ein elegantes blaues Boot der Wasserpolizei fuhr aus der Bucht aus; man rief mich an und begrüßte mich. Ich hißte die Flagge der britischen Kriegsmarine und des Royal Yacht Squadron. Mühsam kreuzte ich die Küste entlang. Als sich das Land erwärmte, entstand eine Luftströmung auf das Ufer zu, die zu einem Raumen des Windes führte; ich konnte fast genau Kurs Sydney nehmen, und nur alle fünf Meilen musste ich für eine oder zwei Meilen vom Ufer weghalten. Als ich Sydney Heads rundete, hatte ich endlich achterlichen Wind, der zu einer kräftigen Brise auffrischte. Die *Gipsy Moth* kam in Fahrt und erreichte vorübergehend 8 Knoten. Ich konnte dabei die Pinne nicht selber halten, sondern musste mittels der Taljen steuern, die auf beiden Seiten der Pinne zur Plichtwand geführt waren. Ich hätte den Druck auf Ruder und Pinne wohl dadurch vermindern können, dass ich das Großsegel wegfierte, aber so wie ich jetzt segelte, mit raumen Wind durch unzählige Boote aller Größen und Arten hindurch, wagte ich es nicht, den Baum ganz wegzufieren, weil ich eine »Patenthalse« befürchtete, die die ganze Takelage in eine fürchterliche Unordnung bringen und damit zu Zusammenstößen, Rammings oder ähnlichem Durcheinander führen konnte. Durch das Megafon bat ich die Barkasse des Royal Sydney Yacht Squadron, mich wissen zu lassen, wann ich aufschießen konnte, und der Polizeibarkasse rief ich zu, man möge auf meiner Backbordseite und achteraus so viel Platz freihalten, dass ich in den Wind drehen konnte, ohne von den dicken Booten des Fernsehens gerammt zu werden. Meine Bitten wurden erfüllt.

Ich drehte in den Wind und fiel dann Steuerbord ab, sodass alle Segel backstanden. Die *Gipsy Moth* verlor fast sofort alle Fahrt, die Barkasse kam längsseits, und dann waren auch schon Sheila und Giles an Bord. Es war eine herzliche Begrüßung, und während wir an Deck eine Flasche Champagner knallen ließen, übernahm ein Polizeioffizier das Ruder. Da ich ohne Strom den Motor nicht anwerfen konnte, wurde die *Gipsy Moth* von der Barkasse des Royal Sydney Yacht Squadron in Schlepp genommen. Um 16.30 Uhr am 12. Dezember passierte ich Sydney Heads; ich hatte also 107 Tage und 5½ Stunden nach dem Kalender gebraucht oder 106 Tage und 20½ Stunden tatsächlicher Fahrtzeit (wenn man die geographische Längenverschiebung berücksichtigt). Zurückgelegt hatte ich dabei 14 100 Meilen – die Gesamtsumme der Einzelstrecken, die ich täglich von Mittag zu Mittag berechnet hatte.

In Australien

Die Klipperroute, der ich gefolgt war, endete nicht in Melbourne, dem Bestimmungshafen der meisten Klipper, sondern ging weiter bis Sydney. Dies bedarf vielleicht einer kurzen Erklärung, denn Melbourne ist ein weit bequemerer Landfall und liegt 500 Meilen näher an Plymouth, während die direkte Route nach Sydney durch die navigatorisch schwierige Bassstraße und danach längs der Küste von Neusüdwales dicht unter Land führt, um der starken Südströmung auszuweichen, von der ich im vorhergehenden Kapitel erzählt habe. Für ein Segelschiff ist das stets problematisch wegen der umlaufenden Winde und der landeinwärts gerichteten Strömungen, die das Schiff in eine Bucht treiben und bei Flaute sogar auf Land setzen können.

Natürlich liefen viele Segelschiffe nur deswegen Sydney an, weil Passagiere und Ladung dorthin gebracht werden mussten. Was meinen Wettlauf gegen die Fahrzeiten der Klipper betrifft, so hätte ich ebenso gut den ersten Teil meiner Reise in Melbourne beenden können, und in verschiedener Hinsicht wäre dies sogar logisch gewesen. Am Mittag des 4. Dezembers, am 99. Tag meiner Fahrt, hatte ich bis Melbourne nur noch 118 Meilen. Wenn ich auf Raumschotskurs gegangen wäre, hätte ich Melbourne durchaus am hundertsten Tag nach meinem Auslaufen aus Plymouth erreichen können. Aber ich wollte aus persönlichen Motiven unbedingt bis Sydney. Viermal bin ich in Sydney gewesen, und jedes Mal war mein Besuch mit irgendeinem aufregend romantischen Abenteuer verbunden.

Bei meinem ersten Besuch kam ich von Neuseeland her in den herrlichen Hafen, als enttäuschter Liebhaber, der in Wellington auf Neuseeland einer eiskalten, herzlosen und hochmütigen Frau

In Sydney bekam ich erstmals seit Plymouth wieder festen Boden unter die Füße (*The Sunday Times*)

aufs Schiff gefolgt war, mit dem sie nach Sydney reiste. Wie üblich war ich überzeugt, die Enttäuschung nicht überleben zu können, aber mein blutendes Herz überstand die Liebesqual doch. Den nächsten Besuch stattete ich mit meinem *Gipsy Moth*-Flugzeug ab; Sydney war die Endstation des zweiten Alleinflugs von England nach Australien. Dies war im Januar 1930 gewesen. Ich wurde damals von mehreren Flugzeugen in der Luft empfangen und war so aufgeregt beim Anblick der Menschenmenge auf dem Mascot-Flughafen, dass ich wie ein Kaninchen landete, das über eine unebene Wiese hoppelt. Es war alles ungeheuer aufregend – vor allem der einzigartig begeisterte Empfang in der Stadt.

Das dritte Mal kam ich von Osten her nach Sydney; ich hatte den ersten Alleinflug über die Tasmansee von Neuseeland nach Australien unternommen, in meinem *Gipsy Moth*-Wasserflugzeug, und es war ebenfalls aufregend, mit der kleinen Maschine im großen Hafen von Sydney zu wassern und zu starten. Zum vierten Mal weilte ich in der Stadt, als ich mit meinem Puss-Moth-Eindecker von Sydney nach Peking und von dort nach London flog – im Jahre 1936. Und so stellte ich mir gerne vor, dass Segelschiffe aus England Sydney Heads passieren und dann nach einer 14 000-Meilen-Fahrt von Plymouth in den friedlichen Gewässern des Hafens von Sydney vor Anker gehen.

Ich war stolz auf den ungemein herzlichen Empfang, der mich in Sydney erwartete – dieses Sydney war in der Tat die einzig richtige Stadt Australiens für eine Zwischenlandung.

Zehn Minuten nachdem ich an Land gegangen war, saß ich schon in einer Pressekonferenz: Man sagte mir, dass 94 Vertreter der verschiedensten Zeitungen und Zeitschriften samt Funk und Fernsehen in dieser offenbar größten Pressekonferenz, die je in Sydney abgehalten wurde, anwesend seien. Das war in der Tat eine Abwechslung, nachdem ich mehr als drei Monate lang mutterseelenallein gewesen war, Tag und Nacht geschuftet hatte, ohne mich je länger als ein paar Stunden hintereinander ausruhen zu können. Später zeigte man mir einen Film von der Pressekonferenz. Es war für mich interessant zu sehen, wie langsam zunächst ein

Gedanke, der mir in Form einer Frage vorgelegt wurde, in mein Gehirn drang und wie langsam ich dann reagierte. Allmählich jedoch wurden, wie der Film zeigte, meine Reaktionen schneller. Sehr viele Fragen waren problematisch, ja metaphysisch; ich hielt es für recht töricht, solche Fragen einem Menschen zu stellen, der über hundert Tage allein gewesen war. Wenn man sich so lange mit den Grundtatsachen des Lebens beschäftigt hat, etwa mit dem Überleben, hat man ganz andere Vorstellungen davon, was ernst genommen werden sollte und was nicht. Die Antwort auf die Frage: »Wann war Ihre Stimmung auf dem tiefsten Punkt?«, konnte nur so lauten: »Als der Gin ausgegangen war.«

Der Royal Sydney Yacht Squadron hatte mir angeboten, an seinem Anlegeplatz festzumachen, und ich nahm das Angebot dankbar an. Die treibende Kraft dieses ausgezeichneten Jachtklubs war Max Hinchliffe, ehemaliger Kapitän der australischen Marine. Er war von einer knabenhaft begeisterungsfähigen Dynamik. Sheila hatte ihn schon vor meiner Ankunft kennen gelernt. Zunächst war er ihr reichlich reserviert vorgekommen, bis sie bemerkte, dass er auf einem Ohr taub war; wegen dieser Taubheit hatte er den aktiven Dienst quittieren müssen. Ich glaube nicht, dass man irgendwo Menschen findet, die großzügiger und freundlicher sind als die Bewohner von Sydney und von diesen wieder ganz besonders die Mitglieder des Jachtklubs. Der Jachtklub hat seine eigene Werft mit Schiffbauern, Zimmerleuten und Ingenieuren; alle Einrichtungen wurden mir zur Verfügung gestellt, damit die *Gipsy Moth* für die Reise um Kap Hoorn klargemacht werden konnte. Unermüdlich war Max Hinchliffe darauf bedacht, mir zu helfen. Sofort verpflichtete er Warwick Hood, den Schiffbauingenieur, der die Risse für die *Dame Pattie* geliefert hat, den Herausforderer beim *America's Cup* von 1967. Alan Payne, den Sheila und ich in Newport (Rhode Island) nach meiner Alleinfahrt über den Nordatlantik 1962 kennen gelernt hatten, war für mich ein lieber alter Bekannter; von ihm stammten die Risse für den australischen Zwölfer *Gretel*, der beim *America's Cup* von 1962 gegen die Amerikaner angetreten war. Alan hatte früher eine eigene Firma geleitet, entwarf jetzt aber Schiffe für De Havilland. Auch er bot mir Rat und Hilfe an, sodass ich mich von vornherein der Unterstützung durch die beiden Schiffbauingenieure erfreute, die ich auf der ganzen Welt am meisten bewunderte. Anfangs versuchten Warwick und Alan mir auszureden, die Fahrt mit der *Gipsy Moth IV* fortzusetzen, denn sie meinten, das Boot sei der Aufgabe nicht gewachsen. Ich berichtete Warwick Hood, wie besonders stark man es gebaut hatte – so stark, dass es selbst ein Kentern und Überrollen überstehen müsste. »Ja«, entgegnete er, »aber mit einem derart geformten Bootskörper kann es sein, dass sich die *Gipsy Moth* nicht mehr aufrichtet.« Ich schwieg. Alan Payne war ziemlich der gleichen Meinung wie Warwick und versuchte mich ebenfalls davon abzubringen, die Fahrt in diesem Boot fortzusetzen. Beide wussten sehr wohl, wovon sie sprachen; in der unruhigen Tasmansee sind Kenterungen nicht selten. Ich will nicht im Einzelnen wiedergeben, welche Ansichten sie vertraten und wie unsere Gespräche verliefen.

Als die beiden merkten, dass ich auf der Weiterreise bestand, tauten sie sichtbar auf und machten sich daran, die *Gipsy Moth* so seetüchtig zu machen wie nur irgend möglich. Ich erzählte Warwick, dass die *Gipsy Moth* leicht quer schlage. Er schrieb dies der Form des Kiels zu und schlug eine Stahlverlängerung vor, um die Lücke zwischen dem tiefsten Teil des Kiels und der Ruderhacke zu schließen. Gern hätte er den Kiel auch nach vorn verlängert, was meines Erachtens richtig gewesen wäre, aber leider ließ sich das nicht machen. Statt der vier Vorstagen, die vom Vorsteven zum Masttopp geführt hatten, wollte ich nur zwei haben, womit er sich einverstanden erklärte. Ferner wünschte ich, sie so weit nach vorn zu verlegen, wie nur möglich. Das gefiel ihm nicht recht, aber ich blieb bei meiner Meinung, dass der Schwerpunkt der Vorsegelfläche weiter nach vorn verlegt werden müsste. Dadurch ließ sich das Boot leichter durch den Wind bringen und auch leichter trimmen. Warwick bestand darauf, dass alle meine Vorräte und die ganze Ausrüstung anders gestaut werden müssten. Generell war er darauf bedacht, das Boot mittschiffs zu belasten, also Vor- und Achterschiff leicht zu halten. Gern hätte er auch ein breites anstatt

Die *Gipsy Moth IV* auf dem Slip in Sydney. Man beachte den verlängerten Kiel (*The Sunday Times*)

des schmalen, spitzen Hecks gehabt, aber da ließ sich nichts mehr ändern. Warwick begnügte sich nicht mit theoretischen Erwägungen, sondern verbrachte Stunden oben auf dem Mast, prüfte die Takelung und machte sich an jede noch so mühselige Arbeit, so etwa die Reparatur des Windmessers und des Windrichtungsmessers, die nicht mehr funktionierten. Grundlegend änderte er Zug und Druck der Großmastwanten, um im Falle eines Kenterns den Mittelteil des Mastes zu entlasten; frühere Erfahrungen hatten nämlich gezeigt, dass dieser Druck im Stande ist, den Mast in mehrere Stücke zu zerreißen, die dann gleichsam herausgeschossen werden. (Hier sei gleich gesagt, dass ich, von zwei Stagen abgesehen, an Warwicks Takelung später nichts mehr verändert habe.) Alan war mit alledem völlig einverstanden; er fügte noch ein paar grundsätzliche »Sicherungen« hinzu: So verschalkte er die zwar schwere, aber schlecht konstruierte Vordecksluke. Ich erinnere mich, dass die erbärmlich schwachen Scharniere sich schon am ersten Tag meiner Segelversuche mit dem Boot aus dem Holz gerissen hatten. Der Nachteil dieser Verstärkung war allerdings, dass sich nun das Luk nicht mehr öffnen ließ und die Segel vom Vorschiff aus nicht in die Segellast gebracht werden konnten. Wie ich später berichten werde, versäumte ich es leider, diese Verschalkung nach meinem Auslaufen aus Sydney rechtzeitig zu montieren.

Inzwischen waren die Handwerker auf der Werft des Royal Sydney Yacht Squadron eifrig an der Arbeit. Noch nie hatte ich ein so rasches und tüchtiges Arbeiten an einem Boot gesehen. Die langen Weihnachtsferien verzögerten zwar die Fertigstellung, doch Bob Williamson, der Schiffbauingenieur, opferte seinen Urlaub, damit das Überholen der *Gipsy Moth* vorankam. Jim Perry, der Leiter der Werft, ein ausgezeichneter Schiffbauer und Tischler, nahm sich der vielen Lecks an. Er setzte rings um den Deckshausaufbau dort, wo er auf Deck aufsaß, eine Dichtungsleiste ein. So konnte er – mit einer Ausnahme – alle Lecks an dieser Stelle dichten. Den Lecks am Rand des Decks ging er dadurch zu Leibe, dass er sie mit elastischem Gummi kalfaterte. Die Zahl der Lecks wurde so zwar bedeutend verringert, aber da sie letztlich durch grundlegende Fehler bei der Planung oder beim Bau bedingt waren, konnten sie unmöglich allesamt abgedichtet werden. Dann nahm sich Jim der Einsteigluke an, durch die so häufig Wasser eingedrungen war, wenn ich bei starkem Seegang in der Kombüse arbeitete. Er tat, was möglich war; dennoch bekam ich auch in Zukunft jedes Mal einen Guss Seewasser ins Genick, wenn ein Brecher gegen die Luke krachte.

Die Lewmar-Winschen hatten mir viel Ärger gemacht und mich wiederholt in Schwierigkeiten gebracht. Gewöhnlich brauche ich bei einer Wende der *Gipsy Moth* für die Fock keine Winsch; ich hole die Schot ein, sobald das Boot im Wind liegt, und wenn die Wende beendet ist, ist die Schot schon für den neuen Kurs durchgeholt und belegt. Ich verlasse mich dabei allerdings darauf, dass sich die Winsch mit ein paar darumgelegten Törns frei bewegt. Mehrmals hatte sich jedoch die Winsch in solchen Fällen nicht gerührt; sie war verklemmt. Bis ich die Schot von der Winsch freigemacht hatte, war es zu spät, sie noch zu belegen, und mein ganzes Manöver war umsonst gewesen. Ich musste entweder abfallen und warten, bis ich die Winschen wieder in Gang gebracht hatte, oder das Boot noch einmal über Stag gehen lassen und dann daran gehen, die Winschen zu lösen. Wie ich dabei fluchte, vor allem in der Nacht, lässt sich nicht drucken. Zu Unrecht nahm ich an, dass das Klemmen der Winschen durch Salzwasser verursacht sei. Nach meinem Einlaufen in Sydney sahen wir uns die Sache genau an und stellten dabei fest, dass keineswegs das Salzwasser schuld war, sondern die Tatsache, dass man für die Winschen drei verschiedene Metalle benützt hatte, sodass das Klemmen auf elektrolytische Prozesse zurückging. Es ist geradezu unglaublich, dass eine Firma überhaupt solche Winschen für Hochseejachten anbietet.

Eine australische Firma, die Barlow-Winschen herstellt, rüstete mich großzügigerweise damit in Sydney neu aus. Während der gesamten weiteren Reise brauchte ich sie nicht ein einziges Mal zu säubern oder auch nur zu ölen, und am Ende der Fahrt sahen sie noch immer funkelnagelneu aus. Am meisten ärgerte ich mich darüber, weil ich den Erbauer der *Gipsy Moth IV* ausdrücklich gebeten hatte, die besten Winschen einzubauen; ich war mit ihm sogar auf der Bootsschau gewesen und hatte das Modell ausgesucht. Warum er doch ein anderes Fabrikat genommen hat, das mir dann so unendlich viel Ärger bereitete, weiß ich nicht.

Mit der Selbststeueranlage beschäftigte sich Jim Mason. Er war Besitzer und Mannschaftskapitän der *Cadence*, jener Jacht, die kurz zuvor die Regatta von Sydney nach Hobart gewonnen hatte, eine der drei wichtigsten Regatten für Hochseejachten. (Die beiden anderen sind die Bermuda- und die Fastnet-Regatta. Am schwierigsten ist wohl die Fastnet-Regatta, am härtesten das Rennen Sydney–Hobart; die Regatta von Newport nach den Bermudas ist auf 150 Teilnehmer beschränkt.) Für das Ruderblatt ließ Jim Mason zwei starke Platten aus rostfreiem Stahl als Ersatz für die gebrochenen anfertigen. Leider wurde dadurch die Selbststeueranlage noch schwerer. Die Windfahne reparierte Jim Perry eigenhändig; auch sie wurde dadurch schwerer. Das größere Gewicht war insofern ein Nachteil, als nunmehr ein stärkerer Wind nötig war, um die Windfahne in Bewegung zu setzen; zum Ausgleich brachten wir ein schwereres Gegengewicht aus Blei an. Dadurch wurde jedoch die ganze Halterung so sehr belastet, dass ich später das Gewicht wieder abmontierte und es durch das ältere, aber leichtere ersetzte.

Die Segel wurden zum Überholen gegeben; an mehreren Stellen setzte man Schamfilpolster gegen das Durchscheuern auf. Bei einem Segelversuch machte mir die viel schwerer gewordene Selbststeueranlage Sorgen, und so bat ich um die Anfertigung eines besonderen Steuersegels mit eigenem Baum. Dieses Segel wurde innerhalb von 24 Stunden von den Segelmachern genäht und geliefert.

Während dieser ganzen Zeit führten Sheila, Giles und ich ein recht anstrengendes Leben. Zunächst einmal mussten wir den begeisterten Empfang in Sydney durchstehen. Unaufhörlich lockte man uns in alle nur denkbaren Veranstaltungen. Ich wollte Kap Hoorn vor Ende Februar runden; das aber hieß, dass ich aus Sydney spätestens Mitte Januar auslaufen musste. Meine Freunde in Sydney hingegen glaubten offenbar, dass mit dem Einlaufen nach Sydney auch meine Reise zu Ende sei – es war für sie gar nicht so einfach, Verständnis für meine Unruhe aufzubringen und für meinen Versuch, bald weiterzukommen, obgleich sie meine Gründe für ein rasches Auslaufen durchaus gelten ließen. Ohne Sheila und Giles wäre ich noch monatelang nicht weggekommen. Sheila hat ein außerordentliches Geschick für alle Public-Relations-Arbeit; nach meiner Ankunft widmete sie sich tatkräftig sämtlichen Aufgaben, die Presse, Rundfunk und Fernsehen stellten. Giles räumte mit einigen seiner Freundinnen die *Gipsy Moth* auf, ehe die Reparaturen begannen, und arbeitete mit Max zusammen, um nach meinen Anweisungen ein Dutzend verschiedener Dinge in Gang zu bringen. Nachdem Sheila den ersten Schwung Schreibarbeiten und Interviews hinter sich gebracht hatte, begann sie, das Ergänzen der Vorräte in die Hand zu nehmen. In Sydney war jetzt Hochsommer, und für jemanden, der frisch aus England gekommen war, musste die Sonne geradezu stechend heiß sein.

Ungeheuer viel Arbeit galt es zu erledigen. Ich hatte gehofft, dass auch mein älterer Sohn George, der seit zwanzig Jahren in Australien lebt, und seine Frau Gay helfen könnten. Aber sie waren erst seit einem Jahr verheiratet. Wir hatten alle Hände voll zu tun, sodass ich George und seine Frau kaum noch zu sehen bekam, nachdem wir uns einmal getroffen hatten. Ich war körperlich ziemlich herunter, und bei diesem Wirbel hatte ich einfach nicht genug Ruhe, um wieder in Form zu kommen. Mein Bein war immer noch so schlimm, dass ich nicht richtig gehen konnte. Wenn ich die körperliche Übung gehabt hätte, an die ich gewöhnt bin, wäre ich wohl rascher wieder fit geworden. Ich begann auch, jeden Morgen nach dem Aufstehen Gymnastik zu treiben, aber das genügte nicht. Gern wäre ich schwimmen gegangen, doch dazu hätte ich eine abgeschlossene, ruhige Wasserfläche finden müssen; denn wegen der Schwierigkeiten mit meiner Lunge gehe ich nicht gern mit dem Kopf unter Wasser, und das wunderbare Wellenreiten, für das Sydney berühmt ist, konnte ich daher nicht genießen.

Der Zahnarzt Colin Anderson – sein Sohn Robert ist der Patensohn von Tony Dulvertons Mutter, und er selbst hat in der australischen Luftwaffe gedient – brachte meinen abgebrochenen Zahn in Ordnung, zeigte sich sehr besorgt wegen meiner Lähmung und überredete mich, einen Arzt aufzusuchen. Dieser (er hieß Warwick Stening) verblüffte mich dadurch, dass er mir erklärte, nach Colin Andersons Schilderung meines Leidens habe er gemeint, ich hätte einen Tumor am Rückgrat. Ich erwähne dies nur, weil es zeigt, wie starker Druck auf mich ausgeübt wurde, meine Reise auf keinen Fall fortzusetzen.

Über zwei Fotografien von meiner Ankunft habe ich mich sehr geärgert. Die erste zeigte, wie Giles mich umarmte, als er an Bord sprang. Er ist viel größer als ich und ziemlich stämmig – auf der Fotografie sehe ich aus wie ein Hundertjähriger, der sich an der Schulter seines Sohnes ausweint. (Wenn ich wie Giles von Geburt an Vegetarier gewesen wäre, der nie in seinem Leben Fisch oder Fleisch gegessen hat, wäre ich vielleicht ebenso groß und stämmig wie er, und dann hätte ich mir den Ärger über dieses Foto erspart.) Die zweite Aufnahme wurde gemacht, als ich an Land ging, und zwar von oben, was fast immer ein ungünstiges Bild ergibt: Ein Polizist hielt mich an einem Arm, Giles oder sonst jemand stützte mich auf der anderen Seite; alles in allem sah ich aus wie der allerälteste Einwohner irgendeines Nestes, den man zur Feier seines 110. Geburtstages führt. Diese grässlichen Fotos wurden in Großbritannien in Umlauf gebracht, dazu einige meiner offenen Kritiken an der *Gipsy Moth IV*. Infolgedessen erhielt ich ein Telegramm von Tony, dem Haupteigentümer des Bootes, des Inhalts, dass ich auf keinen Fall die Fahrt fortsetzen dürfe. Ich antwortete ihm telegrafisch, er solle nichts auf die Zeitungsberichte geben; ich sei ihm dankbar dafür, dass er mir eine Chance biete, das Vorhaben mit Anstand aufzugeben, aber – und so schloss mein Telegramm: »Ich segle auf jeden Fall.« Das Boot war mir nämlich vertraglich gegen eine winzige nominelle Pacht auf zwei Jahre vermietet; im Vertrag war ausdrücklich festgelegt, dass ich versuchen sollte, die Welt zu umsegeln. Später erfuhr ich, dass eine andere Organisation, die sich aus Gründen der Werbung an den Kosten der *Gipsy Moth* beteiligt hatte, öffentlich bekannt machen wollte, sie lehne jede Verantwortung ab, falls mir auf der zweiten Hälfte der Fahrt etwas zustoßen sollte. Zweifellos war ich in sehr schlechter körperlicher Verfassung, als ich in Sydney an Land ging. Ich hatte in den beiden Nächten vorher kaum ein Auge zugemacht, da ich gegen den Wind und die Strömung ankämpfen und auf einer viel befahrenen Schifffahrtsroute ständig kreuzen musste. Mein linkes Bein war immer noch gelähmt – ich konnte mich nicht richtig darauf stellen, weshalb ich mir hatte ans Ufer helfen lassen; und ganz gewiss war ich unterernährt, wenn nicht gar halb verhungert. Ich schätzte, dass ich 35 Pfund abgenommen hatte – meine Angehörigen meinten allerdings, das sei übertrieben. Leider wog ich mich erst, als ich bereits zehn Tage an den Fleischtöpfen von Sydney gesessen hatte, aber selbst dann war ich noch 24 Pfund leichter als sonst. Von Kapitän Alan Villiers, der, was Rahsegler betrifft, wahrscheinlich mehr über die Segelbedingungen vor Kap Hoorn weiß als alle anderen, erschien am 11. Januar im *Guardian* folgende Zuschrift:

»Ich höre, dass der schreckliche Francis Chichester tatsächlich um Kap Hoorn nach Hause segeln will, wie zu erwarten stand. Aber ich hoffe, dass er diesmal nicht allein gegen einen Rekord oder Durchschnittswert anzukämpfen gewillt ist, den dieser oder jener Klipper aufgestellt hat. Mit allem Nachdruck möchte ich vorschlagen, dass er sich ein paar von den in Sydney zahlreichen jungen Burschen an Bord nimmt, die gewöhnt sind, in der Tasmansee (ein übles Meer) kleine Jachten zu segeln, oder dass er nachts, oder wann immer er Ruhe braucht, beidreht.

Meiner Meinung nach kann auf der 6000 Meilen langen Strecke von Sydney nach Kap Hoorn keine Selbststeueranlage wirklich zufrieden stellend funktionieren. Die Fahrensleute wissen seit langem, dass man dort nur dann durchkommt, wenn ständige Wache gegangen, das Ruder kundig gelegt und die Takelung ununterbrochen überwacht wird. Die starken Winde können oft plötzlich umschlagen, und sie tun dies auch oft, und zwar um 6 bis 8 Kompassstriche, wodurch heftige Querseen entstehen, die das Boot zum Rollen, Stampfen und Schlingern bringen. Es kann binnen kürzester Zeit aus dem Kurs laufen, und der Segler kann von Glück sagen, wenn er es wieder auf Kurs bekommt.

Das Meer zieht sich dort unten rings um die Erdkugel, das Schiff läuft innerhalb der Treibeisgrenze, denn es muss bis auf 57 Grad südlicher Breite gehen.

Der Kapitän muss sehr auf dem Posten sein, oder tüchtige, vollbefahrene Offiziere müssen ständig die Augen offen haben. Wenn die Jacht auf einer unter ihr kochenden See auf der rasenden Fahrt nach Kap Hoorn gehoben wird, kann es ihr leicht passieren, dass sie in der durch den umlaufenden Wind erzeugten Querströmung außer Kontrolle gerät. Und dann schlägt sie quer und stürzt breitseits in das Wellental ab, wird eingehüllt von den riesigen Brechern, die sich mörderisch und gnadenlos austoben. Ein Boot wie die *Gipsy Moth IV* kann dann leicht ganz durchkentern. Dem kann man nur entgehen, indem man nicht versucht, in einem solchen Sturm weiterzusegeln, sondern rechtzeitig beidreht, mit einem Fetzen Leinwand in der Achtertakelung um den Bug im Wind zu halten, mit ständig durch das WC im Vorschiff nach außenbords gepumptem Öl, das dann in Luv eine glatte Fläche schafft, in der das Schiff überleben kann. Inzwischen wird der Westwind es weiterhin in Richtung Kap Hoorn treiben; wahrscheinlich wird es dann auch dorthin kommen.

Mit dem Vollschiff *Joseph Conrad* musste ich fünfmal zwischen den Inseln und Kap Hoorn beidrehen – und die *Joseph Conrad* war ein starkes Schiff, und ich hatte drei ausgezeichnete Wachoffiziere. Die Viermastbark *Parma* schlug eines Nachts quer. Über das Heck brachen mächtige Seen. Die spülten den Steuerkompass weg, das Schiff wurde breitseits durch die aufgepeitschte See getrieben, es rollte heftig, wurde von vorn und hinten überspült, das Hauptdeck war voll von wirbelndem Gischt – es war wie auf dem Grund der Niagarafälle. Wir überlebten, aber nur dank Gottes Gnade und dank der Stärke dieses guten schottischen Schiffes. Aber vielen Schiffen ist es nicht gelungen, derartige Prüfungen zu überstehen.

Ich möchte nicht erleben, dass Francis Chichester wieder so als Geist in England landet, wie er in Sydney eintraf. Ich möchte ihn in Fleisch und Blut an Land gehen sehen. Wir können ihn nicht entbehren.«

Diese Warnung ergänzte Kapitän Villiers in einem Interview mit John Seddon in der *Sun* vom 12. Januar, das ich im Folgenden wiedergebe:

»Ich bitte Chichester, seinen Versuch aufzugeben. Die Fahrt, die er bis jetzt zurückgelegt hat, war einfach im Vergleich zu dem, was er jetzt vor sich hat. Die Jacht kann auf kochender See plötzlich emporgehoben werden und, wie beim Wellenreiten, geradewegs bis auf die Felsen am Hoorn getragen werden.

Die Winde springen um, als ob ein Dämon sie lenkte. Als ich mit der Bark *Parma* Kap Hoorn rundete, stampfte sie in der wild gewordenen See, rollte heftig, wurde von den Brechern hin und her gerissen, und das Hauptdeck war von wirbelndem Gischt überspült, sodass man den Eindruck hatte, sich auf dem Grunde der Niagarafälle zu befinden.

Auf jener Reise sind mir die übelsten, die unglaublichsten Seen begegnet, die ich in all meinen vielen Jahren auf dem Wasser erlebt habe. Es ist das Schlimmste, was einem Menschen je begegnen kann.

Ich weiß nicht, was diesen Mann veranlasst, weiterhin die Macht des Meeres herausfordern zu wollen.

Chichester ist ein großartiger, bewundernswerter Mann. Er ist ein prächtiger Kerl. Ruhig, entschlossen und zäh. Gott hat sich ihm gegenüber sehr gütig und nachsichtig gezeigt. Aber mit 65 Jahren in einem so absurd kleinen Boot und nach einer so ernsthaften Operation sich auf ein solches Meer wagen heißt meines Erachtens, von Gott ein wenig zu viel verlangen zu wollen.

Kapitän Villiers, dadurch berühmt, dass er 1957 einen Nachbau der *Mayflower* von Plymouth in England nach Plymouth in Massachusetts segelte, ist einer der wenigen Männer, die aus eigener Erfahrung wissen, was Chichester und seine 53 Fuß lange *Gipsy Moth* zu erwarten haben.

Er erinnerte sich deutlich des entsetzlichen Lärms und der mörderischen Stärke der Brecher, als er mit dem Vollschiff *Joseph Conrad* Kap Hoorn rundete. Er war Erster Offizier auf der *Parma*, die auf demselben gefährlichen Kurs fuhr.

Chichester hat sich einen Film der tobenden See auf der von ihm gewählten Route angesehen, als er Kapitän Villiers in Oxford besuchte, ehe er seine Alleinfahrt nach Australien antrat. Villiers hat mir darüber Folgendes erzählt: ›Er wurde sehr nachdenklich, aber ich konnte ihn nicht veranlassen, seine Absicht zu ändern.‹

Er weiß, dass er 6000 Meilen gefährliche Fahrt durch die ›Brüllenden Vierziger‹ und die ›Wütenden Fünfziger‹ der Tasmansee vor sich hat, die nach der Antarktis hin offen ist, ehe er zum Kap Hoorn gelangt.

Ich habe dieses Meer mit einer erfahrenen Crew und vorzüglichen Schiffsoffizieren durchsegelt. Allein würde ich es nie wagen, und ich kenne keinen erfahrenen Berufsseemann, der es täte. Die Gefahren sind zu groß. Ich verstehe nicht, wie er darauf bestehen kann, allein weiterzusegeln – sechs Wochen lang wird er aufs Elendste hin her geworfen werden.

Chichester hat bereits genug geleistet. Ich habe ihm gesagt, dass er uns ein Vorbild ist, dass er es aber nicht sein wird, wenn er in diese wilde See geschleudert wird. Wir brauchen diesen Mann und sein Vorbild.

Er ist ein großartiger Mann mit viel Mut, und wir können ihn nicht entbehren.«

Ich schätze Alan Villiers sehr, und insgeheim war ich sogar mit allem einverstanden, was er gesagt hatte. Aber ich entgegnete: »Was auch wer immer so immer sagen mag – ich werde segeln, sobald ich kann. Wenn sie doch bloß den Mund halten und mich weitermachen lassen wollten!«

In der Tat hatte ich alle Hände voll zu tun, musste Boot und Ausrüstung schnell in Ordnung bringen, um rechtzeitig in See gehen zu können, musste alle Vorräte beschaffen, die für eine viermonatige Non-Stop-Fahrt notwendig waren, musste für Funkverbindungen mit Neuseeland, Argentinien und Großbritannien sorgen und mit hundert anderen Problemen fertig werden, musste mir Funkfeuertabellen, Wetterkarten und die üblichen Seekarten besorgen. Max Hinchliffe war mir eine unschätzbare Hilfe; so entlockte er dem Kapitän der H.M.A.S. *Perth,* dem Kreuzer der australischen Kriegsmarine, ein berichtigtes Exemplar der Liste aller Funkfeuerfrequenzen; vor allem aber suchte er für mich die entsprechenden Seiten aus den *Ocean Passages of the World* heraus, in denen für die verschiedenen Monate des Jahres Einzelheiten über Klipperrouten im Atlantik angegeben waren. John Pleasants überprüfte nicht nur die Funkverbindungen für die zweite Hälfte der Fahrt und mein Funkgerät, sondern entdeckte auch, dass einer der Isolatoren an der Backstagantenne steuerbords entzwei war. Da er keinen Ersatz bekam, fertigte er einen neuen an. Ich merkte bald, dass diese Backstagantenne die bessere war, und verließ mich schließlich ganz und gar auf sie. Die Tüchtigkeit meiner australischen Helfer beeindruckte mich ungemein. Sehr viel half mir auch der Chief Naval Officer in Canberra, Commander George von der Royal Navy. Er stand in Funkverbindung mit H.M.S. *Protector,* die im Gebiet der Falkland-Inseln patrouillierte. Die *Protector* ließ mir die erfreuliche Nachricht zukommen, dass die Drakestraße nördlich des 60. Breitengrades eisfrei ist. Die ganze Zeit über wurde ich ständig mit Presseartikeln und Briefen von Seeleuten bombardiert, die das Kap Hoorn gerundet hatten; außerdem schrieben mir hunderte von Leuten, die nicht die leiseste Ahnung hatten, wovon sie sprachen, und mir ein trauriges Ende im Meer weissagten, sofern ich auf meinem Plan beharrte, oder mich baten, mein Vorhaben aufzugeben.

Der folgende Text erschien am 1. Januar 1967 im *Sunday Express,* und zwar mit einer Artikelserie mit Voraussagen von Hellsehern für das kommende Jahr:

»Der Versuch des einsamen Seglers Francis Chichester, die Welt zu umsegeln, ist zum Scheitern verurteilt. So meint die Hellseherin Marjorie Staves: ›Aber er wird, wenn er nach Hause kommt, einen der großartigsten Empfänge in unserer Geschichte erhalten‹, sagte sie mir. ›Er wird aufgeben, weil seine physische Kraft nicht ausreicht. Aber ein Mensch, der eine so große Geistesstärke hat, dass ich sie über tausende von Meilen hinweg spüre, wird einen prächtigen Versuch unternehmen.‹«

Alle diese negativen Wünsche und Absichten verschiedenster Menschen zehrten begreiflicherweise ebenfalls an meinen Kräften, weil man sich ihnen widersetzen muss, während Gebet und gute Wünsche Stärke verleihen und einen innerlich aufrichten. Wie man auf Alan Villiers' Meinung in England sehr viel Gewicht legte, so fand John Jagoe, pensionierter Kapitän in Sydney, in Australien viel Beachtung mit seiner Ansicht, dass ich nur eine Fiftyfifty-Chance des Überlebens hätte, aber ein »großartig verdammter Narr« sein müsse, da ich es überhaupt versuche. Nebenbei sagte er auch, dass es Unsinn sei, die durchschnittliche Fahrtdauer der Klipper von Plymouth nach Sydney mit hundert Tagen anzugeben; Lubbock habe in seinem Buch nur die schnellsten Klipperzeiten genannt; hundert Tage sei der Durchschnitt der schnellsten Fahrten, der wirkliche Durchschnitt jedoch 127 Tage, ein Wert, den ich bei weitem unterboten hatte. Nach seinen Äußerungen zu schließen, musste er ein großartiger Kerl sein, und so luden wir ihn in unser Hotel zum Tee und zu einem Gespräch ein.

Als ich eines Tages vom Heck der *Gipsy Moth* auf das Beiboot sprang, glitt ich mit meinem Fuß am Bootsrand aus, und ich stürzte schwer. Dabei schlug ich den Knochen meines noch gesunden Beines am Rande der Pier an. Dies sah ein Reporter mit dem Erfolg, dass weitere Artikel erschienen, in denen meine schlechte körperliche Verfassung betont und geraten wurde, man solle mich von meinem Vorhaben abbringen. Ich gab mir alle Mühe darzulegen, dass im Gegenteil die Tatsache, dass ich von selbst wieder aufgestanden war und weitergearbeitet hatte, mich für die Fortsetzung der Fahrt qualifiziere, aber ich glaube, dass dieses Argument die Leute nicht sehr zu überzeugen vermochte. Das alles deprimierte mich umso mehr, als ich mich bereits vor dreieinhalb Jahren über die Gefahren der Reise sehr genau informiert und sie damals schon richtig eingeschätzt hatte; damals war ich auch schon zu dem Entschluss gekommen, die Fahrt zu versuchen, und so konnte es jetzt überhaupt keine Frage mehr sein, ob ich meine Reise fortsetzte oder nicht.

Da und dort freilich fand ich auch Unterstützung, und solch positive Einstellung zu meinem Vorhaben bestärkte mich besonders. Mit großer Dankbarkeit erinnere ich mich an die aufmunternden Worte von Lady Casey, der Frau des Generalgouverneurs; ich kannte sie seit vielen Jahren, weil sie zum Fördererkreis des Gertrude McKenzie's Flying Club von Melbourne gehörte. Lady Casey, eine der großen Frauen unseres Jahrhunderts, sagte zu mir: »Ach was! Achten Sie nicht darauf, was die Zeitungen schreiben oder was sonst jemand sagt, sondern machen Sie einfach weiter.«

Manche Prophezeiungen waren amüsant – sofern man einen Pfeil mit Widerhaken, der einem ins Fleisch geschossen wird, amüsant findet: Eines Abends ging ich mit Sheila in die Stadt, um in einem chinesischen Restaurant zu essen. Dabei kamen wir an einem Mann vorbei, der einer lauschenden Menge irgendeine Ansprache hielt. Als er mich sah, hörte er auf, kam zu mir, drückte mir eine Broschüre in die Hand und sagte: »Sie brauchen das; Sie sollten sich mehr als jeder andere darauf vorbereiten, Ihrem Untergang entgegenzugehen.«

Es gibt, glaube ich, auf der ganzen Welt keine zweite Frau, die so gut wie Sheila die ständigen Sticheleien all solcher Propheten ertragen hätte. Ich hatte alle Hände voll zu tun, und sobald ich in See ging, war ich ja wieder fort. Aber Sheila blieb da, und sie musste noch schlimmere Angriffe abweisen. Da kam man ihr nicht nur immer wieder mit der Frage: »Haben Sie denn gar keine Angst, dass er ertrinken wird?«, sondern man fragte sie auch: »Wie konnten Sie es nur fertig bringen, ihn auf diese Fahrt gehen zu lassen?« Und um ihr alles noch mehr zu erschweren, holte sie sich in Sydney einen Sehnenriss am Fußknöchel. Das kam so: Am Sonntag, bevor ich mit der *Gipsy Moth IV* in See ging, stand sie schnell aus dem Bett auf, weil das Telefon klingelte; der Fuß war ihr eingeschlafen, und als sie mit vollem Gewicht auftrat, knickte der Knöchel um, und drei Sehnen rissen.

In der Tasmansee gekentert

Giles musste nach Oxford zurück; es tat mir Leid, ihn wegfahren lassen zu müssen. Ich glaube, wir machten uns beide beim Abschied unsere Gedanken über die Ungewissheiten des Lebens. Sehr stark vermisste ich auch seine Hilfe. Ich gab mir alle nur erdenkliche Mühe, endlich von Sydney wegzukommen, denn jede Verzögerung um abermals eine Woche bedeutete nur noch weniger erfreuliches Wetter am Kap Hoorn. Und dann war doch der Augenblick gekommen, an dem ich den Termin des Auslaufens ankündigen konnte: Sonntag, 29. Januar 1967, 11.00 Uhr. Als der Tag kam, wütete nördöstlich von Sydney eine tropische Zyklone; es wäre also ratsam gewesen, wenn ich den Termin noch einmal hinausgeschoben hätte. Doch das wollte ich auf keinen Fall. Denn ich bin wohl stets zu dem Zeitpunkt in See gegangen, den ich vorher genannt hatte. Max Hinchliffe riet mir, so weit wie möglich nach Süden zu gehen, wegen der Zyklone – törichterweise habe ich diesen ausgezeichneten Rat nicht beachtet.

In Sydney herrschte an diesem Morgen kein Sturm – es war ein schöner, sonniger Tag. Und so warf um genau 11.00 Uhr die *Gipsy Moth IV* die Leinen los und ging in See. Der Generalgouverneur Lord Casey hatte mir drei Miniaturballen Wolle übergeben, als Fracht nach London – ich glaube, sie sind mit dem kleinsten Wollklipper gereist, der je von Australien auslief. Für die Strecke bis Sydney Heads hatte ich eine ausgezeichnete Crew, lauter Freunde. Trotz ihres gezerrten Knöchels übernahm Sheila das Ruder; außer ihr waren Alan Payne, Warwick Hood, Max Hinchliffe und Hugh Eaton an Bord. Hugh hatte mehrere Tage lang pausenlos gearbeitet, um die *Gipsy Moth* seeklar zu machen. Vor Sydney Heads setzte meine Crew mit einem Gummifloß mit Außenbordmotor auf Trygve Halvorsens Barkasse über, die mich als Tender begleitet hatte. Sheila und ich nahmen Abschied voneinander, als ob es sich nur um eine Trennung für einen Tag handelte. Meine Frau verfügt über eine fast unheimlich anmutende Fähigkeit, die Dinge vorauszusehen – für sie gab es nicht den geringsten Zweifel, dass wir uns wieder sehen würden. Ich muss freilich gestehen, dass ich mir recht betrübt die Frage stellte, ob das wirklich der Fall sein werde, als ich mich von ihr und meinen Freunden trennte.

Ich passierte Sydney Heads um 12.15 Uhr; um 14.30 Uhr verließ mich das letzte der mich begleitenden Boote. Und schon hatte ich Ärger mit der Schraubenwelle, die ich nicht stoppen konnte; die Bremse funktionierte nicht, sodass ich unter die Plicht kriechen musste, Kopf voraus und Füße oben, um die Sache in Ordnung zu bringen. Dieses Arbeiten kopfunter machte mir gar keinen Spaß, und außerdem fühlte ich mich entsetzlich seekrank. Um 18.00 Uhr geriet ich in eine Flaute, die aber nicht lange anhielt. Am Horizont stand eine dichte Wolkenwand, der Wind begann von Süden zu wehen, zuerst leicht, aber dann frischte er auf. Um 19.00 Uhr überfiel mich der Wind mit einer Reihe heftiger Böen. Zuerst lief ich mit 8 Knoten nach Norden, dann nahm ich alle Segel herunter und lag nun, mit festgemachten Segeln völlig der See ausgeliefert, wie ein Korken in einem ungeheuren Regen, der die Sichtweite auf etwa 50 Meter beschränkte. Bald wurde es dunkel – sehr dunkel, praktisch pechschwarz. Ich war seekrank und legte mich auf die Koje, kam aber nicht zur Ruhe. Nach etwa einer Dreiviertelstunde hörte ich, wie das Ruder der Selbststeueranlage heftig hin und her schlug, und ging an Deck, um nachzuschauen. Zu diesem Zeitpunkt wehte ein Wind von etwa 35 Knoten; ich glaubte, die *Gipsy Moth* könne eine Fock vertragen, damit sie wieder in Bewegung kam. So setzte ich eine Arbeitsfock, aber das war für das Schiff zu viel. Deshalb barg ich das Segel wieder und setzte stattdessen eine Sturmfock. Dann überließ ich es dem Boot, allein seinen Weg mit etwa zwei Knoten nach Osten zu finden, ging wieder in die Kajüte und war entschlossen, die ganze Nacht durchzuschlafen.

Bis kurz vor 4.00 Uhr blieb ich in meiner Koje; doch dann frischte der Wind noch mehr auf, und ich ging an Deck, um die Sturmfock zu bergen und mich wieder nur treiben zu lassen. So blieb es fast den ganzen Tag; die See war bei einem Wind von 50 Knoten oder mehr zu grob, als dass ich auch nur eine Sturmfock hätte setzen können. Am Nachmittag setzte ich dann doch eine Sturmfock, die auf nur etwa 60 Quadratfuß gerefft war. (In Sydney hatte ich nämlich an diesem Segel Reffbändsel anbringen lassen.) Dieses winzige Stück Segel sollte hauptsächlich den Zweck haben, das Stampfen des Bootes in der groben See zu mildern. Ich hoffte, dass das Stampfen auf das Gewicht der Selbststeueranlage zurückging und nicht auf den neuen verlängerten Kiel.

Trotz des Sturmes waren die Funkverbindungen gut. Um 8.00 Uhr morgens unterhielt ich mich über Funk mit Sheila. Meine Stimmung war entsprechend heiter. Zwar musste ich mich von Zeit zu Zeit immer noch übergeben, aber allmählich fühlte ich mich doch besser, und ich genehmigte mir ein bisschen Brandy mit Zucker und Zitrone, den ich auch im Magen behielt. Die Wettervorhersagen waren schlecht: Wieder wurde eine Zyklone angekündigt, die Zyklone »Diana«, von der es hieß, dass sie sich mit etwa 20 Meilen in der Stunde nach Osten bewege. Ich versuchte auszurechnen, wo sie sich, bezogen auf meine Position, befand, und kam zu dem Ergebnis, dass der schlimmste Teil etwa 270 Meilen östlich meiner Mittagsposition vorbeiziehen würde. Das war wenigstens etwas. Aber das ganze Gebiet der Tasmansee war durch Winde von 40 bis 60 Knoten, die in Böen bis zu 80 Knoten auffrischten, sehr unruhig. Nun – dagegen konnte ich nichts machen, und so sorgte ich mich nicht allzu sehr, sondern versuchte lediglich, mich zu halten, bis der Sturm vorüber war.

Diese Montagnacht wurde so fürchterlich und so dunkel, wie eine Nacht auf See nur sein kann. Stockfinster war es, und trotzdem wirkten die weißen Brecher wie riesenhafte Ungeheuer, die sich auf die Jacht stürzten. Sie türmten sich hoch zum Himmel empor – wenn jemand bei einem solchen Anblick den Mut verliert, kann ich das durchaus verstehen. Mein Salinglicht zeigte das sich brechende Wasser weiß vor der Dunkelheit. Hie und da erwischte eine Woge den Bootsrumpf, krachte dagegen und überspülte das Deck. Als ich mich über das Deck kämpfte, dachte ich: Um Himmels willen, wie muss es erst in einem Wind von 120 Knoten sein! Ich barg das noch stehende Sturmsegel und machte es fest. Die *Gipsy Moth* hatte mit diesem bisschen Segelfläche 8 Knoten erreicht – nun meinte ich, dass die Gefahr eines Schadens geringer sei, wenn sie überhaupt kein Segel trug und nicht mehr voraus lief. Als ich mich nach Erledigung der Arbeit auf dem Vordeck wieder nach achtern kämpfte, blickte ich auf die Netze mitschiffs, in denen die beiden großen Genuasegel gestaut waren, und auf die in mehreren Rollen aufgeschossenen tausend Fuß Leine. Ich wusste, dass ich eigentlich als zusätzliche Sturmsicherung zwischen den Augbolzen auf jeder Seite ein paar Leinen über das Netz spannen sollte – so hatte ich es auch zuvor auf dem Weg nach Sydney stets gehalten, aber in Sydney hatte man diese Leinen nicht wieder gezurrt. Mit war ganz hundeelend zu Mute, wahrscheinlich weil ich seekrank war. (Auf Grund dessen, was später geschah, kann ich nur den Schluss ziehen, dass die Ursache meiner Übelkeit der australische Champagner war, den ich getrunken hatte; aus irgendeinem Grund wirkte dieser bei mir wie Gift.) Was immer aber die Ursache für mein Elend sein mochte – ich hatte keine Lust und beschloss, die zusätzliche Sicherung erst am nächsten Morgen anzubringen.

Ich ging unter Deck, zog das Ölzeug aus, legte mich in die Koje und machte alle Lichter aus. Das war etwa zwei Stunden nach Einbruch der Nacht. Die Koje war der einzige Ort, wo man sich unter Deck aufhalten konnte, denn es war schwierig aufrecht zu stehen, und wenn ich mich auf die Bank gesetzt hätte, wäre ich ständig heruntergeworfen worden. In meiner Koje jedoch, in der ich nun auf dem Rücken lag, fiel ich nach einiger Zeit in einen unruhigen Schlaf.

Ich glaube, ich war bereits wach, als das Boot überlegte. Falls nicht, wachte ich wohl sofort auf, als es damit begann. Vielleicht bin ich aber auch wach geworden, als die Welle das Boot traf. Es war stockfinster. Als die *Gipsy Moth* weiter und immer weiter überrollte, sagte ich mir: »Jetzt ist es so weit!«

Angst hatte ich keine; wohl aber war ich äußerst gespannt, was nun passieren würde. Jetzt begann ein lautes Knarren und Krachen; mein Kopf und meine Schultern wurden mit Geschirr, Messern, Gabeln und Flaschen bombardiert. Ich hatte das erdrückende Gefühl, dass das Boot auf mir lag. Ob es wohl ganz durchkentern, d. h. um seine Längsachse drehen würde? Und was mochte wohl beschädigt sein? Aber die *Gipsy Moth* richtete sich doch wieder auf. Ich streckte die Hand aus und knipste die Kojenlampe an. Sie funktionierte und verhalf mir so zu dem merkwürdigen Gefühl, dass ich in einer Welt des absoluten Chaos wenigstens etwas Normales gefunden hatte. Was ich in der nächsten Stunde getan habe, weiß ich nicht mehr genau. Ich war vollständig verzweifelt, als ich auf das wirre Durcheinander von Esssachen und Ausrüstungsstücken blickte, die über den ganzen Boden verstreut waren. Ich glaube, ich habe alles, was mir im Wege war, als ich mich durch die Kajüte bewegte, an den richtigen Ort zurückgelegt, obgleich ich das Gefühl hatte, dass es eigentlich vergeudete Zeit war, was ich tat, denn das Boot würde sich wahrscheinlich doch wieder auf die Seite legen. Die Kajüte war etwa einen halben Meter hoch mit hunderten von Dosen, Flaschen, Werkzeugen, Schäkeln, Blöcken, zwei Sextanten und allen möglichen anderen Dingen übersät. Jede Sitztruhe, die gesamte Steuerbordkoje und alle drei Steuerbordachterschapps hatten ihren Inhalt ausgeschüttet, als sich das Boot auf die Seite gelegt hatte. Auf dem Kajütenboden wirbelte neben dem Kartentisch etwas Wasser umher, erfreulicherweise nicht viel. Ich schaute in die Bilge, die fünf Fuß tief ist; sie war nicht ganz voll, Gott sei Dank.

All das veranlasste mich, 45 Minuten nach Mitternacht und 2¼ Stunden nach dem Überlegen des Bootes, mich an die Funkanlage zu setzen. Denn ich befürchtete, dass das Sprechfunkgerät durch eingesickertes Wasser ausfallen könnte, oder dass, selbst wenn dies nicht passierte, bei einem neuen Überlegen des Bootes das viele Wasser in der Bilge das Gerät unweigerlich überschwemmen und ihm den Garaus machen würde. Ich musste versuchen, auf jeden Fall eine Nachricht durchzugeben, dass es mir so weit gut ging, damit man, falls das Sprechfunkgerät ausfiel, nicht glaubte, ich sei gesunken. Ich rief auf der Notfrequenz 2182 und erwischte sofort Radio Sydney. Wie immer waren die Funker dort höchst tüchtig und entgegenkommend. Ich bat, am Morgen meiner Frau ausrichten zu lassen, ich sei zwar gekentert, sonst aber wohlauf. Falls sie von mir keine Nachricht mehr erhalte, so werde das seinen Grund lediglich darin haben, dass das Sprechfunkgerät überschwemmt sei und nicht funktioniere, nicht aber, dass ich untergegangen sei. Vor allem bat ich, Sheila nicht mitten in der Nacht aufzuwecken, sondern sie erst gegen 7.00 Uhr morgens anzurufen. Hilfe, so teilte ich weiterhin mit, bräuchte ich nicht.

Ich weiß nicht, wann ich entdeckte, dass durch das Vorluk Wasser eindrang. Folgendes war geschehen: Als das Boot beinahe auf dem Kopf stand, hatte sich das schwere Luk geöffnet, und als das Boot sich wieder aufrichtete, war es nicht wieder zugeschlagen, sondern nach vorn auf das Deck gefallen, sodass die Lukenöffnung weit offen stand. Es mag merkwürdig erscheinen, dass meine Erinnerung so wirr ist, aber es war wirklich eine äußerst wilde Nacht. Das Boot stampfte und rollte wie verrückt, und jeder Schritt war eine schwere Anstrengung.

Ich muss wohl an Deck gegangen sein, um das Wasser unten so weit zu lenzen, dass es unterhalb der Batterien stand. Dabei stellte ich fest, dass das Segelnetz aus seinen Verbindungen gerissen und eines meiner 600-Quadratfuß-Genuasegel verschwunden war, ferner ein Treibanker und 700 Fuß der 1½-zölligen geflochtenen Leine.

Das zweite große Genuasegel war, noch in seinem Sack verpackt, auf der Leeseite gegen die Sicherungsleinen geworfen worden. Ich weiß nicht mehr, wie ich es gesichert habe. Das offene Vorluk verschloss ich. Vom Plichtsüll und von der Seitenwand der Plicht waren Stücke weggerissen. Darüber war ich zunächst sehr verblüfft, weil ich mir nicht zu erklären vermochte, wie dies hatte passieren können. Wichtig jedoch war, dass die Masten noch standen, und auch die Takelung schien keinen Schaden genommen zu haben. Das Einzige, was ich damals zu mir sagte, war, wenn ich mich recht erinnere: »Zum Teufel mit allem!« Daraufhin beschloss ich, mich in die Koje zu hauen. Zuerst musste ich aber die Teller, das Besteck, die Flaschen und alles, was sich sonst noch in der Koje angesammelt hatte, herausräumen. Ein scharfes Messer mit Sägeschliff lag ganz dicht neben der Stelle, an der sich mein Kopf befunden hatte, und ich dachte: »Da hab ich noch mal Schwein gehabt!« Ich hatte nur eine leichte Risswunde an der Lippe; wodurch sie verursacht worden war, weiß ich nicht.

Meine Koje war tropfnass, was ich nicht mehr erstaunlich fand, als ich am Morgen das Licht dort durchschimmern sah, wo unmittelbar über der Koje eine Seitenwand der Plicht gerissen war. Aber mir war es völlig egal, wie nass es war. Ich kroch in die Koje und war bald fest eingeschlafen. Bis Tagesanbruch schlief ich durch.

Als ich aufwachte, wurde das Boot immer noch hin und her geworfen. Den ganzen Tag über tobte eine Sturm von 40 bis 55 Knoten. Nach wie vor hatte ich ein komisches Gefühl im Magen und war nicht im Stande, auch nur einen Bissen hinunterzuwürgen. Seit ich aus Sydney ausgelaufen war, hatte ich nicht mehr richtig gegessen, nur dann und wann etwas aufgelösten Honig geschluckt, aber selbst das nicht ohne Schwierigkeiten, denn ich hatte vergessen, vor dem Auslaufen meine Thermosflasche mit heißem Wasser zu füllen, wie ich es sonst stets vor einer Fahrt tue, damit ich Honig in heißem Wasser zu mir nehmen kann, sobald mir schlecht wird. Obendrein stand ich diesem entsetzlichen Durcheinander gegenüber; es sah ganz so aus, als ob ich eine ganze Woche brauchen würde, um alles aufzuräumen, zu sortieren und wieder zu verstauen. Selten bin ich so entmutigt gewesen. Ich sehnte mich danach, wieder im Hafen von Sydney am Steg zu liegen. Die Fahrt, die vor mir lag, war mir verhasst, machte mir Angst. Ja, ich gestehe es ganz offen: Ich hatte Angst, und die Furcht, die in mir nagte, machte mich ganz elend. Wenn schon in einem gewöhnlichen Sturm das Boot fast zum Kentern kam, wie sollte es mir da erst in einem 100-Knoten-Sturm vor Kap Hoorn ergehen?

Danach machte ich ein zweites Mal die Runde und schaute mir den Schaden genauer an. Einige außergewöhnliche Dinge hatten sich ereignet. Der lange Mahagonibootshaken, der längs an Deck befestigt gewesen war, hing etwa zwei Meter hoch zwischen den Wanten. Ein großer Glücksfall war es, dass die Backskiste unter einer der Plichtbänke, die einen Klappdeckel ohne Schloss hatte, sich nicht geleert hatte; darin befanden sich wichtige Ausrüstungsgegenstände, darunter die Reffkurbeln für den Großbaum und für den Besanbaum. Ich nehme an, dass das Durcheinander von Tauwerk und sonstigem Zeug, das diese Kiste füllte (sodass es praktisch unmöglich war, je darin etwas zu finden), sich, als das Boot auf der Seite lag, so verklemmt hatte, dass nichts herausfallen konnte. Anderseits waren einige Winschkurbeln aus extra für sie angefertigten offenen Kisten in der Plicht spurlos verschwunden. Auch unter Deck war einiges Sonderbares passiert. Als Erstes fiel mir ein merkwürdig unangenehmer Geruch auf. Ich roch in die Bilge hinab, aber von dort stammte er nicht; ich schaute die Batterien nach, aber sie waren glücklicherweise sicher in der Bilge verstaut und nicht ausgelaufen. Endlich erkannte ich was so roch: Es waren Vitamintabletten, rosafarbene Vitamin-C-Pillen. Die Pillenflasche war von dem Bord über dem Kombüsenbecken quer durch das Boot gesaust und am Kajütendeck über meinem Kopf in tausend Stücke gesprungen. Die Pillen hatten sich über die Fenster des Deckshauses verteilt und zum Teil in Seewasser aufgelöst. Ich versuchte, sie wegzuwischen, aber die aufgeweichte Pillenmasse wurde dadurch lediglich in sämtliche Fugen und Ritzen verstrichen. Für den Augenblick musste ich also den Gestank aushalten. Der Witz bei der Sache war, dass ich auf der ganzen Fahrt bis jetzt keine einzige Vitamintablette geschluckt hatte und nun auch nicht mehr schluckte!

Von Zeit zu Zeit lenzte ich das Boot, wobei ich nach je etwa 200 Hüben eine Pause einlegte (das Wasser musste über drei Meter hoch gepumpt werden) und mir zur Abwechslung eine andere Arbeit suchte. Als ich schließlich die Bilge bis zum Grund gelenzt hatte, entdeckte ich ein paar Teller, Messer und Gabeln; auch neben dem Motor und sogar hinter dem Motor fand ich Geschirr. Ich war damals sehr verblüfft, weil ich mir nicht denken konnte, wie das Geschirr an so ungewöhnliche Stellen kommen konnte, aber später wurde mir klar, was geschehen war: Jener Teil des Motors, der in die Kajüte hineinragte, trug eine Holzverkleidung, deren Oberseite als Niedergang umklappbar an einem Scharnier befestigt war. Diese Klappe war beim Krängen aufgegangen, sodass die Teller durch die Öffnung hindurchgefallen waren, und als das Boot sich wieder aufgerichtet hatte, war auch die Klappe wieder zugefallen.

Eine der merkwürdigsten Sachen hatte sich im Vorderteil der Kajüte ereignet, wo ich immer wieder winzige Stückchen von messerscharfem, farbigem Glas fand. Es dauerte lange, bis ich wusste, woher diese Scherben stammten. Eines Tages fand ich einen Kork, der etwa zwei Zentimeter aus einem abgebrochenen Flaschenhals schaute. Das geschah allerdings erst viel später, aber ich erwähne es hier, weil mir dieser Fund einen wertvollen Hinweis gab. Es waren nämlich der Kork und der Hals einer Flasche irischen Whiskeys, die mir Jack Tyrrell von der Firma Arklow, von der die *Gipsy Moth III* gebaut worden war, beim Antritt dieser Fahrt geschickt hatte. Ich wusste genau, wo diese Flasche gestanden hatte: In einem Flaschenbehälter des Wandschranks auf der Steuerbordseite der Kajüte. Dieser Wandschrank hatte einen Schnappverschluss. Und so konnte ich mir ausmalen, welches Ende die Flasche gefunden hatte. Sie war auf einen Decksbalken der Kajüte geprallt – dort hatte sie einen etwa ½ Zentimeter tiefen Kratzer hinterlassen und war dabei in tausend Stücke zerschellt. Wo allerdings diese Stücke hingeraten waren, merkte ich zum Teil erst viel später. Am Fußboden von Sheilas Koje auf der Backbordseite der Kajüte befand sich ein Regal, das zur Hälfte durch einen Schnappdeckel abgeschlossen war. Auch von diesem Regal war der Deckel aufgegangen, als sich das Boot übergelegt hatte; die Glasscherben waren hineingesaust, und der Deckel hatte sich wieder geschlossen. Zurzeit, da ich diese Zeilen niederschreibe, ist das Glas noch immer dort. Der letzte Glasscherben, den ich fand, war von irgendwo auf den Kajütenboden gefallen und hat sich in meine Fußsohle eingenistet, als ich einmal barfuß ging. Ich erzähle das alles so ausführlich, weil der Weg der Flasche, den ich genau verfolgen konnte, eindeutig beweist, dass das Boot um 131 Grad übergelegen haben muss, als die Flasche aus ihrer Verankerung flog. Mit anderen Worten: Der Mast muss in diesem Augenblick 41 Grad unterhalb der Horizontalen gewesen sein! Ich frage mich, ob nicht vielleicht der Aufprall einer Welle, die das Boot getroffen hatte, die Flasche aus dem Schrank geworfen haben konnte, aber dagegen sprach vieles. So war das Deckshausdach auf der Innenseite wie die Hochwassergrenze an einem Strand bis zu einer bestimmten Höhe mit Schmutzteilchen geradezu übersät. Dieser Schmutz muss vom Kajütenboden gekommen sein, als die Deckel der Bilge aufgingen. Die Schmutzpartikel waren so klein, dass sie allein durch den Aufprall einer Welle keinesfalls aufgewirbelt werden konnten; vielmehr müssen sie in Folge der Schwerkraft vom Boden zur Decke hin *gefallen* sein. Diese und andere Beweise, die ich im Laufe der folgenden Monate fand, bestärkten mich in meiner Überzeugung: Die Jacht muss sich so stark übergelegt haben, dass der Mast zwischen 45 und 60 Grad unterhalb der Horizontalen lag. Viel hätte nicht mehr gefehlt, und die *Gipsy Moth* wäre ganz durchgekentert, hätte also eine völlige Drehung um die Längsachse gemacht.

Aber diese Detektivarbeit kam erst später. Kehren wir zur Schilderung der damaligen Zustände zurück. Überall klebte Butter, denn etwa zwei Pfund waren am Fußende meiner Koje gelandet, dort platt gedrückt worden und umhergespritzt. Kleiderbügel in den Wandschränken waren gebrochen, und im Waschbecken lag mein Tupperwarebehälter mit der Erste-Hilfe-Ausrüstung. Beide Kojen in der Kajüte, mit Vorräten voll gepackt, waren zusammengebrochen und hatten ihren Inhalt über all die Sachen verstreut, die unter ihnen gestaut waren. Konservendosen jeder Art lagen zwischen Schäkeln, Sextanten, Keksen und Kissen. Alle Bodenbretter hatten sich gelöst, als die *Gipsy Moth* überging, sodass auch die Bilge mit Vorräten voll gestopft waren. Mein Kamerastativ war entzweigebrochen; zum Glück lag die abgebrochene

Hälfte noch an Deck. Und das Großfall hatte sich mit der Standleine vertörnt.

Dieses Kentern der *Gipsy Moth* geschah in der Nacht des Montags (30. Januar). In meinem Logbuch steht nur die lapidare Eintragung:

»Etwa 22.30 Uhr. Kenterung.«

Auch am Dienstag, dem 31. Januar, war den ganzen Tag über grobes Wetter. Ich hatte beigedreht, um die ärgste Unordnung aufzuklaren. Die elektrische Bilgepumpe funktionierte nicht, sodass ich von Hand lenzen musste. In den Pausen war ich bemüht, die elektrische Pumpe zu reparieren. Nachdem ich die Kreisel gereinigt hatte, ging sie wieder für ein paar Minuten, aber dann saugte sie Luft an und versagte. Die Bilge war immer noch zur Hälfte voll Wasser, doch allmählich bekam ich den Wasserspiegel niedriger. Ich ließ mir die verbliebene grüne Schlepptrosse auslaufen in der Hoffnung, dadurch die Jacht vor dem Wind halten zu können, aber ohne Segel hatte die Trosse offenbar überhaupt keine Wirkung. Deshalb holte ich sie wieder ein und schoss sie auf. Die Halterung für den Fahnenschaft der Selbststeueranlage war fast lose, sodass auch sie repariert werden musste – eine mühselige Arbeit, bei der ich immer wieder unter Wasser kam. Gottlob war das Wasser warm! Im Verlauf dieser Arbeiten fand ich meinen Mut wieder. Ich hatte unglaubliches Glück gehabt. Masten und Takelung waren vollständig intakt, was ich weitgehend Warwicks Arbeit zuschrieb. Es tat mir zwar Leid, dass eines der großen Genuasegel über Bord gegangen war, aber ich konnte auch ohne es auskommen.

Es ärgerte mich, dass ich einen meiner Treibanker samt 700 Fuß Leine verloren hatte, denn ich hatte die Absicht, einen Treibanker an einer langen Leine auszustecken, um die *Gipsy Moth* auf dem Weg nach Kap Hoorn zu verlangsamen und ihr Heck in Richtung der einkommenden Seen zu halten. Später jedoch, nachdem ich stundenlang über mein Kentern nachgedacht hatte, ließ ich die Idee mit dem Treibanker und der Leine vollständig fallen. Der Verlust dieser Dinge war also doch nicht so schlimm.

Im weiteren Verlauf des Tages bekam ich ein wenig Hunger und aß drei Scheiben Brot mit Butter und Marmelade. Das Brot war schon reichlich schimmlig, aber zumindest hatte ich etwas zu beißen, und es rutschte auch recht gut. Im Logbuch ist Folgendes verzeichnet:

»18.20 Uhr. Mit Radio Sydney Verbindung aufgenommen. Berichte Sheila über den Vorfall.«

Diese Gespräche, die ich mit Sheila über Funk führen konnte, bedeuteten mir viel. Sie war so ruhig und zuversichtlich wie immer und stellte niemals auch nur für einen Augenblick meinen Entschluss infrage, die Fahrt fortzusetzen. Ich sagte ihr immer wieder, dass ich keinerlei Hilfe nötig hätte. Das Durcheinander in unserem Boot, das so schön aufgeräumt gewesen war, betrübte sie genauso wie mich. Ich konnte mit ihr über alles sprechen, weil sie genau wusste, wo sich jeder einzelne Gegenstand befand. Ich erinnere mich, wie ich ihr von dem schrecklichen Gestank erzählte, einem Gestank wie von verschüttetem Bier, und dass die Vitamintabletten am Kajütdach ihn verursacht hatten. Ich erzählte ihr auch, dass ich für die meisten Sachen an Bord Ersatz hätte und im Laufe der Zeit dazu kommen würde aufzuräumen. Sie gab mir neue Kraft.

»Ich habe verdammt viel Glück gehabt.«

In den Segelanweisungen der Admiralität für Segelschiffe wurde ausdrücklich empfohlen, dass Schiffe, die von Sydney um Kap Hoorn nach England gehen wollen, ungeachtet der Windrichtung nach dem Auslaufen Kurs Südost halten sollten, um Neuseeland südlich zu passieren. Dies war die Klipperroute, und auch die Karten in meinem Buch *Along the Clipper Way* zeigten, dass sie südlich an Neuseeland vorbeiführte; die nördlichste Route verlief durch die Cookstraße zwischen der Nord- und der Südinsel. Aber meine Situation nach dem Kentern verlangte andere Überlegungen. Wäre ich nach Süden gesegelt, hätte ich mitten in einen der aus Süden wehenden Stürme geraten können; das wollte ich jedoch nicht, da ich erst das furchtbare Durcheinander an Bord aufzuräumen gedachte. In der Kajüte lag noch alles wüst umher, Büchsen und Vorräte. Um mir wenigstens einen Weg durch das Trümmerfeld bahnen zu können, musste die Jacht ein Weilchen aufrecht bleiben. Das war nur möglich, wenn ich auf Nordostkurs ging, bis ich mit dem Aufklaren fertig war. Danach, so beschloss ich, wollte ich auf demselben Kurs weiterlaufen und Neuseeland nicht im Süden runden, sondern im Norden. Zudem nahm ich an, dass die Fahrt leichter und das Wetter besser und wärmer sein würde. Gutes Segelwetter brauchte ich nicht nur für das Aufräumen, Sortieren, Stauen und Neuverzeichnen der Vorräte für die sechs Monate, sondern auch, damit ich die Schäden in der Plicht reparieren konnte, von wo aus das von Deck ablaufende Wasser in meine Koje gelangte. Körperlich war ich ganz unten, hauptsächlich deshalb, weil ich seit meinem Auslaufen aus Sydney praktisch nichts gegessen hatte, aber auch, weil ich fast die ganze Zeit seekrank war und mich elend fühlte. Dennoch erholte ich mich allmählich, und allein die viele Arbeit, die zu tun war, ließ mich meinen Jammer zeitweise vergessen, obgleich ich wirklich allen Grund hatte, niedergeschlagen zu sein.

Das Wetter war auch weiterhin rau, aber bis zum Morgen des 1. Februar – es war ein Mittwoch – hatte ich die Jacht wieder in Fahrt. Gesetzt waren ein Trysegel und eine Arbeitsfock. Ich machte das Verdecknetz wieder fest, rettete den gebrochenen Stativfuß meiner Kamera und holte den Bootshaken von der Takelage herunter. Immer noch stürmte es, aber gleichzeitig schien die Sonne, und das Leben sah wieder freundlicher aus. Ich konnte nur langsam arbeiten und verlor oft das Gleichgewicht – wahrscheinlich war ich durch Unterernährung so geschwächt.

Gegen Mittag unterbrach ich die Arbeit, um zu essen. Es wurde ein vorzügliches Mahl aus Kaffee, Toast und Marmelade. Ich passte jedoch dabei nicht auf und verbrühte mich arg, indem ich mir eine Tasse frisch gebrauten Kaffee über Arm und Bein schüttete. Das war meine eigene Schuld, weil ich versucht hatte, auf dem Schwingtisch, auf dem sonst die volle Kaffeetasse stand, Toast zu schneiden. Ich behandelte meine Verletzung mit Natron und gratulierte mir: Es hätte schließlich noch schlimmer kommen können. Nach dem Essen machte ich ein Schläfchen.

Um 13.30 Uhr wachte ich aus tiefem Schlaf und aus einem lebhaften Traum auf: Ich war in Bagdad und hatte dort einen Laden eröffnet. Es war ein höchst realistischer Traum gewesen – ein paar Minuten nach dem Aufwachen glaubte ich immer noch, in Bagdad zu sein. Aber bald kehrte ich wieder auf die *Gipsy Moth IV* zurück, stand auf und machte mich erneut an die Arbeit. Zuerst verarztete ich vier kleine Schnittwunden an meiner rechten Hand und meinen verbrühten rechten Arm. Währenddessen grübelte ich darüber nach, warum nur mein rechter Arm und meine rechte Hand zu Schaden gekommen waren, während mir links nichts fehlte. Der Schlaf hatte mich erfrischt, und so begann ich mit den beiden schlimmsten unter den vielen Arbeiten, die mich erwarteten: Ich reparierte die Schraubenwellenbremse, die wieder einmal nicht richtig funktionierte, und den Auspuffverschluss des Motors, der klemmte und nicht zuging. Ich sagte mir nämlich, dass ich, wenn durch diesen offenen Auspuff Wasser in den Motor gelangte, meine Batterien nicht mehr nachladen konnte. Beide Arbeiten waren mir höchst zuwider. Um das Auspuffventil zu reparieren, musste ich auf dem Bauch liegend und mit hochgestreckten Armen arbeiten. Ähnliche Verrenkungen erforderte die Wellenbremse: Kopf nach unten, Füße neben der Maschine hoch. Die Welle drehte sich rasch, während wir segelten. Ehe ich aus England ausgelaufen war, hatte man mir geraten, dieses Drehen zu verhindern, und ich hatte mir schon viele Gedanken darüber gemacht, wie ich es am besten unterbinden könne. Zuerst probierte ich es, indem ich mich hinter meiner Koje neben den Motor quetschte. Tatsächlich gelang es mir, die Welle vorübergehend zu stoppen. Aber nun hätte ich den Arm zur anderen Seite des Motors strecken und mich dabei über die Welle beugen müssen. Davor hatte ich Angst: Sie konnte sich ja jeden Augenblick wieder drehen und meine Kleidung erwischen. Dann wäre ich hilflos gefangen gewesen. Was also tun?

Endlich kroch ich vom Achterluk aus zur Steuerbordseite des Motors und erledigte von dort aus die Arbeit. Sowohl die Reparatur des Auspuffs wie der der Wellenbremse wurden mir sehr erleichtert durch einen 33-cm-Schraubenschlüssel und eine Universalzange, die man mir in Sydney geschenkt hatte. Immerhin brauchte ich eine Stunde und vierzig Minuten.

Der Sturm schien etwas nachzulassen, obgleich er immer noch mit 30 bis 40 Knoten wehte. Ich fasste die Möglichkeit ins Auge, mehr Segel zu setzen, verzichtete aber darauf und fuhr dafür in meinen Aufräumungsarbeiten fort. Gerne hätte ich mich ausgeruht, aber wichtiger war, alles so ordentlich wie möglich herzurichten für den Fall, dass sich das Wetter wieder verschlechterte. Ich wusste überhaupt nicht, wo ich anfangen wollte. Flaschen, Konservendosen und Tüten mit Trockenobst waren aus den Schubladen gefallen und hatten sich dort angesammelt, wo die Kajütkoje gewesen war, ehe sie zusammenbrach. Sieben große luftdichte Behälter mit Nahrungsmitteln waren in der zweiten Koje aufgestapelt gewesen, die meisten auf das Durcheinander backbords gefallen und geplatzt; der Inhalt hatte sich ringsum verstreut. An Backbord hatten 16 volle Behälter gestanden; sie waren ebenfalls aufgegangen, und alles war auf das Obst und Gemüse auf dem Boden gefallen. Ich begann mit dem Aufräumen auf Steuerbord und arbeitete zweieinhalb Stunden, um die Sachen wieder in der Koje, in drei Schnapps und drei Banktruhen zu verstauen. Dabei fand ich etwa ein halbes Dutzend verfaulter Äpfel und Zitronen. Ein Gutes hatte also die Katastrophe: Ich konnte die verdorbenen Sachen aussortieren. Das ganze Brot war verschimmelt; ich beschloss es nochmals aufzubacken, aber diese Arbeit verschob ich auf den nächsten Tag. Für heute reichte es mir. Ich kroch in meine Koje.

Als ich am nächsten Morgen (2. Februar) die Sonne nahm, machte ich die niederdrückende Feststellung, dass ich erst 124 Meilen von Sydney entfernt war – wohl ein Rekord im Langsamsegeln. Die Wettervorhersage versprach, dass der Seegang langsam nachlassen und Wind aus Südost aufkommen würde, was zumindest besser war als ein voraus einkommender Wind. Es blieb mir nichts anderes übrig, als mit dem Aufklaren weiterzumachen. Ich begann mit dem Durcheinander auf der Backbordseite der Kajüte, was schwieriger war als die Arbeit auf Steuerbord, weil die Jacht etwa 35 Grad nach Backbord überlag, sodass man sich dort kaum bewegen konnte. Ehe ich mit dem Aufräumen anfangen konnte, musste ich mir erst einmal Platz schaffen, um überhaupt stehen zu können. Einige Behälter waren recht schwer – in einem befanden sich sieben Kilo Vollkornmehl.

Die Arbeit in diesem Durcheinander von Nahrungsmitteln und Vorräten war wie eine Art Krabbeln im Glückshafen. Das Interesse, etwas Überraschendes zu finden, hielt meinen Arbeitseifer wach. Ich entdeckte Eier, die in Behältern aus Plastikschaum verpackt waren, und stellte zu meiner Verblüffung fest, dass nur zwei von ihnen zerbrochen waren. Mir reichte schon der Brei, den diese beiden Eier bildeten – wie hätte es erst ausgesehen, wenn alle Eier zerbrochen wären! Es war für mich nicht nur befriedigend, dass allmählich wieder Ordnung in die Kajüte kam, sondern ich war erleichtert, dass die Eier heil waren, denn Eier sind für mich eines der wertvollsten Nahrungsmittel, und auf der Fahrt nach Australien hatte ich unter dem Verlust meiner Eier schwer gelitten.

Zwanzig Hübe genügten, die Bilge zu lenzen. Das war beruhigend. Mehr Arbeit machte das Wasser in der Vorpiek, das ich mit einem langen Rohr herauszusaugen hatte. Wahrscheinlich drang es durch ein Leck an Deck in die Piek ein.

Erfreut war ich, dass die Bilge so trocken blieb, denn eine geflutete Bilge hätte das Funkgerät gefährden können. Merkwürdige Dinge tauchten auf – oder auch nicht. Einer der Gegenstände, deren Verschwinden ich mir überhaupt nicht erklären konnte, war eine Thermosflasche. Irgendwo musste sie sein, aber ich fand sie nirgends. Problematisch war es, die Teller und das Besteck in der Bilge zu bergen, denn sie waren nur mit einem zwei Meter langen Stock zu erreichen. Ich ließ sie zunächst, wo sie waren, und nahm mir vor, mir die Sache erst noch einmal durch den Kopf gehen zu lassen.

Dann kam die Plicht dran. Dies war eine vordringliche Arbeit, denn durch die beschädigte Plicht lief jedes Mal Wasser auf die Koje, wenn ein Brecher über Deck ging. Allerdings musste ich erst auf eine Wetterbesserung warten, um an Deck Reparaturen vornehmen zu können. Mein Schlafsack und meine Decken waren klatschnass. In der ersten Aufregung nach der Kenterung hatte ich das kaum bemerkt, aber nun machte es mir wenig Spaß, weiterhin in nassen Sachen schlafen zu müssen. Also flickte ich die Plicht provisorisch mit einer Abdichtungsmasse und einer Plastikfolie in der Hoffnung, dass dies halten würde, bis mir etwas Besseres einfiel.

Als die Nacht heraufkam, zog ich für die Zeit seit dem Auslaufen aus Sydney eine erste Bilanz. Das Ergebnis war nicht sonderlich ermutigend. Das Boot war nur noch ein klägliches Durcheinander, und insgesamt hatte ich erst 185 Meilen zurückgelegt. Vier Tage lang war die Jacht hin und her geworfen worden, sodass ich den Kurs des Bootes und seine Geschwindigkeit praktisch kaum beeinflussen konnte. Mir hing alles zum Hals heraus. Und doch – das Wichtigste, blieb schließlich, dass die *Gipsy Moth* noch klar war. Sie hatte sich fast auf den Kopf gestellt und doch von selbst wieder aufgerichtet. Sie hatte also etwas überstanden, das nur wenige Jachten überleben, und war noch durchaus segeltüchtig. Die See blieb weiterhin grob, aber zumindest hatte der Wind nachgelassen, und selbst wenn die Beruhigung nicht lange dauerte, war es doch eine Erleichterung, eine Zeit lang nicht das ermüdende drohende Pfeifen und Heulen in der Takelung hören zu müssen. Die Tasmansee war jetzt ungefähr in dem gleichen Zustand, in dem ich sie 1931 bei dem ersten Alleinflug von Neuseeland nach Australien kennen gelernt hatte. Es waren dieselben blauschwarzen Wolken, und ehe die Dunkelheit hereinbrach, schossen wie damals von Zeit zu Zeit Bündel von Sonnenstrahlen schräg vom unteren Rand der Wolken aufs Meer hinab.

Zweifellos hatte ich verdammtes Glück gehabt. »Und dennoch«, so schrieb ich ins Logbuch, »könnte ich nicht deprimierter sein. Alles auf dieser Fahrt schien schief zu gehen. Sie ist mir zuwider geworden, und ich habe Angst. Nun gehe ich nördlich um Neuseeland herum, während in den Handbüchern der Admiralität ausdrücklich gesagt wird, dass man ungeachtet der Windrichtung südlich segeln sollte. Das macht mir Sorgen.« In den vergangenen vier Tagen hatte ich offensichtlich überhaupt nichts erreicht. Aber wenn ich nach Süden gegangen wäre und versucht hätte gegen diesen Wind anzulaufen, wäre ich ja auch nirgends hingekommen. Zumindest hatte ich das Boot nahezu zur Hälfte aufgeräumt und einiges repariert. Ich schnitt den Schimmel von vier Brotlaiben weg und backte sie dreißig Minuten lang wieder aus. Dann legte ich mich in die Koje und hoffte, dass mein Bettzeug von nun an trocken bleiben würde.

Zehn Stunden schlief ich – und als ich aufwachte, schien die Sonne. Ich frühstückte und legte mich nochmals in die Koje. Danach fühlte ich mich sehr viel besser. Die See hatte sich etwas beruhigt, und so war es möglich, an Deck zu arbeiten. Ich setzte das Genuasegel neu und schüttelte das Reff aus dem Besan. Als Nächstes musste ich das Großfall und das Standerfall auseinander bringen, die sich verwickelt hatten – immer habe ich Ärger mit dieser Standerleine.

In die Vorpiek sickerte anscheinend ständig Wasser ein. Ich musste einen dickeren Schlauch nehmen, um das Wasser herauszubekommen. Danach reparierte ich die zerbrochene Plichtwand nochmals mit der Dichtungsmasse und befestigte mit Reißnägeln und Heftpflaster an den Rändern eine Plastikfolie darüber. »Lange wird das nicht halten«, dachte ich, aber immerhin war es besser als nichts. Am Samstag, dem 4. Februar, war ich nur noch hundert Meilen von meiner geliebten Lord-Howe-Insel entfernt. Ich lief fast genau südlich der Insel. Dort hatte ich seinerzeit mein *Gipsy Moth*-Wasserflugzeug repariert, als es auf dem Flug von Neuseeland nach Australien zu Bruch gegangen war. Ich hatte große Sehnsucht nach der freundlichen Insel. Gern hätte ich sie angelaufen.

Die See war verhältnismäßig ruhig. Deshalb setzte ich das Großsegel, nachdem ich einen verbogenen Rutscher im Schraubstock wieder hergerichtet hatte. Nach einem bewölkten Vormittag wurde der Nachmittag schön und warm; bis zur Kimm war der Himmel tiefblau. Das war genau das richtige Wetter, um nach meinen letzten Ausrüstungsgegenständen in der Bilge zu fischen. Ich befestigte einen kleinen Plastikeimer am Ende eines sechs Fuß langen Standerstocks, und so gelang es mir, drei Schüsseln, eine Tasse und einen zerbrochenen Krug herauszuangeln. Dann machte ich mich wieder daran, die Backbordseite der Kajüte aufzuräumen – diese Arbeit wollte kein Ende nehmen. Ich musste den Inhalt von fünfzehn großen Tupperwarebehältern neu verstauen und alles aufschreiben, damit ich genau wusste, wo ich die Dinge wieder finden konnte. Darauf sicherte ich eine Seite der Koje an vier Stellen mit doppelgeschlagenem, geflochtenem Tau. Am liebsten hätte ich alles angelascht, was nicht niet- und nagelfest war, aber kam dann doch zu der Einsicht, dass dies zum gegenwärtigen Zeitpunkt ein allzu mühseliges Unterfangen sei.

Dort, wo die Flasche zersplittert war, zog ich eine Menge Glasscherben aus der Kajütdecke. Zu meiner Überraschung stellte ich fest, dass ich, wenn ich mich über die Seite der Jacht lehnte, das von Warwick angesetzte Kielstück sehen konnte – es schnitt durch das Wasser wie die Rückenflosse eines Haifischs.

Am Abend des Samstags konnte ich mich lange über Funk mit Sheila unterhalten, die mir berichtete, dass die *Himalaya* der P & O in der Nähe von Sydney in der gleichen Nacht, in der ich gekentert war, um 22.20 Uhr von einem riesigen Brecher getroffen und beschädigt worden sei. Zweifellos war das die gleiche Woge, die mich zum Kentern gebracht hatte.*

Als ich in den Passatgürtel kam, mit allgemeinem Kurs Südost zu Ost, sah es zunächst so aus, als ob mein Entschluss, Neuseeland im Norden zu runden, falsch gewesen sei. Doch sobald sich die See von der Zyklone beruhigt hatte, kam die Sonne heraus, und obgleich ich die ganze Zeit über hart am Wind segelte, machte die Jacht einen Tagesdurchschnitt von 134 Meilen. Gelegentlich ging die See hoch, und dann wurde die *Gipsy Moth* auf etwa 3 Knoten verlangsamt. Aber in solchen Fällen tröstete ich mich mit dem Gedanken, dass das Boot auf dem Weg nach Sydney unter ähnlichen Bedingungen zum vollständigen Stillstand gekommen wäre. Ein wenig überrascht war ich, keine Fliegenden Fische mehr zu sehen. Als ich 1931 über dieses Meer geflogen war, waren jedes Mal, wenn ich tief herunterging, Schwärme von Fliegenden Fischen aus dem Wasser aufgetaucht; jetzt aber sah ich nicht einen einzigen.

Am Mittag des 5. Februar – es war Sonntag – befand ich mich fast genau in der Mitte zwischen Sydney und dem Kap Maria Van Diemen an der Nordwestspitze der Nordinsel von Neuseeland. Nach beiden Seiten betrug die Entfernung etwa 550 Meilen. Also hatte ich in einer ganzen Woche nur 550 Meilen hinter mich gebracht. In meinem Logbuch steht:

»550 Meilen in einer Woche ist für mich ein Rekord im Langsamsegeln. Für 185 von diesen 550 Meilen haben ich volle vier Tage gebraucht – ein Durchschnitt von 46 Meilen pro Tag! Dennoch lebe ich noch und bin munter, und ich glaube, dass das die Hauptsache ist.«

* Staff Captain Adie vom Passagierlinienschiff *Himalaya* (28 000 BRT) soll gesagt haben: »Chichester kann die verdammte Tasmansee für sich alleine haben.«

Während dieser Tage hatte ich wieder einmal Ärger mit der Selbststeueranlage. Sie konnte das Ruder offenbar nicht richtig legen. Viele Stunden quälte ich mich mit ihr ab. Ich weiß heute, dass die Schwierigkeiten auf zwei völlig verschiedene Ursachen zurückgingen; eine hatte mit der Ruderautomatik überhaupt nichts zu tun. Am 5. Februar schrieb ich ins Logbuch:

»Dann fand ich heraus, dass der von mir gewünschte Kurs, etwa mit 47½ Grad am wahren Wind bei einer Geschwindigkeit von 5¼ Knoten, am kritischsten war; jedes Mal, wenn ich den Segeltrimm bei ausgekuppelter Ruderautomatik ausbalancierte und das Boot sich selbst überließ, schoss es entweder in den Wind und blieb liegen, oder es fiel auf 65 Grad oder mehr vom Wind ab und lief dann mit hoher Fahrt, aber immer auf einem Kurs, der um 30 Grad vom geplanten abwich.«

Der Bootskörper war so geformt, dass nicht, wie ich glaubte, der von mir eingeschlagene Kurs von 47½ Grad aus dem wahren Wind der kritische Faktor war, sondern der Neigungswinkel. Wenn der Wind so auffrischte, dass das Boot zwei oder drei Grad mehr Schlagseite bekam, rutschte das Vorschiff der Jacht einfach quer über das Wasser ab, bis sie 30 oder 40 Grad leewärts zur Richtung lief, in die ich steuern wollte; sobald dieser Winkel erreicht war, kam das Boot in Fahrt und lief mit hoher Geschwindigkeit in diese falsche Richtung. Wenn jedoch der Wind so weit abflaute, dass der Neigungswinkel sich um zwei oder drei Grad verringerte, bewirkte die Form des Bootskörpers, dass das Boot sofort anluvte, bis es schließlich genau im Wind lag und keine Fahrt mehr machte. Später, als ich die Ursache dieser zweiten schlechten Gewohnheit der *Gipsy Moth* endlich erkannt hatte, fand ich heraus, dass die einzige Möglichkeit, mit ihr fertig zu werden, darin bestand, die Segel so zu trimmen, dass sie nicht auf den kritischen Neigungswinkel kam – anders gesagt, ich musste sie so segeln, dass die Lage unter oder über dem kritischen Wert lag.

Die zweite Schwierigkeit mit dem Selbststeuern ging darauf zurück, dass das Ruderblatt der Automatik mit all dem Drum und Dran kopflastig war. Infolgedessen stand es nicht lotrecht im Wasser, sondern drohte stets nach der einen oder anderen Seite umzuschlagen. Bei leichten Winden genügte der Druck der Windfahne nicht, dieser Tendenz entgegenzuwirken. Ich experimentierte mit Leinen, die ich auf jeder Seite des Ruders so anschlug, dass es senkrecht stand. Wenn jetzt die Windfahne den Kurs des Bootes ändern wollte, musste sie zuerst die Spannung dieser Leinen überwinden, um das Ruder legen zu können. Später ersetzte ich die Leinen durch vier Stoßvorläufer auf jeder Seite, die beiderseits der Heckkanzel angeschlagen waren. Damals hatte ich noch nicht herausgefunden, was hinter den Launen der Selbststeueranlage steckte. Ich probierte ein Mittel nach dem anderen, ohne jeden Erfolg. Zunächst nahm ich an, dass möglicherweise das Gegengewicht der Windfahne zu schwer war, und ersetzte es durch ein leichteres Gewicht – vergebens. Dann ölte ich das Schneckengewinde, das mir zu klemmen schien. Ich probierte es damit, dass ich die Selbststeuerung vom Ruder löste und die Segel trimmte, ehe ich die Automatik wieder anschloss. (Seit Warwick den Kiel verbessert hatte, ließ sich die Segeltrimmung der *Gipsy Moth* wenigstens für kurze Zeit ausbalancieren.) Ich versuchte auch, das Ruder der Automatik auszubalancieren und dann die Selbststeuereinrichtung mit der Pinne zu verbinden, aber sobald ich das tat, lief das Boot aus dem Kurs und ging entweder in den Wind oder vor den Wind. Es war wirklich zum Verrücktwerden! Dennoch probierte ich beinahe Tag und Nacht alles aus, was mir nur irgendwie einfiel. Nur so wurde die Selbststeueranlage allmählich doch leistungsfähiger. Am 20. Februar befestigte ich die Stoßvorläufer am Oberteil der Ruderautomatik, sodass sich, wie schon vorhin geschildert, das Ruder wieder von selbst einstellte. Dies bedeutete jedoch, dass die Windfahne den Zug der Stoßvorläufer überwinden musste, ehe sie das Ruder legen konnte. Natürlich sah alles anders aus, als ich endlich die Sache mit dem kritischen Neigungswinkel entdeckte. Vorher hatte ich immer, wenn die *Gipsy Moth* leewärts aus dem Kurs lief, die Selbststeueranlage verflucht, da ich annahm, sie könnte das Boot nicht auf dem richtigen Kurs halten; in Wirklichkeit war dieses Abgleiten nach Lee durch die Form des Bootskörpers bedingt und ging keineswegs auf das Konto der Selbststeueranlage.

Vielleicht war es navigatorisch ein Fehler von mir, Neuseeland nicht im Süden zu runden, aber wie Sheila mich in einem unserer Funkgespräche tröstete, hatte ich wenigstens die Möglichkeit, mich bei warmem Wetter und verhältnismäßig ruhiger See richtig zu erholen. In der Nacht des 6. Februar, eines Montags, musste ich mich von Sheila verabschieden. Sie verließ Australien und flog über Hongkong nach England zurück. Ich war traurig, von nun an nicht mehr mit ihr über Funk sprechen zu können. Am nächsten Morgen gab ich mir das seelische Gleichgewicht dadurch wieder, dass ich mich rasierte. Dies war meine erste Rasur seit dem Auslaufen aus Sydney; ich war froh, die Stoppeln im Gesicht loszuwerden. Das Rasieren war eine mühselige Angelegenheit. Sechsmal musste ich anhalten und den Rasierapparat reinigen, weil er sich verstopft hatte und nicht funktionieren wollte. Die Rasur, die übliche Standortbestimmung, das Herrichten der Ruderautomatik, das Lenzen der Vorpiek und das Frühstücken nahmen den ganzen Vormittag ein. Den Rest des Tages verbrachte ich damit, die Plicht besser in Ordnung zu bringen. Es war eine unbefriedigende Sache; an allen Ecken und Enden hatte ich Schwierigkeiten. Ich musste das ganze Boot nach Material für die Reparatur durchsuchen, und das Handhaben der Werkzeuge war bei der starken Schlagseite recht schwierig. Ich blieb jedoch bei der Sache und arbeitete stundenlang, wenn auch mit vielen Unterbrechungen.

Donnerstag (9. Februar) war ein erfreulicher Tag. Der Wind drehte, und zum ersten Mal, seit ich aus Sydney ausgelaufen war, machte das Segeln Spaß. Das Wetter war angenehm und warm; bei der Arbeit auf dem Vordeck trug ich nur Shorts. Ich passierte Norfolk Island 135 Meilen südlich; diese Insel hatte ich auf meinem Flug 1931 besucht. Über Funk setzte ich mich mit Norfolk Island in Verbindung, um mitzuteilen, wie Leid es mir tat, dort keinen Besuch abstatten zu können. Der Administrator, Reginald Marsh, sandte mir eine ermunternde Botschaft des Inhalts: »Wir haben das Gefühl, dass Sie noch immer ein bisschen zu uns gehören, weil sich noch viele Bewohner der Norfolk-Insel daran erinnern, wie 1931 mit Ihnen der erste Besucher im Flugzeug eintraf.«

Ich sah ein Flugzeug der Royal New Zealand Air Force, das wie eine der Fliegenden Festungen des Zweiten Weltkriegs aussah, stellte jedoch fest, dass auf dem Seitenleitwerk US stand. Die Maschine schien ein zu fettes Kraftstoffgemisch zu fliegen, denn die Motoren hinterließen dicke schwarze Rauchfahnen. Ich fragte mich, ob die Motoren auch in Ordnung seien, und machte mir ein wenig Sorgen, ob ich wohl die ganze Mannschaft bei mir an Bord unterbringen könnte, wenn sie auf hoher See aussteigen müssten. Es passierte jedoch nichts. Die Maschine flog ein halbes Dutzend Mal über die *Gipsy Moth* hinweg und entfernte sich dann wieder. Ich sah darin eine freundliche Geste, mit der Neuseeland mich grüßte.

Am nächsten Morgen passierte ich das Nordkap, die Nordwestspitze von Neuseeland, in einer Entfernung von etwa 90 Meilen. Ich hatte seit dem Auslaufen aus Sydney rund 1300 Meilen zurückgelegt; bis Kap Hoorn waren es noch 5400 Meilen. Die *Gipsy Moth* machte nun mehr Fahrt und kam gut voran, obgleich sie durch den vergrößerten Kiel etwas gebremst wurde. Aber da ich Australien später verlassen hatte als ursprünglich geplant und in der ersten Woche nur eine geringe Strecke zurückgelegt hatte, schätzte ich, dass ich Kap Hoorn mindestens drei Wochen später erreichen würde, als ich gehofft hatte. Das ließ sich jedoch nicht ändern, und so fuhr ich in meiner Absicht fort: Ich backte den letzten Brotlaib aus Sydney zum zweiten Mal auf, weil er schon wieder schimmelig geworden war, malte die reparierte Stelle der Plichtwand an und suchte auf dem Verdeck nach Lecks, die ich mit Dichtungsmasse verstrich. Ich säte Kresse, um Grünzeug zu haben, wenn ich Kap Hoorn erreichte, und befestigte an der Heckkanzel vier Rollen, um eine bessere Führung für die Leinen der Ruderautomatik zu haben.

Radio Oakland strahlte eine Warnung aus mit der genauen Position eines Holzstammes, der auf hoher See trieb. Ich notierte mir die Angaben sorgfältig. Schon immer waren Stämme und Bäume, die durch die Flut weggetrieben waren, in den Gewässern vor Neuseeland eine Gefahr für kleinere Schiffe. Eine Kollision mit einem solchen Stamm konnte eine Jacht leicht zum Sinken bringen.

Am Sonntag, dem zweiten Sonntag seit meinem Auslaufen aus Sydney, erlebte ich eine kleine Freude: Ich fand die vermisste Thermosflasche wieder. Sie kam ans Licht, als ich mein Bettzeug zum Lüften an Deck brachte – sie hatte nämlich unter der Matratze gelegen! Entweder war mein Schlaf wirklich so tief oder die Matratze so dick und weich, dass ich nichts gemerkt hatte. Bei der Thermosflasche war allerdings die gläserne Isolierung zertrümmert. Die Öffnung durch die die Flasche geflogen sein muss, als sie von der entgegengesetzten Seite der Kajüte herübergeschleudert wurde, ist nur 42 Zentimeter breit und befindet sich fast genau neben meinem Kopf, wenn ich in der Koje liege – ich war froh, dass die Flasche mich nicht getroffen hatte. Im Decksbalken unmittelbar über meinem Kopf entdeckte ich eine deutliche Vertiefung. Dort muss die Thermosflasche aufgeschlagen sein.

Um sicher zu sein, dass alle anstehenden Arbeiten auch erledigt wurden und nichts über einer neuen kritischen Situation vergessen wurde, schrieb ich mir täglich in einer Liste auf, woran ich zu denken hatte. Diese Liste nannte ich meinen »Dienstplan«. Vielleicht ist es interessant, den »Dienstplan« für diesen Abschnitt der Fahrt anzuführen:

Dienstplan

Wassertankleitung prüfen
Schapp in der Plicht mit einer Haspe absichern (ich habe für diese Arbeiten dann allerdings ein Ende verwendet)
Preventer an den Kombüsenschubladen anbringen
Fahne der Ruderautomatik ohne zusätzliches Bleigewicht ausprobieren
Taklinge der Leinen für Ruderautomatik erneuern
Wasserstand in der Maschine prüfen
Standerstock stauen
Pinnentalje zur Kajüte anbringen

Dem Ruder der Automatik mehr Spielraum lassen
Solidere Reparatur der Plicht, um Wasser abzuhalten
Generatorriemen prüfen
Backskiste in der Plicht trocken legen
Hecklüfter an trockenen Tagen öffnen
Dafür sorgen, dass die Dosen in den Kajütsofas nicht mehr herausfallen
Gewindeschneider absprühen
Steuerbordbugnetz reparieren
Steuerborddeckslüfter stoppen
Großbaumdirk
Senf und Kresse aussäen
Kursabweichungsanzeiger mit Ruderautomatik verbinden
Leuchtpistole reinigen
Aufholer, Niederholer, Ausholer und Dirkn klarieren
Mehr Haken in der »Garderobe«
Mich mit den Resten des Decksnetzes beschäftigen
Vertörnte Leine für Hecktreibanker klarieren
Belichtungsmesser prüfen
Verklemmten Großschotleitwagenstopper gangbar machen
Taljereeps an Winschkurbeln anstecken
Brennspiritusbehälter und -flasche nachfüllen
Achterliek des Genuasegels strecken
Kopf des Großsegels, der außenbords in Backstag verwickelt ist, freimachen
Obst und Wasser nachsehen
Weizenkeime säen
Pennant für Fockfall richten
Taljereep für Schnappschäkel richten
Kasten des Fliegersextanten trocknen
Sack mit Winterwollsachen trocknen
An ruhigen Tagen den Mast hinauf, um die Salinglampe zu richten
Möglichkeit ausdenken, um bei Lage das Kissen in der Koje festzuhalten
Stauraum unter der Sitzbank neben meiner Koje trocknen

Taljereep für Bilgepumpenhandgriff richten
E.-L.-Spill einsprühen
Nebelhorn prüfen
Außenbords am Spinnakerbaum statt Talje ein Ende anstecken
Taljereeps für Reffkurbeln richten
Schamfilzschutz am Besansegel reparieren
Bei ruhigem Wetter möglichst Lecks über der Vorpiek abdichten
Größere Pennants an den Vorsegelfallen einsetzen
Schamfilzschutz an den Wanten anbringen
Ausholer am Besansegel reparieren
Für Trysegeltaljen verwendete Klampen entfernen
Leck am Fußende meiner Koje abdichten
Sturmfockschoten riggen
Bolzen und Stift bei der Ruderautomatik erneuern, sobald Wetter das zulässt
Verbogene Schäkel des Sturmstagsegels reparieren
Wasserdichte Lampe anbringen
Auf dem Vordeck eine neue Unterbringung für Inspektionslampe vorsehen
Die Fallen des Stagsegels lösen, die um die Stagen vertörnt sind
Kursabweichungsanzeiger prüfen
Inspektionslampe verstärken
Geteertes Garn für Schamfilzpolster-Bändsel herrichten
Nicht funktionierende Harrier-Einrichtung (Geschwindigkeitsmesser) unter Wasser inspizieren
Besansegel dritten Rutscher von unten in Stand setzen
Losen Bolzen der Blockscheibe an der Nagelbank reparieren
Decksbolzen der Heckkanzel scheint lose zu sein
Taklinge aller Signalleinen erneuern

Diese Liste ist natürlich bei weitem nicht eine vollständige Aufzählung aller Arbeiten, die auf der *Gipsy Moth* zu erledigen waren, eher könnte man sie ein Verzeichnis der Sonderarbeiten nennen. Nicht angeführt sind das Segelsetzen und -bergen, die Arbeit am Funkgerät, die Reparatur der Selbststeueranlage, das Navigieren, die ganze Routinearbeit in der Kombüse und all die zermürbenden Arbeiten, die nach dem Kentern des Boots notwendig waren. Einige der hier angeführten Arbeiten – so die Reparatur der Plicht – beanspruchten mehrere Tage. Dennoch gibt mein, wenn auch unvollständiger, »Dienstplan« eine Vorstellung von den Mühen, die das Überqueren eines Ozeans im Alleingang erfordert.

Zudem arbeitete ich, nachdem ich Norfolk Island passiert hatte, zwei, drei Wochen daran, mich auf ein zweites Kentern vorzubereiten. So laschte ich die losen Deckel aller Truhen in der Kajüte fest, damit die hunderte von Dosen, Flaschen und alles Werkzeug darin nicht wieder über den ganzen Raum verstreut werden konnten. Es war ein schwieriges Problem, die Deckel so festzusetzen, dass sie sich im Notfall leicht lösen ließen. Endlich fand ich die Lösung: Ich bohrte eine Menge Löcher, sodass ich Zwei-Zentimeter-Leinen in dem Fach darunter verankern, dann die Leine durch die ein Loch an dem Ende des Deckels hindurchziehen und den Deckel dadurch sichern konnte, dass ich die beiden Enden miteinander verknüpfte. Ferner machte ich alle Winschen und Reffkurbeln mit Leinen fest, sodass sie nicht über Bord gehen konnten. Immer wieder schaute ich mir das ganze Boot an und befestigte nach Möglichkeit alles, was einen Schaden verursachen oder Ärger machen konnte, wenn es sich beim Überlegen des Bootes löste.

Am gefährlichsten war die Sitzbank mit dem schweren Werkzeug (Schraubstock, große Schraubenschlüssel usw. sowie ein 10-Kilo-Bleigewicht), da diese Sachen im Falle eines Kenterns den schwersten Schaden verursachen konnten. 130 Konservenbüchsen musste ich aus einer anderen Truhe nehmen, ehe ich mit der Arbeit beginnen konnte. Aber, wie ich ins Logbuch schrieb:

»Der Gedanke, dass der Inhalt all dieser Truhen krachend gegen die Decke prallen könnte, verursacht mir eine Gänsehaut.«

Zwei Donnerstage

Ich hatte nun ein gewaltiges Stück Pazifik vor mir, 5000 Meilen in der einsamsten Gegend der Welt. Die Menschheit hat fast die ganze Dauer ihrer Geschichte gebraucht, um zu entdecken, wie riesig groß der Pazifik ist – fast bis ans Ende des 18. Jahrhunderts konnten es die Geografen einfach nicht glauben, dass es so viel Meer gibt. Immer wieder behaupteten sie, die Erdkugel brauche unbedingt einen großen Südkontinent, um »im Gleichgewicht« bleiben zu können. Dem Engländer James Cook blieb es vorbehalten, die Existenz dieses imaginären Kontinents zu widerlegen. Aber selbst nachdem Cook bis dorthin vorgestoßen war, wo angeblich Land sein sollte, brachten es manche Leute nicht über sich, ihm zu glauben. Jeder, der heute in jenen Gegenden segelt, wird der großen Seeleute des 16., 17. und 18. Jahrhunderts gedenken, die hier mit ihren oft so zerbrechlichen Schiffen ins Unbekannte gefahren sind, an die Stelle von Seemannsgarn und Sagen geografische Tatsachen gesetzt und so das Wissen des Menschen von seiner Welt gemehrt haben: Magellan, Drake, Anson, Fernandez de Quiros, Dampier, Bougainville und vor allem Cook. Mit diesen Männern teilte ich nun das Meer und die Stürme. Sie allerdings waren einer weiteren fürchterlichen Gefahr ausgesetzt gewesen, die mir erspart blieb – dem Skorbut. Ich habe viele Berichte über den Skorbut gelesen, als ich das Material für mein Buch *Along the Clipper Way* zusammentrug – einen schrecklichen Bericht nach dem anderen. Der schlimmste, den ich kenne, findet sich in Ansons Aufzeichnungen seiner *Reise um die Welt*. Es lohnt sich, sie noch einmal zu lesen, und sei es auch nur, um zu zeigen, dass der Mensch zumindest in mancher Richtung Fortschritte gemacht hat. Hier ein Auszug aus Ansons Notizen:

»Bald nachdem wir die Meerengen von Le Maire passiert hatten, begann der Skorbut bei uns aufzutauchen, und unser langer Aufenthalt auf See, die Müdigkeit, die uns erfasst hatte, und die verschiedenen Enttäuschungen, die uns bereitet worden waren, bewirkten, dass er sich in einem solchen Grade ausbreitete, dass Ende April (1741) nur noch wenige an Bord waren, die nicht leichter oder schwerer von dieser Erkrankung erfasst waren. In jenem Monat starben nicht weniger als 43 Mann an Bord der *Centurion* an Skorbut. Wir hatten gedacht, dass die Krankheit damit eine außergewöhnliche Höhe erreicht hatte, und hofften, sie werde nachlassen, je weiter wir nach Norden kämen. Stattdessen mussten wir feststellen, dass wir im Monat Mai fast die doppelte Anzahl Männer verloren – und da wir erst Mitte Juli an Land gingen, stieg die Sterblichkeit weiter an, und die Krankheit breitete sich so rasch aus, dass wir nach dem Verlust von mehr als 200 Mann schließlich nur noch sechs Männer vom Vorkastell zu einer arbeitsfähigen Wache zusammenstellen konnten.

Diese Krankheit, die so häufig bei langen Reisen auftritt und uns so verderblich wurde, ist sicher die eigenartigste und am wenigsten berechenbare aller Krankheiten, die den menschlichen Körper befallen. Ihre Symptome sind zahllos und ganz verschieden, ihr Fortschreiten und ihre Wirkung äußerst unregelmäßig. Denn kaum zwei Menschen haben Beschwerden, die einander genau gleichen, und wenn bei den Symptomen eine gewisse Gleichförmigkeit festzustellen ist, dann ist die Reihenfolge ihres Auftauchens völlig unterschiedlich. Aber wenn auch der Skorbut häufig die Form vieler anderer Krankheiten annimmt und deshalb nicht durch irgendwelche ausschließlichen und unfehlbaren Kriterien zu beschreiben ist, gibt es doch Symptome, die häufiger vorkommen als die übrigen; die am häufigsten vorkommen, verdienen eine besondere Aufzählung. Diese häufigen Erscheinungsformen sind große verfärbte Flecken, die über die ganze Oberfläche des Körpers verteilt sind, geschwollene Beine, stinkender Rachen und vor allem eine außergewöhnliche Müdigkeit im ganzen Körper, besonders nach einer Anstrengung sei diese auch noch so gering;

diese Müdigkeit führt schließlich zu Ohnmachtsanfällen oder gar zum Tode schon bei der kleinsten Anstrengung oder auch nur bei einer geringen Bewegung.

Außerdem geht mit dieser Krankheit Hand in Hand eine merkwürdige Niedergeschlagenheit mit Schüttelfrost und einer Neigung, schon beim geringsten Vorfall von tödlichem Entsetzen erfasst zu werden. Und höchst bemerkenswert ist, was sich aus all unseren Erfahrungen mit dieser Krankheit zusammenfassen lässt: dass nämlich alles, was unsere Männer entmutigte oder ihre Hoffnung sinken ließ, unfehlbar der Krankheit neue Kraft verlieh, wobei dadurch gewöhnlich jene zu Tode kamen, die sich in den letzten Stadien der Krankheit befanden, jene aber, die zuvor noch zu einer Arbeit fähig gewesen waren, in ihre Hängematten verdammt wurden – sodass es den Anschein hat, als ob geistige Beweglichkeit und fröhliche Gedanken ein nicht zu verachtender Schutz vor der tödlichen Verderblichkeit dieser Krankheit sind.«

Meine vegetarische Diät, meine Kresse, mein Zitronensaft, die durch die Leiden der Seeleute von einst gewonnenen Erkenntnisse – all das schützte mich vor dem Skorbut. Ich musste dafür sehr dankbar sein.

Nachdem ich die Tasmansee nördlich von Neuseeland verlassen hatte, musste ich mich wieder nach Süden halten, um mich dem 40. Breitengrad zu nähern. Mochte ich auch einen Fehler gemacht haben, indem ich Neuseeland im Norden gerundet hatte, so sagte ich mir doch, dass mir dafür wenigstens ein bisschen schönes Wetter vergönnt gewesen war und ich mich für all das Schwere etwas hatte erholen können, das, wie ich wusste, mir bald bevorstand.

Am 13. Februar sah ich eine Stunde nach Mitternacht ein Tier, das ich zunächst für einen Fisch hielt, aber im Licht meiner Lampe erkannte ich dann, dass es irgendeine schreckliche Art von Qualle sein musste. Sie ähnelte einem durchsichtigen, etwa meterlangen Aal, mit einer Reihe brauner Flecken, die in gleichmäßigen Abständen über den Rücken verteilt waren. Das Tier entfernte sich langsam schlängelnd. Ringsum gab es Milliarden leuchtender Lebewesen allenthalben in der Tiefe – Lichtpunkte, die erloschen, sobald ich mit meiner Lampe hinleuchtete.

Am nächsten Morgen hörte ich ein Geräusch, das an schwaches Gewehrfeuer erinnerte, und sah hunderte von kleinen Tümmlern in die Luft springen. Das Geräusch entstand, wenn sie auf die fast ruhige Wasserfläche aufklatschten. Bis zum Mittag hatte ich innerhalb der letzten drei Tage nur 180 Meilen gemacht. Ich war mit leichtem Ostwind hoch am Wind gesegelt. Ich fragte mich, ob ich diese Ostwinde wohl deshalb hatte, weil ich zu nahe unter der Nordostküste von Neuseeland segelte.

Am Mittag des 14. war ich nur 100 Meilen vom Ostkap Neuseelands entfernt. Nach der Wettervorhersage herrschten 60 Meilen südlich von mir Westwinde. Dies bedeutete für mich eine wahre Tantalusqual; ich versuchte, nach Süden zu kommen, wann immer sich eine Gelegenheit dazu bot. Am Mittwoch, dem 15. Februar, hatte ich Waschtag: Ich wusch Hemd und Shorts. Dabei probierte ich etwas Neues aus, indem ich die Wäsche zuerst in heißem Seewasser kochte und wusch, dann in Seewasser spülte und sie zum Schluss mit Frischwasser spülte, um das Salz herauszubekommen. Dadurch sparte ich Süßwasser. Meine Methode ließ sich gut an.

Als ich mich dem 180. Längengrad und damit der Datumsgrenze näherte, hatte ich ein wunderbares Segelwetter; ich schaffte von Mittwochmittag (15. Februar) bis Donnerstagmittag (16. Februar) 217 Meilen. Dies war der erste Donnerstag dieser Woche. Denn sobald ich die Datumslinie passiert hatte, war nochmals Donnerstag – und nochmals der 16. Februar.

Angesichts des guten von querab einkommenden Windes wusste ich schon vorher, dass ich einen schönen, langen und ungestörten Schlag vor mir hatte. Deshalb nahm ich mehrmals die Sonne, um meine Position genau zu bestimmen; insgesamt schoss ich die Sonne viermal und nach einer langen Strecke noch einmal, zur Überprüfung. Drei der Standlinien liefen in einem Punkt zusammen, was höchst befriedigend war. Vielleicht hatte ich am Tag zuvor meine Position falsch bestimmt, aber selbst dann war es ein wunderbares Etmal – ich glaube, die bei weitem längste Strecke die je ein Einhandsegler an einem einzigen Tag zurückgelegt hat. Ich genehmigte mir zur Feier eine Flasche Veuve Cliquot, obgleich mir Champagner gewöhnlich kein Glück gebracht hatte.

Mein zweiter Donnerstag begann mit Regen und einem von voraus kommenden Wind. Um die Wirkung des Champagners abzuschwächen, trank ich zwei Glas Whitebread-Bier aus dem Fass; es war ausgezeichnet.

Etwa um Mitternacht vom ersten auf den zweiten Donnerstag kam es mir plötzlich merkwürdig vor, dass ich am vorhergehenden Tag volle 217 Meilen zurückgelegt haben sollte. Seitdem ich Australien verlassen hatte, war die Strecke zwischen den Sonnenpeilungen an jedem Tag im Durchschnitt 12½ Prozent größer als das gegisste Besteck – das heißt, dass der Harrier um diesen Betrag nachgehinkt war.*

Aber dieses gegisste Besteck vom Tag vor den 217 Meilen war tatsächlich größer als die Strecke zwischen den Sonnenpeilungen, und das machte mich misstrauisch. Als ich dazukam, die Sonnenpeilungen noch einmal durchzurechnen, stellte ich fest, dass ich einen dummen Fehler gemacht hatte: Meine 217-Meilen-Strecke hatte in Wirklichkeit nur 189 Meilen, die Strecke am Tag vorher aber war größer, nämlich 164 statt 138 Meilen. Ich schrieb ins Logbuch:

»Macht nichts. Hauptsache, der Champagner hat geschmeckt. Dann habe ich eben 189 Meilen gemacht, was ja auch recht nett ist.«

Mit diesem zweiten Donnerstag hatte ich also auf dem Weg zum Kap Hoorn einen zusätzlichen Tag – Grund genug dafür, dass die Datumsgrenze, seit sie geschaffen wurde, den Seeleuten immer wieder Kopfzerbrechen gemacht hat. Allerdings verlor ich von diesem zusätzlichen Tag fünf Stunden dadurch, dass ich die Uhr alle 15 Längengrade um je eine Stunde vorstellen musste. In jener endlosen See bedeutet ja die Zeit (sieht man einmal von Son-

* An den 25 Tagen zwischen dem 7. Februar und dem 28. März, an denen ich diese Peilungen vornehmen konnte, gab der Geschwindigkeitsmesser 560 Meilen oder 16½% zu wenig an.

nenaufgang und Sonnenuntergang ab) nichts für den Tagesablauf. Und doch musste ich gewissenhaft darauf achten, dass ich die Zeit auf die Sekunden genau wusste, denn das war unerlässlich für die Navigation. Nach dem Passieren der Datumsgrenze bestand die einzige Möglichkeit, Zeitfehler zu vermeiden, für mich darin, auf jede Seite meines Logbuchs Ortsdatum und -wochentag sowie den Unterschied zwischen meiner Ortszeit und der Greenwichzeit zu notieren. So wollte beispielsweise die *Times* von mir für Montag, den 27. Februar, einen Funkbericht. Ich befand mich damals 1900 Meilen östlich Neuseeland. Die beste Sendezeit war, wie ich herausbekommen hatte, etwa eine Stunde nach Einbruch der Dunkelheit. Deshalb musste ich meine Nachricht nach Schiffszeit am Sonntag, dem 26. Februar, 9.00 Uhr abends senden, was Montag, den 27. Februar, 7.00 Uhr vormittags Greenwichzeit entspricht.

Auf der Seekarte fand ich eine Angabe: »Brechende Seen berichtet. 1960.« Sie machte mir Sorgen. Derartige Eintragungen auf den Admiralitätskarten werden gemacht auf Grund der Berichte von Handelsschiffen; man trägt sie vorsichtshalber ein, bis man die Zeit gefunden hat, die betreffende Gegend genau zu überprüfen. Die Angabe »Brechende Seen« konnte also auch gar nichts bedeuten. Denn es kann durchaus passieren, dass das Meer den Wache gehenden Mann zum Narren hält, sodass dieser guten Glaubens Brecher meldet, während es sich in Wirklichkeit um eine optische Täuschung handelt, die durch die Wellen und das Sonnen- oder Mondlicht auf der Wasseroberfläche entstanden war. Andererseits gibt es im Pazifik noch immer unbekannte Riffs, und kein Seemann kann die Möglichkeit leugnen, dass ein neues Riff gesichtet worden ist. Diese mit der Angabe »Brecher« gekennzeichnete Stelle war offenbar noch nicht überprüft worden, und so musste ich annehmen, dass sie gefährlich war. Sie schien fast direkt auf meinem Kurs zu liegen; eine mit Sicherheit drohende Gefahr stellte allerdings lediglich das 500 Meilen nördlich liegende Maria-Theresia-Riff dar.

Die Angabe »Brechende Seen« auf einer Seekarte verursachte bei mir ein merkwürdiges Gefühl. In einem Umkreis von 700 Meilen befand sich kein einziger Mensch, falls mein Boot auf ein Riff lief. Vielleicht war ich am Samstag, dem 18., doch recht nervös, weil mich der Gedanke beschäftigte, ob ich nun tatsächlich in der Nähe eines Riffs sei. Bei leichter Brise begann die See zu kabbeln. Das Wasser war unruhig, brach sich, bäumte sich an manchen Stellen zu Spitzen und Pyramiden auf. Ich beobachtete die Kimm ringsum sehr scharf, ob etwa ein Riff in Sicht kam, und stellte sogar das Echolot an; es zeigte lediglich, dass die Wassertiefe mehr als 50 Faden betrug. Da aber Korallenriffe sehr steil abfallende Seiten haben, konnte ich vom Echolot eine Warnung erst erwarten, wenn ich wenige Fuß vom Riff entfernt war.

Am Sonntag, dem 19. Februar, lag das unbekannte Riff – wenn es sich tatsächlich um ein solches handelte – etwa 200 Meilen vor mir. Ich wollte den Kurs entweder nach Nordost oder Südost ändern, um dem Riff in weitem Bogen aus dem Weg zu gehen, aber jedes Mal, wenn ich den Kurs wechseln wollte, machte es mir der Wind unmöglich – es war, als wollte er mich auf dem Kurs zum Riff hin halten. Ärgerlicherweise war außerdem der Himmel bedeckt, sodass ich meinen Standort nicht durch eine Sonnenpeilung genau bestimmen konnte. Die Gefahr, die mir von diesem möglicherweise vorhandenen Riff drohte, machte mich besorgt. Dieses Riff war ja nicht ein, wenn auch noch so kleines Stückchen, festes Land, das man sehen konnte – mit einem niedrigen Boot, wie die *Gipsy Moth* es ist, musste ich von Glück sprechen, wenn ich ein solches Riff bei einer Entfernung von einer Meile in Sicht bekam; nachts war die Strecke noch viel kürzer. Und ich konnte schließlich nicht die ganze Zeit Wache gehen. Von Zeit zu Zeit schaltete ich das Echolot ein, um nachzusehen, ob irgendetwas darauf hinwies, dass die See flacher wurde, aber stets meldete es »keinen Grund« – das heißt, der Meeresboden war tiefer als die 50 Faden, bis zu denen das Echolot herabreichte. Die ganze Zeit über hatte ich meinen Sextanten griffbereit in der Plicht, um die Sonne zu nehmen, sobald sich auch nur für einen Augenblick die Möglichkeit dazu bot. Am 20. Februar, unmittelbar vor Sonnenuntergang, gelang es mir endlich, die Sonne zu schießen, allerdings wegen des

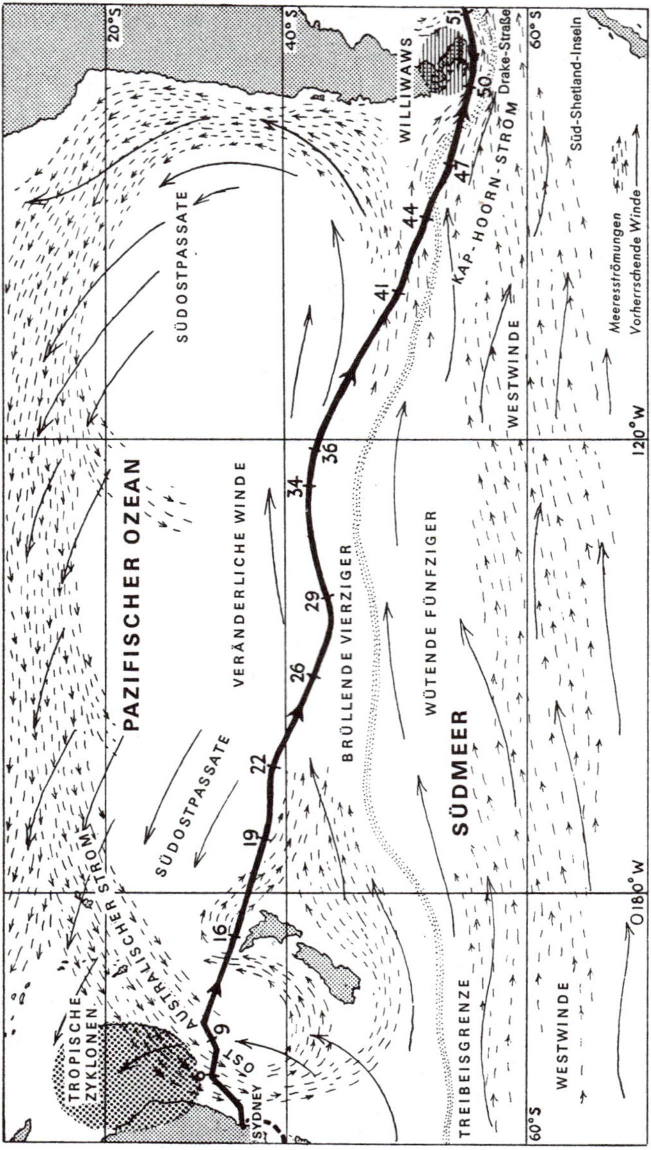

TROPISCHE ZYKLONEN
SYDNEY
OST-AUSTRALISCHER STROM
PAZIFISCHER OZEAN
SÜDOSTPASSATE
SÜDOSTPASSATE
VERÄNDERLICHE WINDE
BRÜLLENDE VIERZIGER
WÜTENDE FÜNFZIGER
SÜDMEER
TREIBEISGRENZE
WESTWINDE
WESTWINDE
KAP-HOORN-STROM
WILLIWAWS
Drake-Straße
Süd-Shetland-Inseln
Meeresströmungen
Vorherrschende Winde
20° S
40° S
60° S
60° S
180° W
120° W
6
9
16
19
22
26
29
34
36
41
44
47
50
51

bedeckten Himmels nur ungenau. Damit hatte ich ungefähr meine geografische Länge; ich konnte berechnen, dass ich mich noch sechs Meilen westlich des Meridians befand, auf dem der Karte nach die Brecher gesehen worden waren. Was ich jedoch nicht wusste, war, ob ich voraus auf diese Brecher zulief oder sie nördlich passierte. Mein gegisstes Besteck besagte, dass ich mich 20 Meilen nördlich der Brecher befand, aber da ich seit 190 Meilen keine genaue Sonnenpeilung mehr vorgenommen hatte, war das gegisste Besteck nicht zuverlässig. Ich suchte alle Viertelstunde mit dem Fernglas die See ab, bis es so dunkel wurde, dass ich nichts mehr sehen konnte. Bis zu dieser Zeit hatte ich weitere 9 Meilen zurückgelegt – nun musste ich schon östlich der Stelle sein, von der man das Riff gemeldet hatte. Jetzt fühlte ich mich ziemlich sicher. Ob es dort tatsächlich ein Riff gibt? Ich weiß es immer noch nicht, aber sicherheitshalber sollte man annehmen, dass es der Fall ist.

Um diese Zeit war ich beunruhigt dadurch, dass sich die Krämpfe wieder einstellten, unter denen ich auf der Fahrt nach Sydney gelitten hatte. Damals hatte ich mir zumindest vorübergehend dadurch Linderung verschafft, dass ich ein halbes Glas Seewasser trank. Ich hatte mir in Sydney Salztabletten besorgt, um sie an Stelle von Seewasser einzunehmen. Dreimal versuchte ich, eine solche Tablette zu nehmen, aber jedes Mal wurde mir schlecht. Und so kehrte ich zu meinem halben Glas Meerwasser zurück, und wieder half es mir offensichtlich.

Ich war jetzt wieder in den »Vierzigern« und stellte bei mir eine schleichende Lethargie fest, die meines Erachtens irgendwie mit der Luft, dem Wind und dem Wetter im Südmeer in Verbindung stehen musste. Schon als ich im Südatlantik in die Gegend des 40. Breitengrades gelangt war, hatte ich dies gemerkt. Wenn der Wind wehte, hatte ich kaum Lust, etwas zu tun, bis mir dann doch nichts anderes übrig blieb, und wenn das Wetter schön war, hatte ich zu überhaupt nichts Lust. Eigentlich war ich sogar ganz froh, wenn ich nachts aufstehen musste, um ein Segel zu wechseln, weil ich meinte, mir damit das Recht erworben zu haben, am Morgen lange liegen zu bleiben. Manchmal hatte ich heftige Kopfschmerzen, wohl eine Art Migräne, und hin und wieder war mir ganz übel, wenn ich auf das Vordeck musste.

Am Mittwoch, dem 22. Februar, hatte ich das Glück, mir bei einem schweren Sturz keine Verletzungen zuzuziehen. Ich setzte gerade das Großsegel, und als ich das Fall durchholte, blieb in der Großsegelmastschiene ein Rutscher stecken. Ich zog heftiger, um ihn freizubekommen, und plötzlich löste sich der Rutscher. Das Fall kam mir rasch entgegen, und ich stürzte flach auf den Rücken. Es war ein schwerer Sturz, und ich musste dankbar sein, dass ich beim Fallen nicht mit dem Kopf irgendwo aufgeschlagen war. Gewöhnlich halte ich mich mit einer Hand fest, wenn ich an Deck bin, aber diesmal musste wohl eine Hand mit dem Rutscher beschäftigt gewesen sein – ich war so darauf konzentriert, dass ich, als er sich plötzlich löste, das Gleichgewicht verlor. Der einzige Schaden, den mir mein Sturz einbrachte, war eine Verletzung am rechten Ellenbogen, die sehr wehtat. Von dieser Zeit an hat gerade dieser Ellenbogen sehr viel abbekommen.

Es gab jedoch auch erfreuliche Augenblicke, in denen ich behaglich in der Plicht sitzen und mein Gläschen Whitbread-Bier trinken konnte. Jedes Mal, wenn ich ein Glas aus dem Fass in der Bilge zapfte, ging mir der vergnügliche Gedanke durch den Kopf: Was für ein Platz zum Biertrinken, im herrlichen Sonnenschein, bei tiefblauem Meer und hellblauem Himmel! Es wurde niemals zu heiß, weil der Südwind von der Antarktis her wehte. Als ich einmal so in der Plicht saß, versuchte ich auszurechnen, wo sich wohl der mir nächste Mensch befinde. Vielleicht war hier irgendwo ein Schiff unterwegs. Und wenn das nicht der Fall sein sollte – und es war in der Tat unwahrscheinlich –, so war der nächste Mensch auf den Chatham-Inseln, etwa 885 Meilen entfernt. Im Schatten begann es kühl zu werden, sodass ich meinen Kajütofen anmachte, bei dessen Wärme es sehr gemütlich war. Und dann erlebte ich einen schweren Schock, der, wie es sich bei einer so schwer wiegenden Sache gebührt, mit genauer Zeitangabe in das Logbuch eingetragen wurde:

»Mittwoch, 22. Februar, 19.25 Uhr. Eben ist mir klar geworden, dass ich nur noch vier Flaschen Gin habe, was für vier Wochen reicht. Gin ist, was harte Getränke angeht, mein Lieblingsgetränk auf dieser Reise. Ich glaube, dass ich ziemlich töricht war, als ich nicht eine ganze Menge davon mitnahm. Ich werde mich mit dem Gin auf Rationen setzen müssen und mir zum Lunch kein hartes Getränk mehr leisten. Aber es könnte ja schlimmer sein: Ich könnte überhaupt keinen Gin mehr haben!«

Der 24. Februar war mein 30. Hochzeitstag. Der Tag begann in

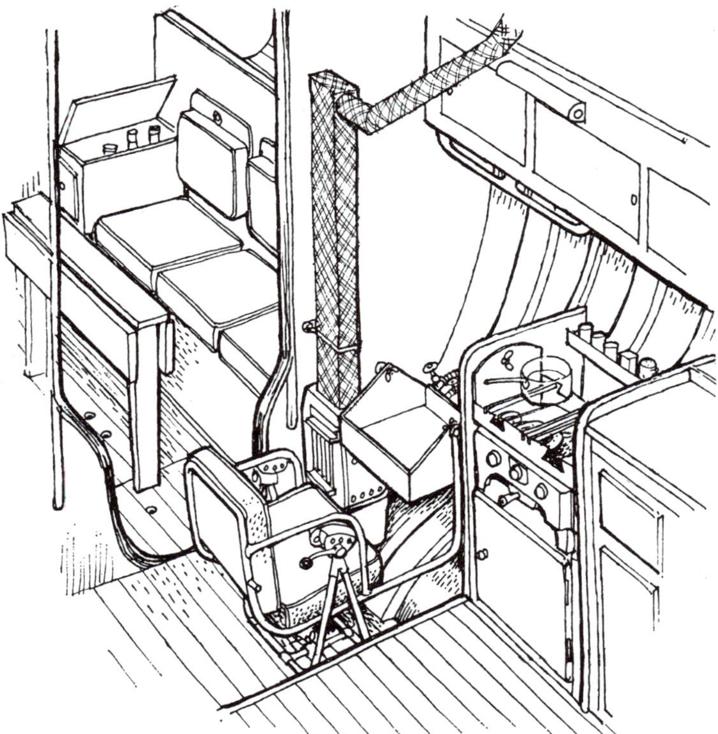

Kombüse mit Schwingstuhl und Tisch neben dem Kocher, links vom Stuhl der Ölofen mit verkleidetem Abzug; daran wurden Kleider getrocknet

England um 14.00 Uhr meiner Ortszeit; ich machte ein paar Aufnahmen vom Kajütniedergang aus genau in dem Augenblick, in dem nach meiner Berechnung der Hochzeitstag begonnen hatte. Es war dies allerdings keine sonderlich schöne Stelle für ein Hochzeitsfoto, denn ein Sturm braute sich zusammen, und die *Gipsy Moth* rollte schwer bei grober See.

Ich machte ein paar wacklige Sonnenpeilungen durch eine Lücke im Dunst am Himmel, und jedes Mal dauerte es unendlich lange, bis man die Sonne bekam und dann in dem Aufruhr der Wogen die Kimm ausmachen konnte. Es ist auch schlecht für den Sextanten, weil die Spiegel usw. durch Gischt nass werden. Aber der Tag ist weniger trostlos, wenn man seine Position weiß. Es war sehr schwierig, in der Kajüte auf den Beinen zu bleiben; beim Frühstück wurde ich gegen den Primuskocher geschleudert. Das machte mir zwar nicht viel aus, war aber schlecht für den Kocher, da der Rahmen verbogen wurde. Zum Glück hatte ich kurz vorher die mit kochendem Wasser aufgegossene Tasse Kaffee beiseite gestellt, die bis dahin auf dem Herd gestanden hatte.

Wie schwer nämlich auch das Boot schlingerte, stets konnte ich auf den Primusherd ein Glas oder eine Tasse voller Flüssigkeit stellen, und zwar deshalb, weil unter dem Rahmen des Primus noch eine größere Abstellfläche war; die ganze Geschichte war freischwingend aufgehängt, die Abstellfläche wirkte als gutes Gegengewicht. Gewöhnlich stand nämlich auf ihr noch ein Topf Marmelade oder Honig, außerdem der flache Toaster und oft eine schwere Bratpfanne. Wenn ich in meinem Schwingstuhl saß, konnte ich alles, was auf diesem Blech stand, erwischen und auch die Pfannen und Kessel vom Herd wegnehmen, ohne dass ich von meinem Stuhl aufstehen musste. Der Schwingstuhl und der Schwingtisch waren sehr gut platziert; ich konnte auch mühelos den Bierhahn erreichen und Bücher vom Regal zu meiner Linken nehmen – es war unter dem Regal angebracht, auf dem die Kresse und der Senf wuchsen; auch ein Paket Zeitungen hatte ich in Reichweite. Wenn ich jetzt so darüber nachdenke, fällt mir ein, dass ich noch weitere wichtige Dinge erreichen konnte: eine Flasche Gin und eine Flasche

Brandy im Schapp unter dem Primusherd, Salz, Pfeffer, Magenbitter, Brennspiritus und Streichhölzer im Regal daneben.

Da ich auf diesem Stuhl aufrecht sitzen konnte, auch wenn das Boot stark krängte, war er eines der besten Ausrüstungsstücke der Jacht. Entworfen wurde er von John Jurd, dem Schreinermeister von Campers, und von mir selbst. Zu der Zeit, von der ich hier spreche – als ich gegen den Herd fiel –, verzeichnete der Krängungsmesser ein Rollen von 55 Grad nach der einen Seite und 30 Grad nach der anderen. Ich schrieb ins Logbuch:

»Ich wünschte, ich wäre zu Hause bei meiner geliebten Frau. Ganz traurig bin ich, dass ich so weit von ihr fort bin. Aber so ist das Leben. Eben habe ich mein Frühstück beendet, und nachher werde ich auf ihr Wohl trinken. Der Tag in London reicht von 14.00 Uhr meiner Ortszeit bis zur selben Zeit morgen. Wenn dieser Sturm weitergeht, warte ich vielleicht bis morgen mit der Feier unseres Hochzeitstages.«

Ich wartete nicht. Zwar kam ich zu der Einsicht, dass es zu stürmisch für meine Smokingjacke war; aber am Abend feierte ich den Hochzeitstag doch.

»Ich bringe einen Toast auf Sheila aus mit dem köstlichen Montrachet, den sie aus England mitgebracht und für mich an Bord gelassen hat. Auf ein langes Leben, Gesundheit, Glück – und all meinen Dank für die glücklichen 30 Jahre Gemeinsamkeit. Sheila ist eine ganz ungewöhnliche Frau. Ich tat, was als ganz unenglisch gilt: Ich vergoss eine Träne. Das Leben scheint unter den Umständen hier an einem so dünnen Faden zu hängen; hier erst sieht man die wahren Werte des Lebens, meistens Dinge (oder wie immer man sie nennen mag), die man sonst unbeachtet lässt oder beiseite tut, wenn man unter Menschen ist. Ich darf nicht zu sentimental werden. Ich werde zum Montrachet zurückkehren.«

Ich ließ mir den Wein schmecken. Dass der Sturm mir Freude machte, kann ich wahrlich nicht sagen. Aber ich muss offen zugeben, dass solche Stürme einem auf hoher See und in so einem kleinen Boot viel Anstrengungen ersparen: Wenn erst einmal Sturm herrscht, kann man nur wenig Segel setzen, bis er endet.

Meinen Hochzeitstag beschloss ich damit, dass ich an Deck ging und mich an die Arbeit machte. Ich richtete das Liek des Genuastagsegels, um es daran zu hindern, dass es wie eine Fahne im Wind flatterte, und machte die Schotführung klar. Dann zog ich eine Leine zwischen den Spinnakerbäumen mit ihren Dirken, Aufholern, Niederholern und Ausholern, damit sie im Wind nicht so laut knallten. Ich beschlug das Großsegel, setzte das Trysegel ein oder zwei Fuß höher, setzte sein Vorliek durch, steckte die kurze Baumstütze ins Deck und zurrte den Großbaum. Dann fiel ich etwas ab, um schneller Fahrt machen zu können. Zu diesem Zeitpunkt befand ich mich auf 43½ Grad südlicher Breite; und weiter nach Süden als 45 Grad wollte ich nicht laufen, ehe ich Kurs auf Kap Hoorn nahm.

Der Sturm hielt in kurzen Unterbrechungen sieben Tage an. Ich kam rasch voran, aber das Boot wurde arg durchgerüttelt. Von Zeit zu Zeit stand die Nadel des Geschwindigkeitsmessers recht lange – wie es mir jedenfalls vorkam – am Ende der Skala (bei 10 Knoten), doch in Wirklichkeit dauerte dies wohl immer nur ein paar Sekunden. Sobald eine besonders steile Welle unter der üblichen groben See durchlief, kam die *Gipsy Moth* ins Gleiten. Unter Deck merkte ich es oft, wenn eine solche große Woge anlief. Zuerst kam ein leises, schwaches Brüllen, dann frischte der Wind plötzlich um 10 bis 15 Knoten auf, das Boot legte sich scharf nach Luv, legte sich aber fast sofort wieder nach Lee, und schäumender Gischt zischte am Deck entlang. Ständig ging eine ziemlich starke Dünung. Die See verhielt sich fast so wie damals, als die *Gipsy Moth* südlich von Australien quer schlug. Damals schien strahlend die Sonne, und auch in diesem ebenso einsamen Teil des Südmeers war oft Sonnenschein, sodass die weißen Wellenkämme funkelten und die grobe See fast unwirklich aussah. Aber das Brüllen des Windes, das Rollen und das plötzliche Krängen waren Wirklichkeit genug. Rätselhaft blieb mir, warum das Boot sich heftig nach Luv neigte, ehe es sich nach Lee überlegte – was mochte der Anlass dafür sein? Ich glaube, dass eine Welle zuerst gegen den unteren Teil des Kiels drückt, ehe sie auch sein Oberteil erfasst, und erst wenn das Letztere der Fall ist, verhält sich das Boot so, wie man es an sich erwartet.

Die *Gipsy Moth* benahm sich gut und schlug nicht quer. Auf dem Weg nach Australien hatte ich stets besorgt darauf gewartet, dass sie sich unter solchen Umständen quer legte; nach den Umbauten in Sydney war sie nun offenbar doch stabiler und vermochte den Kurs besser zu halten. Stets war ich überrascht, dass die von Warwick Hood vorgenommene Verlängerung des Kiels einen so großen Unterschied ausmachte. Dennoch wollte ich kein Risiko eingehen; ich wusste, dass ich das Großsegel bergen musste, wenn der Wind auf mehr als 30 Knoten auffrischte. Oft versuchte ich, von der Plicht aus die grobe See zu fotografieren, aber sobald ich die Kamera fertig hatte, war nichts da, was eine Aufnahme wert gewesen wäre, und nichts mag ich so wenig, wie wartend herumsitzen. Meist gab es dann prompt eine ganze Reihe eindrucksvoller Motive, sobald ich wieder unter Deck war.

Wenn der Wind gerade bis zum Grenzwert auffrischte, war es schwierig zu entscheiden, ob ich das Großsegel bergen oder es oben lassen sollte. Ich wollte rasch vorankommen, aber diese Entschlüsse zerrten an den Nerven, wie man bei einem Ozeanrennen wartet und sich fragt, ob jetzt vielleicht der Spinnaker weggerissen wird oder ob man es wagen kann, ihn noch ein wenig länger zu fahren. Nur war es hier mit dem Großsegel weit ernsthafter, da die Masten gefährdet waren, wenn das Segel wegflog. Wenn ich mich entschlossen hatte, das Großsegel zu beschlagen, und hinterher unter Deck ging, kam es mir vor, als ob die Jacht überhaupt keine Fahrt mehr machte; in Wirklichkeit aber verringerte sich die Geschwindigkeit gar nicht sehr stark, gewöhnlich von etwa 7½ auf 6 Knoten. Und ich war doch erleichtert, dass ich verhältnismäßig ruhig dahinfahren konnte.

Am Mittag des 25. Februar ging meine vierte Woche auf See zu Ende. In einer Woche hatte die *Gipsy Moth* 1058 Meilen hinter sich gebracht, war also endlich richtig in Fahrt gekommen. Seit Sydney hatte ich 3350 Meilen zurückgelegt; um Mitternacht war ich auf halbem Weg nach Kap Hoorn.

Die Nacht des 26. Februar war besonders übel; der Wind frischte bis zu 40 Knoten auf. Ich fuhr nur Stagsegel-Genua und Arbeitsfock, was den Umständen angemessen zu sein schien, obgleich wegen der starken Lage die Fahrt manchmal grob war. Aber gottlob wurde es nicht böig. Am frühen Morgen kam eine Flaute, und ich setzte das Trysegel. Während ich dies tat, fragte ich mich, ob ich nicht besser das Großsegel hätte setzen sollen. Ich misstraute jedoch der Windstille und beschloss, noch eine Weile mit dem Setzen des Großsegels zu warten, denn oft, wenn ich das Großsegel oben hatte, hätte ich besser daran getan, mich mit dem Trysegel zu begnügen. Es war an und unter Deck kalt, und so holte ich meine wollenen Wintersachen heraus.

Der Tag war grau, nur ein paar Mal sah ich einen blassblauen Himmel, gelegentlich eine verschwommene Sonne. Es war ganz in der Ordnung, dass ich nur das Trysegel gesetzt hatte, denn im Laufe des Tages wurde der Wind stärker, und am Nachmittag baute sich schnell ein Sturm auf, wobei das Barometer rasch fiel. Ich barg Fock und Trysegel und behielt nur noch die Stagsegel-Genua oben, fragte mich aber, ob ich dies ändern sollte, solange das Licht noch ausreichte und ehe der Sturm sich verschlimmerte.

In der Nacht musste ich aufstehen. Mit der stehenden Stagsegel-Genua und einem Wind, der bis zur 60-Knoten-Grenze der Skala des Windmessers auffrischte, hatte die *Gipsy Moth* schwer zu schaffen; bei einer Fahrt von 6 Knoten mit dem Wind bedeutete dies, dass der Sturm mindestens eine Geschwindigkeit von 66 Knoten hatte. Also barg ich die Genua. Dabei wurde mir das Ende des Falls aus der Hand gerissen; es wehte nach Lee aus und blieb dann wie ein Stock in der Luft stehen. Ich konnte nur hoffen, dass es sich von selbst in geschickter Weise vertörnen würde, wenn der Wind nachließ, damit ich es wieder bergen konnte.

Dabei machte ich zwei Fehler. Erstens hätte ich das Boot niemals ohne Vorsegel lassen dürfen. Ich hätte das Spitfire (die gereffte Sturmfock) fahren müssen, als es am Nachmittag danach aussah, als ob der Wind auffrischen wollte. Ich aber hatte geglaubt, dass bei dieser Fahrt die Jacht sich auch ohne Segel, »unter Topp und

Takel«, vor dem Wind halten würde; sobald ich jedoch das Stagsegel herunter hatte, schlug sie quer und blieb breitseits liegen. Zweitens hätte ich, wenn ich schon die Jacht unbesegelt ließ, zuerst die Fahne der Selbststeueranlage auskuppeln müssen, damit auf diese kein allzu großer Druck ausgeübt wurde, wenn die Jacht sich quer legte und der Kurs sich in einem Wind von mehr als 60 Knoten plötzlich um 90 Grad änderte.

Als ich nach diesem Kampf in der Nacht wieder unter Deck kam, hatte ich großen Hunger; ich genehmigte mir ein paar gebackene Bohnen auf Toast mit einem Becher heißer Schokolade. Danach hatte ich noch immer Hunger, aber keinen Appetit auf das, was ich an Bord hatte. Ein Brecher spülte über Deck und überschwemmte den Kombüsenboden durch die geschlossene Luke hindurch. Ich stand gerade am Primus, und dort erwischte mich das Wasser glücklicherweise nicht sehr. Es ist eigenartig, wie relativ alles ist. Als ich in der Kombüse aufwischte, meinte ich, plötzlich in eine Flaute gekommen zu sein – der Wind hatte gewiss im Augenblick nachgelassen, blies aber immer noch mit 35 Knoten. Bald frischte er wieder auf 55 Knoten auf, aber in den Zwischenräumen (eine relative Windstille gleichsam) war es fast ruhig. Das war sehr eigenartig.

Am Morgen barg ich das Stagsegelfall. Sein Ende hatte sich zwischen dem Vorstag, dem Spitfire-Vorliek und einem Stagreiter verfangen; vom Bugkorb aus konnte ich es gerade noch erreichen. Erleichtert darüber, dass ich das Fall hatte bergen können, schaute ich mir meine Besegelung an und kam zu dem Schluss, dass ich kein weiteres Segel benötigte, wenn ich das Reff aus dem Spitfire nahm. Ich ließ es so weit fallen, dass ich die Reffbändsel lösen konnte, setzte es dann wieder durch und musste feststellen, dass ich einen Fehler begangen hatte. Ich hatte die vorher weiter oben am Segel angeschlagene Schot nicht zum Schothorn hin versetzt, sodass der Teil, der gerefft gewesen war, jetzt flatterte. Ich halste, ehe ich das Nächste unternahm: Ich ließ die Sturmfock wieder herunter und steckte die Stagfockschot am unteren Schothorn an. Während der ganzen Zeit ließ der Wind nicht nach; er hatte immer noch eine Stärke von 9 und nahm eher zu. Also beschlug ich das Sturmsegel wieder, das ich hatte heißen wollen. Danach lenzte ich die Bilge, wozu ich 73 Hübe brauchte (was angesichts des vielen Wassers, das über Deck kam, nicht einmal übel war), und untersuchte die Selbststeueranlage. Bolzen und Niet, die die Fahne am Schaft hielten, machten tiefe Löcher in das Holz. Ich beschloss, Bolzen und Niet zu erneuern, fürchtete aber, dass das Holz im Laufe der Zeit nachgeben würde, und sah keine Möglichkeit, dies zu verhindern. Ich hoffte, dass es doch irgendwie aushalten werde. Die See ging hoch – sie sah aus wie in den Stürmen vor Kap Hoorn, von denen ich Filme von Alan Villiers und John Guzzwell gesehen hatte.

Meine Arbeit beanspruchte den ganzen Vormittag. Nach einer kurzen Essenspause zog ich mein Ölzeug wieder an und ging hinauf, um die Sturmstagfock zu setzen. Aber da kam eine 45-Knoten-Bö, und ich gab mein Vorhaben auf. Um 5.00 Uhr nachmittags zog ich mich erneut an, um das Segel zu setzen, entschied mich dann aber wiederum dagegen, sobald ich in der Plicht war. Denn obgleich es in der Kajüte so aussah, als wäre es draußen recht ruhig, wehte doch noch ein starker Wind, und die Dünung ging sehr hoch. Die Wellentäler sahen wie richtige tiefe Täler aus, das Boot rollte heftig. Gern hätte ich noch vor Dunkelwerden mehr Segel gesetzt, denn das Barometer stieg, und ich war der Überzeugung, dass es mit den Böen bald ein Ende haben werde. Aber immer noch war das Wetter schlecht. Seit 14.00 Uhr hatte ich nur mit der Sturmfock (107 Quadratfuß) eine Durschnittsgeschwindigkeit von 5,8 Knoten erreicht.

Um 19.00 Uhr war es fast dunkel. Bei solchem Wetter konnte man in der Dunkelheit nichts anderes tun, als sich in die Koje legen und lesen. Für ein Abendessen hatte ich ohnehin keinen Appetit, und in der Kajüte zu sitzen war nicht sehr bequem. Ich konnte mir nur eine einzige Lampe leisten; denn wenn ich die Kajüte voll erleuchtete, brauchte ich zu viel Strom, und bei einem kleinen Licht zu sitzen war recht deprimierend. Tischlerarbeiten oder Ähnliches konnte ich auch nicht erledigen, weil dafür die Be-

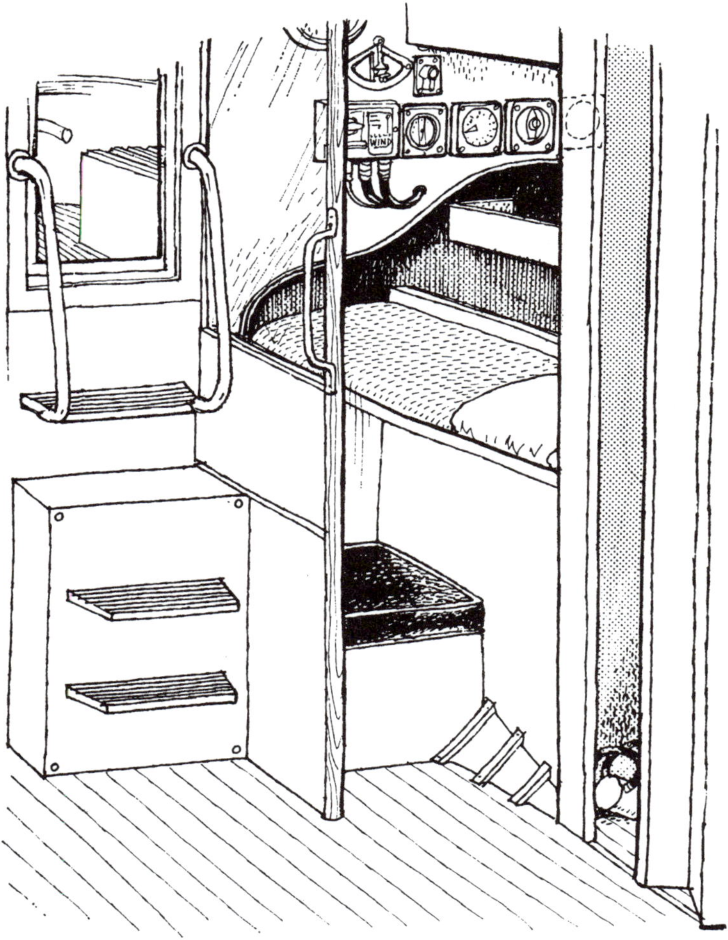

Hundekoje (Navigatorkoje), Fußende achtern, mit Instrumentenbrett, davor Sitz mit Stauraum für Stiefel. Falttür (rechts) zum WC, auf dem Boden die elektrische Bilgepumpe. Hinter der Verkleidung mit Stufen Zugang zum Motor. Zwischen Koje und Niedergang eine Glastrennwand.

wegung des Bootes zu heftig war. Es bedeutete schon eine gewaltige körperliche Anstrengung, sich im Gleichgewicht zu halten; man musste sich so sehr darauf konzentrieren, nicht hin und her geschleudert zu werden, dass man für all das andere, um das man sich eigentlich hätte kümmern müssen, keine Geisteskraft mehr aufbrachte. Dieses Rollen bis zu 60 Grad Schlagseite auf der einen und etwa 30 Grad auf der anderen Seite erforderte große Anstrengung, um auf den Beinen zu bleiben. Und dann kamen immer wieder diese riesengroßen Wellen. Als ich einmal durch die Kabinenluke über dem Waschbord des Niedergangs hinausschaute, sah ich, wie eine große Welle heranrollte, und dieses Schauspiel faszinierte mich so sehr, dass ich mich nicht rechtzeitig duckte und reichlich durchnässt wurde.

Ich hatte mit meinem Petroleumofen Schwierigkeiten gehabt: Durch den Sturm konnten seine Abgase nicht abziehen. Provisorisch schaffte ich Abhilfe, indem ich die Schornsteinhaube aus dem Windschatten der Schutzhaube über den Kajütenniedergang heraus verlegte. Daraufhin schien der Ofen wieder richtig zu ziehen. Das war sehr tröstlich.

Als ich am 28. Februar um 8.45 Uhr gerade meine Eintragungen ins Logbuch machte, brachte eine große Welle die Fahne der Ruderautomatik zum Slippen, und das Boot wurde nach Norden backgeschlagen. Ich zerrte an der Leine, die in die Kajüte führte, um dem Ruder Hilfe zu geben, konnte jedoch das Boot nicht wieder auf Kurs bringen. Später fand ich heraus, dass diese Leine sich um einen Beschlag an Deck vertörnt hatte. Ich zog mich an, so schnell es ging, brachte das Boot auf Kurs zurück, aber mehr raumschots als zuvor. Die Wogen gingen höher, als ich sie jemals gesehen hatte, es war ungeheuerlich, und die *Gipsy Moth* musste fast genau vor dem Wind laufen. Die Selbststeueranlage schien nicht beschädigt zu sein; wie sie unter solchen Umständen auch nur eine einzige Stunde überstand, war mir unbegreiflich. Ich überlegte, was am besten zu tun sei; schließlich ging ich nach vorn und ließ die Sturmfock so weit fallen, dass ich sie reffen konnte. Der Kurs war nicht so günstig, aber mir ging es nur darum, ohne

Schaden durchzukommen. Das zweite Salinglicht war ausgefallen, was für mich einen schweren Schlag bedeutete, weil ich nun auf Deck keine Beleuchtung mehr hatte. Eine brauchbare wasserdichte Handlampe war auch nicht da; die beiden, die ich an Bord hatte, taugten nichts.

Zwei Stunden später war die See immer noch so grob. Ich überlegte, ob ich es wagen konnte, um 20 Grad anzuluven, um auf einen günstigeren Kurs zu gehen, sagte mir dann aber, ich müsse stets daran denken, dass ein oder zwei Stunden besserer Kurs verhältnismäßig unwichtig seien: Hauptsache war, dass ich überhaupt ankam. Zweimal slippte die Fahne der Ruderautomatik, als das Boot in einer Welle breitseits geschlagen wurde; jedes Mal brachte ich es wieder auf den richtigen Kurs. Ich schrieb ins Logbuch:

»Ich möchte die Ruderautomatik nicht stärker belasten, als unbedingt notwendig ist. Es wäre ein schwieriges Unternehmen, sie unter diesen Umständen hinter dem Heck reparieren zu wollen.«

Und an diesem Abend trug ich ein:

»Noch habe ich kein schönes Wetter gehabt: Eine mächtige Dünung geht, Bergen gleich, die sich auf das Boot stürzen, doch glücklicherweise sind die Hänge nicht allzu steil. Außerdem ist die See recht unruhig, und die *Gipsy Moth* wird immer wieder beinahe umgeworfen. Beim letzten Brecher glaubte ich, das Geschirr werde aus den Borden fallen usw. Gerne würde ich auf einen günstigeren Kurs gehen, aber wahrscheinlich ist es klüger, abzuwarten. Wenn eine wirklich böse Woge kommt, ist es besser, mit dem Wind zu laufen, selbst wenn es vom gewünschten Kurs abgeht.«

Ich segelte raumschots in einem Winkel von 30 Grad zum Wind; gern wäre ich 30 Grad höher an den Wind gegangen, aber bei diesen Wellen wagte ich es nicht.

Zum Kap Hoorn

Die Stürme in diesen sieben Tagen hatten mich eine Strecke von 1115 Meilen vorangebracht, sodass ich noch 3000 Meilen bis zum Kap Hoorn vor mir hatte. Am 1. März um 1.00 Uhr nachts vergrößerte ich meine Segelfläche um 300 Prozent. Die Woche der Stürme war zu Ende. An ihrem Schluss hatte ich nur noch ein kleines Spitfiresturmsegel von 60 Quadratfuß gefahren. Ich fragte mich schon, ob mich etwas Ähnliches erwartete, wie Francis Drake es erlebt hatte: Drei Wochen lang war er nach dem Passieren der Magellanstraße vor Nordostwinden gelaufen. Welch entsetzlicher Gedanke! Der stärkste von mir verzeichnete Sturm hatte eine Geschwindigkeit von 67 Knoten gehabt. Die Wellen waren sehr verschieden gewesen. Die schlimmsten, die sich bei der letzten wütenden Bö aufbauten, waren wie steile Ufer, die sich von achtern auf das Boot zubewegten und obenauf eine grobe, wild wirbelnde See trugen. Kein Wunder, dass die Kapitäne der Klipper ihren Rudergängern befahlen, niemals achteraus zu schauen. Manchmal ließ der Seegang mich an Täler denken, dann wieder an wandernde Berge.

Die *Gipsy Moth* hatte sich gut aufgeführt und sich nicht quer schlagen lassen. Damit, dass sie ruckartig bis zu 60 Grad krängte, hatte ich mich abgefunden, wenn ich es auch, wie man begreifen wird, nicht schätzte. Einmal glaubte ich, dass Teller und Tassen aus den vertikalen Borden herausfliegen würden: Was aber passierte, war nur, dass der Abfalleimer ein schreckliches Durcheinander von Eierschalen, Kartoffelschalen und Teeblättern über den Kajütboden verstreute. Ich hatte gerade etwas hineingetan, und der Deckel war noch offen gewesen.

Ich war jetzt davon überzeugt, dass die *Gipsy Moth* bei sehr grober See nichts anderes tun konnte, als vor dem Wind zu laufen.

Es durfte bloß kein Land voraus sein. Und ich verstand jetzt auch, warum die Klipper stets bemüht gewesen waren, die Breite von Kap Hoorn schon 300 Meilen westlich davor zu erreichen.

Als der Morgen anbrach, war der Himmel klar und zeigte nur ein paar leichte Wetterwolken. Die See war noch unruhig, es lief eine starke Dünung, und es war schwierig, sich an Deck auf den Beinen zu halten. Aber es gelang mir, verschiedene vertörnte Schoten und Fallen auseinander zu bringen, und nachdem ich die Schot wieder an das Genuastagsegel angeschlagen hatte, setzte ich es. Mit diesem Segel und der kleinen 60-Quadratfuß-Spitfirefock machte die *Gipsy Moth* 5½ Knoten Fahrt auf dem richtigen Kurs. Ich hatte den Eindruck, dass sie mehr Segelfläche brauchte, war aber noch immer nicht sicher, ob es mit den Böen endgültig vorbei war, und so beschloss ich, eine Weile zu warten. Aber der Gedanke, dass dieser Wind nutzlos an mir vorbeistrich, war auf die Dauer unerträglich; etwa eine Stunde später zog ich mich wieder an und setzte das Besan. Ich bemerkte, dass der untere Bolzen, der die Fahne der Selbststeueranlage am Schaft hielt, geslippt war, und brachte ihn wieder in Ordnung. Der Bolzen selbst war nicht abgenutzt, lediglich das Holzwerk, das ihn hielt, abgewetzt.

Für mich wurde es ein anstrengender Tag, denn die Wetterverbesserung bedeutete stets eine Menge Arbeit an Deck. Außerdem wollte ich die Gelegenheit benutzen, mehr Brot zu backen. Ich rührte die Hefe an, und gleich nachdem ich dies erledigt hatte, ging ich hinauf, um die Mittagssonne zu schießen. Als ich zu meiner Hefe zurückkam, war nichts mehr von ihr zu sehen. Dennoch knetete ich den Teig durch und stellte die Laibe zum Aufgehen hin. Aber es passierte gar nichts, und so warf ich den ganzen Teig über Bord und begann von neuem. Dies war, soweit ich mich erinnern konnte, das erste Mal, dass mir das Brotbacken nicht gelang. Mein zweiter Versuch mit australischem Vollkornmehl jedoch war ein voller Erfolg, und das Brot war köstlich.

Einige Eintragungen aus meinem Logbuch:

»1.30 Uhr. Habe einen ereignisreichen Arbeitstag auf dem Vordeck hinter mir: 1. Mit der Inspektionslampe, die ich am Großmast befestigt habe, lässt sich ausgezeichnet arbeiten. 2. Arbeitsfock geborgen; mit dem Steert, den ich an den bereits vorhandenen Fallsteert angeschlagen habe, ging diese Arbeit leichter. 3. Verbogenes Schäkel am Spitfire ausgetauscht. 4. Fockschoten gewechselt. 5. Spitfire gesetzt. Als ich in die Plicht zurückkam, wurde mir klar, dass in ein oder zwei Stunden zu viel Segel gesetzt sein würden und schon jetzt beinahe zu viel Segel standen. Also ging ich mit der Lampe zurück und barg das Genuasegel. Die *Gipsy Moth* scheint ohne die Genua beinahe ebenso schnell zu laufen, und es ist jetzt erstaunlich bequemer. Wenn man unter Deck ist, hat man bei 6 Knoten fast den Eindruck, als liege das Boot still. Die zusätzliche Geschwindigkeit war verlockend, aber die Devise dieser meiner Fahrt sollte es sein, Kraftreserven zu behalten. Mein einteiliger Ölanzug ist ein Kunstwerk; aber er ist innen nasser als außen. Ich glaube, es ist mindestens ein Tassenkopf Kondenswasser darin. Auch mein Jersey war an den Ärmeln nass, natürlich auch mein Schal und mein Hemd am Kragen. Jetzt gibt es etwas zum Nachtessen

7.50 Uhr. Trysegel geborgen und Großsegel gesetzt. Wenn ich auf Raumschotskurs bin, ist das Manövrieren viel leichter, nicht so eine Riesenarbeit, sondern wie ein Morgenlauf durch den Hydepark nach dem Frühstück.

19.10 Uhr. Das Wetter ist diesig und neblig – ein Nebel beinahe wie im Westatlantik. Seit 5.00 Uhr bin ich auf den Beinen. Ich beschäftigte mich mit dem Leck über dem Fußende meiner Koje. Dann hatte ich viel zu tun, mit einem Segelwechsel nach dem anderen, mit dem Beschlagen oder Verpacken von Segeln und mit den Versuchen, die Selbststeueranlage zum Funktionieren zu bringen. Wie wird es mit dem Wind weitergehen? Ich hoffe, dass er nicht weiter schralt und schließlich aus dem Osten kommt, mir genau ins Gesicht.

22.10 Uhr. Guter Funksprechkontakt. Bekam alle Berichte durch. Dennoch schwere Arbeit.

22.30 Uhr. Dunkle, schwarze Nacht. Beinahe Flaute. Nach dem Windmesser 5 Knoten, aber ich nehme an, dass der Wind in Wirklichkeit nur eine Geschwindigkeit von etwa 2½ Knoten hat.

Bei Kap Hoorn (*The Times*)

4. März. 11.55 Uhr. Machte mir den schwachen Wind zu Nutze, um Farbe auf mögliche Lecks über dem Fußende meiner Koje und im Deck über der Vorpiek zu streichen. Sieht scheußlich aus mit meiner schlechten Malerarbeit, aber wichtiger ist es, jedes Leck zuzustopfen. Bekam viel Farbe auf meine Jacke, entfernte sie jedoch wieder mit Benzin. Ich glaube, dass ich die Lecks mit genügend Farbe stopfen könnte, wenn ich nur im Stande wäre, sie überhaupt zu finden.

14.13 Uhr. Ein Albatros fliegt auf drei Meter an das Heck heran; ich füttere ihn mit ein paar Abfällen, die ihm zu schmecken scheinen. Mit meiner frischen Butter bin ich am Ende. Bis jetzt hat mein geflicktes Besanstagsegel gehalten. Gutes Segeln bei ziemlich ruhiger See und ausreichend Wind. Möge es recht lange so anhalten.

19.07 Uhr. Benütze den leichten Wind, um unter Deck meine Arbeit zu erledigen. Batterien inspiziert und mit Wasser aufgefüllt (nur wenig nötig). Batterien voll aufgeladen. Frischwasser im Motor inspiziert (o. k.). Kursmonitor klargemacht. Batterie des Geschwindigkeitsmessers in einen Tupperwarebehälter gepackt, um sie trocken zu halten. Fast bin ich bis zu den Kombüsenschubladen gelangt, die seit dem 7. Februar auf meiner Liste stehen!

20.40 Uhr. Quäle mich weiterhin damit ab, die Ruderautomatik dahin zu bringen, dass sie das Boot steuert. Bei leichtem Wind erschwert das Besanstagsegel dies sehr, und dieser Wind ist die ganze Zeit wechselhaft, frischt auf und legt sich dann wieder fast ganz.

5. März. 0.45 Uhr. Der Kursabweichungsanzeiger funktioniert gut, gibt aber besonders gern Alarm, wenn ich gerade einschlafen will. Andererseits ist er natürlich eben dazu da! Was kann man dagegen tun? Im Augenblick liegen 155 Grad an (Südsüdost, das heißt 40 Grad abweichend vom Generalkurs), der Wind kommt fast von querab ein. Er würde nicht ausreichen, die Selbststeueranlage in Betrieb zu halten, wenn ich auf Raumschotskurs abfalle. Soll ich das Besanstagsegel bergen? Ich glaube ja, denn dann wird die Ruderautomatik das Boot auch vor dem Wind auf Kurs halten. An hohe Fahrt darf ich jetzt eben nicht denken.

1.30 Uhr. Ich will sehen, ob es besser ist, wenn ich abfalle und halse. Wichtig ist, dass das Boot mit halbem Wind immer noch Fahrt macht, ohne aufzuschießen und backzufallen, während es das wahrscheinlich sofort tun wird, wenn ich versuche, bei dieser fast vollständigen Flaute vor dem Wind zu laufen. Na, ich werde ja sehen.

2.25 Uhr. Ich habe das Besanstagsegel geborgen und würde es gerne jetzt auf dem anderen Bug wieder setzen, aber der Wind reicht noch nicht aus, dass der Verklicker eine Windrichtung angeben könnte. Ich glaube, dass ich besser noch ein bisschen warte, bis der Wind zu erkennen gibt, aus welcher Richtung er wehen will. Eine milde Nacht, schwarz bis auf ein Wetterleuchten weitab am Himmel im Südost. Habe doch gehalst. Habe ich das schon notiert?

3.50 Uhr. Es ist gut, dass ich das Besanstagsegel nicht wieder gesetzt habe. Ich habe jetzt ein wenig angeluvt, und da würde es nicht richtig stehen. Es regnet.

6.00 Uhr. Zum zweiten Mal in dieser Nacht hat mich der Kursalarm aus dem Schlaf gerissen, als wir 45 Grad aus dem Kurs gelaufen sind, weil der Wind umgesprungen war. Er kommt jetzt etwa aus Nordost ein und hat auf 15 Knoten aufgefrischt. Es regnet.

10.55 Uhr. In dieser Nacht habe ich nur etappenweise geschlafen; einen letzten und höchst willkommenen Schlummer konnte ich mir von 8.30 Uhr bis 9.40 Uhr leisten. Als ich aufwachte, wehte der Wind mit Stärke 6 aus Nordost. Dann ging ich hinaus und an die Arbeit, barg zuerst das Großsegel und lagerte den Baum auf seine Stütze. Hatte bei diesem Wind zu viel Segel stehen, barg also die Genuastagfock und setzte stattdessen die Sturmstagfock. Leichter Regen oder Sprühregen bei grauem Wetter. Schlechte Sicht, 10/10 bedeckt. Wind aus Nordost. Ich hoffe, dass er begonnen hat, wieder nach Nord zu drehen.

11.00 Uhr. Zeit für ein Frühstück, obgleich ich um 3.00 Uhr gebackene Bohnen und Toast mit heißer Schokolade zu mir genommen habe.

12.30 Uhr. Es regnet noch stark, aber der Himmel sieht viel heller aus, als ob über einer dünnen Dunstschicht die Sonne stände.

Nach meiner Malerei von gestern scheint weniger Wasser in der

Vorpiek zu sein, trotz des Regens und des Gischts, der durch das Laufen am Wind erzeugt wird. Es lohnt sich nicht, das Wasser auszuösen. Durch die weiße Farbe kann man auch besser alle Ritzen erkennen; ich werde nochmals darübergehen und auf Risse und Ritzen genau achten.

16.10 Uhr. Wind hat abgeflaut. Muss Großsegel setzen – wenn nur nicht der Wind wieder dreht. Verdammt! Muss in 50 Minuten senden und möchte etwas essen.

16.30 Uhr. Großsegel gesetzt.

17.28 Uhr. Kein Glück mit Funkverbindung nach Buenos Aires oder der British Antarctic Survey, wahrscheinlich zu früh. (Ich kann nicht stundenlang am Funkgerät sitzen und versuchen, eine Verbindung herzustellen, wie es ein Berufsfunker tun kann.)

6. März. 1.25 Uhr. Habe versucht, das schreckliche Schlagen und Knarren der Blöcke und Taue zu vermindern, das meines Erachtens von der unterlaufenden Dünung kommt. Jeder Wellenkamm nimmt den Segeln den Wind und krängt das Boot.

7.40 Uhr. Der Kursabweichungsanzeiger weckte mich auf; da ich annahm, wir seien um 45 Grad nach Südost aus dem Kurs gelaufen, döste ich weiter, denn bei fast völliger Windstille lässt sich nicht viel dagegen machen. Aber als ich später mit schläfrigem Auge auf den Kompass über mir blickte, stellte ich fest, dass wir auf Raumschotskurs nach Nordost liefen! Ich sprang aus der Koje und trimmte die Segel, aber der Wind reichte nicht einmal aus zum Drehen der Anemometerfahne. Vermutlich wird es heute keinen Geschwindigkeitsrekord geben.

14.30 Uhr. Nachdem ich am Morgen drei Stunden lang in der Flaute gelegen hatte, geraten wir jetzt in einen Ostwind mit Stärke 6. Wir galoppierten in Richtung Südpol, also wendete ich in der Annahme, dass bei diesem Wetter der Wind sich wieder nördlich drehen würde, wie es schon der Ostwind vor ein oder zwei Tagen getan hat. Ich glaube, dass der Wind schon seit dem Wenden um etwa 10 Grad gedreht hat. Fühle mich heute nicht auf der Höhe, obgleich es mir besser geht, nachdem ich am Mittag eine Stunde geschlafen habe. Ohne eine bestimmte Menge Schlaf komme ich nicht aus. Aber jetzt will ich erst einmal etwas trinken und mir dann ein Mittagessen zurechtmachen.

16.45 Uhr. Was ist heute mit mir los? Ich war mitten beim Essen, als die *Gipsy Moth* backdrehte. Ich ging im langen Ölmantel nach oben und brachte sie wieder auf den richtigen Kurs. Die Hosen und die Kajütenschuhe wurden bei dem heftigen Regen ziemlich nass. Dann frischte der Wind auf und erreichte bald 30 Knoten, also barg ich die Genuastagfock. Aber unter Fock und Besan lief das Boot nicht richtig; deshalb zog ich mich noch einmal an und setzte die Sturmfock. Jetzt ist der Wind fast völlig abgeflaut, die *Gipsy Moth* schaukelt sich an den Wellen hoch und macht nur noch eine Fahrt von ½ Knoten. Natürlich will sie, dass wieder alle Segel gesetzt werden. Aber ich will jetzt erst einmal versuchen, mit meinem Essen fertig zu werden. Ich glaube, wir befinden uns im Mittelpunkt eines kleinen Tiefdruckgebietes.

17.20 Uhr. Nach einer Flaute läuft jetzt die *Gipsy Moth* – mit ausgekuppelter Ruderautomatik – von selber auf Westkurs mit 3 Knoten. Ist das nicht toll? Ich aber habe nun meine Spagetti gegessen und werde wieder in den Kampf steigen.

18.45 Uhr. Dieser Tag oder das Wetter hält mich zum Narren. Eben setzte ich wieder die Genuastagfock an Stelle der Sturmstagfock. Ich hoffte auf ein neues Auffrischen des Windes wie am Nachmittag, aber stattdessen drehte der Wind plötzlich von Ost auf Nordwest. Das Boot schien auf der Stelle zu liegen, und so setzte ich auch das Großsegel. Kaum hatte ich dies getan, drehte der Wind, noch ehe ich wieder in der Plicht war, um 40 Grad. Folglich laufen wir jetzt dwars zu einem Nordwind (in etwa). Es kommt mir so vor, als ob ich mich den ganzen Tag mit den Segeln abgeplagt und doch nichts erreicht hätte. Nebel und Sprühregen. Sichtweite 500 Meter. Ich habe jetzt Lust auf einen weiteren Drink, aber niemals kommt ein Schlamassel sicherer, als wenn ich mir einen genehmige, und ich habe jetzt die Nase voll davon, dauernd wegen irgendwelcher dringender Sachen ins Nasse hinausstürzen zu müssen. Na ja, was werde ich also trinken?«

Ich hatte nur einen einzigen Wunsch: Eine ruhige Nacht und

einen gesunden Schlaf. Deshalb ging ich um 8.00 Uhr abends in die Koje und war bald eingeschlafen. Aber der Grog muss die Ursache gewesen sein, dass ich um 9.00 Uhr – eine Stunde später nur – durch eine Sturmbö geweckt wurde und schnell die Segel kürzen musste. Und so zog ich mich wieder an und kroch ins Ölzeug, weil es stark regnete – auf dem Deck lief das Wasser wie in einem Bach. Ich hatte eine ganze Menge zu tun. Zuerst barg ich das Großsegel, dann das Besan und die Arbeitsfock. Danach setzte ich das Spitfire und ließ es zusammen mit der Genuastagfock stehen. Dann ging ich in die Koje, um Schlaf zu finden, aber nach der Welle zu urteilen, die in diesem Augenblick, nachdem zuvor der Wind aufgeheult hatte, das Boot traf, glaubte ich, eine laute Nacht erwarten zu müssen.

»7. März. 3.35 Uhr. Ich überlegte, ob ich die Genuastagfock bergen und/oder vor den Wind drehen soll. Wir machen mit 5,4 Knoten nicht viel Fahrt. Die von querab einkommenden Wellen machen mir Sorgen, aber sicher haben sie noch nicht solche Größe, dass das Boot in Gefahr ist, zu kentern.

7.25 Uhr. Meine Schätzung war richtig: Der Wind ist von 35 Knoten auf 25 abgeflaut; jetzt brauchen wir mehr Segelfläche, und ich wäre übel dran, wenn ich um 3.30 Uhr die Genuastagfock geborgen hätte. Das Barometer fällt noch ständig um 3/8 Millibar pro Stunde – ich glaube, dass dicker Wind zu erwarten ist. Was soll ich setzen? Das letzte Mal habe ich gut geschlafen, ich brauche aber noch mehr Schlaf. Werde also das Trysegel und nicht das Großsegel setzen.

8.30 Uhr. Ich zurrte den Großbaum in seiner Stütze und setzte das Trysegel. Hatte keine Schwierigkeit, außer dass sich Leinen und Kabel (wie üblich) vertörnten. Das Trysegel ist genau richtig. Die *Gipsy Moth* schien zu neuem Leben zu erwachen. Ich habe den Eindruck, dass sie beträchtlich schneller läuft, als der Geschwindigkeitsmesser anzeigt – ich schätze 6¾ Knoten, während auf der Skala nur 5¼ Knoten angezeigt sind. Einem plötzlichen Einfall zufolge prüfte ich die Batterie des Harrier – sie sind fast leer. Deshalb also zeigt der Geschwindigkeitsmesser zu wenig an, obgleich ich glaube, dass er noch immer die richtige Strecke loggt. Drei Tage lang keine Positionsbestimmung; nur eine Sonnenstandslinie gestern. Wenn ich etwas mehr auf Draht gewesen wäre, hätte ich die Sonne nochmals schießen und eine Positionsbestimmung erhalten können, aber bis ich mein Zeug in der Plicht hatte, war die Sonne schon wieder hinter dem Dunst verschwunden. Ich hatte ein gerefftes Besan gesetzt, das die Geschwindigkeit steigerte und mich befähigte, besser Kurs zu halten. Ich möchte noch nicht in südöstlicher Richtung auf das Kap Hoorn zugaloppieren.

15.00 Uhr. Hurra, die Sonne ist da! Wie sonnig erscheint doch die Zukunft für einen Augenblick! Der Nebel, aus dem sie herausgekommen ist, sieht wie eine große weiße Rauchwand aus, die vor einem Feuer am westlichen Horizont entlangtreibt. Ich tauschte das Spitfire gegen die Arbeitsfock aus. Ein herrliches Segeln, mit raumem Wind, aber nicht so schnell wie mit halbem Wind.

19.20 Uhr. Nach drei Tagen ohne Positionsbestimmung betrug die Abweichung von meiner geschätzten Position 21½ Meilen nach Nord.

22.20 Uhr. Habe sowohl das Besan wie die Arbeitsfock geborgen. Falls der Wind jetzt abflaut, habe ich zu wenig Segel stehen. Aber ich glaube, dass man mit diesem Boot nichts anderes tun kann als möglichst die Segel zu kürzen, sobald eine Bö einfällt. Das bedeutet immer turbulente Luft, ein Zustand, der vielleicht anhalten und unter Umständen noch schlimmer werden wird. In diesem Fall jedenfalls drehte der Wind plötzlich um 40 Grad, und mit der neuen Windrichtung kamen zugleich große Roller, ich glaube, im Anfang sofort drei. Durch den ersten legte sich das Boot um schätzungsweise mehr als 65 Grad über – es blieb so lange auf der Seite, dass ich mich schon fragte, ob es sich wohl aus irgendeinem Grund überhaupt nicht mehr aufrichten würde. Zuerst wartete ich einige Zeit, ob es sich wieder aufrichten würde. Als es dies nicht tat, kletterte ich aus meinem Schwingstuhl in die Plicht hinauf, um nachzusehen, was los war. Jetzt will ich wieder versuchen, meine Minestronesuppe fertig zu essen. Den Rest schüttete ich in eine Thermosflasche.

8. März. Um etwa 4.15 Uhr gehalst. Tagesbeginn etwa 4.30 Uhr. Bei diesem Halsemanöver war die See freundlicher, die Wellen kamen fast achterlich ein, vorher aber meist von beinahe querab.

(Später:) Um 7.00 Uhr wurde ich geweckt durch heftiges Rollen oder eher schon Schleudern durch Wellen, die beinahe gefährlich waren. Sehr widerwillig stand ich auf und zog mich an, um nachzusehen, ob ich irgendetwas tun könnte. Aber diese bösen Wellen scheinen örtlich beschränkt zu sein; seit ich aufgestanden bin, haben wir nur die übliche große See des Südmeers gehabt, die zu einem 35-Knoten-Wind gehört. Eine Reihe von Regenböen scheint über das Meer zu laufen, von denen jede ein paar große üble Seen aufbaut. Die Geschwindigkeit des Bootes schwankt zwischen 4 und 8 Knoten; manchmal ist es in der Kajüte so still, dass ich hinaufschaue, um zu sehen, ob wir überhaupt noch Fahrt machen. Als die Sonne für kurze Zeit aus den Wolken kam, benützte ich die Gelegenheit, sie zu schießen. Ich peilte sie sechsmal an, bin aber nicht sicher, ob meine Standortbestimmungen genau sind, weil große Wellen die ferne Kimm bestenfalls für ein oder zwei Sekunden lang sichtbar werden lassen, was bedeutet, dass man ›Schnappschüsse‹ machen muss. Ich werde die Schüsse auf ein Kurvenblatt übertragen, auf dem ziemlich deutlich wird, wie weit sie vermutlich falsch sind; auch jeden ›Schwindel‹schuss zeigt es deutlich auf. Habe in der vergangenen Nacht meinen letzten Apfel gegessen und die erste verdorbene Grapefruit entdeckt. Ich fürchte, dass auch die Eier sich nicht halten werden. Mein geliebter Windverklicker, ein schmales Band aus leichtem Chiffon, das am Ende eines von der Windfahne herabhängenden Monometallstabes wehte, ist weggerissen worden. Dies ist für mich ein Verlust, weil ich auf diesen Windanzeiger oft viele Male am Tage geschaut habe. Ich konnte ihn von der Kajüte aus sehen, ohne in die Plicht gehen zu müssen, und er zeigte mir nicht nur die Stärke und Richtung des Windes dicht über der Wasseroberfläche an, sondern auch, wie viel Druck auf die Selbststeueranlage ausgeübt wurde.

21.30 Uhr. Ich hatte den Eindruck, dass es keinen Sinn hat, früh in die Koje zu gehen, und ließ alle meine Kleider am Leib. Und in der Tat kam ein frischer Wind von 30 Knoten auf mit ziemlich heftigem Seegang. Mit so viel Segeln war das für die *Gipsy Moth* zu viel. Sie krängt bis zu einem Winkel von 35 Grad, und wenn ein großer Brecher von querab auftrifft, holt sie einfach zu stark über. Eine mächtige Welle kam herangelaufen, während ich in der Plicht war; dabei stellte ich fest, dass der Wind zu brüllen anfing und heftiger wurde, noch ehe die Welle eintraf. Wahrscheinlich ist dies die Folge der Luftverdrängung durch die Wassermasse. Ich werde jetzt einer Suppendose ein Ende bereiten und dann etwas schlafen (ich hoffe es jedenfalls).«

Bei umlaufenden Winden konnte ich nur in Raten schlafen. Mein Kursabweichungsanzeiger – Lehrlinge der Kelvin-Hughes-Werke hatten ihn für mich gebaut – schlug fürchterlich Alarm über meiner Koje, wenn der Wind um 45 Grad drehte. In der vergangenen Nacht beispielsweise jagte er mich dreimal aus meiner Koje, jedes Mal musste ich Ölzeug anziehen und Segel trimmen, setzen oder wegnehmen. Die pechschwarze Nacht und die graue Morgendämmerung mit dem nebligen Nieselregen erinnerten mich an den Nordatlantik.

»9. März. 11.40 Uhr. Frühstück unterbrochen, um die Segelfläche zu kürzen, weil das Leedeck zu oft unter Wasser war, buchstäblich im Wasser lief, sodass das Boot unnötig beansprucht wurde. Also barg ich die Genuastagfock und Fock und setzte stattdessen das Spitfire, sodass nur noch Trysegel und Spitfire standen. Ein schöner, sonniger Tag, aber heftiger Wind bis zu 40 Knoten und mächtig große Wellen. Ich fiel um 20 Grad vom Wind ab, wodurch es viel besser wurde.

12.45 Uhr. Bin immer noch beim Frühstück, das ich zum letzten Mal unterbrach, um am Mittag die Sonne zu schießen. Vielleicht war es gut, dass ich dies getan habe, weil sich der Himmel nur ein paar Minuten später vollständig zugezogen hat.

Tagesetappe 179 Meilen. Dies ist mein 40. Tag auf See. Ich habe 5083 Meilen hinter mir und noch 1604 Meilen bis zum Kap Hoorn. In den letzten sechs Tagen bin ich Kurs direkt auf Kap Hoorn gelaufen; ich bin jetzt auf 47° 8′ südlicher Breite, also 311 Meilen dem

Südpol näher. Heute Morgen habe ich meine Winterwollsachen angezogen: wollenes Hemd, lange Unterwäsche und dicke Socken, aber in der Sonne war es dann doch warm, und da das Ölzeug alle Luft abhielt, wurde ich auf dem Vordeck beinahe gekocht. Heute Abend brauche ich ein Glas Meerwasser, damit ich keine Krämpfe bekomme.

10. März. 5.00 Uhr. Ich kann mich nicht entsinnen, dass die *Gipsy Moth* jemals so gut gelaufen ist, so ruhig und glatt, fast aufrecht und mit einer guten Durchschnittsfahrt von 7,4 Knoten während acht Stunden (viel mehr kann sie nicht machen, ohne dass es Ärger gibt). Außerdem bin ich während dieser Zeit nicht ein einziges Mal in der Plicht gewesen. Möge es recht lange so weitergehen!

(Später:) Etwa um 8.15 Uhr habe ich die Sonne geschossen, aber es war schwierig, da vor ihr graue Wolkenfetzen lagen, hohe Wellen die Kimm verbargen und mein Sextant und meine Brille mit Gischt bespritzt waren. Ich brauchte 17 Minuten für sechs Peilungen. Hinterher trug ich sie auf Kurvenblätter ein, weil sie mir nicht zuverlässig zu sein schienen; die größte Abweichung aller Eintragungen von einer geschätzten Durchschnittslinie betrug jedoch nur vier Minuten (was vier Meilen entspricht).

14.12 Uhr. Schwierigkeiten mit dem Motor. Es ist immer mühseliger geworden, ihn anzulassen. Nach zwölf Versuchen hat er zwar geknallt, ist aber nicht angesprungen. Schließlich quälte er sich mit 400 Umdrehungen ab. 14 Minuten dauerte es mit Vollgas, bis er schnell wurde. Es sieht so aus, als ob die Treibstoffpumpe nicht in Ordnung ist. Ich muss einmal in der Betriebsanweisung nachlesen, habe aber den Eindruck, dass die Reparaturen angesichts der Seen, die durch den hin und wieder heulenden Sturm aufgepeitscht werden, recht schwierig sein werden.

15.30 Uhr. Wenn der Wind in diesen Breiten zu heulen anfängt und der Windmesser auf 40 Knoten steigt, ist es Zeit, die Segel zu reffen und sich auf einiges gefasst zu machen. Ich unterbrach mein Mittagessen, mit dem ich begonnen hatte, und barg das Trysegel.«

Allmählich gewöhnte ich mich an die wilden Windsysteme des

Südmeers. Ich konnte jetzt schon mit ziemlicher Genauigkeit vorhersagen, was der Wind als Nächstes tun werde. So steht zum Beispiel am 11. März in meinem Logbuch:

»Ich habe darauf gesetzt, dass der Wind weiterdrehen wird. Ich trimmte die Segel und die Selbststeueranlage auf einen Kurs 36 Grad nördlich des Kurses nach Kap Hoorn. Dann ging ich in die Koje und schlief wunderbar bis 7 Uhr früh, ohne mich aus meiner Koje rühren zu müssen. Ich hatte den richtigen Riecher gehabt; das Boot lief jetzt nur noch mit einer Abweichung von etwa 10 Grad zum Kurs auf Kap Hoorn, nachdem es die ganze Nacht über mit einem Durchschnitt von 7,1 Knoten gelaufen war.«

Als ich am 10. März meinen Standort berechnete, stellte ich fest, dass ich 175 Meilen von der Stelle entfernt war, wo sich am 14. Februar 1957 die *Tzu Hang* mit Brigadier Miles Smeeton, seiner Frau Beryl und John Guzzwell an Bord buchstäblich überschlagen hatte. Interessant ist es, dass dieser Ort noch etwa 1200 Meilen vor Kap Hoorn liegt – das ganze Südmeer ist schrecklich, nicht nur im Gebiet des Kap Hoorn. Wenn man auf einen Globus schaut, erkennt man, warum dieses Meer sich in nichts mit einem anderen Ozean vergleichen lässt: Nirgendwo ist Land, das die Kraft der Seen brechen könnte, die endlos um die sich drehende Erdkugel stürmen. So entsteht jene furchtbare Dünung, selbst bei fast völliger Windstille. Und es ist nichts da, was die Kraft des Windes brechen könnte.

Die Auszüge aus meinem Logbuch geben ein ziemlich gutes Bild von meinem täglichen Leben auf der *Gipsy Moth*, von der nie endenden Arbeit, die zu erledigen war, damit das Boot so seetüchtig wie möglich blieb, von dem nie endenden Bemühen, den Zufälligkeiten von Wind und See zuvorzukommen und dem Boot in seinem Kampf mit diesem schrecklichen einsamen Ozean zu helfen. Manchmal hatte ich Glück; so hat mir auch wohl in der Sache mit dem Motor die Vorsehung beigestanden. Ich dachte scharf darüber nach, was wohl nicht in Ordnung sein könnte, und kam zu dem Schluss, dass Luft in die Treibstoffzuführung gekommen sein musste, als ich bei heftig schlagendem Boot meine Batterien in grober See aufgeladen hatte. Ich beschloss, die gesamte Treibstoffzuleitung zu entleeren, damit alle Luft darin herauskam; das bedeutete, dass ich an die Treibstoffpumpe, die Einspritzpumpe, die Filter usw. herankommen musste. Und hier griff die Vorsehung insofern ein, als sie mir einen unerwartet ruhigen Tag bescherte. Aber selbst so war es noch eine mühselige Arbeit. Die Einspritzpumpe lag, wie ich feststellen musste, auf einer Seite des Motors, an die ich nicht herankonnte; nur in einem Spiegel war sie sichtbar zu machen, nachdem ich von der Seite meiner Koje aus hinter den Motor und unter die Plicht gekrochen war. Dort konnte ich zwar, auf der Seite liegend, mit den Händen die Einspritzpumpe greifen, aber zu sehen vermochte ich sie nur mithilfe des Spiegels. Es war eine Arbeit, bei der man Platzangst kriegen konnte – denn wieder einmal lag mein Kopf tiefer als meine Füße. Ich arbeitete den ganzen Morgen daran, hatte aber schließlich die Befriedigung, das Öl aus den Leitungen laufen zu sehen, die zu den Düsen führen. Damit wusste ich zwar, dass die Treibstoffzuleitung in Ordnung war, aber immer noch lief der Motor nicht so, wie er sollte. Plötzlich erkannte ich, dass es nur eine Ursache dafür geben konnte – die Drosselklappe. Die Klappe oder Sperre, die den Motor stoppte, sollte sich von selbst öffnen; aber sie war so verklemmt, dass sie geschlossen blieb. Die Feder nämlich, die sie zu öffnen hatte, war durch Seewasser korrodiert und funktionierte nicht mehr. Sobald ich die Klappe von Hand öffnete, lief der Motor an wie ein Vogel, der auf und davon schwirrt. Ich arbeitete weiter, um die Windstille zu nutzen, und aß an jenem Tag bis zum Nachmittag nichts. Dann aber hatte ich schließlich die Genugtuung, die Störung lokalisiert und behoben zu haben – und so etwas macht einen ausgezeichneten Appetit.

Die Windstille bot mir auch Gelegenheit, mehr Brot zu backen; ich hatte schon angenommen, dazu erst nach dem Passieren von Kap Hoorn zu kommen. Obgleich der Tag bemerkenswert ruhig war, erreicht die *Gipsy Moth* von 2 bis 5 Uhr nachmittags einen Durchschnitt von 7⅞ Knoten.

Auf dem Weg zum Kap Hoorn bekam ich reizenden, völlig unerwarteten Besuch. Ich stand eines Nachts mit der Inspektionslampe auf dem Seitendeck, als etwas Weiches und Warmes – nichts Kaltes wie Leinen oder Drahtkabel – mir ins Gesicht flatterte. Zuerst bekam ich einen Schreck. Dann sah ich, dass es eine vom Licht geblendete Sturmschwalbe war. Ich hob sie auf und brachte sie an einen sicheren Ort in der Plicht; nachdem ich meine Arbeit beendet hatte, setzte ich sie auf das Achterdeck, von wo aus sie sich in die Luft erheben oder ins Wasser hüpfen konnte, wie es ihr am besten passte, sobald ich die Lichter gelöscht hatte. Sturmschwalben sind wirklich stürmisch, die unbezähmbarsten Geschöpfe, die ich kenne, und doch weich und zart und von höchst reizenden Manieren. Eine Sturmschwalbe greift nicht an, und sie kuschelt sich warm in die Hand – denn sie ist so klein, dass man sie mit einer Hand leicht umfassen kann.

Sehr traurig war ich, als ich am nächsten Morgen die Sturmschwalbe wieder in der Plicht fand; sie war tot. Nachdem ich unter Deck gegangen war, muss sie vom Achterdeck in die Plicht zurückgekrochen sein. Wahrscheinlich war sie verletzt; ich kann nur hoffen, dass sie mir nicht irgendwann unter die Füße geraten ist. Aber ich glaube nicht, dass sie durch mich verletzt wurde – ich bin überzeugt, dass ich es gemerkt hätte, wenn ich auf sie getreten oder sie sonst getroffen hätte.

Im Hinblick auf die bei Kap Hoorn zu erwartenden Seen brachte ich vorsichtshalber hölzerne Verstärkungen am Vorluk an. Alan Payne hatte sie für mich in Sydney hergerichtet – ich glaube, er war derselben Überzeugung wie ich, dass nämlich eine große, schwere Luke mit leichten Befestigungen in schwierigen Lagen gefährlich werden kann.

Am Montag, dem 13. März, kam ich weit voran. Diesmal konnte ich am Anfang und am Ende der Tagesstrecke meine Position mithilfe der Sonne genau bestimmen. Leider war es nur ein kurzer 23-Stunden-Tag, weil ich die Zeiger der Uhr eine Stunde vorstellen musste, um die Tatsache auszugleichen, dass ich 15 Längengrade auf östlichem Kurs gelaufen war. Ich kam auf 191½ Meilen für 23 Stunden. Das bedeutete eine Durchschnittsgeschwindigkeit von 8,326 Knoten; wenn ich mit dieser Durchschnittsgeschwindigkeit volle 24 Stunden hätte rechnen können, wäre ich auf 199,826 Meilen gekommen. Selbst wenn ich also nicht den Tag um eine Stunde hätte verkürzen müssen, wäre ich doch noch fast eine Viertelmeile unter den 200 Meilen geblieben, auf die ich immer gehofft hatte. Diese 200 Meilen wollten mir nie glücken!

Nun hatte ich noch 937 Meilen bis zum Kap Hoorn. Mit fünf Tagen wie den vergangenen wäre ich so weit. Ich war aufgeregt. Das Geräusch des Windes, ein wild heulendes Pfeifen, kündigte eine üble Nacht an. Und in der Tat sah ich mich einem Nordoststurm gegenüber, der bis 45 Knoten erreichte. Um 3.00 Uhr trug ich ins Logbuch ein, dass ich »im Augenblick von querab eine ziemlich gefährliche See habe«. Die Schläge, die das Boot hinnehmen musste, konnte ich nur dadurch mindern, dass ich abfiel und Kurs Süd nahm. Ich schätze nämlich, dass ich noch etwa 150 Meilen nach Süden laufen konnte, ehe ich in das Gebiet der Eisberge geriet. Der Wind hatte gedreht; er war in den letzten 15 Stunden um 30 Grad umgesprungen. Wenn er in den nächsten 15 Stunden nochmals um 30 Grad drehte, konnte ich im Notfall, falls ich zu weit nach Süden kam, halsen und wieder aus dem Gebiet der Eisberge herauskommen, selbst wenn das bedeutete, dass ich wieder von Kap Hoorn weglaufen musste. Anders gesagt, ich konnte es immer noch vermeiden, in eine Falle zu segeln. Nachdem ich mir dies klargemacht hatte, barg ich das Stagsegel und ging auf Vormwindkurs nach Süden.

Ins Logbuch schrieb ich:

»Im Vergleich zu vorher scheint es so ruhig zu sein wie auf einer Wiese, leider aber liegt der Kurs jetzt 5 Grad West zu Süd, doch ich hoffe, dass es nicht lange so weitergehen wird. Einmal bekam ich in der Plicht einen Guss von einer Sturzsee ab, aber mein ausgezeichnetes Deckpäckchen, das ich in Sydney gekauft habe, hielt mich trocken. Rechtzeitig dachte ich dran, meinen Arm herunterzunehmen; ich habe nämlich die schlechte Angewohnheit, mich mit einer Hand in Kopfhöhe am Besanmast festzuhalten, und natürlich läuft eine See, die mich in dieser Stellung trifft, genau in meinen Ärmel hinein. Es ist ein übler Wind usw ... Das nasse Ölzeug und das Wasser, das durch die Luke eindringt, waschen den Kajütenboden und reinigen ihn, was sonst wahrscheinlich nicht passieren würde.«

Ich brauchte nicht lange nach Süden zu laufen. Um 8 Uhr beruhigten sich Wind und See, und ich konnte um 60 Grad anluven. Immer noch regnete es, und die Sichtweite war gering. Alles unter Deck tropfte oder war durchnässt. Mein Kurs verlief auch jetzt noch zu sehr Richtung Süden, aber ich konnte noch weitere 30 Stunden auf diesem Kurs bleiben, ehe ich die von mir gesetzte südliche Grenze erreichte. Meine Hände waren fast abgestorben; ich trank einen heißen Rum mit Zitrone.

Um 17 Uhr nachmittags setzte ich das Großsegel. Ich zählte zusammen, dass ich in den vergangenen 24 Stunden zwölf Segel gesetzt oder geborgen hatte. Es schien Jahrhunderte zurückzuliegen, dass ich mir darüber Sorgen gemacht hatte, zwischen die Eisberge zu kommen, weil ich vor den Seen laufen musste – aber in Wirklichkeit war das erst 14 Stunden her. Um Mitternacht kam ich in eine Flaute und in Nebel, der so dick war, dass man die Schwaden durch die Plicht treiben sah. Ich war jetzt auf 54 Grad südlicher Breite, die Entfernung zum Kap Hoorn betrug 750 Meilen – ein merkwürdiger Platz für eine Windstille!

Ich war sehr ungeduldig und überlegte, ob es mir wohl gegeben würde, ohne Sturm Kap Hoorn zu runden – ich hoffte, dass die Schönwetterlage, in der ich mich am 15. März bei einer Entfernung von nur noch 700 Meilen befand, weiter anhalten werde. Dieses schöne Wetter nützte ich in jeder Hinsicht aus; ich sicherte alles, was mir einfiel, und erledigte an Deck, was ich nur tun konnte. Es schien zu schön, um wahr zu sein. Und so war es denn auch.

Am Donnerstag, dem 16. März, konnte ich endlich wieder die Sonne schießen, zum ersten Mal seit drei Tagen und nach einer Segelstrecke von 390 Meilen. Ins Logbuch schrieb ich:

»Ich freute mich wie eine Ente mit zwei Schwänzen, als ich feststellte, dass die Abweichung von meiner angenommenen Position nur 3 Meilen in der Entfernung und 2½ Meilen in der Richtung betrug. Ich hoffe nur, dass ich zu einem ebenso guten Ergebnis gelangen kann, wenn ich in der Drakestraße drei Tage lang ohne Sonnenpeilung festsitze; aber dort sind natürlich die Strömungen sehr stark.«

An diesem Abend kam ich mit meinem Funkgerät endlich nach Buenos Aires durch. Robert Lindley, der Korrespondent der *Sunday Times*, nahm meinen Bericht entgegen. Auch der *British Antarctic Survey* auf den Falkland-Inseln empfing meine Sendung, wie mir Robert Lindley berichtete, doch ich konnte keine Verbindung dorthin aufnehmen. Ins Logbuch trug ich ein:

»Ich bin reichlich erschöpft, aber froh, eine Nachricht durchgebracht zu haben. Es ist seltsam, dass sie mich deutlich hören können, sowohl in Buenos Aires wie auf den Falklands, während ich sie keineswegs gut höre. Ich verstehe nicht ein Fünftel von dem, was sie durchgeben. Immerhin habe ich mitbekommen, was der *British Antarctic Survey* mir mitteilte: Dass nördlich von 67 Grad südlicher Breite die See eisfrei ist. Ich vermute allerdings, dass dies nur für die unmittelbare Nähe des Kap Hoorn gilt und nicht für das Gebiet, in dem ich mich jetzt befinde. Aber selbst dann ist die Nachricht großartig.«

Am 17. März schrieb ich in mein Logbuch:

»Wenn es nur so weitergehen würde: glatte See, schöne Fahrt, eine auf jeden Fall ermutigende See, Sonnenschein. Ich glaube nicht, dass mir kein Frühstück je besser geschmeckt hat als das heutige: Grapefruit, Bratkartoffeln und Rührei in Butter mit etwas Kräutern, danach zwei Scheiben vom besten *Gipsy Moth*-Vollkornbrot mit Marmelade und Butter und heißer Kaffee zum Schluss des Festes.«

Man konnte fast meinen, sich im Mittelmeer zu befinden, aber immer noch war ich im Südmeer. Daran, dass man stets wachsam sein muss, wurde ich erinnert etwa eine Stunde nach der Eintragung über das herrliche Frühstück. Da sah ich in Luv eine schwarze Sturmwolke an einem sonst völlig blauen Himmel über blauer See. Zum Glück kam sie nicht zu mir.

Ich wurde immer ungeduldiger und koppelte dauernd meinen Kurs mit. Die Geschwindigkeit, mit der ich jetzt lief, war eine geradezu vornehme Gangart. Ich hätte schneller laufen können, wenn ich eine größere Fock gesetzt hätte, aber dazu wäre es notwendig gewesen, sie aus der Segellast im Vorschiff heraufzuschleppen und von dort durch die Kajüte und das Klosett in die Plicht und dann wieder über Deck, weil die Vordeckluke jetzt mit den von Alan Payne vorgeschlagenen Verstärkungen verschalkt war. Zu dieser Arbeit hatte ich gar keine Lust, und bis jetzt war hier im Südmeer auf fast völlige Windstille oder leichten Wind bei Ostlage noch so gut wie immer ein heftiger Sturm gefolgt. So beschloss ich, auch weiterhin die Segel zu fahren, die ich schon gesetzt hatte.

Nun veranstaltete ich schon seit Wochen ein privates Rennen mit der Sonne, bei dem es darum ging, ob ich Kap Hoorn runden konnte, ehe die Sonne auf ihrem Weg nach Norden den Äquator überquerte. Als ich noch 442 Meilen von Kap Hoorn entfernt war, stand die Sonne 1° 21′ südlich des Äquators (das bedeutete 81′ oder 81 Seemeilen auf der Erde) und bewegte sich mit einer Geschwindigkeit von einer Bogenminute (gleich einer Meile) in der Stunde. Ich segelte mit 5½ Meilen pro Stunde und schätzte, dass ich, wenn ich diese Geschwindigkeit beibehalten konnte, mit etwa 3½ Meilen Vorsprung gewinnen müsste.

Albatrosse – prächtige, majestätische Vögel, die genau dem Bild entsprachen, das ich mir von ihnen gemacht hatte, und nicht solche wie die kleinere Art, die ich auf dem Weg nach Australien gesehen hatte – gaben immer wieder Anlass zu interessanten Beobachtungen. Ein Vogel mit besonders riesiger Spannweite pflegte die *Gipsy Moth* anzusegeln, um sich Abfälle zu holen. Ich hob sie stets für ihn auf; er verschlang sie im Nu und umschwebte dann das Boot in engen Kreisen, als ob er mehr wollte. Ich hatte den Eindruck, dass meine vegetarischen Speisereste für ihn eine rechte Enttäuschung bedeuteten. Als ich mich Kap Hoorn näherte, zeigten sich einige Entensturmvögel (auch Walvögel genannt). Seit langer Zeit hatte ich keine mehr gesehen. Sie sind liebenswürdige Geschöpfe, aufregend zu beobachten und elegant wie Segler oder Schwalben. Inzwischen ging aber auch die Arbeit weiter. So steht im Logbuch:

»Ich glaube, dass ich recht töricht bin, mich mit dem Besanstagsegel herumzuärgern. Es ist, was den Ärger angeht, nur wenig besser als ein Spinnaker. Manchmal hilft es viel, die Geschwindigkeit zu steigern, aber gelegentlich scheint es darauf bedacht zu sein, mich zum Narren zu halten. In meiner Ungeduld, jetzt voranzukommen, hatte ich einen denkwürdigen Kampf mit ihm zu bestehen, der zwei Stunden dauerte. Zuerst setzte ich es, aber es stand nicht richtig im Wind, weil der Wind das Boot anluvte, sobald das Segel oben war. Deshalb barg ich es wieder, steckte es in seinen Sack und warf den Sack in die Achterpiek. Während ich dies tat, drehte der Wind, und als ich mich aufrichtete, waren die Bedingungen ideal – nun, wofür? Für ein Besanstagsegel! Ich war einigermaßen verärgert und beschloss dann, es nochmals zu probieren, holte den Sack heraus und begann von neuem. Für kurze Zeit nützte das Segel, aber dann machte der unsichere Wind es ihm sehr schwer. Die Selbststeueranlage war nicht im Stande, das Boot auch nur annähernd auf dem von mir festgesetzten Kurs zu halten.«

In dieser Nacht (17. März) schrieb ich um 22.25 Uhr, kurz bevor ich in die Koje ging, als Abgesang des Tages in das Logbuch:

»Wie beim ›Mensch ärgere dich nicht‹: Fünf Stunden lang habe ich versucht, das Boot bei gesetztem Besanstagsegel zu steuern, hatte aber kein Glück. Es ist, glaube ich, eine Sache des Gleichgewichts: Mochte das Boot auch für eine 5-Knoten-Brise in Trimm sein – bei einem 12-Knoten-Wind lief es dann bis zu 90 Grad aus dem Kurs. Auf jeden Fall habe ich es schließlich aufgegeben, weil ich ein bisschen schlafen will, und das verdammte Ding heruntergeholt. Jetzt scheinen wir ziemlich gut Kurs zu halten. Gute Nacht.«

Diese Nacht war noch in einer anderen Hinsicht denkwürdig – ich schlief endlich wieder einmal nicht in meiner Tageskleidung.

Am nächsten Tag – es war Samstag, der 18. März – war ich aufgeregt wie ein Schuljunge vor Beginn der großen Ferien. Trotz des unregelmäßigen Windes und all meiner Schwierigkeiten mit dem Besanstagsegel hatten wir in den vergangenen 24 Stunden keine schlechte Strecke zurück gelegt. 163 Meilen, womit ich noch etwa 302 Meilen bis Kap Hoorn hatte. Ich schätzte, dass ich nur noch etwa 100 Meilen von der Noir-Insel vor dem Cockburn-Kanal entfernt war, wo Joshua Slocum sein großes Abenteuer mit der Milchstraße erlebte.*

Die Diego-Ramirez-Inseln, die ich ansteuerte, lagen 249 Meilen voraus. Ich brauchte dringend eine Sonnenpeilung, um meinen Standort zu überprüfen, aber der Himmel war bedeckt, und es sah nicht so aus, als ob die Sonne herauskommen wollte. Immerhin hielt ich auf jeden Fall meinen Sextanten in der Plicht bereit. Am Nachmittag versuchte ich die Funkfeuer von Ushaia oder Punta Arenas zu erwischen, die als Einzige für mich in Frage kamen, hatte aber kein Glück. Ich versuchte es kurz nach 7.00 Uhr abends noch einmal und konnte Punta Arenas hören, woraus ich meine Position errechnete, hoffte jedoch, dass ich mich geirrt hatte, weil ich dann nämlich am Westende der Magellanstraße gewesen wäre. Ein zweiter Versuch ergab ein noch ärgerlicheres Resultat: Diesmal war ich schon östlich von Kap Hoorn! Auf jeden Fall aber kannte ich jetzt die Frequenz für das Funkfeuer von Punta Arenas, die ganz anders war als die im *Admiralty Manual* angegebene, und am Morgen konnte ich es ja noch einmal versuchen. Mein Logbuch schließt für diesen Tag mit der Eintragung:

»Ich habe den Kursabweichungsanzeiger so gestellt, dass er Alarm schlägt, sobald der Kurs um 45 Grad von den anliegenden 80 Grad abweicht. Ich möchte lieber versuchen, heute Nacht so viel wie möglich zu schlafen, weil ich befürchte, morgen mit all den Inseln ringsherum nicht viel Schlaf zu bekommen.«

* »Milchstraße« nennt man eine Menge Klippen und Felseninseln vor Feuerland, nordwestlich von Kap Hoorn. Im März 1896 wurde Joshua Slocum bei seiner ersten Alleinfahrt um die Welt in der *Sloop Spray* von einem heftigen Sturm auf Kap Hoorn zurückgetrieben, nachdem er durch die Magellanstraße den Pazifik bereits erreicht hatte. Er verbrachte eine entsetzliche Nacht zwischen den Klippen und Brechern der Milchstraße. In seinem Buch *Sailing Alone Round the World* schildert er dies folgendermaßen: »Es war das größte Abenteuer zur See während meines ganzen Lebens. Nur Gott weiß, wie mein Schiff davongekommen ist.« Er fügte hinzu: »Der große Naturforscher Darwin betrachtete dieses Meeresgebiet von Deck der *Beagle* aus und schrieb in sein Tagebuch: ›Jede Landratte, die die Milchstraße sieht, hätte eine Woche lang Albträume.‹ Er hätte ebenso gut hinzufügen können: ›Oder auch jeder Seemann.‹«

Ich runde Kap Hoorn

Die Reiseberichte, die ich während der Vorbereitungen für meine Weltumsegelung las, ließen mich bald erkennen, welchen einzigartigen Ruf das Meer um Kap Hoorn unter allen Meeren der Welt hat; es hat diesen Ruf schon, solange der Mensch es kennt, seit damals, als Francis Drake zu dem Schluss kam, dass es eine Wasserverbindung zwischen Kap Hoorn und den Südshetlands vor der Antarktis geben müsse – ebenjenen Wasserweg, der seinen Namen trägt: die Drakestraße.

Kap Hoorn ist eine Insel oder vielmehr die Spitze einer Insel, eine 424 Meter hohe massive Klippe, die sich dort erhebt, wo Pazifik und Atlantik aufeinander treffen, an der Südspitze des südamerikanischen Kontinents. Warum steht es in so schlechtem Ruf? Ich habe schon in meinem Buch *Along the Clipper Way* versucht, diese Frage zu beantworten:

»In den ›Vierzigern‹ und ›Fünfzigern‹, also zwischen 40 und 60 Grad südlicher Breite, herrschen Westwinde vor, die gewöhnlich ziemlich frisch sind. So gibt es beispielsweise vor Kap Hoorn an einem von vier Frühlingstagen und an einem von acht Sommertagen Stürme mit Windstärke 8 und mehr. Winde sind von Natur aus insofern faul, als sie sich weigern, ein Gebirge zu übersteigen, wenn sie an seinem Ende vorbeifegen können. Südamerika hat eine der größten Gebirgsketten der Welt, die Anden; auf einer 1200 Meilen langen Front von 35 Grad Süd bis hinunter zum Kap Hoorn stellen sie sich den Westwinden entgegen, und der ganze gewaltige Wind drängt sich schließlich durch die Drakestraße zwischen Kap Hoorn und den Süd-Shetland-Inseln, die 500 Meilen weiter südlich liegen. Zu den normalen Westwinden, die sich durch diese Öffnung zwängen, kommen die turbulenten, böen-

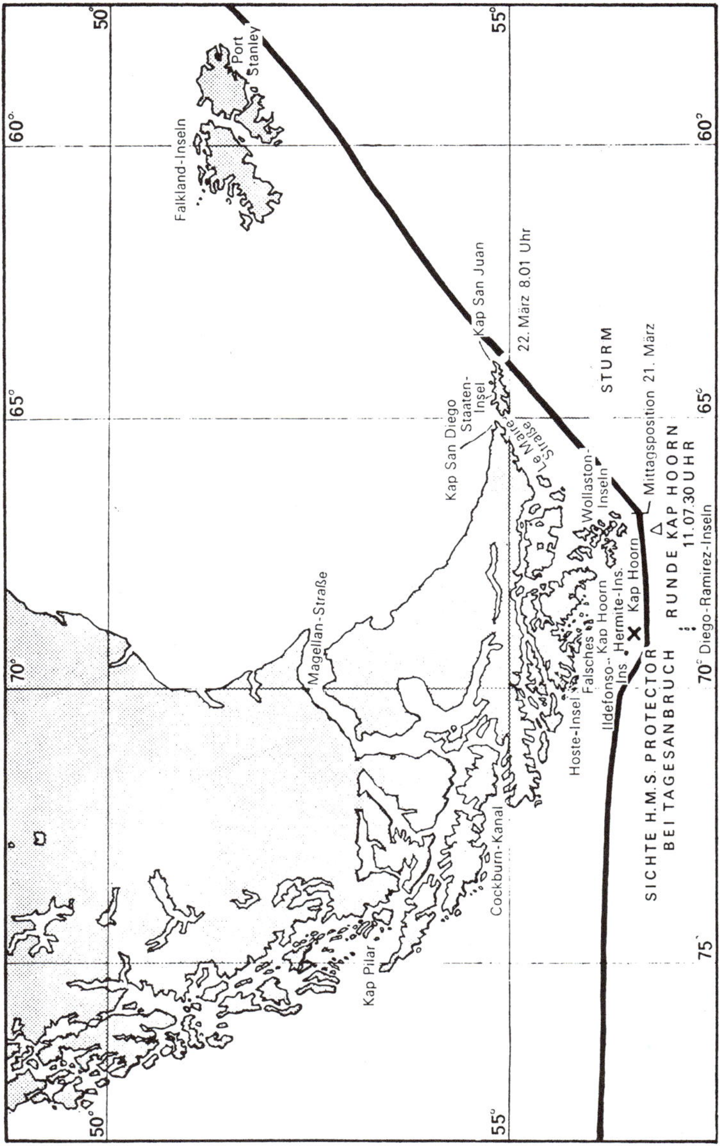
Falkland-Inseln
Port Stanley
Kap San Juan
22. März 8.01 Uhr
STURM
Mittagsposition 21. März
Staaten-Insel
Kap San Diego
Le Maire Straße
Wollaston-Inseln
RUNDE KAP HOORN
11.07.30 UHR
Diego-Ramirez-Inseln
Kap Hoorn
Hermite-Ins.
Falsches Kap Hoorn
Ildefonso-Ins.
Hoste-Insel
Magellan-Straße
Cockburn-Kanal
Kap Pilar
SICHTE H.M.S. PROTECTOR
BEI TAGESANBRUCH
50°
55°
60°
65°
70°
75°

artigen kleinen Zyklonen, die von den Anden herabwehen. Dasselbe geschieht in umgekehrter Richtung mit den Ostwinden, die allerdings seltener sind als die Westwinde; sie wehen, wenn ein Tiefdruckgebiet nördlich Kap Hoorn vorbeizieht.

Was die See angeht, so erzeugen die vorherrschenden Westwinde eine Strömung, die mit einer Durchschnittsgeschwindigkeit von 10 bis 20 Meilen pro Tag nach Osten rings um die Erde zieht. Diese Strömung verläuft freilich manchmal infolge abweichender Stürme in alle Richtungen; das Gesamtergebnis all der verschiedenen Strömungen besteht jedoch darin, dass sie um zehn bis 20 Meilen täglich nach Osten vorankommen. Der Ostwind kann diese Strömung zwar bremsen oder für eine kurze Zeit gar in die umgekehrte Richtung laufen lassen; der Hauptstrom jedoch, der nach Osten fließt, erreicht gelegentlich bis zu 50 Meilen pro Tag. Wie die Winde, so wird auch diese große Meeresströmung gezwungen, zwischen Südamerika und den Süd-Shetlands hindurch zu fließen. Schon dies allein führt dazu, die Strömung turbulent werden zu lassen.

Es gibt aber auch noch einen anderen Faktor, der die Turbulenz erheblich verstärkt: Der Meeresboden erhebt sich zwischen Kap Hoorn und den Süd-Shetlands zu einer unterseeischen Schwelle, und dies bringt die mächtigen Seen zum Brechen: Es ist, wie wenn bei einem Sturm die Brandung gegen den Nordseestrand rollt – nur dass die Wellen bei Kap Hoorn nicht einen Meter hoch sind, sondern bis 18 Meter Höhe erreichen.

Und noch etwas gibt es, das die Dinge verschlimmert. Wer je aus dem Solent kommend die Needles passiert hat, wenn der ablaufenden Tide ein Wind von Stärke 6 entgegenweht, weiß, was das für eine böse, steile See zur Folge haben kann – man hat den Eindruck, als ob die Jacht abwechselnd auf dem Vorsteven und auf dem Heck steht, wobei eine Menge Wasser über Deck kommt. Dasselbe geschieht vor Kap Hoorn – aber in ungleich größerem Maßstab, wenn gegen die an dem Kap vorbeifließende Strömung ein Sturm aus Ost weht.

Wie hoch sind diese berüchtigten Wellen? Im Südmeer hat sie

noch niemand genau gemessen, wohl aber sind von den Ozeanografen seit einigen Jahren im Nordatlantik genaue Höhenbestimmungen vorgenommen worden. Das Britische Institut für Ozeanografie hat ein Instrument zur Messung der Wellenhöhe entwickelt, das auf den im Atlantik stationierten Wetterschiffen Verwendung findet. Kürzlich verzeichnete ein solches Instrument mit seiner 60-Fuß-Skala (18 Meter) eine Welle, die höher war, als die Skala reichte. Man schätzte ihre Höhe auf mehr als 20,5 Meter, höher also als ein fünfstöckiges Haus. Dem Bericht eines amerikanischen Dampfers zufolge ist im Südpazifik einmal eine 33,5 Meter hohe Welle gesehen worden; Brian Grundy, mein Segelkamerad in der *Gipsy Moth II*, erzählte mir, an Bord eines großen Walfängers habe er im Südatlantik eine Welle beobachtet, die seiner Schätzung nach über 35 Meter hoch war. L. Draper vom Britischen Institut für Ozeanografie gibt an, dass nach den *Statics of a Stationary Random Process* bei einer See mit einer Durchschnittshöhe von neun Metern eine von je 300 000 Wellen viermal so hoch werden, also eine Höhe von 36 Metern erreichen könne.«

Ich glaube nicht, dass Drake jemals Kap Hoorn selbst gesichtet hat. Es gibt zwei Berichte über seine Fahrt, einen von dem Schiffskaplan der *Golden Hind*, Francis Fletcher, und einen zweiten von dem portugiesischen Navigator Nuno da Silva; er war an Bord eines von Drake vor den Kapverden gekaperten Schiffes gefangen genommen worden, nahm aber dann an Drakes Unternehmen teil, und zwar weil ihn offenbar das Abenteuer im unbekannten Südmeer lockte. Wir können dies daraus schließen, dass da Silva bei Drake blieb, als dieser die Gefangenen freiließ. Nimmt man Fletchers und da Silvas Berichte und erschließt aus ihnen Drakes Kurs, so ergibt sich, dass Drake niemals Kap Hoorn selbst gerundet hat. Er wurde 14 oder 21 Tage lang (wie lange, geht aus den Berichten nicht eindeutig hervor) nach Westsüdwest getrieben und lief dann sieben Tage dieselbe Route zurück, sobald der Nordoststurm seine Kraft verloren hatte. So erreichte er die Diego-Ramirez-Inseln, wo er in einem Gewässer von 20 Faden Tiefe vor Anker ging, und zwar einen Kanonenschuss vom Land entfernt; nach dem *Admiralty Pi-*

lot gibt es nahe ihrer Ostseite in der Mitte einer der Inseln einen Ankerplatz mit einer Tiefe von 16 Faden und sandigem Untergrund. Jedenfalls bin ich davon überzeugt, dass Drake niemals Kap Hoorn gesehen, sondern die Diego-Ramirez-Inseln entdeckt hat; auf Grund der mächtigen Dünung, die bei Nordoststurm vom Atlantik hereinlief, zog er den richtigen Schluss, dass es dort zwischen dem Atlantik und dem Pazifik eine Durchfahrt geben müsse.

Ich beabsichtigte, zwischen den Diego-Ramirez-Inseln und den Ildefonso-Inseln hindurchzulaufen und Kap Hoorn etwa 40 bis 50 Meilen südlich zu runden. Denn ich wollte mich in entsprechender Entfernung vom Kap halten, weil die Verhältnisse hier ein bisschen ähnlich sind wie bei Portland Bill im Ärmelkanal – je näher man passiert, desto turbulenter ist die See, besonders wenn der Wind gegen die Tide steht. Das durch Portland Bill abgelenkte Wasser muss sich beschleunigen, um vorbeizukommen, und zudem gibt es hier Untiefen, die den Strom ebenfalls schnell laufen lassen, weil ja die gleiche Wassermenge nur eine nun halb so tiefe Stelle durchströmen muss. Genauso ist es beim Kap Hoorn, nur dass sich dort die unruhige See bis 40 Meilen südlich erstreckt anstatt der sechs Meilen vor Portland Bill; und während beim Bill ein 40-Knoten-Wind eine turbulente See von 1,80 Meter Höhe bringen kann, ist es bei Kap Hoorn viel eher ein 80-Knoten-Wind mit einer 18 Meter hohen See.

Zwischen Samstag und Sonntag (18. und 19. März) näherte ich mich um Mitternacht dem Land. Ich war 134 Meilen von den Ildefonso-Inseln und 157 Meilen von den Diego-Ramirez-Inseln entfernt. Das nächste Land befand sich am Eingang des Cockburn-Kanals, der durch Joshua Slocum berühmt geworden ist. Dieser Punkt lag nur 75 Meilen Nordost zu Nord. Seit 40 Stunden war das Barometer ständig gefallen. Ich stand auf und kletterte in die Plicht, um festzustellen, wie die Sicht war. Es regnete unaufhörlich. Mächtige Brecher, leuchtend weiß und phosphoreszierend, lagen schätzungsweise 100 Meter entfernt. Die wie kochend schäumenden Wellenkämme waren strahlend weiß, und hinter dem Kiel zog sich unter der Wasseroberfläche eine 15 bis 30 Meter lange, sich schlängelnde

Spur wie der Schwanz eines Kometen. Meines Erachtens konnte man von Glück sagen, wenn man auf 300 Meter voraus Land sichtete. Das bedeutete, falls während des Tages kein Land in Sicht kam, für die nächste Nacht ein schwieriges Problem. Und wenn das Wetter so weitermachte, musste ich viel Glück haben, um eine Positionsbestimmung vornehmen zu können, denn angesichts der starken Strömungen hier nützte mir meine Standortbestimmung vom Vortag nicht sehr viel. Hinsichtlich der Positionsbestimmungen hatte ich überhaupt ein ungutes Gefühl, da ich meinen Standort seit Sydney Heads nicht mehr durch Landmarken hatte korrigieren können – und was war, wenn ich seitdem beim Nehmen der Sonnenhöhe durchgehend einen Fehler gemacht hatte?

Doch ich hatte Glück und konnte am nächsten Vormittag um 9.22 Uhr die Sonne schießen. Danach war ich etwa 40 Meilen südwestlich der nächsten Klippe vor Feuerland, 77 Meilen genau westlich der Ildefonso-Inseln und 148½ Meilen vor Kap Hoorn.

Im Norden, wahrscheinlich über den Darwinbergen von Feuerland, stand eine massive, unten fast schwarze Wolkenwand. Land war nicht in Sicht, obwohl das nächste Land nur 50 Meilen entfernt sein sollte. Jetzt hatte ich ein schwieriges Problem zu lösen: Welchen Kurs sollte ich nehmen? Mein derzeitiger Kurs von 78 Grad würde mich zur Duff-Bay und zur Morton-Insel bringen, 15 Meilen nördlich der Ildefonso-Inseln. Aber ich konnte jederzeit halsen, weil der Wind nach West zu Nord gedreht hatte. Mein Hauptproblem bestand darin: Wenn ich weiterhin Kurs auf die Ildefonso-Inseln und Kap Hoorn hielt, die nahezu in einer Linie standen, würde ich die Inseln in elf Stunden erreichen, also um 22 Uhr, 3½ Stunden nach Sonnenuntergang. Dies war zu riskant, denn wenn es regnete oder schneite, war ich nicht im Stande, selbst aus großer Nähe die Inseln auszumachen. Wenn ich jedoch von den Ildefonso-Inseln weghielt, konnte ich mit der Diego-Ramirez-Gruppe in Bedrängnis kommen. Diese Gruppe von Felseninselchen lag nur 22 Grad (2 Strich) steuerbords der Ildefonso-Inseln. Leuchtfeuer gibt es auf diesen Inseln nicht, und bewohnt sind sie nur während einiger Monate.

Klar war eines: Ich konnte die Inseln in jedem Fall erst in der Nacht erreichen. Hier in nächster Nachbarschaft des Kap Hoorn waren die Strömungen stark; bei schönem Wetter erreichten sie am Tag in jeder Richtung bis 22 Meilen, bei Sturm bis 50 Meilen. Meine Positionsbestimmung von 9.30 Uhr schien in Ordnung zu sein, aber insgeheim hatte ich immer noch nagende Zweifel hinsichtlich meiner Sonnennavigation. Ich hatte, um es nochmals zu sagen, seit Sydney Heads – also über eine Strecke von 6575 Meilen – keine Korrektur anhand von Landmarken vornehmen können. Es war schon ein rechtes Unglück, dass ich an jenem Tag vor der scheinbar so großen Tagesetappe von 217 Meilen bei meiner Standortbestimmung nach der Sonne einen Fehler gemacht hatte!

Gewiss, ich konnte beiden Inselgruppen aus dem Weg gehen, indem ich halste und bis zur Morgendämmerung Kurs Südost hielt; das war zwar sicher, bedeutete jedoch einen erheblichen Umweg, der mir ganz und gar nicht passte. So versuchte ich, mir eine Route zurechtzulegen, die mich sicher durch die beiden Inselgruppen bringen würde.

Gegen Mittag drehte der Wind plötzlich, was mich auf Nordostkurs brachte. Deshalb halste ich. Dann zeigte sich zwischen den dicken Wolken die Sonne. Ich schoss sie und konnte danach meine Breite bestimmen, wofür ich sehr dankbar war. Gerade hatte ich das Ergebnis aufgeschrieben und war mir über den besten Kurs klar geworden, als der Wind in wenigen Sekunden von Nordwest nach Süd drehte und in ein paar Minuten zu einem starken Sturm mit Stärke 9 auffrischte. Nacheinander barg ich Großsegel, Fock und Genua und setzte die Spitfirefock – es war, wie ich feststellte, genug. Ins Logbuch schrieb ich:

»Ich wünschte, dass die berühmte Ausweitung der Sicht, die einem Windwechsel folgt, auch hier eintritt! Wie gern hätte ich einen Blick auf diese Inseln geworfen!«

Bis dahin war ich geradewegs auf die Ildefonso-Inseln zugelaufen; jetzt aber war die Zeit da, den Kurs zu ändern und zwischen den beiden Inselgruppen hindurchzulaufen. Dadurch kam der Wind etwas vorlicher als dwars ein, sodass ich neben der Spitfirefock eine Sturmstagfock setzte. In der letzten Stunde war das Barometer plötzlich um 6½ Millibar gestiegen; ich hoffte, der Wind werde nicht noch mehr nach Südost drehen. Bis 21 Uhr hatte sich zwar die Windgeschwindigkeit gelegentlich auf 15 Knoten verringert, dazwischen aber brachten Böen Windstärken bis zu 36 Knoten. Ich setzte ein größeres Stagsegel; aber nur mit den beiden Vorsegeln verringerte sich die Geschwindigkeit zwischen den Böen auf 4 Knoten. Ich war jedoch entschlossen, mich damit zu begnügen, bis ich aus der Nachbarschaft dieses Küstengebietes voller Klippen und Riffe heraus war, das berüchtigt ist wegen seiner heftigen Williwaws, wie man die Windausbrüche von den Bergen des Patagonien-Kanals herab und aus der Magellanstraße nennt.

Bis Mitternacht war das Barometer innerhalb von sieben Stunden um 9½ Millibar gestiegen. Draußen war es etwas weniger dunkel: Ich konnte See und Himmel unterscheiden.

Wenn meine Navigation stimmte, passierte ich jetzt die Ildefonso-Inseln 18 Meilen südlich; bei Morgengrauen müsste ich dann zwölf Meilen nördlich der Diego-Ramirez-Gruppe vorbeilaufen. Es war so dunkel, dass ich es für sinnlos hielt, Wache zu gehen; also stellte ich den Kursabweichungsanzeiger ein, damit er mich warnte, wenn sich der Wind stark drehte; außerdem zog ich einen Wecker auf, der mich bei Tagesanbruch aus der Koje holen sollte. Im Übrigen verließ ich mich auf mein Besteck und legte mich aufs Ohr. Während das Boot durch die pechschwarze Nacht lief, lag ich noch eine Weile im Dunkeln wach. Dabei fiel mir ein, dass ich jetzt eigentlich besser dran war als früher – ich lief nämlich mit dem Kopf voraus in eine Gefahr hinein; auf der *Gipsy Moth III* hatte ich stets mit den Füßen in Fahrtrichtung gelegen. Aber immer noch nagte die gleiche Furcht an mir: Was wird geschehen, wenn das Boot aufläuft? Wird es mit einem betäubenden Stoß aufkrachen und dann in den Brechern vor den Klippen zerschellen? Und selbst wenn es mir gelang, bis zum Rettungsfloß zu kommen – würde ich es dann in der Dunkelheit noch schaffen, es klarzumachen, den Druckzylinder zu finden, es aufzublasen? Aber schließlich dämmerte ich doch ein und sank in tiefen Schlaf.

Um 5 Uhr wurde es im Osten hell. Es war ein kalter, grauer Morgen. Der Wind hatte sich wieder auf West zu Süd gedreht; das Barometer hielt sich. Nirgendwo bekam ich etwas in Sicht, was durchaus in Ordnung war. Die See war ziemlich ruhig, sodass ich beschloss, direkt Kurs auf Kap Hoorn zu nehmen anstatt 40 Meilen südlich zu passieren, wie ich es mir eigentlich vorgenommen hatte, um den turbulenten Seen auszuweichen, die zu erwarten waren, wenn ich näher an das Kap heranging und ein Sturm aufkam. Ich entschied mich dafür, das Trysegel zu setzen, und ging dazu an Deck. Es war direkt aufregend, nach dem Setzen des Trysegels auf Kurs Ost zu Nord zu gehen, denn dieser Kurswechsel bedeutete ja, dass ich nun Kurs Heimat nahm. Zu diesem Zeitpunkt befand ich mich 40 Meilen von Kap Hoorn entfernt.

Als ich in die Plicht kam, sah ich zu meinem größten Erstaunen etwa eine halbe Meile von mir entfernt ein Schiff. Und ich hatte geglaubt, wenn es auf der ganzen Welt einen Ort gab, an dem mir kein Schiff begegnen werde, dann müsste dies gewiss in der Nähe von Kap Hoorn sein! Sobald ich mich von der Überraschung erholt hatte, wurde mir angesichts der Bemalung klar, dass ich ein Kriegsschiff vor mir hatte, wahrscheinlich also H.M.S. *Protector*. Auf den ersten Blick hatte das alles wie Zauberei ausgesehen; aber dann überlegte ich mir: Wenn die *Protector* meine Funkmeldung von der Nacht zuvor aufgefangen hatte, dass ich zwischen den beiden Inselgruppen hindurchlaufen wollte, dann brauchte sich das Kriegsschiff nur genau zwischen die beiden Inselgruppen zu legen – falls meine Navigation in Ordnung war, musste ich ihm geradewegs in die Arme laufen. Ich ging nach unten und rief H.M.S. *Protector* auf 2182 kHz an. Sofort bekam ich Antwort. Ich teilte mit, dass ich mich gleich wieder melden werde, sobald ich mein Trysegel gesetzt hätte.

Nachdem das Trysegel oben war, ging ich für eine ganze Weile nach unten. Ich unterhielt mich mit dem Funker der *Protector*, und das beanspruchte mehr Zeit, als zu erwarten war, weil ich große Schwierigkeiten hatte zu verstehen, was der Funker sagte. Es war dies recht qualvoll, weil ich manche 7000 Meilen entfernte Landstation ganz deutlich hören konnte, wenn ich wollte. Dann frühstückte ich, wobei ich mir Zeit ließ, machte Eintragungen ins Logbuch, studierte die Karte, legte mein weiteres Vorgehen fest usw.

Während ich frühstückte, schlug ein Brecher über das Boot und füllte die Plicht zur Hälfte mit Wasser. Es dauerte länger als 15 Minuten, bis das Wasser wieder abgelaufen war. Nach dem Frühstück hatte der Wind auf 40 Knoten aufgefrischt. Um 9 Uhr ging ich an Deck und barg sowohl Trysegel wie Staggenuafock, sodass nur noch das Spitfiresegel stand. Als ich mit meiner Arbeit an Deck fertig war, erfasste eine große Welle die *Gipsy Moth* und drehte sie breitseits – anders gesagt: sie schlug quer. Es war ein Glück, dass ich mich an Deck befand, sofort die Selbststeueranlage auskoppeln und das Boot wieder auf Kurs bringen konnte. Bei dieser Arbeit musste ich mich auf die Plichtbank stellen, damit mir die Füße nicht durch das Wasser in der Plicht nass wurden. Ich schaute mich um – und da war auf einmal Kap Hoorn ganz deutlich zu sehen. Es ragte aus dem Wasser wie ein schwarzer Zuckerhut. Im Nordwesten hob sich grau die Hermite-Insel vom Himmel ab.

Um 10.43 Uhr schrieb ich ins Logbuch:

»Ich vermute, dass ich mich östlich des Kaps befinde, kann aber keine Positionsbestimmung machen, ohne in die Plicht zu klettern. Vielleicht sollte ich es doch tun, da ich mein ganzes Ölzeug angelassen habe. Es weht immer noch mit mehr als 50 Knoten.«

Um 11.15 Uhr peilte ich Kap Hoorn und stellte fest, dass ich endgültig daran vorbei war. Da ich in den letzten 5¼ Stunden 39 Meilen zurückgelegt hatte, bei einer Geschwindigkeit von 7,4 Knoten, musste ich das Kap um 11.07.30 Uhr passiert haben. Für solche Feinheiten der Navigation hatte ich jedoch in diesem Augenblick weder Zeit noch Lust. Schon bevor ich Kap Hoorn erreicht hatte, war das vertraute leise Heulen des Windes losgegangen – er frischte auf, und die See wurde schnell grob. Kein Wunder, denn immerhin befand ich mich nur 7½ Meilen südlich des Kaps, als ich es passierte. Ich wurde wieder seekrank und hatte mit der üblichen Lethargie zu kämpfen, die mich davon abhielt, überhaupt etwas zu tun. Nur einen Wunsch hatte ich: von allem und jedem, und schon gar von jedem Menschen, in Ruhe gelassen zu werden.

Ich fluchte auf die *Protector*, weil sie sich hier herumtrieb, besonders als ich feststellte, wie ruhig das Schiff lag: Man hätte sicherlich an Deck Billard spielen können.*

Und in dieser Stimmung kam nun zu meiner grenzenlosen Verblüffung plötzlich auch noch ein Flugzeug in Sicht. Ich fluchte nicht schlecht. Wenn es schließlich irgendeinen Ort auf der Welt gibt, von dem man annehmen sollte, dass man ihn für sich allein hat, dann ist dies Kap Hoorn; außerdem ließ dieses Flugzeug ein ungutes Gefühl in mir aufsteigen. Warum, konnte ich nicht genau sagen, aber ich glaube, ein alter Flieger hat beim Anblick einer fliegenden Maschine so etwas wie einen Instinkt – ich hatte den Eindruck, als ob dieses Flugzeug herunterkommen und ins Wasser stürzen werde. Was, zum Teufel, sollte ich dann anstellen, um bei dieser See die Besatzung zu retten? Ich versuchte, mir ein Rettungsmanöver auszu-

* Offenbar war es an Bord der *Protector* aber doch nicht so ruhig, wie es den Anschein hatte. Ein Korrespondent von Reuters Telegrafen-Bureau, Michael Hayes, der sich an Bord befand, schrieb nämlich in einer Sonderausgabe des *Football Monthly*: »Ich stand auf dem schwankenden Deck des Eisberg-Patrouillenschiffes der Royal Navy H.M.S. *Protector*, nur knapp 400 Meter entfernt. Der Anblick war Furcht erregend. Die flaschengrüne, durchsichtige See hob und senkte sich mit einer schrecklich elementaren Gewalt in Bergen und Tälern von Wasser. Der 50-Knoten-Wind peitschte die Wellen, schnitt weiße Schaumkronen ab und trieb eisigen Gischt vor sich her. Bleigraue Wolken verschleierten die schwache Sonne am Horizont, wälzten sich über den Himmel, so tief, dass es den Anschein hatte, als könne ich sie mit ausgestreckten Armen berühren. Nach dem Thermometer betrug die Temperatur 6° C, aber der Wind schnitt durch meine dick gefütterte Polarkleidung wie ein Messer, und salziger Gischt schäumte empor und stach mit Gewalt ins Gesicht.«

** Das Flugzeug, eine Piper Apache, hatte Murray Sayle von der *Sunday Times* sowie Clifford Luton und Peter Beggin von *BBC* an Bord, die zum Kap Hoorn geflogen waren, um nach der *Gipsy Moth* Ausschau zu halten. Flugzeugführer war Rodolfo Fuenzalida, früher Kapitän bei der chilenischen Luftwaffe. Murray Sayle schrieb in der *Sunday Times* vom 21. März: »Der Flug mit dem Ziel, ihn (Chichester) am gefährlichsten Punkt seiner Reise zu finden und zu fotografieren, war ein ebenso großartiges wie schreckliches Erlebnis. Wir starteten in Puerto Williams, einem winzigen chilenischen Marinestützpunkt; er ist der südlichste ständig bewohnte Ort in Amerika.
Als das Flugzeug stieg, um zwischen den Bergen der Hoste-Insel, der größten in der Kap-Hoorn-Gruppe, einen Durchlass zu finden, hatte ich einen herrlichen Anblick: grüne Gletscher, die sich von den hohen, schneebedeckten Darwinber-

denken. Da mir aber so schlecht war, fiel mir das Denken schwer, und ich war sehr erleichtert, als die Maschine endlich abdrehte.**

Zehn Minuten nach Mittag trug ich ins Logbuch ein:

»Ich habe wieder einmal allzu geschickt sein wollen (wie so oft leider). Ich ging hinauf, um zu versuchen, die *Gipsy Moth* mit halbem Wind laufen zu lassen; ich wollte mehr nach Norden und in Lee der Küste kommen.«

Ich meinte nämlich, dadurch, dass ich etwas Höhe nach Norden gewänne, würde ich in Lee der Kap-Hoorn-Insel und der Inseln nördlich davon etwas Schutz haben. Den Seen wollte das jedoch gar nicht gefallen: Während ich in der Plicht war, füllte ein Brecher sie zur Hälfte mit Wasser. Infolgedessen musste ich alle meine Kleider wechseln und auch die *Gipsy Moth* wieder auf den ursprünglichen Kurs bringen. Damit aber war ich genau am Ende

gen hinab in das Südmeer ziehen. Beim Vorbeifliegen an der Kap-Hoorn-Insel konnte ich durch den wütenden Regen sehen, wie diese graue Pyramide von schweren Seen gepeitscht wurde und von der Brandung von Zeit zu Zeit gleichsam eingerahmt war.
Südlich des Kaps zogen die Wellen in langen weißen und graugrünen Reihen nach Osten. Über den Himmel wurden schwarze Wolken von einem Sturm dahingetrieben; ein oder zwei Meilen voraus vereinigten sie sich mit dem Meer durch den Regen zu einer schwarzen, undurchdringlichen Barriere in Richtung Süden und Südpol.
Zuerst sah ich H.M.S. *Protector*. Sie rollte in den schweren Seen, während sie der Jacht Gesellschaft leistete. Dann machte ich den mit Salz überkrusteten Bootskörper der *Gipsy Moth* aus, die schwer stampfte, wenn die Seen unter ihr hindurchgingen. Der chilenische Flugzeugführer, Kapitän Rodolfo Fuenzalida, brachte uns entgegenkommenderweise auf 20 Meter herunter, wobei von den Seen hochgerissener Gischt gegen die Scheiben des Flugzeugs peitschte. Aber die Höhe reichte aus, um Chichester in seiner Plicht erkennen zu können, wo er sich offensichtlich völlig gelassen auf einen Kurswechsel und die lange Heimfahrt vorbereitete.
Als mein Pilot grüßend mit den Tragflächen wackelte, winkte Chichester zurück: ›Muy hombre‹, sagte der Pilot, was ich frei übersetzen möchte mit: ›Was für ein Mann!‹
Auf dem Rückflug kamen wir in eine bedrohliche Turbulenz; wir schaukelten durch die Berge, und über der Magellanstraße fiel ein Motor aus. Mir liegt wahrscheinlich nicht sehr viel daran, einen solchen Flug zu wiederholen; aber der Anblick der *Gipsy Moth*, die sich mutig durch diese Wildnis von Regen und Meer kämpfte, war diesen Flug wert.«

des Windschattens von Kap Hoorn, und entsprechend ging die See noch turbulenter.

Der Wind drehte jedoch allmählich, sodass ich immer mehr auf den Kurs kam, den ich bis zur Staaten-Insel (Isola de los Estados) halten wollte. Leider hatte ich aber, als der Wind nach Südwesten drehte, keinen Schutz mehr vom Land her, und nachdem die *Protector* um 13.30 Uhr davongefahren war, türmten sich die Seen zum vielleicht Bösartigsten, das ich während der ganzen Fahrt erlebt habe.

Als die *Protector* Fahrt aufnahm, vor der *Gipsy Moth* wendete und davonfuhr, blieb ich zurück mit einem Gefühl der Leere und der Einsamkeit. Ich glaube, es ist unter den Umständen wie den meinen damals viel schwerer, einem Schiff voller Menschen zu begegnen, als ganz allein zu sein. Das völlige Isoliertsein wird einem nur noch bewusster, weil man erkennt, dass es völlig unmöglich ist, Hilfe zu bekommen, falls man sie brauchen sollte. Sonderbarerweise war mir keineswegs danach zu Mute, etwas Besonderes geleistet zu haben, indem ich Kap Hoorn gerundet hatte – das alles war mir genauso gleichgültig, wie wenn ich auf dem ganzen Weg von Australien hierher ständig Landmarken in Sicht gehabt hätte.

Die See war schon grob gewesen, bevor mich die *Protector* verließ: Bis dahin war die Plicht fünfmal voller Wasser – welch ein ungewöhnlicher Anblick, Schalthebel, Gashebel und die Instrumente des Motors, die auf halber Höhe der Plicht angebracht waren, sämtlich unter Wasser zu sehen! Aber diese See war ein Kinderspiel im Vergleich zu dem, was sich drei Stunden später zusammenbraute. Der stärkste Wind, den mir mein Windmesser je angezeigt hat, war einer von 55 Knoten. Nun glaube ich zwar nicht, dass dieses Instrument bei starken Winden genau ist, aber selbst wenn der Wind tatsächlich nur 55 Knoten hatte, kamen dazu noch die 8 Knoten, die die *Gipsy Moth* machte – und das bedeutete einen Sturm von 63 Knoten: Windstärke 11. Der Seegang war weit gefährlicher, als ich es für einen solchen Wind eigentlich erwartet hatte – er war wirklich Furcht erregend.

Die Selbststeueranlage war offensichtlich nicht im Stande, Kurs zu halten, sodass ich nach achtern stieg, um die Vorrichtung zu überprüfen. Dabei stellte ich fest, dass die Verbindung zwischen der Windfahne und dem Ruder sich wieder einmal aus der Halterung gelöst hatte. Ich versuchte, den Bolzen wieder richtig an Ort und Stelle zu bringen, konnte ihn aber nicht mit der Hand erwischen, sodass ich einen gewöhnlichen Splint nahm und einsetzte.

Ich glaube, diese besonders wilde See war der Tatsache zuzuschreiben, dass ich direkt über dem abfallenden Meeresboden segelte: Ein paar Meilen backbords betrug die Tiefe nur 50 Faden, ein paar Meilen steuerbords hingegen 2300 Faden!

Bis 16.30 Uhr flaute der Wind jedoch ein paar Mal ab, was mich enorm aufrichtete. Schon hatte ich befürchtet, die ganze Nacht aufbleiben zu müssen, um die Leinen der Ruderautomatik von Hand zu bedienen. Es waren dies jene Notleinen, die ich bis in die Kajüte geführt hatte, sodass ich die Selbststeueranlage unterstützen konnte, wenn sie mit einem Breitseitsgehen des Bootes nicht zu Rande kam. Um 17.37 Uhr schrieb ich ins Logbuch:

»Der Wind hat endgültig nachgelassen, er brüllt und heult nicht mehr, und die Windgeschwindigkeit liegt nur noch bei 25 bis 30 Knoten. Möge es recht lange so anhalten! Die Schwierigkeit bei diesen Stürmen ist, dass ich meinen Appetit genau in dem Augenblick verliere, in dem ich meines Erachtens viel Nahrung nötig hätte. Seitdem die *Protector* fort ist, habe ich an diesem Nachmittag mehrfach den Anblick wahrhaft großartiger Seen gehabt. Aber ich bringe es einfach nicht fertig, so etwas zu fotografieren. Angesichts der schrecklichen Kraftentfaltung der Natur erscheint jedes Foto so erbärmlich.«

Ich lief mit Nordostkurs in Richtung auf den Ostzipfel der Staaten-Insel. Die *Gipsy Moth* machte gute Fahrt, obgleich nur die Sturmfock gesetzt war, und diese war zudem gerefft, sodass die Gesamtsegelfläche nur 60 Quadratfuß betrug, was für ein 18-Tonnen-Boot wirklich nicht viel ist. Der Wind hatte nach Südwest gedreht; später erfuhr ich, jemand an Bord der *Protector* habe gesagt, die Windgeschwindigkeit sei, als sich die *Protector* von der *Gipsy*

Moth trennte, 100 Stundenmeilen gewesen. Ich glaube zwar, dass das nicht ganz stimmt; aber sechs Stunden später befand ich mich tatsächlich in einem tobenden Sturm, als wolle das Kap Hoorn mich wissen lassen, wessen es fähig sei, wenn es nur wollte. Der Windmesser reicht nur bis 60 Knoten, was bei einer Eigengeschwindigkeit des Bootes von 6 Knoten eine Gesamtstärke von 66 Knoten ergibt; meiner Schätzung nach kam der Wind jedoch auf 75, manchmal auch auf 85 Knoten oder 100 Meilen pro Stunde. Gewaltige Seen stürmten vorbei, Wellenkämme brachen von achtern über Deck. Ich dankte Gott, dass ich *vor* diesem Sturm laufen konnte, und meine einzige Befürchtung war nur, dass der Wind wieder drehen und das Land zur Leeküste werden lassen könnte. Diese Wogen waren weit mächtiger als jene, die vor Australien die *Gipsy Moth* zum Kentern gebracht hatten, und wenn ich hätte beidrehen und mit geborgenen Segeln liegen müssen – nein, dies war einfach nicht auszudenken. Am schlimmsten war das Heraufkommen der Nacht. In der tiefer werdenden Dunkelheit war der Seegang einfach fürchterlich. Ich muss zugeben, dass ich eine Zeit lang regelrecht Angst gehabt habe.*

Die Angst hielt jedoch nicht an. Ich ging in die Kajüte und legte mich schlafen. Etwa zwei Stunden schlief ich, bis eine Stunde nach Mitternacht. Dann stellte ich fest, dass die Batterien des Geschwindigkeitsmessers leer waren, und tauschte sie aus. Leider achtete ich nicht darauf, dass bei schwachen Batterien die Aufzeichnung der zurückgelegten Strecke zu gering ist. Das hätte ernste Folgen haben können. Ich schrieb ins Logbuch:

»Das Rollen ist schrecklich. Es ist sehr schwierig, sich in der Kajüte auf den Beinen zu halten. Der Wind weht noch ziemlich kräftig, 23 bis 33 Knoten in ruhigeren Zwischenzeiten.«

* Clements schreibt in *A Gipsy of the Horn*: »Ein Wintersturm vor einer Leeküste ist eine nervenzerrüttende Erfahrung. Nicht so eine See an Kap Hoorn. Vor einer Entfaltung so horrender Kraft und Großartigkeit triumphiert man nur. Selbst der Tod wäre in einer solchen Umgebung etwas Kleines.« Ich glaube, dass man derlei nur in Ruhe und Geborgenheit schreiben kann, Wochen, nachdem das wirkliche Erleben in den Seen von Kap Hoorn abgeklungen ist.

Das Barometer hatte sich stabilisiert. Eigentlich hätte ich merken müssen, dass mit dem Geschwindigkeitsmesser etwas nicht in Ordnung war, weil er für drei Stunden nur eine Strecke von 8,8 Meilen verzeichnet hatte. Während des ganzen Morgens war ich pro Stunde jeweils etwa acht Meilen gelaufen. Um 22.00 Uhr hatte ich meine Position anhand der Entfernung berechnet, die der Streckenmesser angab. Ich lag auf einem Kurs Nordost zu Ost, um die Staaten-Insel hart östlich zu passieren. Auf der Karte schien eine große freie Strecke vor mir zu liegen; nach meinem gegissten Besteck war das Ostkap der Staaten-Insel 85 Meilen voraus. Die Navigation schien so leicht zu sein, dass ich nicht viel Mühe darauf verwandte.

Um 4.40 Uhr am Morgen halste ich, weil der Wind sich gedreht und die *Gipsy Moth* auf einen Nordnordostkurs gezwungen hatte. Ins Logbuch trug ich ein:

»Meine Hände sind gefühllos; es fällt mir schwer, meine Jacke aufzuhängen oder zu schreiben.«

Immer noch wehte ein Sturm mit mehr als 60 Knoten. Ich stellte fest, dass die viel geprüfte Windfahne häufig an den Besanbackstag schlug; ich benutzte ein an das Stag angeschlagenes Ende, um zu verhindern, dass es die Windfahne endgültig außer Betrieb setzte. Kein Wunder, dass die Selbststeueranlage sich im Sturm so merkwürdig verhalten hatte! Ich trank einen Grog zum Aufwärmen und schrieb ins Logbuch:

»Ich komme mir voll vor wie eine Natter, wenn ich auch nicht weiß, wie voll eine Natter sein kann. Dennoch: Der Rum war sehr gut. Wenn wir genau vor dem Wind segeln, scheint es, falls das Boot nicht gerade rollt, so still zu sein wie in einer Kirche. Ich glaube, dass ich zu wenig esse – in zwei Tagen habe ich nur zwei Mahlzeiten zu mir genommen, dazwischen ein paar Kleinigkeiten, hauptsächlich in flüssiger Form, wie Schokolade oder Honig mit Zitrone. Ich habe den Verdacht, dass der Petroleumofen mich mit Kohlenmonoxid vergiftet. Große Brecher an Deck bringen Salzwasser in das Ofenrohr, und die Flammen brennen dann für eine Weile gelb statt blau. Seit gestern habe ich fürchterliches Kopfweh. Ob wohl der Ofen die Ursache ist? Wegen der Luftwirbel des achterlich einkommenden Sturmes ist es schwierig, die Schornsteinklappe zum richtigen Funktionieren zu bringen. Die Abgase werden in die Kajüte zurückgedrängt.«

Um 5.30 Uhr war nichts in Sicht, und auch als ich bei Tagesanbruch auf dem Heck eine Zeit lang arbeitete, hatte ich nichts bemerkt. Ich fühlte mich hungrig und frühstückte. Zufällig sah ich dabei an Steuerbord aus dem Fenster des Deckshauses. Was ich erblickte, ließ mir die Haare zu Berge stehen: Weniger als zehn Meilen entfernt, lag da Land – gewaltiges zerklüftetes Land! Und ich war schon beinahe daran vorbei! Ich hatte vermutet, die Staaten-Insel liege noch 35 Meilen voraus. War ich während der Nacht durch die Tide in die Nähe von Feuerland geraten? Wenn ja, musste ich mit Winden bis zu 40 Knoten in Richtung auf die Staaten-Insel als Leeküste gelaufen sein. Dreimal peilte ich ein Kap, das die *Gipsy Moth* passierte; es war danach sieben Meilen entfernt, und die Geschwindigkeit über Grund betrug 8,8 Knoten. Sobald ich das Land gesichtet hatte, kletterte ich in den Kajütniedergang und schaute nach vorn über die Segeltuch-Spritzwasserhaube. Mein Kurs verlief so, dass ich eine Landzunge voraus etwa fünf Meilen an Backbord passierte. Ich musste sofort meine Position bestimmen. Natürlich war es mit einem Frühstück aus. Zum Glück war fast genau voraus die Sonne aufgegangen; eine Sonnenpeilung konnte mir eine Standlinie liefern, nach der ich entscheiden konnte, wie nahe ich der Küste war. Rasch holte ich meinen Sextanten und machte mich an die Arbeit. Inzwischen kam die Landzunge schnell näher. Das Hügelland, das sich weiter hinten zu Bergen erhob, näherte sich so rasch, als ob ich in der Eisenbahn fuhr. Ich glaube, dass ich kaum je eine Peilung schneller vorgenommen und berechnet habe; gleichzeitig war ich jedoch darauf bedacht, sorgfältig zu arbeiten und keinen Fehler zu machen. Ich trug die sich ergebende Standlinie ein. Und das Ergebnis? Ich passierte gerade das Ostkap der Staaten-Insel! Es war kaum zu glauben. Nochmals prüfte ich meine Berechnung nach, aber es war kein Fehler darin.

Obgleich es mir damals erstaunlich erschien, wurde doch alles klar, als ich auf die Karte blickte und das gegisste Besteck studierte. Nach meiner Position in der Nähe von Kap Hoorn hatte ich einen Kurs abgesetzt, der mich fünf Meilen vor der Ostspitze der Staaten-Insel vorbeiführen sollte; in Wirklichkeit war ich 7 Meilen von diesem Kap entfernt passiert. Die Entfernung von Kap Hoorn bis zur Staaten-Insel beträgt 140 Meilen; wenn ich meinen Berechnungen die tatsächliche Geschwindigkeit von 7,4 Knoten über Grund an jenem Morgen zu Grunde gelegt hätte, dann wäre es klar gewesen, dass das Ostkap der Insel 19 Stunden nach der Mittagsposition querab sein musste, das heißt am Donnerstagmorgen um 7.00 Uhr. (In Wirklichkeit war ich 1½ Minuten nach 8.00 Uhr dort: Ich hatte länger gebraucht, weil der Wind während der Nacht abgeflaut war und die *Gipsy Moth*, die nur ein 60-Quadratfuß-Spitfire fuhr, langsamere Fahrt gemacht hatte.) Was ich vergessen hatte, war die Tatsache, dass die Batterien des Geschwindigkeitsmessers fast leer waren und so zweifellos bei Kap Hoorn eine zu geringe Geschwindigkeit anzeigten; deshalb hatte ich geglaubt, viel langsamer zu sein, als ich in Wirklichkeit war. Auch warum ich dies übersehen hatte, ist mir verständlich: Durch die Anwesenheit des Kriegsschiffs und die Notwendigkeit, mich über Funk mit ihm unterhalten zu müssen, sowie durch die Ankunft des Flugzeugs und die Sorge, es könnte ins Meer stürzen, war ich aufgeregt und verwirrt gewesen. Und ich hatte mich müde, angestrengt und ungeheuer einsam gefühlt, als sie mich dann alle verließen. Außerdem war ich seekrank gewesen und später in einen mächtigen Sturm geraten, und so war es gekommen, dass ich verabsäumt hatte, die zu geringe Anzeige des Geschwindigkeitsmessers zu berücksichtigen.

Nun flog die Staaten-Insel an mir vorbei und verschwand bald im Dunst. Jetzt endlich hatte ich das Gefühl, Kap Hoorn wirklich gerundet zu haben, und nahm Kurs auf die Mitte der weiten Wasserwüste des Südatlantik. Ich fühlte mich ungeheuer erleichtert, dass ich diese Insel hinter mir hatte. Es war das gleiche Gefühl, von dem auch die Fahrensleute der Klipper berichten – das Gefühl, eigentlich schon zu Hause zu sein, wenn man Kap Hoorn gerundet hat. Allmählich verblasst und verschwindet dieses Gefühl, und wir vergessen, wenn die 8000-Meilen-Reise über den Atlantik weitergeht. Man merkt, dass dieses Meer kein Teich voller Seerosen ist, im Gegensatz zu dem ersten Eindruck, den man hat, wenn Kap Hoorn hinter einem liegt.

Nun will ich wieder mein Logbuch berichten lassen:

»21. März. 11.56 Uhr. Immer noch ist die See sehr grob. Gottlob laufen wir vor dem Wind. Sobald sich das Boot breitseits zu den Seen legt, wird es kräftig durchgerüttelt. Ich stehe jetzt vor dem Problem, ob ich den Kurs nach Norden ändern soll, um die Falkland-Inseln westlich zu passieren, oder ob ich weiterhin in Richtung Nordost laufen und östlich an den Falklands vorbeigehen soll.

In Anbetracht der Tatsache, dass der Wind nachher sicherlich auf West drehen wird und Nordost der Raumschotskurs ist, auf dem ich jetzt bin, liegt die Ostpassage nahe. Wenn ich auf diesem Kurs bleibe, kann ich mich bis morgen früh ausruhen; erst dann muss ich nach der Beauchene-Insel Ausschau zu halten beginnen. Allerdings muss ich noch die Windfahne besser befestigen, die jetzt jedes Mal ins Rutschen kommt, sobald eine größere Welle das Heck trifft. Ich bin todmüde; dieser Sturm hört und hört nicht auf. Der Lärm, das endlose Bemühen, auf Kurs zu bleiben, das Gleichgewicht zu halten und nicht hinzufallen; die Nervenbelastung, wenn man auf die nächste brechende See wartet; das völlige Fehlen des Appetits infolge der heftigen Bewegung; der unruhige Schlaf. Habe die Uhren um eine Stunde vorgestellt.

14.20 Uhr. Der Bolzen, der die Windfahne hält, ist abgerissen. Mit Mühe habe ich ihn durch einen neuen ersetzt, ohne bei einem Wind von Stärke 6 die Fahne zu verlieren. Vermutlich ist das eine Ende dieses Bolzens schon vor einiger Zeit gebrochen, und das ist der Grund, weshalb ich wegen des merkwürdigen Verhaltens der Windfahne während der Nacht solche Sorgen hatte. Es ist sowieso geradezu ein Wunder, dass sie diesen Wind und die groben Seen übersteht. Habe die Sonne geschossen, die Sturmstagfock gesetzt und das Spitfiresegel auf seinem Stag weiter vorgeheißt, wozu ich einen der Niederholer verwendete. Wir laufen mit nur diesen beiden Segeln ruhig bei 5 Knoten; ich glaube, dass ich es so lassen werde, bis sich die See, die nach gewöhnlichen Maßstäben ohnehin schon sehr grob ist, etwas beruhigt. Ich habe den Motor zum Aufladen der Batterien angelassen. Dazu brauchte ich den Glühkopf, was sonst nur selten der Fall ist. Und da geschah ein weiteres offensichtliches Wunder: Der Motor sprang sofort an. Nachdem das Instrumentenbrett, der Gas- und Schalthebel allesamt fast eine Viertelstunde lang unter Seewasser waren und in Anbetracht der Tatsache, dass dies mehrmals geschehen war, ist es tatsächlich wie ein Wunder, dass der Motor ohne Schwierigkeiten anlief! Jetzt genehmige ich mir einen Lunch.

18.05 Uhr. Der Sturm ist vorbei: Es herrscht schönes, mildes Wetter. Jetzt erst habe ich wirklich das Gefühl, Kap Hoorn endgültig gerundet zu haben; in ein paar Minuten werde ich zur Feier des Tages eine Flasche Champagner aufmachen. Und dann will ich ausgiebig schlafen. Das Boot hat zu wenig Segel gesetzt, aber das muss noch warten. Als ich übrigens am 20. März um 16.07.30 Uhr das Kap Hoorn passierte, hatte ich damit auch mein Rennen mit der Sonne gewonnen, wenn auch nur sehr knapp – um 15,275 Meilen, jene Entfernung, die die Sonne noch südlich des Äquators war.

22. März. 1.20 Uhr. Wieder ein rechter Blödsinn: Um 7.00 Uhr abends schlief ich tief ein und wachte kurz vor Mitternacht auf, um festzustellen, dass ich mit recht hoher Geschwindigkeit auf Südkurs lief. Der Wind hatte sich gedreht. Aber wann? Vielleicht bin ich aufgewacht, als dies geschah, bezweifle es aber, weil ich so erschöpft war. Zumindest aber hat mich dieser Wind von der gefährlich Falkland-Inselgruppe weggeführt. Wenn ich nur den Kursabweichungsanzeiger eingestellt hätte! Ich muss den Schiffsort vor meiner letzten Standortbestimmung bei der Staaten-Insel koppeln. Bezeichnend für meinen Zustand ist, dass ich noch nicht einmal das gegisste Besteck von Kap Hoorn und die an diesem Tag zurückgelegte Strecke eingetragen habe. (Von Mittag bis Mittag waren es 160½ Meilen, wobei ich nur das Spitfire gesetzt hatte.) Inzwischen werde ich das gegisste Besteck auf den neuesten Stand bringen und zwei Positionen berechnen, je nachdem, ob das Schiff aus dem Kurs gelaufen ist, als ich einschlief, oder ob dies geschah,

als ich aufwachte. Auf jeden Fall habe ich sofort nach dem Erwachen gehalst und bin so wieder beinahe auf dem richtigen Kurs. An Deck habe ich keine Fehler gemacht, obwohl ich vor lauter Müdigkeit noch einen dicken Kopf hatte. Ich wollte die Arbeit ohne Sicherheitsgurt erledigen, hatte jedoch die mit Hebeln durchgesetzten Wanten vergessen. Also musste ich mitten im Manöver den Gurt umlegen, nach vorn gehen und mich um die Wanten kümmern. Wie gut würden mir doch 12 Stunden tiefer Schlaf tun! Ich glaube, dieses Kriegsschiff und der ganze Funkverkehr haben mich so fertig gemacht. Nachdem ich 50 Tage lang allein durch das Südmeer gesegelt bin, brauchte ich das Kap Hoorn für mich allein. Das mag albern klingen, aber 50 Tage Einsamkeit sind eine kräftige Medizin.«

Nachdem ich diese Worte niedergeschrieben hatte, die meines Erachtens getreu wiedergeben, was ich in den frühen Morgenstunden jenes Tages fühlte, beschloss ich, die Jacht so zu lassen, wie sie im Augenblick lief, und mich wieder in die Koje zu legen. Dort blieb ich bis 9.00 Uhr, stand dann auf und nahm das Reff aus der Spitfirefock in der Erwägung, dass etwas mehr Segelfläche das Boot stabilisieren würde. Dies geschah auch, und sogar die Geschwindigkeit wurde etwas größer. Dann dachte ich ans Frühstücken und ärgerte mich, als ich merkte, dass ich mir keinen Vollkorntoast leisten konnte, weil ich kein Brot mehr hatte. Stattdessen frühstückte ich Ryvita mit Butter und Marmelade, was mir schmeckte. Da ich aber Vollkornbrot so gern esse, backte ich nach dem Frühstück neues Brot. Den Rest von Lornas Kuchen (einem herrlichen Kuchen, den mir Lorna Anderson in Sydney geschenkt hatte) musste ich an die Albatrosse verfüttern. Ich hatte ihn zu lange aufbewahrt – das Fett im Kuchen war ranzig geworden. Sieben Albatrosse folgten der *Gipsy Moth*; ihnen schmeckte dieser Kuchen sicherlich. Sie flogen nahe an das Boot heran, bis auf vier oder sechs Meter, und verlangten offensichtlich mehr. Aber ich hatte nichts mehr zum Füttern.

Es regnete ziemlich anhaltend, die Sichtweite betrug nur etwa eine Meile; es bestand keine Möglichkeit, mithilfe einer Peilung den Kurs zu überprüfen. Ich nahm jedoch an, dass ich der Beauchene-Insel weit genug auswich. Am Nachmittag rechnete ich mir aus, dass ich über den Rand der Burdwood-Bank (die eine Minimaltiefe von 25 Faden hat) gefahren sein muss. Der Jacht erging es dabei nicht sonderlich gut; mehrere Wellen brachen sich an Deck, und mit ihnen kamen große, sich schnell bewegende Wellentäler. Nach dieser groben Strecke wurde die See verhältnismässig glatt, ohne größere Wellentäler. Als ich später mein gegisstes Besteck studierte, kam ich zu dem Schluss, dass wir etwa um Mittag am Rand der Bank gewesen und dann den Rand entlanggelaufen sein müssen, bis wir sie wieder verließen.

Ich lief nun auf Nordostkurs hinaus in den Südatlantik, etwa parallel zur Küste Südamerikas in einer Entfernung von 850 Meilen. 500 Meilen querab auf Steuerbord lag die Inselgruppe Südgeorgien. Danach kam voraus eine große offene Fläche über eine Strecke von 1600 Meilen; dann würde ich die Insel Trinidad so passieren, dass sie 500 Meilen auf Backbord lag. Es war eine große Erleichterung, sich nicht mehr bei stürmischem Wetter um Leeküsten kümmern zu müssen; vor allem aber war ich froh, von der Gegend um Kap Hoorn wegzukommen, wo es meines Erachtens zu viele Menschen gegeben hatte. Jetzt konnte ich mich erholen.

Ich ging früh in die Koje und blieb 7½ Stunden drin – gut für den Schlaf, aber schlecht für die Navigation. Geweckt wurde ich durch einen Krampf, der mich unwiderruflich aus der Koje jagte. Das war kurz vor 5.00 Uhr. Das Barometer fiel unaufhörlich; ich trug ins Logbuch ein, ich wäre lieber schon weit im Norden, für den Fall, dass dies einen schweren Sturm bedeutete. Wie nämlich der U.S. *Pilot Chart* zu entnehmen war, nahm die Häufigkeit der Stürme erst ab, wenn ich mich nördlich des 45. Breitengrads befand: Zwischen dem 50. und dem 45. Grad südlicher Breite waren 12 Prozent der verzeichneten Winde Stürme im Vergleich zu 9 Prozent im Lee der Falklands und 26 Prozent in der Gegend von Kap Hoorn. Ich nahm aber an, dass ich durch die Falkland-Inseln, die etwa 80 Meilen in Luv lagen, einigen Schutz haben würde.

Es kam jedoch kein Sturm, vielmehr klarte im Laufe des Morgens (23. März) das Wetter auf; zum ersten Mal seit langer Zeit konnte ich wieder alle Amwindsegel setzen. Der Wind war zu einer fast sanften Brise von etwa 14 Knoten abgeflaut, die Sonne schien, die See war blau, das Barometer begann zu steigen – Grund genug für mich, zum Setzen des Besans ohne zusätzliches Ölzeug an Deck zu gehen. Aber dies war ein Fehler, denn der sanfte Wind war eiskalt, selbst durch meinen dicken Wollpullover hindurch.

Jener Tag endete mit einer wunderschönen Sternennacht, einem fast vollen Mond und nicht einer einzigen Wolke am Himmel. Als ich in die Koje ging, versuchte ich mich daran zu erinnern, wann ich zum letzten Mal einen solchen Himmel gesehen hatte, aber nicht eine einzige Nacht auf diesem Teil der Fahrt fiel mir ein. Leider war mein freudiges Hoffen auf ein sonniges, ruhiges Segeln verfrüht. Beim Einschlafen dachte ich noch darüber nach, ob ich doch das große Genuasegel ausbaumen sollte, um die Jacht bei dem leichten Wind in Fahrt zu halten; als ich jedoch aufwachte, tobte ein Nordweststurm. Mit Ausnahme der Arbeitsfock musste ich alle Segel hereinnehmen. Aber die Sonne schien, und das gab mir Zuversicht. Zugleich jedoch war es bitterkalt; meine Hände erstarrten so, dass ich Mühe hatte, meine Logbucheintragungen zu machen.

Als ich nach Bergen der Segel unter Deck ging, hängte ich meine tropfnasse Arbeitshose unmittelbar hinter dem Niedergang auf, denn ich glaubte, dass das ablaufende Wasser dort weniger Schaden anrichten werde als in der Kajüte. Leider lief dann aber eine große See über das Boot; das Wasser, das durch die Luke hindurchkam, klatschte prompt auf meine Hose. Bei grobem Wetter macht man eben nie das Richtige.

An diesem Tag, dem 24. März, wurde ich kräftig durchgeschüttelt; dabei waren die Wellen gar nicht hoch, und es ging keine steile See. Auch das Barometer sank kaum. So kam ich zu dem Schluss, dass ich mich im Nordostteil eines durchziehenden Tiefdruckgebietes befand. Am Nachmittag hatte der Wind nicht mehr jenes starke Pfeifen, das einem verkündet, dass er noch zu stark ist, als dass man seine Seelenruhe finden könnte; er heulte nur noch leise, kläglich winselnd. Die See blieb sehr grob; ich wartete bis zum Abend mit dem Setzen der Genuafock. Ich machte mir ein gutes

Abendessen: zwei Glas heißer Caroni-Rum, zwei gebratene Zwiebeln mit einer Dose gebackenen Bohnen und eine Dose Ananas. Nach dem Essen hatte ich den Eindruck, dass mehr Segel nötig seien; mein Gewissen mahnte mich, hinaufzugehen und das Großsegel zu setzen. Aber ich hatte wenig Lust, nach diesem guten Essen zu arbeiten und überlegte, ob es nicht auch das Besansegel bis zum nächsten Morgen tun würde. Wenn ich es setzte, brauchte ich mich nämlich nur ein Zehntel so viel anzustrengen wie beim Setzen des Großsegels. Schließlich entschied ich mich für das Besan; es veränderte sofort das Verhalten der Jacht. Sie begann dahinzugleiten anstatt nur schwer zu arbeiten. Nach dem Sturm kam eine herrliche Mondnacht; es war geradezu aufregend, bei lebhafter See und gut laufendem Boot im Mondlicht auf Deck zu sein.

In dieser Nacht fasste ich meine Gedanken in einer Funknachricht zusammen:

»Endlich habe ich das Gefühl, aus einem Albtraum des Segelns durch dieses Südmeer aufgewacht zu sein. Diese mächtigen Brecher und die heulenden Winde haben etwas gespenstisch Erschreckendes. Man ist angesichts ihrer unwiderstehlichen, erbarmungslosen Macht, die über einen hereinstürzt, einem Gefühl der Hilflosigkeit ausgeliefert, und all das wirkt zehnmal so stark, wenn man allein ist. Bis gestern hatte ich noch das Gefühl, im Windschatten von Kap Hoorn zu sein. Immer noch war es nass, kalt und grau, und der Wind wehte noch kräftig. Die Seen waren nicht so bedrohlich, aber ich werde froh sein, wenn ich ohne einen weiteren Sturm nördlich des 50. Breitengrades komme.«

Um 6.00 Uhr am nächsten Morgen riss mich der Kursabweichungsanzeiger aus tiefem Schlaf. Ich stellte die Alarmanlage ab, aber ein Krampf holte mich aus der Koje. Der Morgen war schön, jedoch sehr kalt. Ich änderte den Kurs nach Lee. Zwar hätte ich nun eine ausgebaumte Fock gut brauchen können, aber bei dem jetzigen Wind musste ich sowieso bald halsen, sodass ich alles ließ, wie es war, und auf den Zeitpunkt für das Manöver wartete.

An diesem Morgen, dem 25. März, stellte ich während meiner Positionsbestimmung fest, dass ich etwa um Mitternacht den

50. Grad südlicher Breite überquert hatte. Die Kapitäne der Klipper, besonders die der kalifornischen, hielten diesen Punkt für sehr wichtig; stets verglichen sie die Zeit, die sie vom 50. Grad Süd im Pazifik um Kap Hoorn herum bis zum 50. Grad Süd im Atlantik gebraucht hatten. Ich hatte den 50. Breitengrad westlich von Kap Hoorn am 12. März um 0.00 Uhr passiert und dann wieder östlich im Atlantik am 25. März um 0.00 Uhr, also insgesamt 13 Tage gebraucht.

Die von mir in der Woche, in der ich Kap Hoorn rundete, zurückgelegte Gesamtstrecke betrug 1106,5 Meilen, das heißt im Tagesdurchschnitt 158 Meilen bei 6,58 Knoten. Dies war die fünfte Woche hintereinander, in der die *Gipsy Moth* über 1000 Meilen pro Woche geschafft hatte: 5230,5 Meilen in 35 Tagen, was einen Durchschnitt von 149,4 Meilen pro Tag bedeutet. Diese Entfernungen geben natürlich die gerade Linie zwischen den Mittagspositionen an, berücksichtigen also nicht Segelmanöver oder Kursabweichungen.

Durch Süd- und Nordatlantik

Ich hatte jetzt die Falklands hinter mir und lief auf der Klippenroute inmitten des weiten Südatlantik. Hier hat sich wohl seit Jahrmillionen nicht viel verändert. Es war eine seltsam erregende Vorstellung, allein zu sein mit dem urtümlichen Leben der Erde.

Am Samstag, dem 26. März, schrieb ich ins Logbuch:

»Wichtige Nachricht! Heute Mittag habe ich die halbe Strecke hinter mir!«

Seit Sydney hatte ich 7673 Meilen zurückgelegt; die Entfernung auf der Klipperroute nach Plymouth betrug nun nach meiner Berechnung noch 7634 Meilen. Ich begann jetzt, mir die verschiedenen Segelrouten im Süd- und Nordatlantik für die Monate März, April und Mai, wie sie in den *Ocean Passages of the World* angegeben sind, zurechtzulegen.

Mein Sohn Giles, der ein großer Spaßvogel ist, teilte mir über die Funkstation von Buenos Aires mit: »Gut gemacht! Aber lass nicht nach!« Ebenfalls über Funk erhielt ich einige Fragen einer Journalistin, die für die *Sunday Times* arbeitete, so zum Beispiel die: »Was haben Sie bei Ihrer ersten Mahlzeit nach dem Runden von Kap Hoorn gegessen?« Ich antwortete über Funk: »Ich bitte Sie dringend, mich nicht mehr zu fragen und zu interviewen, weil so etwas den romantischen Reiz dieser Reise verdirbt. Allmählich bekomme ich vor dem nächtlichen Funken direkt Angst – ich befürchte, dass ich meine Begeisterung für interessante Berichte verlieren werde. Vielleicht liegt das daran, das ich seit 58 Tagen allein bin; meine Gefühle sind andere als die bei einem Bürodasein. Ich habe alle Hände voll zu tun, mein Boot richtig zu segeln und das Geschirr in guter Ordnung zu halten. Die schwierige Funkverbindung bedeutet sowieso eine große Anstrengung; Interviews lassen sie unerträglich werden. Ich möchte Sie nicht verletzen, hoffe jedoch, dass Sie sich in meinen Zustand einfühlen können.«

Ich war in eine Flaute geraten und brauchte dringend mein großes Genuasegel; aber das war noch in der Segellast im Vorschiff gestaut, und deren Luke war nach wie vor verschalkt. Als der 27. März, ein Montag, heraufdämmerte, schien es nach einer guten Brise auszusehen, sodass ich beschloss, mir die Mühe zu machen, das große Segel durch das ganze Boot zu schleppen und auf Deck zu hieven. Kaum hatte ich es getan, als die Brise auf 15 Knoten auffrischte und von weiter voraus einkam, sodass ich, wenn auch etwas zögernd, die Operation mit dem Genuasegel stoppte und stattdessen frühstückte. Aber mitten unter dem Frühstück hielt ich es nicht mehr aus: Wieder hatte der Wind nachgelassen und geraumt, der Morgen war schön, die See glatt, sodass ich das Frühstück unterbrach, wieder an Deck ging und das große Segel endgültig setzte. Und was für ein Unterschied das war! Ich ließ es den ganzen Tag oben; als jedoch die Nacht einfiel, frischte die Brise wieder auf, und ich ließ das Segel fallen. Am Wind segelte die *Gipsy Moth* bei einer stärkeren Brise besser ohne dieses Segel.

Viel hatte ich damit zu tun, Karten für den Atlantik herauszusuchen; mit Bedauern stellte ich fest, dass ich keine *Pilot Chart* für den Nordatlantik hatte. In diesen Karten sind nämlich nicht nur die durchschnittlichen Winde und die Wetterbedingungen für jede Route angegeben, sondern sie geben auch sonst eine Menge interessanter Informationen. Ich vermisste die *Pilot Chart* – aber es ist in der Tat schwierig, am Beginn einer so langen Fahrt irgendetwas nicht zu vergessen. Obgleich ich den Südatlantik hauptsächlich im April zu überqueren hatte, beschloss ich, der in den *Ocean Passages of the World* für März empfohlenen Route zu folgen. Sie würde mich zwar um 700 Meilen weiter nach Osten führen als die Aprilroute, aber für ein kleines Boot schien mir dies besser.

Am Morgen des Dienstags (28. März) wollte ich mich schon um 3.00 Uhr aus der Koje erheben, schlief aber nochmals für zwei Stunden ein. Es wurde ein anstrengender Tag. Die *Gipsy Moth* weigerte sich einfach, einen bestimmten Amwindkurs zu laufen, der zufällig auch der beste Kurs für mich war. Stundenlang versuchte ich, das Boot auf diesem Kurs zu halten. Das Anluven war wieder einmal die zweite Schwäche der *Gipsy Moth*, die sich unangenehm bemerkbar machte. Wenn sie bei einem Überlegen von ein oder zwei Grad mehr nach Lee abfiel, schoss sie, sobald man sie nur ließ, auf ihrem »eigenen Kurs« davon wie ein Lachs und wurde dadurch plötzlich ruhig. Schließlich gab ich den Versuch auf, sie hoch am Wind segeln zu wollen; nachdem sie wieder einmal nach Lee abgerutscht war, ließ ich sie so und erfreute mich der Geschwindigkeit und der Ruhe.

Um mich für die Schwierigkeiten zu entschädigen, genehmigte ich mir einen bemerkenswerten Lunch. Diese Mahlzeit hat mir, glaube ich, auf der ganzen Fahrt am besten geschmeckt. Hier die Speisenfolge:

Eine Knoblauchzehe mit einem Stück Käse und einem Glas Whitbread-Bier;

eine Dose australische Erbsen, eine Dose Lachs und drei Pellkartoffeln mit viel Butter;

eine Dose Birnen.

Hunderte von Entensturmvögeln schwirrten und flatterten um das Boot, während ich aß; als ich meinen Abfalleimer ausschüttete, kamen sie alle herbei, um zu sehen, was es gab.

In der Nacht lag über dem Wasser eine leichte Nebelschicht, durch die der Mond verschwommen schimmerte. Am nächsten Tag war herrliches Wetter: der Himmel hellblau mit sehr kleinen Wolken, die See glatt, sie funkelte in der Sonne. Die Kimm war gerade. Einen solchen Tag hatte ich schon lange nicht mehr erlebt. Ich benutzte ihn, um den Indexspiegel des Sextanten zu überprüfen; dieser Spiegel wurde rasch schlecht, weil sich infolge der nun schon zwei Monate anhaltenden Güsse mit Seewasser das Quecksilber auf der Rückseite ablöste. Außerdem prüfte ich den Steuerkompass mithilfe eines Sonnenazimuts. Ich entdeckte hier und da einige »Windbäume« (hohe, feine Cirruswolken), die angeblich Sturm ankündigen.

Am Nachmittag wehte mir ein Nordostwind mit Stärke 6 entgegen. Als die See rauer wurde, begann die *Gipsy Moth* zu schlagen und zu rollen. Eine große Glasdose Kaffeepulver landete auf der Kombüse, wo sie zerbrach. Da so ein großer Lärm war, bemerkte ich das erst später – das Kaffeepulver machte eine üble Schmiererei. Wind und See frischten rasch auf, ich musste ein Segel nach dem anderen bergen, bis nur noch Sturmfock und Sturmstagfock standen. Um 17.00 Uhr drehte ich auf Nordwest bis West, um das Schlagen zu verringern. Es wurde aber immer schlimmer, bis ich um 20.20 Uhr zu der Einsicht kam, dass ich das Boot schonen musste; deshalb ging ich auf raumen Kurs und lief vor dem Sturm. Ich war seekrank; vielleicht erleichterte das mir den Entschluss, vor dem Wind zu bleiben, so entmutigend es auch war, nun wieder mit 6 Knoten in Richtung Kap Hoorn zu laufen – ich konnte nur hoffen, dass der Nordoststurm nach Süd drehen und mich damit endlich auf meinen richtigen Kurs bringen würde. So etwas kommt im Südpazifik stets vor, wenn kleine Tiefdruckgebiete durchziehen.

Unruhig schlief ich etwa anderthalb Stunden; dann stellte ich zu meinem Erstaunen fest, dass der Wind, anstatt aus dem südlichen Quadranten zu wehen, nach Norden zurückgedreht, d. h. geraumt hatte.

Damit aber war mein früherer schlechter Kurs Südwest zu einem ganz unmöglichen Kurs Südsüdwest geworden. Deshalb zog ich mich an und halste auf Ost zu Süd. Auf diesem Kurs blieb ich; allmählich wurde es besser, indem der Wind nach Nordwest drehte, bis ich schließlich am Morgen wieder in Richtung Ostnordost lief. Nun konnte ich auch etwas mehr Segel setzen. Aber immer noch wurde das Boot arg umhergeworfen. Den ganzen Segelwechsel hatte ich noch trocken vorgenommen; dann aber bekam ich einen Guss ins Genick; ich versuchte gerade, den Abluftkopf des Aladdinofens so herzurichten, dass die Abgase nicht mehr in die Kajüte geblasen wurden, sondern frei abziehen konnten. Dazu streckte ich ohne Ölzeug den Arm über die Oberseite des Niedergangs, als eine Welle von querab mich voll traf. Zweimal rutschte die *Gipsy Moth* vom Kamm einer Welle ab, die dwars einkam, und schlug mit einem fürchterlichen Krachen auf.

Am nächsten Morgen (30. März) fühlte ich mich wieder so

schwach wie beim Auslaufen. Ich glaubte, dies hänge mit dem Sturm, dem Eingeschlossensein, dem zu langen Herumliegen und der Nervenbelastung zusammen, später allerdings kam ich auf den Gedanken, dass vielleicht die Abgase des Ofens schuld waren, die durch den Sturm ins Kajüteninnere getrieben wurden.

Es war scheußlich draußen. Ich hatte gehofft, endlich aus den »Vierzigern« herauszukommen, schien aber gleichsam festzusitzen. Und dabei lag die Grenzlinie nur 111 Meilen nördlich! Um 9.00 Uhr morgens an jenem Tag (Donnerstag) jedenfalls war ich wieder an der Stelle, die ich am Mittag des Mittwochs passiert hatte: Ich war 115 Meilen gelaufen, aber mein gegisstes Besteck zeigte mir, dass ich mich vollkommen im Kreis bewegt hatte. Ich dachte daran, wie Slocum vor Feuerland drei Tage lang vor einem Sturm gelaufen war – hätte ich so lange nach Süden laufen müssen, wäre ich schon wieder auf dem halben Weg zum Kap Hoorn gewesen.

Vielleicht wollten mir die »Vierziger« mit einer groben, unregelmäßigen Dünung aus Nordwest und mit einer darüber laufenden See voller Brecher ihr grimmiges Abschiedsgeschenk machen. Von Zeit zu Zeit packte ein Brecher oben auf der Dünung die *Gipsy Moth* und ließ sie mit schrecklichem Krachen seitlich ins Tal hinuntersausen. Einmal war ich an Deck, als dies geschah – das Boot schien in der Luft zu schweben, ehe es hinabglitt. Wenn das Boot so auf das Wasser aufschlug und alles unter Deck knallte, klapperte und rasselte, war es geradezu ein Wunder, dass der Bootskörper einer solchen Misshandlung überhaupt standhielt.

Am 30. März hatte ich das kürzeste Etmal, das ich je an einem Tag lief: 15½ Meilen von Mittag bis Mittag!

An diesem Abend tat ich einen schweren Sturz: Ich befand mich auf dem Seitendeck, und da das Boot stark überlag, stand ich hoch über der Wasserlinie. Ich reckte mich, um die Antennenzuleitung von ihrer Durchführung durch das Kajütdach zum Backstag zu führen, als mich ein plötzlicher Windstoß so packte, dass ich meinen Halt am Backstag verlor und auf die andere Seite der Plicht geschleudert wurde. Ich lag bewegungslos da und fragte mich, ob wohl mein Bein gebrochen sei. Währenddessen entspannte ich mich vollständig. Etwa eine Minute lang verhielt ich mich ganz still. Zu meinem Erstaunen – und zu meiner unendlichen Erleichterung! – schien nichts gebrochen zu sein – ein wahres Wunder. Ich rappelte mich auf, riss mich zusammen und fuhr mit meiner Arbeit an der Antenne fort. Hinterher hatte ich schlechte Verbindung mit Buenos Aires. Als ich schließlich mit dem Funken fertig war, stellte ich fest, dass die *Gipsy Moth* 40 Grad aus dem Kurs gelaufen war; die Backbord-Ruderleine – $1\frac{1}{4}$-zölliges geflochtenes Terylen – war gebrochen. Ich knotete die beiden Enden zusammen und war sehr glücklich, dass nichts Schlimmeres passiert war.

Die *Gipsy Moth* lief nun mit halbem Wind; ich hoffte, schlafen zu können. Rippen und Knöchel taten mir vom Sturz weh, und ich fühlte mich restlos erledigt. Ich schrieb ins Logbuch:

»Ich muss langsam machen, bis ich mich vom gestrigen Sturm erholt habe und meine Lebensgeister wieder auf der Höhe sind. Das große Ziel bleibt: Ankommen! Schnelles Segeln ist weit weniger wichtig, aber natürlich möchte man gern gut vorankommen.«

Wie rasch ändert sich doch die Lage auf See – zum Besseren wie zum Schlechteren! Der 31. März brachte einen schönen Morgen, Sonne und eine funkelnde See voller spielender Tümmler. Es war ganz warm. Ich zog mein langes wollenes Unterzeug nicht mehr an, aber auch so war es noch heiß, als ich an den Segeln arbeitete. Ich war unendlich glücklich und erleichtert darüber, dass schon beim Aufstehen alle meine Schmerzen verschwunden waren. Während der Nacht nämlich hatte ich noch Schwierigkeiten gehabt, Brustkorb und Knöchel zu bewegen, und eine arge Versteifung befürchtet. Am Nachmittag konnte ich mich auf das Vordeck setzen und eine Naht in der Genuafock, die sich gelöst hatte, wieder nähen.

An diesem Abend verließ ich die »Vierziger«. Vielleicht brüllen sie im Lee von Südamerika nicht so, wie sie es auf der anderen Seite tun – aber es war doch ein großes Ereignis, aus diesen Breiten herauszukommen. In den »Vierzigern«, oder zumindest nahebei, war ich nun fast um die ganze Erde gesegelt; jetzt befand ich mich nur noch 2400 Meilen von Südafrika entfernt, wo ich zum ersten Mal in sie hineingekommen war. Offen gesagt bin ich der

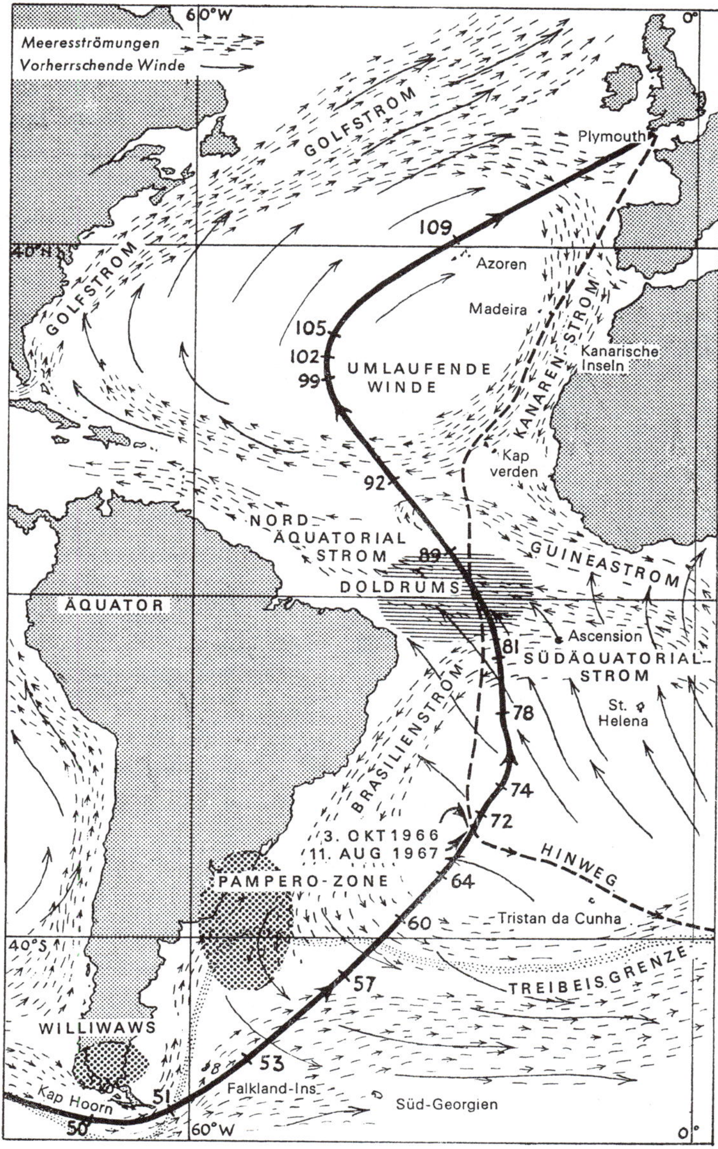
60°W
Meeresströmungen
Vorherrschende Winde
0°
GOLFSTROM
Plymouth
40°N
GOLFSTROM
109
Azoren
Madeira
105
102
99
UMLAUFENDE
WINDE
KANARENSTROM
Kanarische
Inseln
Kap
verden
92
NORD
ÄQUATORIAL
STROM
89
GUINEASTROM
DOLDRUMS
ÄQUATOR
Ascension
81
SÜDÄQUATORIAL
STROM
BRASILIENSTROM
78
St.
Helena
74
72
3. OKT 1966
11. AUG 1967
HINWEG
PAMPERO-ZONE
64
60
Tristan da Cunha
40°S
57
TREIBEISGRENZE
WILLIWAWS
53
Falkland-Ins.
51
Kap Hoorn
Süd-Georgien
50
60°W
0°

Meinung, dass jeder, der mit einer Jacht in den »Vierzigern« segelt, ein Narr ist – aber das wusste ich schon, ehe ich aufbrach. Anderseits war es eines der großen Erlebnisse meines Lebens – ich wäre nicht befriedigt und erfüllt, wenn ich es nicht getan hätte. Das Ereignis wollte ich mit einer Flasche Veuve Cliquot feiern; aber so allein zu trinken, war nicht sonderlich erfreulich.

Nach Überschreiten des 40. Breitengrades sah alles ganz anders aus – als sei er ein Zauberstab gewesen. Dass ich je die Kajüte hatte heizen müssen, war bald total vergessen; ich sah mich nach leichter Kleidung um. Die Nacht war herrlich, der Himmel wolkenlos, die Sterne so hell, dass ich die Hälfte für Planeten hätte halten können. Das Licht des Halbmondes reichte aus, den Steuerkompass abzulesen. (Aber noch immer hatte ich das Gefühl, als ob die Sterne auf dem Kopf stünden – so sehr war ich daran gewöhnt, sie von der nördlichen Halbkugel aus zu sehen.)

Auch klimatisch besserten sich die Zustände. Achtern nahe dem Heck sah ich an Deck etwas wie ein durchsichtiges, schimmerndes, das Licht reflektierendes Band. Es war ein Fisch, der erste Fliegende Fisch des Südatlantiks, knapp 20 Zentimeter lang. Ich ging in die Kajüte, um ein Tuch zu holen, mit dem ich ihn packen konnte; doch als ich zurückkam, war er durch das Speigatt geglitten und verschwunden.

Ich überquerte den 30. Breitengrad, nur um mich am nächsten Tag wieder südlich von ihm zu finden. Auch zwischen den Böen sprang der Wind ständig um; das Trimmen und Segelwechseln erschöpften mich. Es gab viele Regenböen; einige waren mit heftigem Sturm verbunden, der ganz plötzlich einsetzte und die Segel fast flach auf das Wasser legte, ehe ich aus meiner Koje kommen konnte. Ich baute eine Vorrichtung, mit deren Hilfe ich im Notfall das Boot von meiner Koje aus vor den Wind bringen konnte.

Einmal lief ich offenbar durch ein ganzes Rudel kleiner Zyklonen. Der Wind drehte sich um die ganze Kompassrose von Süd über Ost nach Nordwest. In der Regel sprang er von Nordwest auf Süd; wenn ich unten war, standen alle Segel back, und der Wind war schon auf der falschen Seite, ehe ich noch in die Plicht gelangen konnte. Dann musste ich mühselig wenden, bis die Segel den Wind wieder von der richtigen Seite hatten. Bei vielen Böen regnete es so schwer, dass es schien, als ob sie überhaupt nur aus Wasser bestünden. Ich brachte auch meine Anlage zum Regensammeln wieder an, weil von den 40 Gallonen im Wassertank nur noch vier übrig geblieben waren. Das Wasser lief so rasch ein, dass ich es gar nicht merkte, als der Tank voll war – und nun auch das Boot voll lief! Das erste vom Segel ablaufende Wasser schmeckte noch salzig; weil ich es jedoch nicht verschwenden wollte, wusch ich damit vier Hemden und einen Schlafanzug. Bald bedauerte ich meine Begeisterung über die Wasserflut – denn nun hatte ich keinerlei Möglichkeit, die Wäsche trocken zu bekommen.

Am 7. April um Mitternacht stellte ich fest, dass ich mit 8 Knoten wieder auf Kap Hoorn zurücklief. Und doch konnte ich nichts anderes tun, denn als ich die *Gipsy Moth* an den Wind bringen wollte, war der Teufel los. Ich gab mir alle Mühe, die Ruhe des Philosophen zu bewahren, und legte mich schlafen; als ich aufwachte, fühlte ich mich besser. Immer noch wehte der Wind mit Stärke 7 bis 8, aber am hohen, bewölkten Himmel zeigte sich etwas Blau, und ich hatte das Gefühl, dass sich der Wind bald legen werden. Mich überraschte die Wärme; am liebsten hätte ich beim Frühstück mein Hemd ausgezogen. Auch das Wasser war lauwarm – und das war immerhin besser, als wenn es kalt gewesen wäre. Ich schrieb ins Logbuch:

»Ganz sicherlich ist die Situation noch nicht die schlechteste. Ich glaube, ich führe mich auf wie ein verzogenes Kind, wenn ich nicht in der Lage bin, immer schnell voranzukommen.«

Mitten in der folgenden Nacht (8. April) ging ich in die Plicht, um die Pinne zu legen, ohne etwas übergezogen zu haben – ich war völlig nackt, um nicht das Ölzeug anziehen zu müssen. Selbst im Wind fror ich nicht – ein Zeichen, wie warm es war. Am Vormittag suchte ich optimistisch auf dem Vordeck nach Fliegenden Fischen zum Frühstück, was töricht war, weil die schweren Seen, die überkamen, alles wegspülten. Ein schöner, schneeweißer Tropikvogel mit langem Schwanz, der aussah, als bestehe er aus einer einzigen Feder, flog über mich hinweg und rund um das Boot.

An diesem Tag richtete ich meine Salatbeete her. Diese »Beete« waren für mich sehr wertvoll, weil sie mir frisches Grünzeug lieferten; allerdings musste ich oft nachsäen. Anfangs ließ ich die Samen auf feuchtem Flanell keimen, dann fand ich heraus, dass es auf Löschpapier genauso gut ging. Diese Entdeckung war mir sehr nützlich: Ich brauchte die alten Wurzeln nicht mehr mühselig aus dem Flanell zu zupfen.

Meine nächste Aufgabe bestand darin, die Vorpiek zu lenzen. Ich machte mich um Mitternacht vom 8. auf den 9. April daran, weil ich nicht einschlafen konnte. Das wasserdichte Schott war dort vorn natürlich eine beruhigende Sicherung, hatte aber den Nachteil, dass alles Wasser, das zufällig durch ein Leck in die Piek gelangte, auch darin blieb. Und dieses Wasser galt es nun auszuösen. Ich steckte einen etwa 2½ Meter langen Schlauch in die Vorpiek, legte mich dann mit dem Kopf auf den Kajütenboden und saugte am Ende des Schlauches, bis das Wasser kam. Sobald ich jedoch zu saugen aufhörte, hörte auch das Wasser zu laufen auf. Mehr als eine Stunde arbeitete ich daran, es zum Laufen zu bringen, aber es klappte nicht. Daraus schloss ich, dass mit dem Schlauch etwas nicht in Ordnung war, dass entweder etwas darin steckte oder er ein Loch hatte. Also richtete ich einen ganz neuen Schlauch her, und sofort ging es tadellos. In der Vorpiek hatte sich eine Menge Wasser gesammelt; ich war froh, es heraus zu haben. Für diese mitternächtlichen Bemühungen wurde ich durch zwei kleine Fliegende Fische zum Frühstück belohnt.

Am 11. April war Sheilas Geburtstag. Deshalb hatte ich bei meiner letzten Funkverbindung mit Buenos Aires ausgemacht, an diesem Tag direkt GCN 4 in London zu rufen, in der Hoffnung, es werde mir gelingen, eine Nachricht an sie durchzugeben. Die Großkreisentfernung bis London betrug 4700 Meilen – eine gewaltige Strecke für meinen 75-Watt-Marconi-Kestrel-Sender. Umso erfreuter war ich, den Funker deutlich zu hören und meine Nachricht durchgeben zu können. Man richtete mir auch von Sheila etwas aus: Sie gedenke meiner an ihrem Geburtstag und lasse mir sagen, dass sie und Giles bei Edward und Belinda Montagu zum Abendessen seien (die Montagus hatten am gleichen Tag ihren Hochzeitstag). Es war eine Freude, in direkte Funkverbindung mit London gekommen zu sein. Ins Logbuch schrieb ich: »Dies spricht für das GPO* und für Marconi.« Ich hätte gerne eine längere Nachricht durchgegeben, aber die *Gipsy Moth* fiel mitten in der Sendung back, und da es mir unter diesen Umständen zu riskant war, dass die Selbststeueranlage mit der Pinne verbunden blieb, meldete ich mich ab.

Ein anderes denkwürdiges Ereignis an Sheilas Geburtstag war, dass ich an diesem Tag meine Weltumsegelung vollendete. Um 21.45 Uhr kreuzte ich meinen Hinweg. Es war sehr aufregend. Denn 1931 hatte ich versucht, in meinem Wasserflugzeug die Erde zu umfliegen; es war mir damals nicht geglückt. An der Stelle, die ich jetzt zum zweiten Mal passierte, war ich auf dem Hinweg am 3. Oktober um 8.14 Uhr gewesen. Meine Weltumsegelung hatte also 6 Monate, 8 Tage und 13½ Stunden gedauert – nur wenig mehr (fünf Tage) als die halbe Zeit, die Vito Dumas bei seinem Rekord für eine Einhandumsegelung gebraucht hatte: ein volles Jahr und sieben Tage. Diese Zeit schloss allerdings auch das Anlaufen von Häfen ein. Mit seinem Rekord hatte er alle früheren Höchstleistungen für Einhand-Weltumsegelungen um die Hälfte unterboten. Damit, dass ich nun wiederum nur die halbe Zeit seines Rekordes gebraucht hatte, konnte ich ehrlich zufrieden sein.**

* General Post Office

** Ich muss jedoch auf eines hinweisen: Vito Dumas gegenüber war ich dadurch sehr im Vorteil, dass ich eine Selbststeueranlage hatte. Als diese unklar wurde, verringerte sich meine Geschwindigkeit am Wind; auf den letzten 2758 Meilen bis nach Sydney kam ich ohne Selbststeueranlage nur noch auf einen Tagesdurchschnitt von 102 Meilen gegenüber vorher 142 Meilen. Seine *Lehg II* war kleiner als die *Gipsy Moth IV*, doch bedeutete das meiner Meinung nach keinen sehr großen Vorteil für mich: Während sein Boot zu klein war, hatte ich ein zu großes Boot. Ich bin sicher, dass die *Gipsy Moth* und ich besser ausgerüstet waren; andererseits könnten manche Leute meinen, dass er gegenüber mir insofern im Vorteil gewesen sei, als er jünger war (da er ein Jahr älter ist als ich, muss er bei seiner Weltumseglung 42 gewesen sein). Ich bin jedoch nicht sicher, dass dies ein Vorteil war. Das Sprichwort sagt, dass Vergleiche hinken. Und ich möchte betonen, dass ich Dumas für einen großen Segler halte und sein Buch *Alone Through the Roaring Forties* jetzt, nach Beendigung meiner Reise, für genauso unterhaltsam und ansprechend halte wie vor Antritt meiner Reise.

Aber ach, diese Rossbreiten*! Mein Logbuch ist voller verzweifelter Einträge wie:

»In diesen Rossbreiten kann man mit Leichtigkeit verrückt werden. Sobald ich nach unten gehe, um ein Segelmanöver ins Logbuch einzutragen, hat der Wind seine Richtung vollständig verändert, beispielsweise um 60 Grad, und ich muss von vorn anfangen.

Hat der Geist der Rossbreiten etwa den Entschluss gefasst, mich um den Schlaf zu bringen? Ich brauche nur in meine Koje zu kriechen und einzuschlafen – schon passiert etwas, um das ich mich sofort kümmern muss. Nun liegt die *Gipsy Moth* schon wieder back. Wie, zum Teufel, macht sie das nur?

Man braucht ein Gummigehirn. Der Windrichtungsanzeiger in der Plicht gibt auf Backbordbug einen um 20 Grad höheren Wert an als der Anzeiger über meiner Koje.«

Fast volle tausend Meilen war ich gegenan gesegelt. Ich sehnte mich danach, endlich in die Südostpassate zu kommen. Dennoch war es herrlich, auf dem Vordeck in der Sonne und im Gischt zu sitzen. Ich versuchte sogar zu singen. Wenn man an Deck gewesen war, kam es einem unten glühend heiß vor.

Nach der U.S. *Pilot Chart* befand ich mich am 12. April 300 Meilen südlich der Grenze des Südostpassatgürtels. Die *Admiralty Chart* (Nr. 2202 A) machte mir jedoch mehr Mut: denn ihr zufolge lag die durchschnittliche Südgrenze der Südostpassate nur noch 60 Meilen von meinem Standort entfernt. Auf jeden Fall konnte es also nicht mehr lange dauern, und so genehmigte ich mir einen Drink. Es war höchst befriedigend, endlich Kurs zu halten, aber es war, bei Gott, auch recht unbequem! Bei einer Lage von 30 Grad war das Schlagen und Stampfen unbeschreiblich; sobald die *Gipsy Moth* etwas stärker krängte, wurde sie plötzlich leegierig und galoppierte mit 8 Knoten um 40 Grad aus dem Wind. Wann immer sie dies tat, bedurfte es einiger Zeit, bis ich sie wieder auf Kurs

* Die Bezeichnung ist eine grimmige Erinnerung an die Tage der alten Segelschiffe. Die Fahrt durch diesen Kalmengürtel dauerte oft so lange, dass Pferde (und andere Großtiere), die als Fracht an Bord waren, verendeten, weil Futter oder Wasser ausging.

hatte, und oft bedeutete es, dass ich den ganzen Kampf mit dem Segeltrimm noch einmal von vorn beginnen musste.

Die Nacht vom 12. April war wirklich schön. Hell leuchtete die Venus unmittelbar über dem Sichelbogen des auf dem Rücken liegenden Mondes. Alle Sterne am Himmel schienen sich in ihrer ganzen Pracht zeigen zu wollen. Der Widerschein der hellsten zog auf der glatten Wasseroberfläche Striche von Licht. Niemals zuvor habe ich auf dem Meer solche Lichtstriche gesehen, die von Fixsternen stammten; von Planeten ja, aber nicht von Fixsternen. Später machte mir der Wind noch die besondere Freude, dass er raumte – dadurch konnte ich um 10 Grad anluven. Es war erstaunlich, um wie viel bequemer dadurch die Fahrt für mich wurde; Sorgen machte mir lediglich, dass die *Gipsy Moth*, wenn ich ihr zehn Grad zugab, sich gewöhnlich 40 Grad nahm.

Der 13. April war ein geschäftiger Tag. Ich schnitt mir die Haare und rasierte mich. (Mein Friseur in der Bond Street wäre freilich wohl vom Ergebnis meiner Bemühungen nicht sonderlich beeindruckt gewesen!) Nun lag ich wieder in der Flaute, hatte aber die in den Karten verzeichnete Südgrenze der Südostpassate passiert und konnte hoffen, dass der nächste Wind endlich der Südostpassat sein werde. Vom Wind abgesehen, war die Situation sehr erfreulich: Schon am frühen Morgen wärmte mich die Sonne höchst angenehm, und zum nächtlichen Segelwechseln brauchte ich mich überhaupt nicht anzuziehen (ich trug nur Schuhe, Mütze und Sicherheitsgurt). Ich nutzte die ruhige Zeit dazu aus, meine Vorräte zu sortieren und den Schimmel zu entfernen.

Um 21.15 Uhr an jenem Abend schrieb ich ins Logbuch:

»Da ist er ja, der Passat! Ich halste, und sofort waren auf der glasigen Oberfläche einige Blasen zu sehen, die dahintrieben. Wir machen Fahrt in einem Südostwind! Nun rührt sich auch der Geschwindigkeitsmesser wieder – ich glaube, dass es losgeht! Ein Grund zum Feiern – ich will mir einen australischen Champagner genehmigen und hoffe, ihn zu überleben!

Leider musste ich am nächsten Mittag nachtragen:

»Mein Südostpassat hat sich als vollkommene Pleite erwiesen.

Heute Vormittag kam ich hauptsächlich durch Nordwest- oder Westwind voran.«

An diesem Vormittag hatte ich einen Besucher: Ein fast zwei Meter langer Hai umschwamm das Boot. Seine Schwanzflossen hatten eine mächtige Spannweite; ich fragte mich, ob es sich wohl um einen großen Dornhai handelte. Es war so heiß, dass ich an Deck eimerweise Wasser über mich goss. Viel Mühe machte es mir, das Kompasslicht zu reparieren – die Kontakte und Stöpsel waren an mehreren Stellen vom Salzwasser angefressen. Es überrascht mich wirklich, dass man Bootskompasse baut, die kein Seewasser vertragen; ein solcher Kompass ist doch sicherlich viel einfacher herzustellen als eine Taucherkamera, die noch ganz anderes auszuhalten hat!

Die *Gipsy Moth* war offenbar schlecht aufgelegt, denn jedes Mal, wenn ich sie eine Zeit lang sich selbst überließ, fiel sie nach Westen ab und kam in Fahrt. Und wenn sie nicht durch Abfallen in diese Richtung kommen konnte, tat sie es, indem sie backlief. Sie war wie ein launischer junger Hund: Sobald ich nicht hinschaute, zog sie in Richtung Westen davon.

Den Versuch, das Kompasslicht zu reparieren, musste ich schließlich aufgeben. Ich hatte keinen Lötkolben an Bord, und da das Boot zu stark schlingerte, konnte ich den Draht an der Lampenfassung nicht befestigen. Schließlich begnügte ich mich mit der Einsicht, dass es vernünftiger war, eine Handlampe über den Kompass zu hängen, wenn ich ihn brauchte.

Am 15. April sah es so aus, als ob ich nach manchen Enttäuschungen endlich in den Passatgürtel gelangt war. In dieser Nacht erblickte ich zu meiner freudigen Erregung erstmals auf der Heimreise das Sternbild des Großen Bären.

Am nächsten Tag hatte die *Gipsy Moth* schon mehr als 10 000 Meilen seit Sydney zurückgelegt. Ich schrieb ins Logbuch:

»Eigentlich sollte ich vergnügt sein, aber stattdessen fühle ich mich ein wenig verzweifelt, besorgt und habe Heimweh. Noch muss ich 5200 Meilen segeln (in Wirklichkeit sollten es noch 5500 Meilen sein), ich habe also erst zwei Drittel der Fahrt hinter mir.

Auf einer solchen Strecke können noch unzählige Dinge schief gehen. Mir ist, als sei ich sehr lange von zu Hause fortgewesen, und das Zuhause scheint immer noch in weiter Ferne zu liegen. Natürlich ist das nur Schwäche. Zwischendurch ist das Segeln aufregend schön. Der zunehmende Mond steht genau über mir und schaut durch das Kajütdachfenster zu mir herein.«

Am 18. April schrieb ich:

»Ich fühle mich ganz einfach verdammt faul und erfreue mich des Dahinsegelns, der Ruhe und der Muße. Wie herrlich ist es, in der Plicht zu sitzen, sich die Haut von der Sonne und einer warmen Brise streicheln zu lassen, nur die See und den Himmel und die Segel zu beobachten und nachzudenken! Viele Arbeiten warten auf mich, aber ich rühre keinen Finger, wenn ich nicht unbedingt muss. Durch das Dachfenster der Kajüte schaut ein Viertelmond auf mich herab. Ich bedauere, dass ich schon in drei Tagen den Südostpassatgürtel zur Hälfte passiert haben werde – ein solches Leben würde mir 14 Tage lang passen! Ich habe heute zwei Beete zarter Sojabohnenkeime für den Salat abgeerntet und die übrigen, die eine Länge von 15 Zentimetern erreicht hatten, gekocht. Wie ich leider berichten muss, waren sie in gekochtem Zustand derart zäh, dass ich sie nicht essen konnte.«

Wahrscheinlich schämte ich mich darüber, dass ich meine Faulheit schriftlich niedergelegt hatte, denn drei Stunden später ergänzte ich meine Eintragung:

»Seit meiner letzten Eintragung habe ich den Kameraverschluss repariert, der nicht funktionierte, die Frischwasserpumpe hergerichtet, die nicht mehr wollte, den Primuskocher mit Petroleum aus einem neuen Kanister nachgefüllt, ein neues Kurvenblatt für die Chronometer- und Uhrenkorrekturen angelegt, dreimal wegen fast völliger Windstille Segel umgetrimmt und zwei sehr willkommene Gin pur getrunken.«

Zum Frühstück genehmigte ich mir an diesem Tag ein herrliches Mahl aus vier Gängen. Das Meer spendierte mir einen Fliegenden Fisch, und ich steuerte Grapefruit, Bratkartoffeln mit Rührei sowie drei Scheiben Vollkornbrot mit Honig und Marmelade dazu bei. Dieser Tag entsprach genau meinen Vorstellungen von einem schönen Segeltag. Ich hatte keine Lust, die Plicht zu verlassen. Stundenlang hätte ich dasitzen können, um über Vergangenheit und Zukunft nachzudenken, während die warme Luft über meine Haut strömte und die Sonne mich durchwärmte. Die *Gipsy Moth* machte gute Fahrt; größere Schlamassel blieben mir erspart. Gewiss, in der Mittagssonne war es heiß, aber ein paar Eimer Meerwasser kühlten mich ab. Am Nachmittag begann ich, die Fächer für Obst und Gemüse auszuräumen. Überraschenderweise war nur wenig verdorben: ein oder zwei Grapefruits, ein paar Orangen und Zitronen, außerdem eine einzige Kartoffel, aber diese verbreitete einen entsetzlichen Gestank! Staunenswert fand ich, dass die ringsum liegenden Kartoffeln nicht angesteckt worden waren. Diese australischen Kartoffeln waren ganz bestimmt erstklassig; in England findet man heutzutage eine solche Qualität anscheinend nicht mehr.

Als ich an diesem Nachmittag barfuß herumlief, trat ich mir ein Stück Glas in die Ferse. Der Splitter war ein Andenken an das Kentern der *Gipsy Moth* in der Tasmansee: Er muss sich aus einem Kleidungsstück oder aus dem Holzwerk gelöst haben und auf den Kajütboden gefallen sein. Auch noch später fand ich Splitter, die an den merkwürdigsten Stellen herumlagen.

Am 21. April verließ ich den Südostpassatgürtel und kam in die äquatorialen Kalmen, die Doldrums. Ich befand mich in einer Strömung, die mit einer Geschwindigkeit von ½ bis zwei Knoten genau nach Westen floss. Diese Strömung teilt sich an der Nordostspitze Südamerikas; die eine Hälfte fließt die Küste hinunter bis Buenos Aires, die andere hinauf nach Westindien.

Irgendwie enttäuschte es mich, dass ich im Südostpassat nur fünf schöne Segeltage hatte erleben dürfen. Aber in diesen fünf Tagen war die *Gipsy Moth* 818 Meilen gelaufen – im Tagesdurchschnitt 163½ Meilen.

Am Abend schaltete ich wieder das Tonband mit der von Giles' aufgenommenen Musik ein. Es war das erste Mal, dass ich es während dieser Etappe der Fahrt tat; das letzte Mal hatte ich Musik gehört, als ich auf dem Hinweg in die »Brüllenden Vierziger« gekommen war. Damals hatte mich die Musik so traurig gestimmt, mir solches Heimweh gemacht, dass ich das Tondbandgerät nie mehr hatte laufen lassen. Aber jetzt befand ich mich ja auf der Heimreise, und das war etwas ganz anderes!

Am zweiten Tag in den Doldrums brachte ich es nur auf 83 Meilen – seit zwei Tagen schlich ich regelrecht dahin. Diese beiden kläglichen Tagesstrecken verdarben meine Aussichten auf ein gutes Wochenergebnis. Ich hatte mit 1150 Meilen gerechnet; stattdessen wurden es nur 1004.

Am Sonntag, dem 23. April, wollte ich Brot backen, aber vor mir stand eine riesige blauschwarze Regenbö. Ich wollte erst sehen, was diese gefährlich aussehende Wetterwand vorhatte. Sie zog offenbar von Nord über Nordwest nach West und Süd, und von dorther kam sie dann auch auf mich zu. Als ich eben die Hefe angerührt hatte, setzte der Regen ein. Die Regenbö hatte die *Gipsy Moth* im Westen umgangen, bis sie wieder genau im Süden stand; ich aber hatte inzwischen geglaubt, in Sicherheit zu sein, und das Brot in den Ofen geschoben. Sofort bewegte sich die Bö nach Norden und stürzte sich auf die *Gipsy Moth* wie die Katze auf die Maus. Wind kam auf, und es begann in Strömen zu gießen. Ich war gezwungen, das Luk und den Niedergang zu schließen, damit die Kajüte nicht überschwemmt wurde. Die Hitze, die der voll aufgedrehte Primus erzeugte, war kaum auszuhalten: Schon ehe ich den Kocher unter dem Backofen angezündet hatte, war im kühlsten Teil der Kajüte eine Temperatur von 30° C gewesen. Aber zumindest kam ich zu frischem Brot.

Passate und Kalmen

Den Äquator kreuzte ich am Montagmorgen (24. April) um 3.30 Uhr; zum Feiern war es um diese Zeit noch zu früh. Auf den Äquator folgten wieder die äquatorialen Kalmen, die so genannten Doldrums, in denen teils völlige Windstille herrschte, teils leichte Winde wehten, die aus allen möglichen Himmelsrichtungen kamen. Dazwischen regnete es tüchtig.

Bis Mittag war ich 21½ Meilen nördlich des Äquators. Es war glühend heiß, und alle paar Stunden übergoss ich mich eimerweise mit Meerwasser. Der Plichtboden war so heiß, dass ich barfuß kaum darauf stehen konnte, und so musste ich auch ihn eimerweise mit Wasser kühlen.

Dann erst feierte ich die Überquerung des Äquators mit einer Pinte Bier aus dem Fass im Kiel, um Vater Neptun zuzuprosten. Ich hoffte, dass mir das Glück bringen werde – auf einer solchen Fahrt kann man alles Glück brauchen, das man nur erwischen kann. Zu diesem feierlichen Anlass machte ich mich außerdem wieder über meine Haare her und stutzte sie zurecht.

Komisch bei meiner Fahrt zwischen den Passatgürteln war, dass ich ständig Land sichtete. Das versetzte mir jedes Mal einen Schock, wusste ich doch, dass das nächste Land, die Insel Fernando de Noronha, 350 Meilen westlich lag, wenn ich von den St.-Peter- und St.-Paul-Felsen absah, die backbords 200 Meilen querab lagen. Ich glaube, dass dieses Phänomen auf ungewöhnliche Sichtverhältnisse zurückging: Ich sah Spitzen von Wolken, die unter und weit jenseits der Kimm lagen und alle möglichen Landformationen nachahmten. Ich zockelte weiter in Richtung Nord. Jede Meile nach Norden in den Doldrums entspricht 5 Meilen anderswo. Dazwischen gab es tropische Regengüsse, bei denen man sich vorkam, als spritzte ein voll aufgedrehter Gartenschlauch auf das Kajütdach. Das endlose Drehen des Windes war für mich sehr anstrengend; für die Nacht des 25. April finde ich im Logbuch folgenden Eintrag:

»Zum Teufel mit dem ganzen Zeug! Ich werde versuchen, etwas zu schlafen.«

Immerhin hatte ich bis zum Mittag dieses Tages ein erfreuliches Etmal von 142½ Meilen zu verzeichnen – eine im Kalmengürtel ansehnliche Strecke. Ich konstatierte, dass ich in 19 Tagen 20 Gallonen (90 Liter) Frischwasser aus meinem 40-Gallonen-Tank verbraucht hatte, und so beschloss ich, ihn wieder aufzufüllen, solange ich mich in der Zugstraße der Regenböen befand.

In dem abblätternden Spiegel meines großen Sextanten konnte ich die Sonne nicht mehr deutlich sehen. Also holte ich den kleinen Fliegersextanten hervor, den mir Maria Blewitt* kurz nach dem Zweiten Weltkrieg geschenkt hat. Angesichts der Raumknappheit auf einer kleinen Jacht ist ein solches Gerät äußerst praktisch; mir kam es sehr zustatten. Es hatte nur einen Fehler: Es war schwierig, die Höhe auf der Skala abzulesen. Wahrscheinlich hatte auch Maria damit ihren Ärger gehabt.

Immer noch vermisste ich sehr die *Pilot Chart* für den Nordatlantik, die mitzunehmen ich vergessen hatte. Nach der *Admiralty Chart* war ich bereits innerhalb der Märzgrenze (Frühlingsgrenze) der Nördlichen Passatdrift und noch 660 Meilen südlich der Augustgrenze (Sommergrenze). Angespannt wartete ich auf das Einsetzen des Nordostpassats.

Während der nächsten Regenbö verband ich den Großbaum mit meinem zweiten Frischwassertank. Es regnete so stark, dass der hohle Großbaum die Flut des Wassers nicht zu fassen vermochte – laut klatschend floss es auf Deck.

Bis zum 26. April hatte ich auf einer Fahrtstrecke von 24 000 Meilen mit einer einzigen Ausnahme nur Fliegende Fische gese-

* Maria Blewitt hat in der Fastnet-Regatta und bei vielen anderen Hochseerennen Jachten geführt. Außerdem hat sie mehrere Navigationsbücher für Hochseesegler verfasst.

hen, andere (außer dem Hai) jedoch nicht. An diesem Tag nun begegnete ich hunderten und tausenden kleiner Tunfische. In jeder erdenklichen Weise sprangen sie aus dem Wasser, schnellten steil empor oder zogen niedrige Kurven über dem Wasserspiegel. Ich sah, wie zwei, die in die entgegengesetzte Richtung schnellten, in der Luft sich kreuzten. Etwa zwanzig graue Vögel mit spitzen Schwingen und spitzem Schwanz, die wie Tauben flatterten, tauchten drei Meter vom Boot entfernt kreischend ins Wasser. Dieses Schauspiel dauerte ab 11.00 Uhr etwa sechs Stunden lang. Dass sich hier Fische und Vögel versammelten, muss irgendwie mit der *Gipsy Moth* zusammengehangen haben, denn in den ganzen sechs Stunden erschienen die Tiere nur voraus und zu beiden Seiten des Bootes. Vielleicht fraßen sie die kleinen Fische, die rings um die *Gipsy Moth* schwärmten in der Annahme, sie sei ein Wal.

Unaufhörlich beschäftigte sich mein Geist mit allen möglichen Gedanken, so etwa damit, wie ausfallendes Gut zu ersetzen sei oder wie ich mich in einer kritischen Situation verhalten solle, um nicht in Bedrängnis zu kommen. Daneben gab es zahllose andere kleine Probleme. So pflege ich beim Essen stets zu lesen, fand aber lange Zeit keine Möglichkeit, vor meinem Schwingstuhl auf dem Schwingtisch eine Zeitschrift oder Zeitung so aufzustellen, dass ich sie beim Lesen nicht zu halten brauchte. Die Oberfläche dieses Tisches ist nur 31,25 × 41,25 Zentimeter groß. Plötzlich hatte ich einen Einfall: Ich riss eine Zeitschrift auseinander und stellte eine Seite nach der andern auf. Damit erschloss sich mir ein neues Interessengebiet und ein neues Vergnügen, konnte ich doch nun die farbigen Beilagen der Sonntagszeitungen lesen, die ich vor meinem Auslaufen in Sydney gesammelt hatte. Übrigens bin ich der Überzeugung, dass das Lesen einer Seite, die sich ständig auf einem Schwingtisch bewegt, die bestmögliche Übung zum Kräftigen der Augenmuskeln ist.

Manchmal sah ich seltsame Dinge. Kurz bevor ich den Äquator kreuzte, schien es mir, als segele das Boot einen sanften Wasserhang hinauf, laufe also bergauf. Damals machte ich mir ein bisschen Sorgen. 240 Meilen nördlich des Äquators bemerkte ich das

Gleiche noch einmal. Diesmal hatte ich den Eindruck, dass das Meer sich ringsum aufwölbte – es war, als ob ich im Zentrum einer flachen Untertasse segelte.

Ich flitzte durch den Kalmengürtel, als sei eine für mich reservierte Durchfahrt vorhanden. Am Abend des 26. April drehte die Brise nach Nordnordost, und am Mittag des nächsten Tages wusste ich endgültig, dass ich mich im Nordostpassatgürtel befand. Der Passat machte sich zuerst als eine nette kleine Brise bemerkbar, die das Segeln zur Freude werden ließ, auch wenn es nur langsam voranging. Ich verlagerte den Harrier-Geschwindigkeitsmesser unter Wasser auf die Ostseite des Bootes, weil anzunehmen war, dass ich von nun an über 1400 Meilen stets auf demselben Bug liegen würde. Vater Neptun muss meinen Trinkspruch beim Kreuzen des Äquators gewürdigt haben. Deshalb zapfte ich wieder Bier aus dem Fass und trank erneut auf sein Wohl in der Hoffnung, auch weiterhin Glück bei ihm zu haben.

In der Kombüse hatte ich nicht so viel Glück. Ich kochte mir einen Golden-Sponge-Pudding, auf den ich mich sehr freute. Als ich ihn jedoch auf einen Teller stürzte, wurde ich seekrank und konnte ihn nicht essen. Dann begann ich Brot zu backen. Die Nacht brach schon an; deshalb war die Zeit für mein Vorhaben schlecht gewählt, weil ich mich plötzlich so schläfrig fühlte, dass ich die Augen nicht offen zu halten vermochte. Und mit dem verdammten Brot hatte ich noch eine ganze Stunde lang zu tun! Ich konnte gar nicht verstehen, warum der unterste Laib im Ofen nach dem Backen innen noch ganz teigig war; zum ersten Mal war mir so etwas passiert. Dabei war der obere Laib völlig durchgebacken, während normalerweise gerade dieser obere Laib mir Sorgen machte, weil er manchmal nicht genug Hitze bekam. Wahrscheinlich war der Ofen zu heiß gewesen; dadurch hatte sich beim unteren Laib so rasch eine harte Kruste gebildet, dass er innen nicht mehr durchgebacken wurde.

Zu dieser Zeit gelüstete mich ganz entsetzlich nach frischem Fisch. Am 28. April fand ich wieder zwei Fliegende Fische an Deck; sie hatten sich unter den festgemachten Segeln auf dem Vordeck verfangen. Vermutlich hatten noch mehr Fische an Bord kommen wollen, waren aber vom Wasser wieder weggespült worden. Um ihnen zu helfen, bei mir zu bleiben, spannte ich auf der Leeseite des Vordecks ein kleinmaschiges Netz. Das Unternehmen hatte Erfolg: Schon am nächsten Morgen waren zwei Fliegende Fische darin, die ohne das Netz sicherlich über Bord gegangen wären. Sie waren nicht groß, etwa 17 bis 20 Zentimeter lang, aber es reichte für eine wohlschmeckende Mahlzeit. Übrigens glaube ich, dass diese Fliegenden Fische irgendwelche wichtigen Stoffe in sich haben, die bei Konservenfisch fehlen.

Am 29. April aß ich die letzten frischen (!!) Eier. In gewisser Hinsicht tat es mir keineswegs Leid, denn allmählich war ich schon ganz nervös geworden, wann immer ich ein Ei aufschlug: Bei einigen waren, als ich hinter Sydney kenterte, die Schalen eingedrückt worden, und fast alle hatten schwarze Schimmelflecken, eine Folge der feuchten Schränke, obgleich dadurch nicht immer das ganze Ei unbrauchbar wurde. Mit den letzten Eiern nahm ich auch die letzte Grapefruit zu mir, so dass ich nur noch eine Orange und eine Zitrone hatte.*

Auch der mir noch verbliebene Käse musste weg. Immer scheußlicher stank es in der Kajüte. Zuerst gab ich verdorbenem Obst oder Gemüse die Schuld. Aber auch nachdem ich daraufhin überall nachgeschaut und alles Verfaulte aussortiert hatte, blieb der Gestank und wurde eher noch ärger. Schließlich merkte ich, dass er von fünf Käsen kam, die in einer Plastikbüchse verpackt waren. Eine Kartenrolle war auf die Büchse gefallen und hatte den Deckel eingedrückt, sodass der üble Geruch entweichen konnte.

Diese Käse krochen nicht nur, sie schwammen in der eigenen Brühe! Ich musste meine ganze Kraft aufbringen, um die Büchse in die Hand zu nehmen und sie über Bord zu werfen. Einen anderen Käse hatte ich in eine Seite der *Illustrated London News* gewickelt; dieser schien noch genießbar zu sein, obgleich auch er

* Ich fand es erstaunlich, dass das Obst unter so ungünstigen Bedingungen (Feuchtigkeit, Hitze, starke Erschütterungen) sich so lange gehalten hatte.

schon reichlich duftete. Doch nach dem entsetzlichen Gestank der verdorbenen Käse konnte ich auch diesen nicht mehr riechen, und so opferte ich ihn den Fliegenden Fischen.

Allmählich wurde das Dieselöl knapp – ich war verrückt gewesen, nicht mehr Kanister mitgenommen zu haben. Jedenfalls musste ich Strom sparen. Weil ich die Schifffahrtsroute New York-Kapstadt kreuzte, musste ich für die Nacht Lichter setzen. Um meine Batterie zu schonen, hängte ich eine billige Petroleumsturmlaterne auf, die von einer amerikanischen Firma in Hongkong hergestellt wird. Die Flamme flackerte wild im Wind, als ich die Lampe an das Backstag hängte, und es hatte den Anschein, als werde sie keine 30 Sekunden brennen; in Wirklichkeit aber habe ich niemals erlebt, dass sie von selbst ausgegangen ist.

In dieser Nacht schrieb ich ins Logbuch:

»Große Neuigkeit! Ich habe zum ersten Mal wieder den Polarstern gesehen. Theoretisch war er natürlich schon seit dem Äquator wieder sichtbar; aber die Wolken und die dunstige Atmosphäre haben verhindert, dass ich ihn so tief stehend zu Gesicht bekam. Die *Gipsy Moth* stolpert dahin; als ich den Kurs auf meiner Karte absteckte, musste ich innehalten, weil ich den Stechzirkel nicht ruhig genug halten konnte.«

Auf diese Hochstimmung folgten neue Schwierigkeiten mit meinem rechten Ellenbogen. Er schmerzte stark; schon befürchtete ich, der Knochen sei verletzt. Ich konnte nur das Beste hoffen und behandelte den Arm häufig mit Arnikatinktur. Die Schmerzen brachten mich um den Schlaf, bis ich herausfand, dass sie nachließen, wenn ich den Ellenbogen über den Kopf hoch. Aber leider fiel mir, sobald ich einschlief, der Arm ins Gesicht und weckte mich auf.

Später stellte ich fest, dass der Arm nicht schmerzte, wenn ich mit der Hand *zog* oder mich mit ihr an etwas fest hielt, was mir wie ein Wunder vorkam. Aber er tat entsetzlich weh, sobald ich auch nur mit einem einzigen Finger *drückte*. Ich wickelte eine vier Meter lange Mullbinde um den Arm, worauf der Schmerz nachließ.

Wenn man sich ausmalt, was für Schwierigkeiten ein Knochenbruch eventuell verursacht, kann einem die Phantasie böse Bilder

Mein verletzter, entzündeter Ellenbogen machte mir westlich der Azoren viel zu schaffen (*Verfasser*)

vorgaukeln. Und so wurde es ein übler Tag. Nicht nur, dass der Arm schmerzte; ich hatte außerdem das Gefühl, vergiftet worden zu sein. Ich konnte mich nicht recht auf den Beinen halten und hatte Kopfschmerzen und Ohrensausen, und nach jeder größeren Arbeit musste ich mich in die Koje legen. Immerhin gelang es mir, alles Notwendige zu erledigen, wenn auch mit viel Fluchen und Stöhnen. Und das Boot legte an diesem Tag nicht weniger als 181½ Meilen zurück.

Am Nachmittag wusste ich plötzlich, warum ich mich so elend fühlte: Noch jedes Mal, wenn ich australischen Champagner getrunken hatte, war ich hinterher seekrank geworden. Am Abend zuvor hatte ich eine halbe Flasche getrunken, sonst nichts. Eine halbe Falsche bedeutet zwar nur zwei Glas, aber ich fühlte mich regelrecht krank, wie bei einer argen Vergiftung. Und so glaube ich, dass der Champagner durch das ständige Stampfen und Rollen sauer geworden war. Während des ganzen 30. April fühlte ich mich hundeelend. Ich hatte Ohrensausen und wurde das Gefühl nicht los, in der Luft zu schweben. Ich trank Wasser, in dem ich einen Teelöffel Natron aufgelöst hatte, in der Hoffnung, dadurch meinen Jammer lindern zu können. Der 1. Mai war nicht viel besser – er wurde einer jener Tage, an denen alles schief zu gehen scheint: Beim Frühstück waren die Fliegenden Fische außen verbrannt und innen noch roh und zu alledem auch noch ölig. Wie beim vorigen Backen blieb der große Brotlaib innen völlig teigig, obgleich ich ihn anderthalb Stunden im Ofen gelassen hatte. Überall stieß ich mit meinem schmerzenden Ellenbogen an, besonders am Niedergang, als ich die Pumpen für Seewasser, für Frischwasser und für den Kombüsenausguss bediente; auch an den scharfen Kanten der Winschen in der Plicht schlug ich mich an. Außerdem war ich so töricht, mich in diesem Zustand mit der Reffkurbel des Großbaums abzugeben; die Reffeinrichtung war verklemmt, und ich versuchte, die Kurbel mit brutaler Gewalt in Gang zu bringen. Doch sie rutschte weg, und wieder stieß ich meinen Ellenbogen entsetzlich an. Wütend auf mich selber, schrieb ich ins Logbuch:

»Wie verdammt undankbar bin ich doch! Ich kann von Glück

sagen, dass ich die Pumpen und die Winschen betätigen kann! Und gottlob kann ich sogar meinen Ellenbogen benutzen und bin gesund genug, ein Frühstück zu verzehren.«

Das Navigieren war hochinteressant. Am 1. Mai stand die Sonne fast genau über der Position, an der ich mich befand; sie bildete nur einen Winkel von 30 Bogenminuten, was 30 Meilen auf der Erdoberfläche entspricht. Binnen weniger Minuten lief die Sonne von nahezu genau Ost auf nahezu genau West. Fünfmal schoss ich sie innerhalb von 16 Minuten: meine Mittagsposition lag bei vier dieser Peilungen innerhalb von plusminus einer Meile. Das Etmal war wieder recht erfreulich: 171 Meilen, was in vier Tagen 678 Meilen ergab, eine Durchschnittsgeschwindigkeit von über 7 Knoten.

Die Vergiftung (oder was immer es war) hatte mich fertig gemacht; den größten Teil des 2. Mai verbrachte ich deshalb in der Koje, wo ich zu schlafen versuchte. Nach der Ruhe fühlte ich mich besser, und das war auch notwendig, denn am Abend frischte der Wind auf, und die See wurde wieder ziemlich grob. Ich schlüpfte in Hose und Strickjacke und bedauerte, dass es mit der schönen Hitze offenbar vorbei war. Für die Nacht musste ich wieder einen Schlafanzug und mehr Bettzeug herausholen. Erneut setzte ich die Laterne aus Hongkong, was nicht ohne etliche Flüche abging, weil ich dabei arg umhergeworfen wurde. Diese Laterne war ein rechtes Zauberding; sie flackerte wild, ging jedoch nicht aus, so heftig der Wind auch blies oder was immer das Boot tat. Nicht nur ging sie niemals von selbst aus, sondern ich hatte sogar Schwierigkeiten, sie am Morgen auszulöschen. In der Dunkelheit sah ich einen Fliegenden Fisch, der knappe zwei Meter entfernt wie ein Vogel dahinschwirrte; drei andere stiegen unmittelbar vor dem Vorsteven auf, drehten in Formation scharf ab, um dem Boot auszuweichen, und verschwanden mit dem Wind. Ein Fliegender Fisch ist, was Rumpf und Rigg angeht, wirklich toll gebaut.

Die *Gipsy Moth* lief rasch durch den Nordostpassatgürtel. Die See war grob, der Wind frischte oft bis auf 30 Knoten auf. Die ganze

Zeit über lief das Boot mit Backbordlage bis zu 55 Grad bei einem Durchschnitt von schätzungsweise 35 Grad. Bei einer solchen Schräglage und bei grober See sich 24 Stunden unter Deck aufhalten zu müssen, ist alles andere denn bequem, aber ich war entschlossen, die *Gipsy Moth* mit Höchstgeschwindigkeit laufen zu lassen, um herauszubekommen, wie schnell sie überhaupt war.*

Das Boot konnte am Wind nur dann Höchstgeschwindigkeit erreichen, wenn es eine Lage zwischen 20 und 35 Grad hatte. Drunten im großen Südmeer hatte ich es nicht gewagt, sie bei einer solchen Lage mit Höchstgeschwindigkeit laufen zu lassen, weil jede große Welle das Boot zum Kentern hätte bringen können. Hier aber im Passatgürtel hatte ich keine außergewöhnlich hohen Wellen zu befürchten. Am 2. Mai kam ich auf ein Etmal von 170 und am 3. Mai auf eines von 188 Meilen.

Die *Gipsy Moth* verhielt sich wie bei schwerer See; sie stampfte und bohrte sich in die Wellen. Wegen meines schmerzenden Armes brauchte ich ziemlich lange, bis ich die 300- gegen die 200-Quadratfuß-Fock ausgetauscht hatte. Erst jetzt merkte ich zu meinem Erstaunen, wie viel Arbeit ich stets nur mit diesem Arm erledigte, obwohl ich sonst durchaus beidhändig bin. Aber so sehr ich mich auch bemühte, den kranken Arm zu schonen – für ihn war es einfach zu viel. Er war unterhalb des Ellenbogens geschwollen; die Schwellung fühlte sich sehr warm und weich an.

Am Mittag des 3. Mai entdeckte ich, dass ich nur noch 164 Meilen zurücklegen musste, um in dieser Woche auf 1200 Meilen zu kommen. Wider besseres Wissen setzte ich das Trysegel. Danach machte die *Gipsy Moth* tolle Fahrt. Ins Logbuch schrieb ich:

* Eine gute Vorstellung davon, wie bequem das Leben auf der *Gipsy Moth* war, erhält man, wenn man seinen Stuhl im Winkel von 35 Grad kippt und sich nun ausmalt, dass man neun Tage lang in Küche, Esszimmer und Schlafzimmer zubringen muss, deren Boden ebenso schräg steht; außerdem aber muss man sich noch denken, dass das Ganze wie ein ungefederter Karren auf Eisenreifen rumpelnd über eine Steinwüste geschleppt wird und dazu unaufhörlich auf- und abschaukelt.

** Es waren denn auch nicht nur zwei Splitter vom Ellenbogenknochen abgesprengt, sondern ich hatte auch noch eine Schleimbeutelentzündung.

»Das Leedeck ist wenigstens mal richtig unter Wasser mit dieser Besegelung!«

Am nächsten Morgen schmerzte der Ellenbogen entsetzlich, aber es gelang mir dennoch, das Großsegel zu setzen, nachdem ich das Trysegel heruntergenommen hatte. Ich ließ die Bandage am Arm, weil sie den Schmerz wenigstens etwas linderte, und in einem gewissen Umfang schützte sie auch die Stelle vor neuen Stößen. Mittags konnte ich triumphierend ins Logbuch eintragen:

»Also, wir haben es erreicht. Das heutige Etmal von 179 Meilen ergibt eine Gesamtwochenstrecke von 1215 Meilen!«

Das musste gefeiert werden, und so machten Vater Neptun und ich uns wieder an das Bierfass. Der alte Neptun verdiente einen Toast, weil ganz besondere, praktisch einmalige Bedingungen notwendig sind, wenn eine Einhandjacht eine solche Leistung schaffen soll. Wind wehte genug, aber die See war nicht so grob, wie sie es sonst bei solchen Windstärken zu sein pflegt; der Wind kam aus der richtigen Richtung, und zudem konnte ich ziemlich sicher sein, dass weder der Wind noch die See plötzlich so auffrischen würden, dass das Boot umgelegt werden konnte. Also füllte ich ein Glas für Neptun sowie eines für mich und schüttelte ihm seinen Anteil in den Ozean. (Es sollte mich nicht überraschen, wenn er nach dieser Fahrt ein regelmäßiger Kunde der Brauerei Whitbread würde.)

Ich segelte fast genau auf der alten Klipperroute für April. Das Blau des Meeres wurde dunkler, und am 5. Mai lief die *Gipsy Moth* in die Sargassosee ein. In gelblichbraunen Reihen trieb der Tang mit dem Wind. Immer noch wehte eine frische Brise aus Nordost zu einhalb Nord. Ich hatte den Rand des Nordostpassatgürtels erreicht. (Ist nicht das französische Wort dafür, *Alizé*, viel schöner und ausdrucksvoller?) Und ich genoss die letzte Fahrtstrecke in diesem so erfreulichen Gebiet. Bis Mittag hatte ich wieder ein schönes Etmal von 180 Meilen zu verzeichnen. Ein Büschel Sargassotang verwickelte sich in das Ruder der Selbststeuerung; ich sah keine Möglichkeit, es zu entfernen; der Wasserdruck war so stark, dass ich mit einer Stange nichts ausrichten konnte. So beschloss ich, es später noch einmal zu versuchen, falls sich der Tang

So sah es in der Kajüte aus, wenn das Boot 35 Grad nach Steuerbord überlag. Einmal lag das Boot acht Tage lang ununterbrochen im selben Winkel nach Backbord.

nicht inzwischen von selbst wieder gelöst hatte.

Die *Gipsy Moth* begann wieder zu bocken: Entweder rutschte sie nach Lee, oder sie ging in den Wind und blieb liegen. Um 21 Uhr schrieb ich ins Logbuch:

»Zum Teufel! Seit 16 Uhr bin ich damit beschäftigt, immer wieder umzutrimmen. An diesem Nachmittag wollte ich mich nach dem Mittagessen zum Schlafen hinlegen. Bis dahin war das Boot recht gut gelaufen, aber nachdem ich in die Koje gekrochen und eingeschlafen war, kam sie fünfmal in den Wind und wäre jedes Mal hilflos liegen geblieben, wenn ich mich der Sache nicht angenommen hätte. Nach all der Arbeit mit Schotten usw. schmerzt nun mein Ellenbogen sehr.«

In der Nacht musste ich aufstehen und Kodein schlucken, weil mein Arm so wehtat, dass ich nicht schlafen konnte. Ich las ein Kapitel aus *Tarka die Otter* von meinem alten Freund Henry Williamson. Darin wird berichtet, wie Tarka gejagt wurde; mir gefiel die Geschichte ebenso gut wie zu der Zeit, als sie niedergeschrieben wurde.

Bis zum Mittag des 6. Mai hatte ich in 24 Stunden 175 Meilen zurückgelegt. An diesem Nachmittag segelte ich aus dem Passatgürtel heraus. Er war breiter gewesen, als ich erwartet hatte, und infolgedessen befand ich mich jetzt 200 Meilen westlich der Klipperroute für April. Wahrscheinlich drehten auch die Klipper erst auf Nordkurs, wenn sie aus dem Passatgürtel heraus waren. In den letzten acht Tagen hatte die *Gipsy Moth* praktisch in gerader Linie 1416½ Meilen hinter sich gebracht. Dies bedeutet eine Durchschnittsgeschwindigkeit von 177 Meilen pro Tag oder 7⅜ Meilen pro Stunde.*

Ich glaube, dieser Abschnitt war der schönste der ganzen Fahrt, sowohl hinsichtlich des Wetters als auch des Segelns.

* Dazu ein Vergleich: Das schnellste Boot bei der Fastnet-Regatta 1967, die *Pen Duick III* meines alten Rivalen und Freundes Eric Tabarly, machte im Tag durchschnittlich 166 Meilen, aber natürlich hatte sie bei wechselnden Winden zu segeln.

Endlich schöne Fahrt

Nun, in fast völliger Flaute, fing es wieder an: Endlos musste ich bis zur völligen Erschöpfung Segel setzen und bergen und die Selbststeueranlage so trimmen, dass sie die Jacht wieder auf Kurs brachte, nachdem sie hartnäckig angeluvt hatte und immer wieder alle Segel back standen. Es war eine mühselige Arbeit, aber dafür entschädigte mich das herrliche Wetter. Ich saß in der Plicht und sah zu, wie die Sonne hinter der sanft wogenden glasigen See unterging. Dazu erklang vom Tonbandgerät Musik von Ravel und Gershwin. Es war unglaublich schön.

Am 7. Mai begrüßte mich die *Esso Winchester*, das erste Schiff, das mir seit Kap Hoorn begegnete. Zu meinem Missvergnügen stellte ich fest, dass mich dieser erste Kontakt mit Menschen zum Zittern brachte. Drei Monate der Einsamkeit können einen stark verändern; mag man sich auch wie sonst benehmen, so empfindet man doch wenigstens eine Zeit lang anders: Man sieht die Schönheit und den Zauber der Natur wie durch ein Vergrößerungsglas, scheint das Leben voll zu erleben. Dieses volle Erleben bedeutet, etwas zu tun, das auf physischer Aktion, auf den Sinnen und gleichzeitig auf dem allein beim Menschen ausgebildeten Teil des Gehirns beruht.

Es war wieder einmal Flaute, und ich zockelte mit nur 2 Knoten oder weniger dahin, aber das machte mir nichts aus. Zugleich war ich irgendwie traurig, wenn ich an das bevorstehende Ende der Fahrt dachte. Die *Gipsy Moth* schob sich durch riesige gelbbraune Tangfelder; das Kraut wickelte sich um das Ruderblatt der Selbststeuerung und ließ das Boot aus dem Kurs laufen. Das war ärgerlich. Zwar war es mir gelungen, das Ruder von den großen Tangfetzen zu befreien, die sich vorher festgesetzt hatten, aber der Tang nahm kein Ende. So sehr ich mich auch bemühte – immer wieder wurde das Ruder umwickelt. Dadurch machte das Boot weniger Fahrt und wurde zudem aus dem Kurs gebracht.

Am 10. Mai beschloss ich, die neue Windfahne zu montieren, die ich unter den Ersatzteilen in der Vorpiek mitführte. Offenbar hatten die Bolzen, die sich im Schaft hielten, in ihren Löchern zu viel Spiel, und das war wohl die Ursache für einen Großteil des Ärgers, den mir die Selbststeueranlage verursachte. Ich arbeitete den ganzen Morgen daran. Die Sache war nicht einfach, denn diese großen Fahnen sind auf See äußerst unhandlich; ein Windstoß konnte sie mir jeden Augenblick aus den Händen reißen. Aber ich hatte Glück; die See war ruhig, der Wind eine sanfte Brise, und so ging alles glatt. Bis Mittag hatte ich die neue Fahne montiert und eingepasst; sie schien zu funktionieren.

An diesem Nachmittag begegnete ich wieder einem Schiff. Es blieb achteraus nach meiner Schätzung auf Kurs Ost zu Nord. Ins Logbuch trug ich ein:

»Was den Verkehr angeht, so fühle ich mich allmählich wie auf dem Piccadilly Circus:«

Am Abend schrieb ich:

»Seit ich die neue Windfahne angebracht habe, lässt mich die Selbststeueranlage in Ruhe; sie macht überhaupt keine Schwierigkeiten, obwohl wir einige Male fast in einer Flaute lagen. Ich glaubte, dass die andere Fahne mit dem Gegengewicht und dem zusätzlichen Holz, das bei der Reparatur in Sydney angebracht wurde, ganz einfach zu schwer war. Außerdem musste sich die Fahne infolge der ausgeleierten Löcher im beschädigten Holz, die durch die Schaftbolzen immer weiter vergrößert wurden, ein ganzes Stück bewegen, ehe sie überhaupt zur Auswirkung kam. Die Schaftbolzen sind auf die Dünne eines Streichholzes abgerieben und sogar gebrochen, als ich sie aus dem Holz herauszuziehen versuchte. Noch 2164 Meilen bis Plymouth. Zu dumm, dass ich mich meines guten Acht-Tage-Etmals gerühmt habe – ein alter Seemann würde sagen, dass man so etwas nicht ungestraft mit Neptun tun darf! Da haben wir den Salat – in den letzten vier Tagen nur 310½ Meilen, und dazu noch in der falschen Richtung; die meiste Zeit kein Wind, und es sieht nicht so aus, als ob sich das bald ändern würde.«

Am 11. Mai schlug das Wetter noch immer nicht um. In der Morgendämmerung wirkte das Meer wie die glänzende eingeölte Haut eines riesigen Tieres, dessen Leben sich im Kräuseln und Heben der Haut manifestiert. Später am Vormittag fiel eine leichte Brise ein, und für kurze Zeit erreichte die *Gipsy Moth* sogar 5 Knoten. Aber der Wind hielt mich wieder einmal zum Narren. Ich machte einen Schlag nach Ost, doch der Winde drehte sich mit mir, bis ich schließlich nach Süden lief. Ich kreuzte zurück nach Nord, aber der Wind sprang ebenfalls um und trieb mich nach Nordwest ab.

Mein Arm schmerzte weiterhin sehr stark. Ich nehme nicht gern Medikamente, aber in dieser Nacht blieb mir nichts anderes übrig: Ich musste wieder Kodein schlucken. Merkwürdigerweise verschwand nicht nur der Schmerz im Ellenbogen fast augenblicklich, sondern der Ellenbogen schien sich auch am nächsten Morgen wesentlich gebessert zu haben.

Ich stand spät auf, weil ich während der Nacht fast jede Stunde hatte auf Deck gehen müssen, um die Segel zu trimmen, aber dann machte ich mich wieder an die Arbeit mit der Selbststeueranlage. Das größere der beiden Lager der horizontalen Welle versah ich mit einer neuen Buchse. Dazu musste ich zuerst die Anlage auseinander nehmen. Am schwierigsten war es, das Steuerruder abzumontieren. Meine australischen Freunde hatten bei der von ihnen durchgeführten Reparatur das Ruder sehr knapp eingepasst. Nun war das Holz aufgequollen, und ich konnte das Ruder erst wegbringen, nachdem ich genügend Holz abgeschnitten hatte. Das war recht schwierig, befand sich doch die Anlage außenbords hinter dem Heck, sodass ich nach dem Gefühl arbeiten musste, ohne zu sehen, was ich tat. Schließlich hatte ich das Ruder los, und die übrige Arbeit ging leicht von der Hand. Aber, zum Teufel, war dieses Ding schwer! Es war der reinste Ringkampf, bis ich es an Bord hatte. Zum Glück herrschte Flaute, was mir die Sache wesentlich erleichterte. Ich überholte nun gleich noch die übrige Anlage und war überzeugt, dass sie jetzt besser arbeiten würde. In dieser Nacht schrieb ich ins Logbuch:

»Der launische Mond liegt wieder einmal unter der Venus auf dem Rücken, was mir nicht ganz korrekt erscheint.*

Eine liebliche Nacht. Von Nacht zu Nacht steigt der Polarstern höher am Himmel empor. Mit Musik und den Resten einer Flasche Baccardi wird dies zum schönsten Teil der ganzen Fahrt.«

Mein Arm verschlimmerte sich zusehends; am 14. Mai war die Schwellung an der Spitze des Ellenbogens rot und hart geworden wie eine riesige Brandblase. Sie war etwa 7,5 Zentimeter lang und 3,5 Zentimeter breit und knochenhart. Ich pinselte zweimal Arnika auf, aber dadurch wurde die Entzündung nur noch ärger. Dennoch gelang es mir, die Nacht ohne Schmerztabletten zu überstehen. Eine gewisse Erleichterung konnte ich mir dadurch verschaffen, dass ich den Arm über die Seite der Koje hängen ließ. Am Nachmittag ging die *Missouri* aus New York City vom Kurs ab, um sich die *Gipsy Moth* anzuschauen; wir tuteten uns gegenseitig an. Ich hatte gerade während abflauender Winde das große Genuasegel setzen wollen; nachdem das Schiff wieder verschwunden war, brachte ich es schließlich hoch.

In jener Nacht schrieb ich ins Logbuch:

»Die vergangene Woche, meine 15. auf See, war die langsamste der ganzen Fahrt: nur 509 Meilen. Schuld daran waren die Flauten und leichten Brisen des Azorenhochs, jenes permanenten Hochdrucksystemes über dem Nordatlantik. Vielleicht ist das ein Ausgleich dafür, dass die Woche davor die schnellste der ganzen Fahrt war: 1244½ Meilen. Es ist recht kalt geworden. Das Meerwasser war an diesem Nachmittag ziemlich kühl; ich glaubte, dass ich in einen Zweig des Golfstroms gelangt bin, der aus Nordwesten kommt.«

Aber endlich kam der Wind raum ein, und am 15. Mai lief die

* Wenn ich auf See bin, denke ich aus irgendeinem Grund, den ich mir nicht erklären kann, an den Mond immer als an ein männliches Wesen. (Anm. d. Übers.: Grammatikalisch ist *the moon* weiblich.)

Gipsy Moth mit ausgebaumter Fock vor dem Wind. Ich versuchte mich zu erinnern, wann ich zum letzten Mal den Wind von achtern gehabt hatte: Bei Kap Hoorn musste es gewesen sein. Tausende von Meilen war ich am Wind gesegelt; ein achterlicher Wind war also eine sehr erfreuliche Abwechslung.

Ich brauchte wieder etwas Kodein, weniger um den Schmerz zu lindern, als um schlafen zu können, woran mich die Schmerzen hinderten. Und Schlaf hatte ich dringend nötig. Warum, mag dieser Auszug aus dem Logbuch vom nächsten Tag, dem 16. Mai, erklären.

»8.25 Uhr. Seit 7.15 Uhr habe ich folgende Arbeiten an Deck erledigt: Vor- und Achterholer vom Steuerbordbaum ab- und am Backbordbaum angeschlagen. Baum ausgeschwungen und angedirkt. Stagreiter der 300-Quadratfuß-Fock vom Steuerbordstag abgemacht und (später) auf das Backbordstag gereiht. Horn der 300-Quadratfuß-Fock zum Baumende ausgeholt, nachdem das Schot auf die richtige Länge belegt war. Segel gesetzt. Vor- und Achterholer, Ausholer und Dirk getrimmt, bis Segel richtig stand. Große Genua vom Vorstag auf Backbord auf das Steuerbordvorstag gebracht (nachdem ich zuerst das Segel weggenommen hatte), dann wieder gesetzt.«

Später an diesem Tag gab es, verursacht durch einen unschuldig aussehenden Regenschauer, einen Schlamassel erster Güte. Es begann mit einem Wolkenbruch. Ich brachte am Großbaum meinen Plastikschlauch an, um Regenwasser in den großen Wassertank zu leiten. Während ich ein paar Minuten unter Deck war und mich mit dem Schlauch beschäftigte, schlug der Wind auf die entgegengesetzte Richtung um. Er war gottlob nicht allzu stark, aber immerhin eine frische Brise. Ich hatte 1550 Quadratfuß Segel gesetzt (ein Tennisplatz hat eine Fläche von 2106 Quadratfuß). Der umschlagende Wind setzte alle Segel back. Die ausgebaumte Fock war im Weg und hinderte mich daran, das Boot herumzubringen, sodass ich die große Genua herunternehmen oder vielmehr das Fall einfach ausrauschen lassen musste, weil das fest gegen Vorstagen und Wanten gepresste nasse Segel zunächst nicht von selbst herunterkam. Schließlich hatte ich alle Vorsegel unten. Nachdem der Regen aufgehört hatte, setzte ich die Genuastagfock und kam wieder in Fahrt; aber kaum hatte ich mich in die Kajüte zurückgezogen, als der Wind auffrischte und plötzlich von Süd einkam. Wieder standen alle Segel back, und ich konnte das Besan nicht freimachen, weil die Bullentalje des Baumes in der Klampe bekniffen war. Endlich gelang es mir, in einem neuen Regensturm das Boot beigedreht zu halten, während ich wartete, bis der Wind sich entschlossen hatte, aus welcher Richtung er wehen wollte. Das einzig Gute dabei war, dass reichlich Regenwasser in den Tank kam und ihn ganz füllte. Damit hatte ich 40 Gallonen (180 Liter) – genug, mich bis Plymouth gut zu versorgen. (Allerdings hatte ich nur noch eine einzige Flasche Gin, um das Wasser damit zu veredeln.) Nach dem Schlamassel genehmigte ich mir einen Grog. Den hatte ich ja wohl auch verdient!

Obwohl das Azorenhoch die Fahrt so verlangsamt hatte, dass ich in dieser Woche nur die kürzeste Strecke der ganzen Reise bewältigte, wurde ich dadurch entschädigt, dass das Wetter so schön war wie noch nie. Bei Sonnenuntergang verleibte ich mir in der Plicht einen Gin ein, wozu unter Deck leise Tonbandmusik erklang. Aus dem Sargassotang sammelte ich einige merkwürdige Geschöpfe auf. Eines dieser Lebewesen sah aus wie ein winziger Dinosaurier mit sechs Beinstümpfen, an deren jedem anstatt eines Fußes ein großer Saugnapf saß; wenn dieses Tier über den Tang marschierte, setzte es einen Saugfuß nach dem anderen. Mithilfe eines Eimers holte ich zwei Portugiesische Galeeren (Röhrenquallen) herauf; mit ihren malvenfarbenen und blauen Luftblasen schwammen sie im Eimer umher – ich war überrascht zu sehen, wie blitzschnell sie ihre langen, herabhängenden Tentakel herausschossen. Niemals habe ich jedoch gesehen, dass eines dieser merkwürdigen Wesen oder eines der Krebstiere dort einen Artgenossen gefressen oder auch nur angegriffen hätte.

Am 17. Mai zog eine Schule schwarzer Grindwale, die träge aufgetaucht waren, achteraus vorbei. Eine Meile weiter nördlich begegnete ich ihnen wieder. Es war heiß; ich fühlte mich schlaff und müde und war ziemlich fertig. Es ärgerte mich, dass ich unter Deck gehen und einen Funkspruch durchgeben musste – ich wollte nichts mehr tun als die Arbeit, die unbedingt erforderlich war. Schwer machte mir auch mein Arm zu schaffen, der an diesem Tag noch mehr schmerzte als sonst. Als ich am Vortag in dem Schlamassel den Baum einholte, hatte ich ihn zweimal kräftig angestoßen.

In der Morgendämmerung des nächsten Tages sah ich ein Motorschiff, das mich auf einem Kurs von 255 Grad überholte. Ich hatte gut geschlafen, und auch mein Arm schien sich etwas gebessert zu haben, obgleich sich der Schmerz nun bis hinauf zur Achsel zog, wahrscheinlich, weil die Blutvergiftung jetzt die dortige Drüse erreicht hatte. Das Motorschiff war die *Sea Huntress*; die *Sunday Times* hatte sie in Charter genommen, um nach mir zu suchen. Das war mir gar nicht recht. Ich wollte allein gelassen werden, damit ich meine Aufgabe bis zum Ende durchführen konnte.

Die *Sea Huntress* kam um 8.10 Uhr längsseits; jemand bot mir Gin an. Doch ich lehnte ab. Mein einziger Wunsch war, dass das Schiff sich bald wieder entfernte, damit ich halsen konnte. Schon während der Nacht war die *Sea Huntress* mir lästig gewesen, hatte ich doch im Dunkeln nicht erkennen können, ob es sich um einen Tunfischfänger handelte, dem ich hätte die Vorfahrt lassen müssen. Da die *Sea Huntress* bei Tag in der Nähe lag und ich fotografiert und gefilmt wurde, musste ich meine Bordroutine – so etwa das Fertigmachen des Frühstücks – verschieben, bis das Schiff mich wieder verlassen hatte. Ich wollte halsen, was bedingte, dass ich den backbords gesetzten Baum einholen und nach dem Halsen den anderen Baum auf der entgegengesetzten Seite wieder setzen musste, aber das wollte ich nicht tun, solange man mir aus der Nähe zusah, weil mir sehr wohl bewusst war, wie ungeschickt und unseemännisch ich mit meinem schmerzenden Ellenbogen wirken musste.

Nachdem das Schiff verschwunden war und ich meine Arbeit an Deck beendet hatte, verzeichnete ich in meinem Logbuch:

»Gestern kreuzte ich die Route der *Gipsy Moth III* von 1960, als Sheila und ich mit dem Boot nach dem ersten Transatlantik-Einhandrennen von New York zurücksegelten und wir das entzückende Fayal anliefen. Mir ist bei dem Gedanken ganz wehmütig ums Herz. Die einsame See und der Himmel sahen ganz so aus wie damals. Als ich noch allein über die Meere flog, habe ich die Theorie aufgestellt, dass man mit einiger Erfahrung im Stande sei, eine Position schon lediglich nach dem Aussehen von Meer und Himmel ungefähr zu bestimmen.«

Kurz vor Einbruch der Dämmerung versuchte ich einen Delfin zu fotografieren, der seinen Rücken am Vorsteven wetzte. Eine Schule Delfine spielte ihr Lieblingsspiel: am Bug vorbeiflitzen, um zu sehen, wer ihn berühren konnte, ohne von dem durch das Wasser schneidenden Vorsteven erwischt zu werden. Leise ging ich über das Vordeck, aber ich musste wohl doch ein Geräusch gemacht haben, weil sie alle mit einer Ausnahme verschwanden. Dieser eine Delfin tauchte immer wieder auf und schwamm aufgeregt am Vorsteven vorbei wie ein Kind, das seine Eltern verloren hat.

Während des ganzen 19. Mai tat ich überhaupt nichts, außer dass ich navigierte, aß und meinen Ellenbogen mit heißen Wickeln behandelte. Der Ellenbogen hatte zu eitern begonnen. Ich legte kochend heiße Packungen auf und umwickelte den Arm dann mit einer Leinenbinde. Am 20. Mai befand ich mich noch 1120 Meilen von Plymouth entfernt. Da ich eine solche Strecke auf dieser Reise nur ein einziges Mal in einer Woche zurückgelegt hatte, vermutete ich, dass es noch länger als sieben Tage dauern würde, bis ich einlaufen konnte.

Aber ich kam nun rascher voran. An diesem Tag legte ich 179 Meilen, am 21. Mai 171 Meilen zurück. Die See war zu diesem Zeitpunkt recht grob, und ich musste mich noch dazu damit vergnügen, die Genuastagfock zu nähen, eine Beschäftigung, die mir ganz und gar keinen Spaß machte. Der Rücken tat mir weh, wahrscheinlich aus Langeweile, denn schließlich nähte ich ja nicht mit dem Rücken! In der Nacht frischte der Wind auf 35 Knoten auf; es wurde kälter. Kaum vermochte ich mich in der Kajüte auf den Beinen zu halten, und in der Plicht und an Deck war es geradezu gefährlich. Es dauerte lange und war ungemein mühselig, bis ich Sturmsegel gesetzt hatte.

Als es um 3.30 Uhr zu dämmern begann, sahen See und Himmel wild aus. Die *Gipsy Moth* war die ganze Nacht hindurch unter den beiden kleinen Vorsegeln mit 5,58 Knoten vor achterlichen Wind gelaufen. Ich wollte noch ein gerefftes Besan setzen, aber die Spleißung des Drahtfalls zog sich am Masttopp auf, und das Fall kam auf der Innenseite des Mastes herunter, das Segel außen. Ich brauchte dieses Segel dringend, konnte bei dieser rauen See nicht den Mast hinaufsteigen, um das Fall zu ersetzen. So kam ich zu dem Schluss, dass ich mit dem Besanstagsegelfall auskommen könne, das sich auf der Vorderseite des Mastes befindet, wenn ich es nur über die Saling bringen konnte. Auf dem Besanbaum stehend, versuchte ich, es mit dem Bootshaken hinüberzuziehen, aber bei dem starken Wind konnte ich den zweieinhalb Meter langen Bootshaken aus schwerem Mahagoni, das sich zudem voll Wasser gesogen hatte und dadurch noch schwerer geworden war, nicht handhaben. Als Nächstes versuchte ich, den Mast aufzuentern, bekam jedoch am Spann des Fußes, den ich vor Antritt der Fahrt verletzt hatte, einen Krampf und musste das Bemühen aufgeben.

Endlich hatte ich einen Einfall. Aus einem Reservesignalfall und einem Gewicht am Ende fertigte ich eine Wurfleine, um sie über die Saling zu werfen. Aber der Wind trug die Leine dauernd weg und vertörnte sie mit allem Möglichen. Nach vielen vergeblichen Versuchen bekam ich endlich meine Wurfleine über die Saling und konnte nun das Fall durchziehen. Jetzt ließ sich das Besan ohne Schwierigkeiten setzen.

In der folgenden Nacht (22./23.Mai) schlief ich mehr als vier Stunden lang tief und fest, nachdem ich zuvor um 3.30 Uhr meinen Arm sorgfältig mit heißen Packungen verarztet hatte. Zum Einwickeln benutzte ich ein großes Tuch mit einem Bild des Unterhauses darauf – es schien die Wärme besser zu halten als die anderen Tücher. Als ich aufwachte, glaubte ich, dass der Geschwindigkeitsmesser wieder einmal nicht richtig funktionierte, stand doch die Nadel fast ständig am Ende der Skala – bei 10 Knoten! Widerstrebend erhob ich mich und stellte fest, dass nach dem

Fahrtstreckenanzeiger die *Gipsy Moth* in den vergangenen vier Stunden und 52 Minuten 41,9 Meilen zurückgelegt, also eine Durchschnittsgeschwindigkeit von 8,6 Knoten erreicht hatte. Als ich an Deck ging, um die Segelfläche zu reduzieren, zischte das Leedeck unter Wasser entlang, und von Zeit zu Zeit tauchte sogar der Großbaum ins Wasser. Die hohe Fahrt war ja an sich erfreulich, aber in diesem Stadium der Fahrt wollte ich kein Risiko mehr eingehen. Ich schaute noch oben. Alles schien in Ordnung zu sein; dennoch barg ich rasch das Großsegel, danach auch Besan und Arbeitsfock, sodass nur noch die Sturmstagfock stand.

Mit einem kleinen Segel machte die *Gipsy Moth* immer noch 5¼ Knoten. Es liefen große, grobe Seen, und der Wind hatte auf 40 Knoten aufgefrischt.

Den ganzen Tag über lief die *Gipsy Moth* prächtig – mir war, als ob sie sich danach sehnte, wieder an ihrer Muring in Plymouth vertäut zu sein. In den vergangenen fünf Tagen hatte sie 810 Meilen hinter sich gebracht, im Tagesdurchschnitt also 162 Meilen. Am Abend – wie damals nach dem Auslaufen – richtete ich die roten Signallaternen für das Signal: »Bin manövrierunfähig«. Zu meinem Erstaunen funktionierten sie. Mit diesen beiden roten Lichtern, den Positionslichtern, der Sturmlaterne und der Handlampe in der Plicht muss die *Gipsy Moth* übrigens beinahe wie ein Christbaum ausgesehen haben. Nach den allgemeinen Regeln hat zwar ein Segelschiff Vorfahrt vor allen anderen Schiffen außer Fischereifahrzeugen, und mit einigem Glück weichen auch diese aus, wenn sie das rote Signal »Bin manövrierunfähig« herannahen sehen. Bei großen Dampfern nützt das Recht auf Vorfahrt manchmal nicht sehr viel. Sie rechnen nicht damit, auf hoher See kleinen Booten zu begegnen, und bei manchen Schiffen habe ich zudem den Eindruck, dass dort kein Mensch nachts Wache geht.

Mein Kraftstoffmesser zeigte nur noch zwei Gallonen (neun Liter) Dieselöl an. Also holte ich einen Shell-Plastikbehälter mit 2 Gallonen Inhalt und füllte den Tank nach. Ich wollte verhindern, dass er völlig leer wurde, weil es dann in der Treibstoffzuleitung durch Luftblasen zu einer Druckstauung kommen konnte, und das wäre ärgerlich gewesen, falls ich den Motor einmal dringend brauchte, um die Batterien nachzuladen. Ich hatte jetzt beinahe vier Gallonen im Tank und noch zwei Gallonen Reserve. Es war beruhigend, so viel Dieselöl zu haben, brauchte ich doch auf der westlichen Zufahrt zum Ärmelkanal viel Licht.

Am 25. Mai um 2.30 Uhr morgens erlebte ich eine freudige Überraschung. Nachdem ich an Deck gewesen war, um auf den anderen Bug zu gehen, wühlte ich unten in einer der Schubladen herum und fand dabei eine frische Zitrone. Ich trank köstlichen heißen Honig mit Zitronensaft. Das muss mir zum Schlaf verholfen haben, denn ich schlief noch um 8.30 Uhr, als zwei Shackletons der Royal Air Force mich mit ihrem Motorenlärm weckten. Ich schreckte aus tiefem Traum auf und verfluchte die Störenfriede. Dann aber kam ich zu der Einsicht, dass ich recht gemein gewesen war, hatten sie doch sicherlich viel Mühe darauf verwandt, mich zu finden. Deshalb ging ich an Deck und hisste zum ersten Mal, seit ich Australien verlassen hatte, die Flagge des Royal-Yacht-Squadron und der britischen Kriegsmarine.

Bei Sonnenschein und in einer strahlend blauen See lief die *Gipsy Moth* rasch auf den Ärmelkanal zu. Sie rollte und hüpfte, als hätte sie ihren Spaß dabei. Die Welt sieht doch ganz anders aus, wenn die Sonne scheint! Erregend war es, mit dem kleinen Boot so rasch voranzukommen; erregend war auch die Aussicht, meine Startlinie in 50 oder 60 Stunden wieder kreuzen zu können. Damals hoffte ich, sie am 28. Mai um 11 Uhr morgens passieren zu können, was eine Gesamtfahrtzeit von 119 Tagen oder 17 Wochen ergeben hätte. Das war eigentlich viel länger, als ich ursprünglich gehofft hatte. Ich hatte mit dem Segeln Schwierigkeiten gehabt, aber darauf muss man ja gefasst sein. Im Atlantik war das Segeln herrlich und längst nicht so gefährlich wie im Südmeer. Man vergisst allzu rasch, dass man sich bei einem so langen Abenteuer nicht nur wegen des Bootes Sorgen machen muss; es gibt psychische Probleme, die man zu unterdrücken versucht, indem man sich bemüht, nicht daran zu denken – ein solches Problem ist zweifellos auch die Angst. Und nicht zuletzt zerrt die unaufhörliche

Anstrengung, die vier Monate lang Tag und Nacht andauerte, an den Nerven. Es ist doch ungemein schwierig, so etwas auf die Dauer durchzuhalten.

Nach einer Alleinfahrt fürchte ich immer wieder den neuen Kontakt mit dem Land, aber diesmal kam ich mir weniger verkrampft vor und war bereit, alles über mich ergehen zu lassen, was mir bevorstand. Vielleicht haben meine früheren Reisen nicht lange genug gedauert. Welche Wirkung hatten vier Monate Einsamkeit auf mich ausgeübt? Welche Gewohnheiten hatte ich entwickelt? Eine Gewohnheit, die sich zu diesem Zeitpunkt stark äußerte, war die, zu jeder beliebigen Tageszeit einzuschlafen. Kein Wunder, denn niemals konnte ich mich richtig ausschlafen; gewöhnlich musste ich Nacht für Nacht sechsmal an Deck – in der letzten Nacht, die sich als verhältnismäßig störungsfrei erwies und in der ich tiefer hätte schlafen sollen als sonst, weil ich wegen meines Armes Schmerztabletten geschluckt hatte, war ich immerhin noch viermal an Deck gewesen. Ich pflegte ausgiebig zu frühstücken; aber oft musste ich mitten im Frühstück innehalten und mich zum Schlafen hinlegen, ehe ich fertig essen konnte. Der Gedanke ging mir durch den Kopf: Was wird wohl, wenn ich in ein paar Tagen in London bei irgendjemandem zum Essen eingeladen bin, die Dame des Hauses von mir denken, wenn ich nach der Suppe sage, dass ich jetzt erst einmal für zehn Minuten ein Nickerchen machen muss, ehe ich den nächsten Gang in Angriff nehmen kann?

Eine andere schlechte Gewohnheit war, dass ich Selbstgespräche führte, was man gewöhnlich als Zeichen beginnenden Wahnsinns betrachtet – wahrscheinlich, weil Verrückte es tun.

»Von Zeit zu Zeit spreche ich mit mir selbst; beinahe habe ich es aufgegeben, es unterdrücken zu wollen. Gewöhnlich beginnt es mit einem schwierigen Problem oder einer problematischen Situation. Und ich glaube, dass es hilft; beim Auswerten einer Sonnenpeilung beispielsweise mache ich weniger Fehler, wenn ich die Zahlen laut hersage. Wird es auf hoher See kritisch und geht bei einer starken Bö alles schief oder läuft das Boot aus dem Kurs, ist alles viel leichter, wenn ich mir selbst laut vorsage, was als Nächstes zu tun ist. Dadurch wird der Panik Einhalt geboten, die entstehen könnte, wenn das Gehirn mit mehren Dingen jongliert, die alle zu gleicher Zeit getan werden müssten.«

Ich holte die Karte für die westliche Zufahrt zum Ärmelkanal hervor. In dieser Nacht benutzte ich erstmals wieder die in großem Maßstab gezeichnete Karte Nr. 1598, auf der die Tiefen des Kontinentalsockels angegeben sind. Ich segelte auf einer Strecke von ein paar Meilen aus Tiefen von mehr als 2000 auf weniger als 100 Faden und hatte jetzt das Echolot wieder als Navigationshilfe. Mir fiel ein, dass ich gewöhnlich in dieser Gegend in eine Tunfischflotte hineinzusegeln pflegte; also holte ich vorsichtshalber wieder meine »Bin manövrierunfähig«-Lichter hervor und steckte sie aus.

Seit mehreren Tagen war eine grobe See gelaufen, die einen so großartigen Anblick bot, dass ich wiederholt versuchte, sie zu fotografieren. (Übrigens ist der Versuch, hochgehende Wellen zu fotografieren, die sicherste Methode, sie zum Abklingen zu bringen.) Ich wartete in sehr unbequemer Haltung eine volle Stunde, aber es kam mir nichts unter die Augen, was des Fotografierens wert gewesen wäre. Doch kaum war ich unter Deck und hatte mein Ölzeug ausgezogen, als es losging: Wumm – wumm – wumm – drei Seen nacheinander erfassten die *Gipsy Moth* und überspülten das Deck. Das hätte eine herrliche Fotografie gegeben! Jedoch schien mir dieser Wellengang durchaus harmlos zu sein; ich brauchte ja nicht mehr zu befürchten, dass eine 18-Meter-Woge im Hintergrund lauerte, um sich auf das Boot zu stürzen.

Am nächsten Morgen um 6.00 Uhr lag ich noch dösend in der Koje, als wieder zwei Shackletons kamen und mich aufweckten. Wahrscheinlich übten sie U-Boot-Jagd. Ich verwünschte sie in die tiefste Hölle. Gegen Mittag tauchte ein Boot des *BBC*-Fernsehens auf. Der Wind flaute ab. Ich versuchte, meine Steuerbordpositionslampe zu reparieren, aber es gelang mir nicht – ich habe mich schon mit vielen miserablen Ausrüstungsgegenständen herumgeärgert, aber dieses war wohl das Elendeste. Die *Gipsy Moth* lag in einer Flaute beinahe fest, und dabei waren noch 210 Meilen zurückzulegen. Um 19.30 Uhr schloss sich ein Boot der *Independent Television* an, und ein drittes Boot machte die Prozession vollständig. Sie benahmen sich wahrhaft mustergültig: Niemand rief mich an, und man ließ mich allein. Das war durchaus in meinem Sinn, da ich viel zu tun hatte. Eine Stunde nach Mitternacht schrieb ich ins Logbuch:

»Verdammt, der Wind hat auf Osten gedreht und weht mir natürlich wieder direkt ins Gesicht!«

Am 27. Mai ereignete sich um 21.25 Uhr etwas Außergewöhnliches. Der Wind schralte, während ich mich über Sprechfunk mit einem Geleitfahrzeug der Royal Navy unterhielt, das ebenfalls erschienen war. Ich stellte fest, dass das Boot inzwischen auf Nordnordostkurs gegangen war, und sagte deshalb, ich müsse das Gespräch beenden, um die Segel neu zu trimmen. Aber ehe ich aus der Kajüte geklettert war, fiel die Jacht back. Danach muss sie vielleicht 20 Minuten lang so ausgesehen haben, als sei sie von einer Wespe gestochen worden. So schnell ich sie auch herumbrachte – jedes Mal sprang der Wind fast im gleichen Augenblick um. Die See verhielt sich merkwürdig: Die Wellen leckten wie Zungen empor. Vermutlich befand ich mich im Zentrum eines Luftwirbels, der wie eine beginnende Wind- oder Wasserhose in eine riesige schwarze Wolke hinaufgesaugt wurde. Mehrmals legte die *Gipsy Moth* tüchtig über; dann flaute der Wind wieder vollständig ab. Einige Vögel, wohl Schwalben (sie hatten Schwalbenschwänze, waren aber am Hals bronzebraun), schwirrten aufgeregt umher; einige flogen direkt in die Kajüte, einer setzte sich auf ein Kabel über den Kartentisch, steckte den Kopf unter die Flügel und schlief ein. Irgendwann am Morgen flog er fort, nicht ohne auf der Seekarte seine Visitenkarte zu hinterlassen. Während der Nacht wäre ich beinahe mitten in einen Fischkutter hineingelaufen, der direkt voraus lag. Zufällig stieg ich gerade in die Plicht und sah das Boot noch im letzten Augenblick.

Am Sonntagmorgen (28. Mai) schrieb ich ins Logbuch:

»Gewitterschauer, dauernd Segelmanöver, aber komme nur wenig voran. Wind, Wind, Wind, Wind, wo bist du? Dieses Geschäft

Schiffe der Royal Navy und Privatboote begleiten die *Gipsy Moth IV* am 28. Mai 1967 nach Plymouth (*Associated Press*)

Ankunft an der Tower-Pier (*Press Association*)

ist recht anstrengend. Wie schön wäre es, endlich einlaufen zu können. Es sieht aber nicht so aus, als ob es heute noch dazu käme.«

Bis Mittag zählte ich 13 Schiffe in der Umgebung, darunter fünf Geleitschiffe der Navy, die man mir entgegengeschickt hatte. Ich war in einer schwierigen Lage. Es wehte nur eine leichte Brise, die immer wieder abflaute. Zwar hätte ich rascher laufen können, wenn ich eines der großen Vormwindsegel ausbaumte; in diesem Fall wäre ich wohl noch vor Anbruch der Dunkelheit nach Plymouth gekommen. Doch das hätte weitere Kraft gekostet, und dann wäre ich noch erschöpfter angekommen, als ich ohnehin war – und das erschien mir angesichts der mir bevorstehenden Strapazen nicht ratsam. Anderseits musste ich mich beeilen, denn sonst stand mir nochmals eine Nacht auf See bevor, und da mich so viele Schiffe und Boote umschwärmten, würde das ebenfalls eine recht anstrengende Sache sein.

Um 15.20 Uhr lief der riesige Flugzeugträger H.M.S *Eagle* dicht vorbei. Die Mannschaft war an Deck getreten und begrüßte die *Gipsy Moth* mit einem dreifachen Hurra. Grüßend dippte ich meinen *White Ensign*. Die große Ehre, die mir hier zuteil wurde, rührte mich sehr: Es war sicherlich das erste Mal in der Geschichte der britischen Kriegsmarine, dass ein Kriegsschiff mit einer Besatzung, die so zahlreich ist wie die Bevölkerung einer Kleinstadt, so feierlich ein Boot begrüßte, das nur eine Crew von einem einzigen Mann hatte!

Als dann ein Minenräumboot das Gleiche tat, wurde ich allerdings etwas nervös. Wenn das so weiterging, stand mir ja einiges bevor: Ich sah mich schon für den Rest des Tages dauernd an Deck springen und die *White Ensign* dippen, die ich im Besantopp fuhr.

Später am Nachmittag frischte die Brise ein wenig auf. Um 16.40 Uhr Bordzeit war ich noch 13 Meilen von Plymouth Heads entfernt. Nun stand fest, dass ich noch im Laufe des Abends einlaufen konnte. Um 20.56 Uhr passierte ich die Mole; Colonel Jack Odling Smee, Rear-Commodore des Royal Western Yacht Club, feuerte auf seiner vor der Mole vor Anker gegangenen Jacht einen

Mit Ihrer Majestät der Königin nach der Zeremonie in Greenwich
(Press Association)

Schuss ab, als Zeichen dafür, dass ich durchs Ziel gegangen war und auf der Drake-Insel ein Feuer gezündet werden sollte.

Die *Gipsy Moth* hatte auf ihrer Heimfahrt 15 517 Meilen in 119 Tagen zurückgelegt, war also im Tagesdurchschnitt 130 Meilen gelaufen. Die ganze Reise über 29 630 Meilen von Plymouth nach Plymouth hatte genau neun Monate und einen Tag gedauert, davon 226 Tage reine Segelzeit. Vielleicht sollte ich noch hinzufügen, dass ich während dieser Zeit in acht Logbüchern mehr als 400 000 Wörter niedergeschrieben habe.

Mein Dank an alle Förderer

Diese Einhand-Weltumseglung war, sieht man einmal von der eigentlichen Fahrt ab, ein fruchtbares gemeinsames Bemühen vieler Freunde und Förderer.

Es ist mir beim besten Willen unmöglich, allen denen zu danken, die mir bei der Planung und Durchführung in besonderem Maße behilflich gewesen sind.

In England vor dem Auslaufen: Paul Hodder-Williams und George Greenfield, die meinen Plan von Anfang an unterstützt haben; Harold Evans von der *Sunday Times* und Alastair Hetherington vom *Guardian,* die von dem Projekt so überzeugt waren, dass sie meine unterwegs über Funk durchzugebenden Berichte im Voraus kauften. Im Buch sind mehrere Gönner und Förderer genannt: Colonel Whitbread, Lord Dulverton, die Schiffbauingenieure Warwick Hood und Alan Payne, Ihre Exzellenzen der Generalgouverneur und Lady Casey, Captain Max Hinchliffe von der R. A. N., Jim Mason, George Gardiner und John Pleasants; die Lehrlinge von Kelvin and Hughes; John Fairhall, Murray Sayle und Nigel Forbes. Von den Förderern, die nicht im Buch erwähnt sind, nenne ich hier: Monica Cooper und die Belegschaft der Francis Chichester Ltd; George West, Supervisor des General Post Office, Marine Radio Section in Brent; Ernest Rayment von der Firma Kelvin and Hughes, der mir bei der Zusammenstellung der Karten geholfen hat.

In Sydney waren viele Menschen darum bemüht, dass wir uns wie zu Hause fühlten; es halfen uns in jeder nur erdenkbaren Weise: Lord Chief Justice und Lady Barwick; S. E. der Britische Hochkommissar und Lady Johnston; Hugh und Bar Eaton; Commander Wood, R. N. Canberra; der Flag Officer und der Stab der R. S. Y. S.; der Commodore und Sekretär des C. C. A.; Präsident Nancy Leebold und die Beamten des Australian Institute of Navigation; William Vines, Managing Director des I.W.S.; Jim Save und Darli McCourt von Hooder & Stoughton, Sydney, die tausende von Briefen beantworteten, hauptsächlich von jungen Leuten; Terry O'Keefe und Pat McCarthy von I. W. S.; Colin, Lorna und Robert Anderson; Peter Green; Kapitän James Dunkley von der *Oriana,* der sich so liebenswürdig um Sheila kümmerte und meine auf der Fahrt von Plymouth nach Sydney benutzten Karten nach England zurückbrachte.

Nach der Rückkehr nach England: The Commander in Chief, Plymouth, und Lady Talbot; Lord Mayor, Lady Mayoress und die Corporation von Plymouth; Mr. Lloyd-Jones, Town Clerk, und Mr. Bottom, Publicrelationsbeamter; der Vice-Commodore, Flag Officers sowie Captain und Mrs. Terence Shaw vom Royal Western Yacht Club von England; Surgeon Rear-Admiral Stanley Miles und der Stab des Royal Naval Hospital, Plymouth; Dr. Gordon Latto; Frank Carr, der für mich alle historischen Einzelheiten über die Erhebung von Francis Drake in den Ritterstand durch Königin Elisabeth I. in Greenhithe zusammentrug; Erroll Bruce, unser netter Segel- und Marinezeremonienmeister auf der Fahrt von Plymouth nach London; Lord Simon, Chairman, Commander Gilbert Parmiter, Hafenmeister, und der Stab der Port of London Authority; Chief Superintendent D. Davis von der Thames Division Metropolitan Police und sein Stab; Captain und Mrs. Arples und der Stab des Schulschiffes *Worcester*; Sir Richard Colville, Leiter des Informationsamtes S. M. der Königin.

In Greenwich: Admiral-President Sir Horace Lyddon und Captain M. A. J. Hennell vom Royal Naval College, Greenwich; der Lord Mayor von London und Lady Bellinger; die Corporation of the City of London; der Remembrancer Sir Paul Davie und Colonel Britton.

Danken möchte ich ferner Raymond Seymour, unserem Leitstern bei den Public Relations, und John Fox von der Whitbread-Brauerei, dessen Hilfe unschätzbar war.

Sie alle haben für mich und die Fahrt weit mehr getan, als sie hätten tun müssen.

Schließlich danke ich, nachdem der ganze Trubel vorüber ist, John und Helen Anderson dafür, dass sie die von mir unterwegs geschriebenen etwa 400 000 Wörter redigiert haben und daraus einen Text von Buchumfang gemacht haben, der im September 1967 satzreif wurde. Wenn Ihnen das Buch gefällt, loben Sie die beiden, wenn nicht, tadeln Sie mich.

Der *Times* danke ich noch dafür, dass sie mir die Erlaubnis zum Abdruck des hier im Auszug wiedergegebenen Artikels von Murray Sayle erteilte, der in der Ausgabe vom 21. März 1967 erschienen ist; der *Sun* für die Genehmigung, das Interview zwischen John Seddon und Alan Villiers (12. Januar 1967) übernehmen zu dürfen; dem *Guardian* für die Erlaubnis zum Abdruck der Zuschrift von Alan Villiers, die am 11. Januar 1967 erschienen ist; und Rupert Hart Davis Ltd. für die Genehmigung, aus *A Gipsy of the Horn* von Rex Clements zu zitieren.

Francis Chichester

Nachwort

von J. R. L. Anderson

Zwei Tage lang – am Samstag und Sonntag, dem 27. und 28. Mai 1967 – versammelten sich tausende von Menschen auf Plymouth Hoe, um dem aus Australien zurückkehrenden Francis Chichester einen triumphalen Empfang zu bereiten. Millionen saßen erwartungsvoll vor ihren Fernsehschirmen. Die Erregung erreichte ihren Höhepunkt, als eine schmächtige Gestalt im letzten Abendlicht ein Beiboot bestieg, um an Land zu gehen. Endlich überließ er seine *Gipsy Moth*, die er ganz allein rings um die Welt von Plymouth nach Plymouth geführt hatte, anderen Händen. Es war ein königlicher Empfang. Warum?

Auch andere Männer sind in Booten um die Welt gesegelt, von denen manche viel kleiner waren, als die *Gipsy Moth IV*; auch andere Männer sind allein gesegelt; auch andere Männer sind noch gesegelt, obwohl sie älter waren als Francis mit seinen 65 Jahren. Aber nur wenige Männer haben je die Phantasie der Menschheit stärker beschäftigt als Chichester. Vielleicht Lindbergh oder Hillary und Tensing – aber solche Vergleiche sind sinnlos. Auf diesen einsamen Höhen menschlicher Großtaten steht jeder Mann allein. Man hat Chichester wegen seiner Leistung bejubelt, wegen seiner Zähigkeit, seines Mutes. Aber es steckt noch mehr dahinter.

Beleuchten wir kurz die Leistung: Was hat Chichester vollbracht zwischen dem 27. August 1966, als er aus Plymouth auslief, und dem 28. Mai 1967, als er nach Umsegelung der Welt um das Kap der Guten Hoffnung und das Kap Hoorn wieder in Plymouth einlief? Ich habe ihn gebeten, die seiner Meinung nach wichtigsten Leistungen aufzuschreiben. Er führte Folgendes an:

1. die schnellste Weltumsegelung mit einem kleinen Boot (etwa doppelt so lang wie jeder Vorgänger);

2. die längste Fahrt, die je ein kleines Segelboot ohne Anlaufen eines Zwischenhafens bewältigt hat (15 000 Meilen);
3. die Bewältigung von mehr als der doppelten Strecke, die je zuvor von einem Einhandfahrer zurückgelegt wurde (15 000 Meilen im Vergleich zu 7400 Meilen);
4. das zweimalige Überbieten des Rekords für das Wochen-Etmal eines Einhandseglers um mehr als 100 Meilen;
5. ein neuer Geschwindigkeitsrekord für Einhandsegler (in acht Tagen 1400 Meilen);
6. das zweimalige Überbieten des Geschwindigkeitsdurchschnitts für Einhandsegler auf langen Strecken, Nances 122½ Meilen täglich an 53 Tagen. Die *Gipsy Moth* erreichte in 107 Tagen täglich 131¾ Meilen und in 119 Tagen täglich 130¼ Meilen;
7. die dritte echte Weltumseglung mit Runden des Kap Hoorn durch ein kleines Boot, wobei die Route über zwei einander als Antipoden gegenüberliegende Punkte verlief.*

Interessant an dieser Linie ist das ganz und gar Technische: die längste Fahrt mit einer Einhandjacht, die schnellsten Fahrten, die echte Weltumsegelung … all das wird in jedem Buch der Rekorde stehen – und doch war es meines Erachtens nicht das allein, was die Menschenmenge nach Plymouth Hoe brachte. Das Wesentliche an Chichesters Leistung ist vielmehr etwas ganz Persönliches, und zwar persönlich nicht nur für ihn, sondern für uns alle. Ihm ist es gelungen, Träume zu verwirklichen, seine eigenen Träume und die Träume, die fast alle Menschen irgendwann auf ihrem Weg von der Wiege zur Bahre träumen. Bei 99,999 … Prozent der Menschheit bleiben die Träume in den Geheimfächern der Seele verschlossen. Nicht so bei Chichester. Für ihn bedeutet Träumen Entscheiden und Entscheiden Verwirklichen. Vielleicht wirft man ein: »Nun ja, er hat eben Glück gehabt. Er muss nicht täglich ins Büro.« Doch ebendies gehört zu seiner Leistung! Niemand *muss* täglich ins Büro. Wir sind in der Tretmühle des Lebens gefangen,

* Die ersten beiden Weltumsegelungen unternahmen Conor O'Brien (drei Jahre) und Marcel Bardiaux (sieben Jahre).

weil wir uns haben einfangen lassen. Für die gesellschaftliche Ordnung der Welt mag das gut sein – eine Gemeinschaft aus lauter Chichesters wäre unmöglich. Aber der Einzelne, der sich weigert, sich in der Tretmühle einfangen zu lassen, nützt uns allen. Und Chichester ist ein solcher Mensch in höchster Potenz. Nicht *einmal*, sondern mehrmals in seinem Leben hat er sich eine Aufgabe gesetzt, die unglaubliches Können und Ausdauer in der Luft und zur See erforderte, und hat dann nicht geruht, bis er sie gelöst hatte – oder bis sie durch Ereignisse, die nicht in seiner Macht standen, undurchführbar wurde (wie bei seinem Flugunfall, der seinem ersten Versuch, die Erde zu umfliegen, ein Ende setzte). Selbst dieser Unfall, der für die meisten Menschen das Ende des Traumes bedeutet hätte, war für ihn nur ein neuer Ansporn. Verwirklicht hat er seinen Traum 35 Jahre später, nicht im Flugzeug, sondern in einem kleinen Boot. Dies ist der Chichester, der unsere Achtung verdient. Er hat nicht nur seine eigenen Träume Wirklichkeit werden lassen, sondern auch die unsrigen.

Chichester lief am Abend des 28. Mai, eines Sonntags, in Plymouth ein. Ein oder zwei Tage später wollte er nach London weitersegeln. Nach dem großartigen Empfang, den ihm der Oberbürgermeister und die Einwohner von Plymouth bereitet hatten, erwarteten ihn in London zwei weitere historische Ereignisse – die Erhebung in den Adelsstand durch Ihre Majestät die Königin mit dem Schwert, das Königin Elisabeth I. ihrem Seehelden Sir Francis Drake schenkte, nachdem dieser vor fast vier Jahrhunderten die Erde in einem Segelschiff umfahren hatte, und ein Essen in Mansion House, das der Oberbürgermeister von London ihm zu Ehren geben wollte. Es waren dafür die ersten Junitage vorgesehen.

Man braucht nicht viel zwischen den Zeilen von Chichesters Bericht zu lesen, wenn man begreifen will, welche körperlichen Strapazen er während seiner Fahrt auf sich genommen hat. Mit einem Mut und einer Selbstdisziplin, die mit Worten nicht zu schildern sind, spannte er seine Kräfte bis an die Grenzen menschlicher Leistungsfähigkeit an. Und dafür musste er bezahlen. Eine Woche nach der Landung in Plymouth brach er mit einem Zwölffingerdarmgeschwür zusammen und verbrachte die nächsten Wochen im Royal Naval Hospital in Plymouth. Aber zäh, wie er nun einmal ist, und eingedenk der Tatsache, dass die Fahrt bis zu ihrem Ausgangspunkt an der Themse in London noch nicht beendet war, stand er bald wieder auf den Beinen. Anfang Juli segelte er die *Gipsy Moth* nach London. Diesmal begleiteten ihn Sheila und Giles Chichester sowie sein Freund, der Commander Erroll Bruce von der Royal Navy.

Am 7. Juli 1967 empfing die Königin Chichester in Greenwich und schlug ihn auf dem großen Platz vor dem Royal Naval College mit Drakes Schwert zum Ritter. Die auf ihrem permanenten Liegeplatz in der Nähe liegende *Cutty Sark*, einer der berühmtesten jener Klipper, deren Route Chichester auf seiner Weltreise gefolgt war, hatte zu diesem Anlass über die Toppen geflaggt.

Nachdem die Königin die *Gipsy Moth IV.* in Greenwich besucht hatte, segelte Chichester weiter zur Tower-Pier, wo ihn der Oberbürgermeister von London und dessen Gemahlin, Sir Robert und Lady Bellinger, erwarteten. Es folgte eine triumphale Fahrt durch die Innenstadt nach Mansion House, bei der unzählige Menschen Chichester zujubelten. Er und seine *Gipsy Moth IV.* hatten die ihnen gestellte Aufgabe erfüllt – der kleinste Wollklipper, der je Australien verließ und von der kleinsten Crew aller Zeiten gesegelt wurde, hatte zuverlässig seine symbolische Fracht von drei winzigen Wollballen nach einer Fahrt um die Erde abgeliefert.

Chichester kann dieses Nachwort nicht selbst schreiben, weil er sich nicht so sehen kann, wie die jubelnden Londoner ihn gesehen haben. Deshalb tue ich es für ihn. Schmächtig (aber ein Blick auf die Muskeln an Handgelenk und Unterarm strafte diesen ersten Eindruck Lügen), wettergegerbt, mit dicker Brille, gab sich Chichester völlig natürlich, und als er auf die Begrüßungsrede des Oberbürgermeisters und den Jubel der Menschen antwortete, sprach er mehr von seiner Frau Sheila und seinem Sohn Giles als von sich selbst. Er war zum Nationalhelden geworden, aber mir schien er nicht Scharlach und Seide zu symbolisieren, sondern jene unglaubliche Zähigkeit, die die Engländer immer gezeigt haben, wenn sie von ihnen verlangt wurde – die Zähigkeit von Männern, die mit Drake, Anson, Cook, und Nelson für England gesegelt sind. Ich glaube, dass das jedermann gespürt hat. Und deshalb wurde er so begeistert gefeiert.

Ausrüstungs- und Verpflegungsstaulisten

Ausreise 1966

ALPHABETISCHE STAULISTE

Along the Clipper Way (Buch)	Stauraum Kajüte achterne Sitzbank Backbord
Australische Flagge	Stauraum Kajüte vordere Sitzbank Backbord
Avon Redcrest 8-Fuß-Schlauchboot	Achterpiek
Avon Redshanks 12-Fuß-Schlauchboot einschl. Besegelung mit Mast, Schwert, Steuerruder und Segel	Stauraum unter Spezialluke Achterdeck
Avon Reparaturmaterial (für Lecks)	Kajüte, Backbordkoje
Barometer, met.	Stauraum Kajüte mittlere Sitzbank Backbord
Bekanntmachungen für Seefahrer	Backbord Sitzbank Kajüte mittschiffs
Benzinkanister (2) für 2 Gallonen	Schrank WC-Raum
Besen	Achterpiek
Birnen (elektr.)	Stauraum Sitzbank Kajüte mittschiffs Backbord
Block, groß, einfach (1)	Stauraum Kajüte Steuerbord vorn
Blöcke, große, mit Patentschäkel (2)	Stauraum Kajüte Steuerbord vorn
Blöcke, klein, mit Wirbelschäkel (3)	Stauraum Kajüte Steuerbord vorn
Blöcke mittelgroß (1, mit Schäkel)	Stauraum Kajüte Steuerbord vorn
Bolzen, Büchse mit Ersatzbolzenschneider	Stauraum Kajüte mittschiffs Backbord
Bolzenschneider	Stauraum Kajüte mittschiffs Backbord
Bootsmannsstuhl	Vorpiek
Bootsmannsstuhl, Geschirr für	Vorpiek
Brooks and Gatehouse Ersatzteile für Hengist and Horsa Masttopp	Stauraum Kajüte Sitzbank Steuerbord vorn
Brooks and Gatehouse (Nav.-Instr.) Ersatzteile	Regal Kajüte Backbord Unter mittlerer Sitzbank backbords Schrank über vorderer Sitzbank steuerbords.
Bugfender	Achterpiek
CO_2-Behälter (2)	Stauraum Kajüte steuerbords achtern

Deckinspektionslampen und Kabel	Kartenschapp vorn unten
Destilliertes Wasser	Stauraum Kajüte Steuerbord vorn
Dinghie, Luftpumpe für	Achterpiek
Dinghiriemen	Vorpiek
Dokumente, Pläne und Gebrauchsanleitungen	Sitzbank Kajüte Backbord, Kommode
Elektrische Birnen	Sitzbank Kajüte mittschiffs Backbord
Ersatzteile für Marconi-Anlage	Achterpiek
Fender (Bug)	Achterpiek
Fettpresse	vorderer Schrank unter Kartentisch
First Aid Manual (RCC)	Stauraum Kajüte Sitzbank backbords achtern.
Flickzeug für Segel	Vorpiek
Fliegersextant	Stauraum Kajüte mittschiffs Steuerbord
Gangwaystufen	Achterpiek
Generatoranlage (Benzin)	Vorpiek
Gezeitentafel (Australien)	unter Sitzbank Kajüte Backbord achtern
Grapplinganker (klein)	Stauraum Kajüte Backbord mittschiffs
Gummistropps (im Beutel)	Stauraum Kajüte vorn Steuerbord
Gummituch	Staumraum Kajüte vorn Backbord
Haken und Kleiderbügel	achtere Sitzbank Kajüte Backbord Wandregal in Kajüte Backbord
Hammer	Stauraum Kajüte mittschiffs Backbord
Handlampe, Ersatzteile für	mittlerer Schrank am Ende der Sitzbank Backbord
Holzhammer	Stauraum Kajüte mittschiffs Backbord
Illustrierte Zeitschriften	unter Sitzbank Kajüte Backbord vorn
Kerzen	Schrank unter WC achtern
Klampen (6)	Stauraum Kajüte backbords vorn
Kollisionsmatte	Vorderkajüte Segelkoje backbords
Logbücher	Stauraum Sitzbank Kajüte mittschiffs Backbord
Loggewichte und -propeller	Stauraum Sitzbank Kajüte mittschiffs Backbord
Luftpumpe für Schlauchboote	Achterpiek
Marconi-Anlage, versch. Verbindungskabel zur Antenne einschl. Ersatz	Stauraum Kajüte Backbord vorn
Maschinenöl (Shell Rotella)	Stauraum für Schlauchboot unter dem Achterdeck
Muttern und Bolzen	Stauraum Kajüte mittschiffs Backbord

Nägel	Kartenschapp vorn unten
Niederholergeschirr	Stauraum Kajüte vorn Steuerbord
O_2-Anschlussstück	unter Sitzbank Kajüte achtern Backbord
Öl – 1 Pint	Stauraum Kajüte Backbord
Patentlog (Reserve)	Stauraum Kajüte mittschiffs Steuerbord
Perkins Ersatzteile	Achterpiek und Stauraum mittschiffs Backbord, Kajüte
Perkins Generator	Achterpiek
Petroleumlampe, 2 Gallonen	Achterpiek
Pilots (2 Bände, Segelanweisungen)	unter Sitzbank Kajüte achtern Backbord
Pipette z. Säuredichtigkeitsprüfung	Stauraum Kajüte mittlere Sitzbank Backbord
Plastikbeutel	Vorpiek
Pützen (Eimer) (3)	Achterpiek
Reeds »Nautischer Almanach«	Ablage über Kartentisch
Reinigungsmittel (Silicone)	Stauraum achtern unter Kartentisch
Rucksack	unter Sitzbank Kajüte Backbord vorn
Schäkel	Stauraum Kajüte vorn Backbord
Schläuche (verschiedene)	Stauraum Kajüte vorn Steuerbord
Schlingerleisten für Kajüttisch	Vorpiek
Schoten (7)	Stauraum für Schlauchboote
Schrauben und Kleinzeug, Beutel	unter Sitzbank Kajüte achtern Backbord
Schrauben und Muttern (Dose)	Stauraum Kajüte mittschiffs Backbord
Schraubösen	unter Sitzbank mittschiffs Kajüte achtern
Schuhe	Schrank unter Waschbecken im WC-Schrank unter Waschbecken im WC
Seestiefel	Vorpiek
Segelsack (Großsegel)	Vorpiek
Segeltuch zur Vergrößerung der Windfahnenfläche der Selbststeuerungsanlage	
Selbststeuerungsanlage, kleinere Ersatzteile und Ersatzruderblatt	Vorpiek
Senf- und Kressesamen	Stauraum achtere Sitzbank Kajüte Backbord
Sextant	unter Sitzbank Kajüte mittschiffs Backbord
Signalflaggen	unter Sitzbank Kajüte Backbord vorn
Spiritus, 1 Gallone	Stauraum Kajüte mittschiffs Steuerbord
Spiritus, 1 Gallone	Stauraum Kajüte vorn Steuerbord
Sporttaucheranzug (Nass)	Vorderkajüte, Steuerbordkoje
Stander des RCC	Stauraum Kajüte Sitzbank Backbord vorn
Stander des RCY (2)	Stauraum Kajüte Backbord vorn
Stichsäge	Stauraum Kajüte mittschiffs Backbord

Taucherbrille	Sitzbank Kajüte Backbord achtern
Tauwerk einschl. 1 rote Nylonleine, leicht	Stauraum Kajüte backbords achtern
2 lange Nylonleinen, leicht	
Staunetze	
Tauwerk und Segelgarn	Stauraum Kajüte mittschiffs Steuerbord
Teile für Kursabweichungsanzeiger	Stauraum Kajüte achtern Steuerbord
Thermometer (f. Seewasser)	Kartenschapp unten vorn
Träger für Signal NUC (nicht manövrierfähig)	Vorpiek
Treibanker (3)	Vorderkajüte Segelkoje Backbord
Treibanker, Leinen für (1000 Fuß, grün)	Vorderkajüte Segelkoje Backbord
Trysegel, Geschirr für (in Gebrauch)	Stauraum f. Schlauchboot
U-2-Ersatzbatterien	mittlerer Schrank Backbord Sitzbank Kajüte
Uher-Tonbänder	Sitzbank Kajüte Backbord mittschiffs
Union Jack	Backbord Sitzbank Kajüte vorn
Vorhängeschlösser und Kette	Beutel f. »Verschiedenes« unter Backbord Sitzbank achtern
Warpleinen	Achterpiek
Wasserkanister (Plastik, 5 Gallonen)	Vorpiek
Wasserkanister (Plastik, 2 Gallonen)	Achterpiek
Wasserkanister (Plastik, 1 Gallone)	Achterpiek
Wasserkessel (Reserve)	Stauraum f. Schlauchboot
Windfahne, Selbststeueranlage, Reserve-	Achterpiek
Winschen, Ersatzkurbeln für	Vorpiek
1 f. Groß	
2 f. Fockschot	Kajüte Steuerbord vorn
4 f. Mast	Kajüte Steuerbord vorn
Wollzeug (Werg) gefettet, f. Lecks im Rumpf	Stauraum Kajüte Steuerbord achtern

STAUPLAN: *LEBENSMITTEL UND ALLGEMEINE AUSRÜSTUNG*

Vorpiek

1 Träger für NUC-Signal
1 Generatoranlage (Benzin)
1 Bootsmannsstuhl
1 Geschirr f. Bootsmannsstuhl
Warpleine, aufgeschossen (Reserve)
1 Satz Flickzeug für Segel
1 Reserveruderblatt für Selbststeueranlage
1 Segelsack f. Großsegel
1 Segeltuchteil zur Vergrößerung der Fläche der Windfahne an der Selbststeueranlage
Schlingerleisten aus Perspex für Kajüttisch
1 Windfahne f. Selbststeueranlage (Reserve)
1 Paar Dinghiriemen
verschiedene Plastikbeutel
verschiedene überflüssige Segelsäcke

Vorderkajüte – Steuerbord

KOJE:

1. Tupperbehälter	12 Trockenpflaumen
	2 Pakete Korinthen (je 1 Pfund)
2. Tupperbehälter	7 Pakete Rosinen (Sunmaid)
	3 Pakete Sultaninen (je 1 Pfund)
	8 Pakete getrocknete Bananen (je 12 Unzen)
3. Tupperbehälter	9 Pakete Datteln (je 1 Pfund)
	4 Pakete getrocknete Bananen (je 12 Unzen)
	2 Pakete Haselnüsse (insgesamt 1 Pfund)
	4 Pakete Brasilnüsse (insgesamt 2 Pfund)
4. Tupperbehälter	2 Pakete Walnüsse (insgesamt 1 Pfund)
	2 Pakete Mandeln (insgesamt 1 Pfund)
	2 Weihnachtspuddings (je 1 Pfund, Granose)
	1 Dundee-Kuchen
	10 Pakete Rohzucker (je 1 Pfund)
5. Tupperbehälter	5 Pakete italienischer Naturreis (je 1 Pfund)
	8 Pakete Linsen
6. Tupperbehälter	5 Pakete Vollkornmehl (100% selbstaufgehend) je 3 Pfund
	15 Päckchen Hefe
7. Tupperbehälter	3 Pakete Vollkornmehl (85% selbstaufgehend) je 3 Pfund
	15 Päckchen Hefe

8. Tupperbehälter	2 Pakete Vollkorngrieß wie oben
	4 Pakete Kartoffelpüree
	5 Pakete italienischer Naturreis (je 1 Pfund)
9. Tupperbehälter	6 Päckchen Pilzsoßenpulver
	6 Päckchen Zwiebelsoßenpulver
	6 Päckchen Tomatensoßenpulver
10. Tupperbehälter	15 Gemüsecurry mit Reis
	2 Krabbencurry mit Reis
	5 Büchsen Parmesan
11. Tupperbehälter	13 Krabbencurry mit Reis
	11 Büchsen Parmesan
	1 Paket Kartoffelpüree
	1 Paket »Vegisalz«
12. Tupperbehälter	14 Pakete Pfeffernüsse
	4 Pakete Sahnebiskuits
	4 einfache Schokoladenabführbiskuits
	8 Tafeln Nussschokolade (je ½ Pfund)
	1 Büchse weißer Pfeffer (4 Unzen)
	1 Büchse Natron
14. Tupperbehälter	9 Pakete Kartoffelpüree
	5 Pakete Rosinen
	2 einfache Schokoladenabführbiskuits
20. Kiste	10 Büchsen Birnen
	10 Büchsen Grapefruit
	10 Büchsen Ananas
	15 Büchsen Sardinen
	6 Büchsen Siruppudding
	14 Büchsen Lachs
	1 Dose schwarzes Johannisbeergelee
	2 Dosen klarer Sirup (je 1 Pfund)
	3 Barmene (Dosen zu je 1 Pfund)
	1 Büchse Olivenöl (20 Unzen)
	2 Büchsen Maisöl (je 20 Unzen)
	2 Dosen Gewürzkräuter (gemischt)
	2 Dosen »Pioneer«-Kaffee
	3 Büchsen Trinkschokolade (je 1 Pfund)
	4 Pakete Rosinen
	12 »Jiffy«-Zitronen
21. Kiste	5 Dosen Kaffee
	6 Mango Chutney
	1 schwarzes Johannisbeergelee
22. Kiste	6 Marmelade (3 West Indian, 3 Limone)
	3 rotes Johannisbeergelee
	3 schwarze Johannisbeermarmelade
24. Tupperbehälter	5 Pakete Würfelzucker
	16 Tafeln gepresste Minze

25. Tupperbehälter

16 Tafeln süße Kochschokolade
5 Pakete Rosinen
6 Pakete Teebeutel (je 36 Stück)
1 Paket Pfefferkuchenbiskuits

Polyesterbeutel mit 5 Paketen Spagetti (lang)

SCHRANK (OBEN):

3 Büchsen Trinkschokolade
16 Büchsen grüne Erbsensuppe
20 Büchsen Tomatensuppe
24 Büchsen Minestrone
6 Büchsen Tomaten (geschält)
1 Dutzend Minestrone (Päckchen)

SCHRANK (UNTEN):

24 Büchsen Butter
2 Büchsen Eipulver (je 4 Pfund)

SCHRANK (MITTE):

10 Büchsen Trockenmilch (je 3½ Pints)
15 Dosen Trockenzwiebeln
12 Gläser Honig
1 Schachtel Glukosetabletten

STAURAUM AM ACHTEREN KAJÜTENSCHOTT:

20 Pfund frische Zwiebel
8 kleine Laibe Brot
10 kleine Laibe Brot

WC-Raum – Backbord

REGAL:

8 Unzen Watte
1 Flasche Mandelöl
3 Rasierseifen
6 Hühneraugenpflaster
3 Büchsen Nivea-Creme
3 Tuben Zahnpasta
6 Paar Gummihandschuhe
8 Reinigungsmittel, flüssig
1 Packung Kernseife
2 Delsey
1 Rolle Haushaltskrepp
6 Delsey
5 Bronco
2 Rollen Haushaltskrepp
Dentisory
Kleenex
Haushaltskrepp
Kleenex

WC-Raum – Steuerbord

SCHRANK NR. 1 (OBEN):

7 Handtücher
5 Gesichtstücher
5 Geschirrtücher
4 Betttücher
4 Kissenbezüge

SCHRANK NR. 2 (MITTE):

13 Geschirrtücher	2 Staublappen
5 Rollen Haushaltskrepp	Delsey für »Garten«

SCHRANK NR. 3 (UNTEN):
30 Pfund Kartoffeln

UNTERSCHRANK ACHTERN UNTER DEM WASCHBECKEN:

Medikamente	Kerzen

Kajüte – Backbord:

KOJE:

26. Tupperbehälter	3 Pakete Tagliatelli
	3 Pakete Capellini
	3 kleine Käse
27. Tupperbehälter	4 Pfund Weizen
	2 Pakete »Fru-Grains«
	2 Pakete Rosinen
	2 kleine Käse
28. Tupperbehälter	Geriebene Nüsse
	(gemischt – außer Walnuss – 7,5 Pfund)
Blechbüchse	12 Päckchen Golden Harvest Digestiv
	2 Pakete Golden Harvest Pfeffernüsse
Blechbüchse	13 Pakete Golden Harvest Pfeffernüsse
	2 Pakete Golden Harvest Digestiv
Blechbüchse	6 Schokoladen-Weizen-Verdauungs-biskuits
	4 Sahnebiskuits
30. Kiste	6 Limonensaft
31. Kiste	24 Büchsen »Saucelatas«
32. Kiste	6 Tomatenketchup
	5 Majonäse
Kiste	24 Büchsen Ryvita
Kiste	168 Eier
35. Tupperbehälter	6 Tagliatelli
36. Tupperbehälter	6 Capellini
37. Tupperbehälter	Kleiner Gruyère (3 Pfund) und Knoblauch

SCHRÄNKCHEN AM ENDE DER SITZBANK UNTEN:

2 Whisky	2 Wein
2 Haushaltsstreichhölzer	1 Bacardi Rum

STAURAUM SITZBANK ACHTERN:

Taucherbrille
RCC Journal (Erste Hilfe)
Along The Clipper Way
12 *Pilots*
Gezeitentafeln, Australien
Heron-Kopfhörer
Senf- und Kressesamen
O_2-Anschlussstück
Haken, Kleiderbügel, Augbolzen
Gummistropps in Schachtel
The Lonely Sea and the Sky
Beutel mit Schrauben und Kleinteilen

STAURAUM SITZBANK MITTSCHIFFS:

Sextant
Barometer
Bekanntmachungen für Seefahrer
Uher-Tonbänder
Logbücher

STAURAUM SITZBANK VORN:

Australische Flagge
2 RYS-Stander (Reserve)
Gummituch
Illustr. Zeitschriften
Beutel mit Signalflaggen

KOMMODE, OBERE SCHUBLADE:

Dokumente, Pläne und Gebrauchsanweisungen

KOMMODE, MITTLERE SCHUBLADE:

Ersatzteile Brooks and Gatehouse
Elektrische Ersatzteile und Birnen
Kerzen, Ersatzteile für Handlampe
Loggewichte und Propeller
U_2-Ersatzteile
Pipette für Säureprüfung

STAURAUM VORN:

Ersatzschäkel
Klampen
1 Rucksack
1 Pint Öl
versch. Marconi-Kestrel Antennenzuleitungen einschl. Reservekabel

STAURAUM MITTSCHIFFS:

Werkzeug
Perkins Werkzeugsatz
Bolzenschneider
Holzhammer
Hammer
Säge
Stichsäge
Grappling-Anker (klein)
Büchse mit Bolzen und Muttern
Büchse mit Bolzen

STAURAUM ACHTERN:

Tauwerk
leichte Nylonleine auf Trommel
2 lange Nylonleinen, leicht
Staunetze

Kajüte – Steuerbord

STAURAUM SITZBANK VORN:

31 Grapefruit
24 Zitronen
Alles Obst in Nylonnetzen
20 Orangen
30 Äpfel

UNTERES SCHRÄNKCHEN:

1 Whisky
6 Brandy
2½ Flaschen Limonensaft
3 Wein

STAURAUM VORN:

Destilliertes Wasser
1 Kanister Spiritus (1 Gallone)
4 Kurbeln für Mastwinschen
2 Kurbel für Großwinsch
2 Große Blöcke mit Schnappschäkel
1 großer Block, einfach
1 einfacher Block mit Schäkel, mittelgroß
3 kleine Blöcke mit Schäkel
Niederholergeschirr
1 Beutel Gummistropps
verschiedene Schläuche

STAURAUM MITTSCHIFFS:

Verschiedenes Tauwerk und Segelgarn
Sextant
Log (Walkers)
1 Gallone Spiritus

STAURAUM ACHTERN:

CO_2-Behälter für Avon Redshanks
1 Gallone destilliertes Wasser
1 Paket gefettetes Wollzeug (Werg)
Teile für Kursabweichungsanzeiger

STAURAUM SITZBANK VORN:

Hengist und Horsa Masttopp, Teile für
1 leerer Spiritusbehälter (Plastik)
Obst

Kombüse

REGAL ÜBER PRIMUSKOCHER:

6 Packungen Haushaltsstreichhölzer

ABLAGEBRETT UNTER »GARTEN«:

Tupperbehälter mit 5 Pfund Karotten
und 12 Knoblauchzwiebeln
1 Kuchen von Moggie

SCHRÄNKCHEN UNTER KARTENTISCH, VORN:

2 Deckinspektionslampen mit Kabel
Dosen mit Schäkel
Nägeln und Schrauben
1 Thermometer (See)

SCHRÄNKCHEN UNTER KARTENTISCH, ACHTERN:

Silicone Schmierfett

Achterpiek

2 Stufen für Gangway
1 Besen
1 Plastikwasserbehälter, 3 Gallonen
1 Petroleumkanister, 2 Gallonen
1 Bugfender
3 Pützen, verschieden
Avon-Redcrest-Schlauchboot
1 großer Warpanker
2 kleine Warpanker
Ersatzteile für Perkins-Maschine
1 Ersatzgenerator für Perkins
1 Luftpumpe für Schlauchboote
Marconi-Ersatzteile
Ersatzkessel

Stauraum für Schlauchboot unter Achterdeck:

2 Benzinkanister (je 2 Gallonen)
1 Wasserkanister, Plastik, 1 Gallone
1 Büchse Shell Rotella-Maschinenöl
Trysegelgeschirr
1 Avon-Redshanks-Schlauchboot
mit Besegelung
7 Schoten

Die Stauliste für die Ausreise wurde an Bord des Bootes von den Angestellten der Firma Francis Chichester Ltd. zusammengestellt: Ihr Zweck war, mir das Auffinden der in den verschiedensten Ecken und Winkeln verstauten Vorräte, Ersatzteile usw. so weit zu erleichtern, dass ich nicht bei jedem Gegenstand sämtliche Schubladen durchsuchen musste. Dabei sind wichtige, laufend im Gebrauch befindliche Ausrüstungsgegenstände nicht aufgeführt, wie zum Beispiel Navigationsinstrumente, Nebelhorn, elektrisches Megafon, Leuchtpistole, Handlampen, Handlot, Froschmannanzug usw. Da diese Dinge immer griffbereit waren, bestand keine Notwendigkeit, sie eigens aufzuführen.

Die Stauliste der Heimreise auf den folgenden Seiten wurde von Sheila überprüft, ebenso wie das Stauen selbst, wobei ihr Pat McCarthy und Norma Humphries behilflich waren.

Ausrüstung- und Verpflegungsstaulisten

Heimreise 1967

ALPHABETISCHE STAULISTE

Alkohol und sonstige Getränke	
6 Flaschen Limonensaft	Sitzbank Backbord Kajüte vorn
24 Flaschen Bitterzitronensaft	Steuerbord Sitzbank vorn
6 Flaschen Gin	Stauraum in der Bilge unter Kommode Backbord
4 Flaschen Brandy	Stauraum in der Bilge unter Kommode Backbord
2 Flaschen Grand Marnier	Stauraum in der Bilge unter Kommode Steuerbord
1 Flasche Drambuie	Stauraum in der Bilge unter Kommode Backbord
1 Dutzend halbe Flaschen französischer Champagner	Stauraum in der Bilge unter Kommode Backbord
Barmene, 3 Büchsen	Tupperbehälter 9, Kajüte Navigatorkoje Backbord
Bier, ein Fass	Zapfhahn unter Primuskocher
Biskuits	
verdauungsfördernd, oval, 12, je 8 Unzen	Tupperbehälter 16, Navigatorkoje Kajüte Backbord
verdauungsfördernd, süß, 12 je 8 Unzen	Tupperbehälter 5, Navigatorkoje Kajüte Backbord
Schokolade, 4 Pakete	Tupperbehälter 13, Navigatorkoje Kajüte Backbord
Ingwernüsse, 14 Pakete	Tupperbehälter 13, Navigatorkoje Kajüte Backbord
Sahnebiskuits	Tupperbehälter 13, Navigatorkoje Kajüte, Backbord
Ryvita	Regal gegenüber Schwingstuhl
Bohnen, gebackene 24 Büchsen je 8 Unzen	Stauraum Kajüte Backbord mittschiffs

Brot	
4 Laibe »Vogel«, 8 × 2-Pfund-Laibe Vollkorn	Kajüte Sitzbank Steuerbord achtern
Butter, 15 Büchsen, 4 Pfund frisch	Sitzbank Kajüte Steuerbord vorn
Bulgarische Guwetsch, eine Büchse	Sitzbank Kajüte Steuerbord vorn
Chutney, 4 Büchsen	Kajüte Sitzbank Backbord vorn
Curry, Gemüse, 11 Stück	Tupperbehälter 7, Navigatorkoje Kajüte Backbord
Currykrabben, 10 Stück	Tupperbehälter 8, Navigatorkoje Kajüte Backbord
Eier, frisch 16 Dutzend	Kajüte Backbord Sitzbank, mittschiffs
Eipulver, 5 Pakete, je 12 Unzen	Steuerbord Sitzbank Kajüte, Mitte
Erste-Hilfe-Ausrüstung	*Regal im* WC-Raum (2 Tupperbehälter)
Fisch (Konserven)	
Lachs, 27 Büchsen je 4 Unzen	alles Steuerbord Kajütstauraum Mitte
Tunfisch, 24 Büchsen je 4 Unzen	
Sardinen, 26 Büchsen je 1¼ Unzen	
Krabben, 10 Büchsen je 4 Unzen	
Heringe, 10 Büchsen je 7 Unzen	
Fischrogen, 10 Büchsen je 3½ Unzen	
Flanell	Tupperbehälter B neben »Garten«
Gelee	
rote Johannisbeeren, 3 Gläser	Backbord Sitzbank Kajüte vorn
schwarze Johannisbeeren, 2 Gläser	Backbord Sitzbank Kajüte vorn
Gemüse (frisch)	
Zwiebeln, 30 Pfund	Stauraum Kajüte Sitzbank, Backbord

Kartoffeln, 100 Pfund	Mitte und Steuerbord Stauraum Kajüte Mitte
Gemüse (getrocknet)	
Zwiebeln, 6 Pakete	Tupperbehälter 17
Linsen, 2 Pakete	
Erbsen, 18 Pakete	Tupperbehälter 6, Kajüte Backbord Navigatorkoje
Kartoffelflocken, 15 Pakete	Tupperbehälter 6, 7 und 8
Gemüse (Konserven)	
12 Büchsen Erbsen, klein	Backbord Stauraum Kajüte Mitte
Glukosetabletten	Tupperbehälter 5 und 16 Kajüte Backbord Navigatorkoje
Hefe, 26 Pakete	Tupperbehälter A (klein) und Regal gegenüber Schwingstuhl
Honig	
flüssig 12 × je 16 Unzen, und Wabenhonig, 3 × je 32 Unzen	Stauraum Kajüte Backbord Sitzbank vorn
Kaffee, 6 Dosen, je 6 Unzen	Kajüte Sitzbank Backbord vorn
2 ›Continental‹	Tupperbehälter 22
Käse	
Holländischer Edamer, 6 × je 2 Pfund	Tupperbehälter 19, Kajüte Steuerbord, Navigatorkoje
Cheddar, 2 × je 3 Pfund	Tupperbehälter 24, Kajüte Navigatorkoje Steuerbord
Parmesan	Tupperbehälter 14 und 8, Kajüte Navigatorkoje Backbord
Gruyère	Kajüte Sitzbank Steuerbord achtern
Kerzen	unter Koje Kajüte Steuerbord
Knoblauch, 12 Knollen	Kajüte Sitzbank Steuerbord Mitte (kleiner Tupperbehälter G), des weiteren im Gemüseschrank und im Regal der Kombüse
Kräuter, eine Packung gemischt	wo?
Kuchen	
2 Pfund von Lorna	Regal gegenüber Schwingstuhl

12 × je 12 Unzen verschiedene Honigkuchen	Tupperbehälter 15, Kajüte Navigatorkoje, Backbord, Tupperbehälter 16, Kajüte Navigatorkoje Steuerbord, Tupperbehälter 17, Kajüte Navigatorkoje Steuerbord, Tupperbehälter 18, Kajüte Navigatorkoje Backbord
Marmelade, Kirschen, 1 Glas	Sitzbank Kajüte Backbord vorn
Marmelade, 10 Pfund	Sitzbank Kajüte Backbord vorn
Mehl	
12 × je 2 Pfund 100% Vollkorn	Tupperbehälter 20, Regal gegenüber Schwingstuhl, Tupperbehälter 9, Kajüte Navigatorkoje Backbord
1 × 3 Pfund Vollkornmehl aus auf Kompost gewachsenem Getreide	runder Tupperbehälter 20
14 Pfund	Tupperbehälter 21
10 Pfund	Tupperbehälter 22
Milch (Pulver), 7 Büchsen	Sitzbank Kajüte Backbord vorn Tupperbehälter 15, Kajüte Backbord Navigatorkoje
Natron, 2 Päckchen	Tupperbehälter für erste Hilfe und Kombüse
Nüsse	
Mandeln, 1 Paket	Tupperbehälter 2, Kajüte Navigatorkoje Backbord
Haselnüsse, 1 Paket	Tupperbehälter C (klein)
Brasilnüsse, 1½ Pfund mit Schale	Tupperbehälter 2, Kajüte Navigatorkoje Backbord
Brasilnüsse, 1-Pfund-Paket	Tupper C (klein)
geriebene Nüsse, gr. Paket (7 Pfund)	Tupperbehälter 18 (rund) Kajüte Navigatorkoje Backbord
Obst (frisch)	
9 Pfund Äpfel	Kajüte Sitzbank, Steuerbord vorn
50 Grapefruits	Kajüte Sitzbank, Steuerbord und Backbord vorn
50 Zitronen	Kajüte Sitzbank, Steuerbord vorn
36 Orangen	Kajüte Sitzbank, Steuerbord und Backbord vorn
»Jiffy Lemons« 6 Stück	Tupperbehälter 17, Kajüte Steuerbord Navigatorkoje

Obst (getrocknet)	
Rosinen	Tupperbehälter 1, 2 und 3, Navigatorkoje Kajüte Tupperbehälter C (klein)
Muskatelltrauben, 16 Pakete 4 × je Pfund	Tupperbehälter 23, Navigatorkoje Kajüte
Trockenpflaumen, 16 Pakete 4 × je 16 Unzen und 12 × je 8 Unzen	Tupperbehälter 1, Kajüte Backbord Navigatorkoje
Bananen, 1 Paket	Tupperbehälter 2, Kajüte Backbord Navigatorkoje
Korinthen, 1 Paket	Tupperbehälter 1, Kajüte Backbord, Navigatorkoje
Sultaninen, 1 Paket	Tupperbehälter 1, Kajüte Backbord Navigatorkoje
Obst (in Dosen)	
Grapefruit 6 Dosen je 10 Unzen	alles Steuerbord Kajütstauraum Mitte
Birnen 12 Dosen je 8 Unzen	
Ananas 7 Dosen je 11 Unzen	
Öl	
Olivenöl	Kombüse
Maisöl, 2 Büchsen je 20 Unzen	Stauraum Sitzbank Kajüte Backbord vorn
Pudding	
Honig-Nuss, 4 × je 16 Unzen	alles Stauraum Kajüte Backbord Mitte
Dattel, 2 × je 16 Unzen	
Rosinen, 2 × je 16 Unzen	
Schokolade, 2 × je 16 Unzen	
Konfitüre, 2 × je 16 Unzen	
Reis 1 Paket	Tupperbehälter 16, Kajüte Steuerbord Navigatorkoje
Salatsoße	Stauraum Sitzbank Kajüte Backbord
Pfeffer, 2 schwarz, 2 weiß	Tupperbehälter 14, Kajüte Backbord Navigatorkoje
Salz, 1 Streubehälter	Kombüse
Senf- und Kressesamen	Tupperbehälter B neben »Garten«
Soßen	
Pilz, 5 Päckchen	alles Tupperbehälter 7,

Zwiebel, 6 Päckchen Tomaten, 6 Päckchen	Kajüte Backbord Navigatorkoje
Spaghetti 5 Packungen, italienisch, lang	Kajüte Steuerbord Navigatorkoje
Streichhölzer, 6 große Packungen	Tupperbehälter »Streichhölzer« Kajüte Navigatorkoje Steuerbord
Suppen Minestrone, 12 Erbsen, 8 Tomaten, 25	 Stauraum Kajüte Backbord Mitte
Süßigkeiten Nussschokolade, 2½ Pfund	 Tupperbehälter 13, Kajüte Backbord Navigatorkoje
Rohzucker, 6 × je 8 Unzen	Tupperbehälter 3, Kajüte Backbord Navigatorkoje
Schachtel »Redtulip«	Kajüte Steuerbord Navigatorkoje
Tee, chinesischer 2 Packungen (36 Beutel) chines. 1 Pfund in Büchsen	 Tupperbehälter 14, Kajüte Backbord Navigatorkoje
Tomatenerzeugnisse Ketchup, 10 Flaschen Konserven, 6 Dosen	 Sitzbank Kajüte Backbord vorn Stauraum Kajüte Backbord Mitte
Trinkschokolade 12 Pakete je 16 Unzen	 Tupperbehälter 14 und 11, Kajüte Backbord Navigatorkoje
Weizen, 4 Pfund	Tupperbehälter 11, Kajüte Backbord Navigatorkoje
Weizen, ganz 1½ Pfund	Tupperbehälter 14, Kajüte Backbord Navigatorkoje
Zucker Barbados, 15 Pfund Würfelzucker, 4 Pfund klarer Sirup, 2 × je 2 Pfund	 Tupperbehälter 3, 4 und 15 Stauraum Sitzbank Kajüte vorn Backbord

ERSTE HILFE:

WC-Raum, *Tupperbehälter 33 und 34*
4 Streifen Elastoplast
1 Büchse Elastoplast verschiedene Größen
2 Kreppbandagen
1 Dreieckstuch
1 Flanelltuch
1 Paket Gaze
1 Paket Baumwollwatte
1 Paket Sicherheitsnadeln
1 Flasche medizinischer Alkohol
1 Deptol
1 Optrex
1 Packung Natron (für Kombüse)
verschiedene Scheren und Pinzetten
1 Fieberthermometer

1 Flasche Arnikatinktur
1 Büchse Niveacreme
1 Packung Kodein
1 Flasche Jod
1 Einreibungsmittel für Brandwunden
6 Packungen Elastoplast
1 Büchse Elastoplastschnellverbände
1 Büchse Elastoplastverbände besonders elastisch
1 Packung borsalbegetränkter Mull
1 Dreieckstuch
3 Packungen Mull
1 Paket Gaze
2 Büchsen elastische Heftpflaster
2 Büchsen mit Gipsbandagen
1 Rolle Zinkoxidpflaster
2 Päckchen Sicherheitsnadeln
1 Tube Savlon
2 Tuben Asterol-Einreibemittel
1 Tube Hydroderm
1 Flasche Friar's-Balsam
1 Flasche Arnikatinktur
1 Flasche Optrex
1 Flasche Entero-Vioform
1 Flasche Dayamin-Vitamintabletten
3 Packungen Wilkinson-Sword-Edge-Rasierklingen
1 Deptol
1 Packung Natron
A Traveller's Guide to Health
St. John's Ambulance Manual of First Aid
Brief von Dr. Gordon Latto
Asthmamittel Alupent im Regal neben WC

HAUSHALTSGEGENSTÄNDE:

7 Geschirrlappen
2 Geschirrtücher
3 Gesichtshandtücher
7 Handtücher
Nylonkissen.
2 Teppiche
2 Wolldecken, grün
2 Bettlaken
3 Schlafsäcke (2 in der Vorpiek)

TOILETTENGEGENSTÄNDE:

5 Lux-Seifen
2 Harpic
7 Delsey
6 Rollen Kleenex
2 Bronco
2 Stangen Rasierseife, Corvette
Zahnpasta
8 Kleenex (klein)
2 Kleenex (men's)
6 Stück Seife (klein)
1 Stück Seife (groß)
1 Stück Seife (Fairy)
Riechsalz
Zahnreinigungsmittel

MEDIKAMENTE:

Paracentamol
Pethidine
Seife
1 Savlon
Bepanthen
1 Schachtel Elastoplast
1 Precortisyl
Morphium
Brovon
6 Hühneraugenpflaster
Kräutertee
Tetracycline
Talkumpuder
Zerstäuber
Kodein
Mull
Gummihandschuhe

Heimreise 1967

(in letzter Minute zusammengestellt)
Allgemeiner Stauplan

Vorpiek

Windfahne, Reserve
Bootshaken, Reserve
3 Wollballen
Generatormotor
Beutel mit Angelzeug
Harpune und Speer
Toppsegel zur Selbststeueranlage
Regenwasser-Sammelschlauch
Ruderblatt für Selbststeueranlage, Reserve
2 Schlafsäcke

Vorderkajüte Backbord:

1 Matratze

SEGELLAST:

Bolzenschneider
3 kleine Pützen (Eimer)
3 große Pützen

Steuerbord:

OBERES SCHRÄNKCHEN:

Reservekessel
Kasten mit Kleinmaterial

KOJE:

Dinghiriemen
Kollisionsmatte
NUC-Stander und Lampen
Große Plastikplanen und Plastikbeutel
Flickzeug für Segel
Segeltuch
Schäkel und Stagreiter
Beutel mit Unterkleidung und Hemden
Beutel mit Flaggen
Kissen
Bettzeug
Primuskocher, Reserve
Reparaturzeug für Schlauchboot
Material zum Verschalken der Vorluke
Winterkleider in zwei Beuteln
2 Wolldecken, gün
Radarreflektoren

REGAL ÜBER KOJE UND SCHRÄNKE:

Vorn
Segelflickzeug Nr. 1
Ersatzteil für Selbststeueranlage
6 Ventilatorriemen
2 Antennenzuleitungen, Reserve
2 Kühlerschläuche für Perkinsmaschine
Nadeln und Garn
»Walker«-Logleine mit Korkschwimmern
verschiedene Schläuche
Reservelogleine mit Kleinmaterial
Ersatzteile für Primuskocher

Mitte
2 »Handy-Billy« Taljen
2 Hurrikanlampen

Achtern
2 hölzerne Klampen
Kisten mit Marconi-Ersatzteilen
»Walker«-Log
Handtücher und Dokumente

WC-Raum Backbord

SPIEGELSCHRÄNKCHEN:

Achtern
1
Segeltuchhandschuhe
Zellstofftücher
Delseys
2
Luxseife
SMC-Werkzeuge

Vorn
1
Handschuhe
2
Zahnärztliche Instrumente

TISCHSCHUBLADEN:

Schokoladenpackungen
Schiffspapiere
1 Flasche Wein für Hochzeitstag

REGAL UNTER WASCHBECKEN:

Maschinenersatzteile
Winschkurbeln, Reserve

Steuerbord

HÄNGESCHRANK:

Kleider

NISCHE UNTER HÄNGESCHRANK:

2 Kartuschen (Stormoil)

ABLAGEBRETT OBEN:

Erste-Hilfe-Ausrüstung
Tupperbehälter 33 und 34

SCHRÄNKE:

P- und O-Bilder
Betttücher
Handtücher
Waschlappen
Staublappen
1 gelber Kissenbezug
Sommerkleider

Kajüte Backbord

KOJE:

Tupperbehälter 1–15 und 18

ABLAGE ÜBER KOJE:

Biskuits
Hengist-Ersatzteile

KOMMODENSCHUBLADEN:

Handtücher und Schiffspapiere
Elektrisches Kleinmaterial
Batterien für elektr. Megafon und elektr. Uhr. Ersatzsalinglicht
2 Beutel Sicherungen, Dynalite-Reflektorbirnen, Reserve, Aladdin-Reservedocht, Hydrometer, Kerzen, 3 Kartons mit Glühbirnen

STAURAUM BILGE:

4 Gin
4 Brandy
1 Drambuie
6 halbe Flaschen französ. Champagner

KATJÜTSTAURAUM:

Vorn:
Werkzeug

Mitte:
Suppen
gebackene Bohnen
Tomaten
Pudding
12 Büchsen Erbsen

SITZBANK STAURAUM:

Vorn:
Grapefruit
Orangen
Zitronen
12 × 1-Pfund-Gläser Honig
6 Flaschen Limonensaft
10 Tomatenketchup
3 Majonäse
3 × je 2 Pfund Wabenhonig

Mitte
Kartoffeln
Zwiebeln
Büchse mit Eipulver
Achtern:
5 Agfa-Filme
2 Kartons Kodak Ektachrom
1 Karton plus X Farbfilm
1 Transistor

9 Pfund Marmelade
2 rotes Johannisbeergelee
2 schwarzes Johannisbeergelee
1 schwarze Kirschmarmelade
2 klare Sirup
5 »Marvel«-Milch
2 Büchsen Öl zum Kochen und Braten
4 Chutney
6 Kaffee

Belichtungsmesser
1 Handpeilkompass
Kopfbedeckungen
1 Nikonos-Kamera
1 Adapter für Tonbandgerät
1 Fernglas, alt
1 Befestigungszwinge für Kamera
1 Fernglas, neu
1 Tonbandgerät

Steuerbord:

KOJE:

Tupperbehälter 16, 17, 19, D, E, F, 21
22, 23, 24
Papiersäcke

1 Kiste mit verschiedenen NAV-Papieren
1 Gemälde, darstellend FCC

ABLAGE ÜBER KOJE:

Biskuits

KOMMODE:

Stauraum für Wein
2 Brandy

1 Benedictine
1 Grand Marnier

STAURAUM KAJÜTE:

Vorn:
Spiritus, 2½ Gallonen

destilliertes Wasser
Beutel mit Blöcken

Mitte:
24 × 4 Büchsen Lachs
24 × 4 Büchsen Tunfisch
26 × 1¾ Büchsen Sardinen

10 × 4 Krabben
10 × 7 Heringe
10 × 3½ Fischrogen

Achtern:
Kompass
(Kursabweichungsanzeiger-Alarm)

STAURAUM SITZBANK:

Vorn:
Champagner
Butter in Büchsen
Büchse bulgarische Guwetsch
Bitterzitronen
3 Osborne-Honig

Mitte:
Kartoffeln
Zwiebeln
Eipulver
Achtern:
Sausalatas, 3 Dutzend

Grapefruits
Äpfel
Zitronen
Flasche Claret von Colin
Gruyère-Käse

7 Brote, groß
2 Brote, »Vogest«
15 Dutzend Eier
6 Pakete Butter je ½ Pfund

Kombüse Backbord

KARTENTISCHSCHUBLADEN:

Vorn:
Uhren usw.
verschiedene Kleingegenstände, zum Navigationsmaterial gehörig

Achtern:
Navigationsinstrumente
Werkzeug

Mitte:
Navigationsinstrumente
Verschiedenes

SCHRANK UNTER KARTENTISCH:

Reservegegengewicht für Selbststeueranlage

REGAL ÜBER KOMBÜSE:

Butter
Eier
Brot

SCHUBLADEN UNTER KOMBÜSE:

Besteck
Büchsenöffner usw.

SCHRANK UNTER KOMBÜSE:

Töpfe und Bratpfannen
Eimer

Ersatzsteckdosen und Reinigungsmaterial

ABLAGE IN DER KOMBÜSE:

Leuchtpistole und Patronen

verschiedenes Kleinmaterial

Steuerbord

DER »GARTEN«:

Oberes Ablagebrett:
Senf und Kresse

Unteres Ablagebrett:
verschiedene Bücher

REGAL GEGENÜBER SCHWINGSTUHL:

Kuchen (Lorna)
3 Ryvitas
Ersatzröhren für Neonlicht
Tupperbehälter B mit Senf- und Kressesamen

Flanell
Tupperbehälter 20 mit Kerzen
Mehl, Messlöffel und Hefe

REGAL ÜBER PRIMUSKOCHER:

Reservetupperbehälter und Reservetassen

SCHRANK UNTER PRIMUSKOCHER:

Bierzapfhahn

1 Flasche Squire's Gin

Achter-WC-Raum Backbord

Ölzeug

Achterpiek

Behälter von je 2 Gallonen Inhalt, und zwar
je 2 für Trinkwasser

2 leer
1 mit Rotella
2 mit Diesoline

STAURAUM FÜR SCHLAUCHBOOT

Notanlage zur Herstellung von Trinkwasser aus Seewasser mit Sonnensack für Großsegeleinwirkung

Schlauchboot und Zubehör
Sack für Großsegel

REISEN, MENSCHEN, ABENTEUER

Carmen Rohrbach
Der weite Himmel über den Anden
Zu Fuß zu den Indios in Ecuador
208 Seiten, 37 Fotos, 2 Karten
ISBN 3-89405-048-9

Hjalte Tin/Nina Rasmussen
Traumfahrt Südamerika
Auf dem Motorrad und mit Kindern von L.A. nach Rio
320 Seiten, 45 Fotos, 3 Karten
ISBN 3-89405-033-0

Burkhard Schäck
Die Panamericana auf dem Motorrad
Von Alaska bis Feuerland
240 Seiten, 39 s/w-Fotos, 2 Karten
ISBN 3-89405-075-6

Carmen Rohrbach
Inseln aus Feuer und Meer
Galapagos – Archipel der zahmen Tiere
219 Seiten, 41 s/w-Fotos, 1 Karte
ISBN 3-89405-027-6

SIERRA